IMFと世界銀行の誕生

英米の通貨協力とブレトンウッズ会議

牧野 裕

日本経済評論社

目次

序章　本書の課題と方法 …………………………………… 1

  1.　本書の課題と構成　1

  2.　国際通貨・金融政策決定の方法論　10

第1編　戦後通貨構想の起源

第1章　ケインズの国際通貨制度論と超国家的金融機関の構想 …… 29

  1.　『貨幣論』と超国家的銀行構想　30

    (1)　ケインズ『貨幣論』の刊行　30

    (2)　『貨幣論』の経済政策思想：国家介入主義の思想　31

    (3)　『貨幣論』での金本位制度批判　33

    (4)　超国家的銀行の設立と内外均衡の達成　34

    (5)　超国家的銀行の役割と機能　35

  2.　『繁栄への道』での国際発券機関の構想　38

    (1)　世界恐慌と保護主義への転換　38

    (2)　『繁栄への道』での国際発券機関の構想　41

    (3)　国際発券機関の仕組みと特徴　43

  3.　『一般理論』第23章での通商政策，国際通貨制度論　44

第2章　戦後計画とケインズ ………………………………… 48

  1.　フンク「新秩序」とケインズ「多角的清算同盟」の着想　48

    (1)　フンク「新秩序」とケインズ　48

    (2)　当座貸越の着想と多角的清算同盟の構想　52

  2.　相互援助協定締結交渉とケインズ構想の始源　54

(1) 相互援助協定第 7 条を巡る交渉　54
　　　(2) 大西洋会議（1941 年 8 月 9 日～12 日）と大西洋憲章　57
　　　(3) ケインズの着想　60
　　3. ケインズ「国際通貨同盟の提案」　　　　　　　　　　　　　　61
　　　(1) ケインズ「戦後の通貨政策」　61
　　　(2) ケインズ「国際通貨同盟の提案」　64

第 3 章　米国の戦後計画と「ホワイト案」………………………… 66

　　1. 欧州戦の勃発と戦後構想への始動　　　　　　　　　　　　　　66
　　2. 米州銀行創設の企図　　　　　　　　　　　　　　　　　　　　69
　　　(1) 米州銀行構想の歴史　70
　　　(2) 米州銀行案の特徴　71
　　3. ホワイトの初期構想：国際安定基金案と国際銀行案　72
　　　(1) ホワイトの初期構想　72
　　　(2) ホワイトの初期国際安定基金案　74
　　　(3) ホワイトの初期銀行案：1942 年 4 月草案　77
　　4. ホワイトの初期構想と省間専門委員会の設立　　　　　　　　　78
　　補論　ホワイトの略歴・経済政策思想・人となり　　　　　　　　82

第 4 章　ケインズ案と「ホワイト案」………………………………… 89

　　1. 相互援助協定の締結と英国の政策論争　　　　　　　　　　　　89
　　　(1) 相互援助協定第 7 条と英国　90
　　　(2) 英国における戦後経済秩序を巡る対立　91
　　　(3) イングランド銀行と大蔵省の"サンドウィッチ"　96
　　2. 英米両国でのケインズ案，ホワイト案の予備的検討　　　　　101
　　　(1) 英米での両案の検討開始　101
　　　(2) 通貨交渉本格化への始動　103
　　3. ケインズ案の進化と国際清算同盟案　　　　　　　　　　　　106
　　　(1) ケインズ「国際通貨同盟案（第 2 次草案）」の基本構成と特徴　106
　　　(2) ケインズ草案の構成の変遷過程　111

(3) ケインズ草案の主要な修正点　112
　4. 国際安定基金案の修正過程　116
　　　(1) 国際安定基金案修正過程の時期区分　117
　　　(2) 国際安定基金案の構成と内容　118
　5. ケインズ案と「ホワイト案」の公表　124
　　　(1) 両案の公表　124
　　　(2) ケインズによる両案の比較　126
　　　(3) ケインズ案と「ホワイト案」　128
　6. 米金融界の戦後通貨戦略構想：キーカレンシー・アプローチの提唱　141

第2編　ブレトンウッズへの道

第5章　英米通貨交渉の進展と共同声明　147

　1. 英米非公式協議と国際安定基金案への合意形成　148
　　　(1) ケインズによる妥協策：ユニタスのバンコール化構想　148
　　　(2) ケインズによる上院での演説　150
　　　(3) 英米非公式協議と国際安定基金案への合意形成　152
　　　(4) ワシントン非公式協議と英国による国際安定基金案の事実上の受諾　158
　2. 国際安定基金案の修正過程と7月10日付草案　165
　3. 英米専門家会議と原則声明草案の策定　169
　　　(1) 英米専門家会議での交渉の経緯　169
　　　(2) 英米専門家会議での主要な争点　177
　　　(3) 英米原則声明草案の起草　181
　4. 戦後通貨構想をめぐる英米国内の対応と英米共同声明の公表　186
　　　(1) 英国における戦後通貨計画への対応　186
　　　(2) 合衆国内の動向　195
　　　(3) 共同声明の公表　198

第6章　国際投資-保証機関の起草と英米合意の形成過程 ……… 203

1. 銀行案の修正過程：国際投資-保証機関の案出過程　204
   (1) IMFの文書記録部（当時）による整理　204
   (2) ホワイト文書での整理　204
   (3) 銀行草案の起草過程の特徴　206
2. 1943年8月2日付草案と発券規定問題　207
3. 米国専門委員会の開催と銀行案の修正　210
   (1) 1943年9月13日付草案：非銀行国際投資機関への限定　210
   (2) 財務省案とヤング案の統合過程　212
4. 英米専門家会議と「銀行」設立の合意形成　215
   (1) 10月1日付銀行草案の特徴：「保証基金」構想の登場　215
   (2) 10月11日の英米会談：非銀行投資機関の設立で合意　216
5. 11月24日付財務省案の公表と主要な修正点　220
   (1) 銀行案の公表　220
   (2) 銀行案の修正過程　221
6. ケインズの方針転換　224
7. 国際銀行設立に向けた英米での合意形成の進展　227

第3編　ブレトンウッズ会議とIMF，世銀の創設

はじめに：本編の課題と論点　233

第7章　アトランティックシティ準備会議 ……………………… 240

1. 国際通貨会議の開催決定　240
   (1) ブレトンウッズ会議の開催決定　240
   (2) 米国の準備活動と専門家集団の組織　241
2. 共同声明と英国の対応　242
3. 移行期の対外金融問題と戦後通貨計画　247
4. 戦時内閣の方針決定　251
   (1) 国際通貨基金案　252

(2)　国際復興開発銀行案　253
　5.　英国代表団と"ボート・ドラフト（船中草案）"　254
　　　(1)　国際通貨基金案　255
　　　(2)　国際復興開発銀行案　258
　　　(3)　ドル＝ポンド相場問題　259
　6.　アトランティックシティ準備会議　259
　　　(1)　準備会議の開催　259
　　　(2)　国際復興開発銀行案の調整　261
　　　(3)　国際通貨基金案の調整　263

第8章　ブレトンウッズ会議　………………………………………　268

　1.　ブレトンウッズ　268
　　　(1)　参加代表団　268
　　　(2)　ブレトンウッズ，マウント・ワシントンホテル　272
　　　(3)　ブレトンウッズ会議の開幕　276
　2.　第1専門委員会と国際通貨基金　278
　　　(1)　国際通貨基金協定の起草過程　278
　　　(2)　国際通貨基金協定：主要条項の取り扱い　281
　3.　第2専門委員会と国際復興開発銀行　310
　　　(1)　準備草案の構成　310
　　　(2)　主要条項の起草過程　312
　4.　第3専門委員会と国際決済銀行（BIS）　329
　5.　ブレトンウッズ会議の終幕　335

第4編　英米金融交渉と金融協定

第9章　ブレトンウッズ協定への英米の対応　………………………　345

　1.　ブレトンウッズ協定と英国での論争　346
　　　(1)　英国とブレトンウッズ協定　346
　　　(2)　ケインズ＝ロバートソン論争　348

2. 米国におけるブレトンウッズ協定批准論争　　356
　　　(1) 協定を巡る対立と連携　356
　　　(2) 論争の展開とブレトンウッズ協定の批准　359
　　3. 移行期における英米間の金融問題　　363
　　　(1) 武器貸与援助問題　364
　　　(2) 対英金融援助と通貨交換性回復の問題　367
　　　(3) 累積ポンド残高の問題　370
　　4. 第2段階，ケベック会談，ケインズの過渡期経済論　　373
　　　(1) 第2次ケベック会談と対英援助問題　374
　　　(2) 第2段階の交渉とケインズ　378
　　　(3) ケインズの過渡期経済論：「第3段階における対外金融政策」　379
　　5. 大戦の終焉と英国の対外金融問題　　384
　　　(1) 融のダンケルクを如何に乗り切るか：ケインズの戦略と批判論　384
　　　(2) 対独戦の終結と英国内での政策立案の動き　388
　　　(3) 日本の降伏と第3段階の到来　394

第10章　英米金融交渉と金融協定の締結 ………………………… 399

　　1. 英米金融協定交渉の開始　　401
　　　(1) 英国交渉団の渡米と金融交渉の開始　401
　　　(2) 英米交渉の本格化　405
　　　(3) ケインズ「誘惑」への後退　409
　　2. 交渉の進展と対立の表面化　　412
　　　(1) ドールトン提案　412
　　　(2) 通商交渉の進展と金融交渉　416
　　　(3) 米国交渉団での基本方針の策定　418
　　　(4) ホワイトのポンド残高処理案　419
　　　(5) 英国側の対応　421
　　　(6) 米国の35億ドル提案とケインズ「公正」アプローチの敗北　422
　　3. 英米の対立と交渉決裂の危機　　424

(1)　英国の対抗提案：10月27日英内閣提案　424
　　　(2)　11月7日の米国代表団首脳会議の開催　428
　　　(3)　米代表団による協定案の策定と英国の反発　430
　　4.　英国の屈服：英米金融協定の調印　432
　　　(1)　米国による修正提案　432
　　　(2)　アトリー内閣の対抗提案　435
　　　(3)　アトリー政権と交渉団との対立　440
　　　(4)　英国の11月29日再提案と英交渉団の反発　440
　　　(5)　ブリッジスの派遣と12月2日英米合同会議　447
　　　(6)　英国の屈服：アトリー政権の降伏　450

第11章　英米における金融協定の批准 ……………………… 459
　　1.　英米金融協定の骨格　459
　　2.　英米金融協定とポンドの自由化　461
　　　(1)　経常取引に対する制限措置の解除　461
　　　(2)　ポンド残高処理の合意について　463
　　3.　英国議会における論争と批准　463
　　　(1)　下院での審議　464
　　　(2)　上院での審議　467
　　4.　米国議会における論争と批准　473

おわりに　サヴァナ会議，ケインズの死 ……………………… 479

参考文献　487
索引　495

本書の刊行にあたっては津田塾大学から2014年度の出版助成を受けた．

序章
本書の課題と方法

1. 本書の課題と構成

　本書は，英米における戦後通貨構想（ホワイト案，ケインズ案）の立案，1943年4月のケインズ「国際清算同盟案」，財務省「国際安定基金案」の公表，1943年初夏の連合国非公式協議，同年9〜10月の英米専門家会議，1944年4月の共同声明の公表，アトランティックシティ準備会議とブレトンウッズ会議，英米金融交渉とその批准，国際通貨基金と世界銀行の設立に関わるサヴァナ会議，にいたる英米の通貨外交を研究したものである．

　わが国にあっては，これまで，この過程についての本格的な研究が十分なされてきたとはいえなかった．たとえば，わが国における代表的な経済学辞典のひとつは，国際通貨基金の「設立の経過」として，1943年4月に戦後通貨構想に関わる財務省案，ケインズ案が発表された後，次のような経過をたどったと説明している．「両国はいくたびかのはげしい見解の対立を展開した討議ののち，アメリカの勝利，イギリスの屈服にひとしい妥協案を作成した．妥協案は原理的にはほとんど〈ホワイト案〉にもとづき，わずかに〈ケインズ案〉の原理をとり入れたものであった．

　1943年9月第2次大戦に参加した連合国30ヵ国の金融専門家がワシントンに集まり，両国の妥協案の原理に則った，のちの国際通貨基金協定の基幹的条項のすべてをふくむ〈国際通貨基金設立に関する専門家の共同声明〉を発表した」（岩波 1992: 1）．

　この「設立の経過」の解説には重大な過誤がある．第1に，1943年9月以

前に，すでに英米は「妥協案」を作成した，としていること，第2に，1943年初夏に開催された連合国の金融専門家の非公式会議と同年9，10月の英米専門家会議とを混同していること，第3に，共同声明の公表を1944年4月ではなく1943年9月としていること，である．連合国の代表がワシントンで非公式の会議を開いたのは1943年初夏であり，英米の金融専門家による公式協議は，同年9～10月のことである．それぞれ別の会議である．だが，より問題と思われるのは「設立の経過」についての説明でありながら，共同声明をさすものとみられる「妥協案」は「ほとんど〈ホワイト案〉にもとづき，わずかに〈ケインズ案〉の原理をとり入れた」と評価している点である．それは「アメリカの勝利，イギリスの屈服にひとしい妥協案」であったというのである．こうした評価は広く浸透し，ごく一般的な異論のない評価のようである．そうなのであろうか[1]．

　本書は，戦後の通貨・金融機関の設立にいたるかかる英米の政策展開過程の説明と評価に根本的な異議を唱えるものである．わが国における研究がこうした水準に留まっているのは，従来の研究がもっぱらガードナーの業績に依拠していたからであると考えられる．

　また，この説明で〈ケインズ案〉〈ホワイト案〉というのはわれわれがケインズ「国際清算同盟案」，財務省「国際安定基金案」と呼んでいるものである．とくに〈ホワイト案〉についていえば，1942年春の初期ホワイト案を〈ホワイト案〉と呼ぶのは問題ではないが，1943年4月の財務省「国際安定基金案」を〈ホワイト案〉と呼ぶのは正確ではない．この草案は，財務省通貨調査局の手になるもので，すでにホワイト個人の草案ではなくなっているからである．

　ガードナーの場合，大西洋憲章の起草に始まり国際貿易機構の断念に終わる政策の展開過程，すなわち戦時中に英米の協力関係のもとで進められた「かつ

---

[1] 那須も戦後の国際通貨体制を巡り「『ケインズ案』と『ホワイト案』の対決」があり，「最終的に『ホワイト案』をベースに『ブレトン・ウッズ協定』が結ばれる」と記している（那須 1995: 208）．そうであろうか．ケインズは強硬路線を採らず，早々に妥協点を模索した．実際上も，ケインズ「国際清算同盟案」と財務省「国際安定基金案」が公表される以前にも，またこの後，共同声明が公表されるまで，ケインズが「ケインズ案」を，ホワイトが「ホワイト案」を持ち寄り，両者が「対決」し，両案の優劣やどちらを採用するのかをめぐって議論を闘わせる場面はなかったのである．

てなかった最も野心的な政府間協力のプログラムの実行」が研究対象となっていた（ガードナー 1973: xxii）．彼は，自らの研究を「国際経済外交の研究」とでも名づけるのが，一番適当であろうとし，その方法が，これまでに試みられなかった学際的方法に立脚し，経済学に加え，歴史，国際関係，政治学，そして国際法等を含む学際的分野を研究した業績であると自負した（ガードナー 1973: xxi）．

しかしながら，ガードナーの研究は，ケインズ「国際清算同盟案」と財務省「国際安定基金案」について詳しく論じた後，1944年4月の共同声明にいたる過程や，共同声明からブレトンウッズ協定までの交渉過程を飛ばして，共同声明からブレトンウッズ協定締結までを，合意形成の実に単線的な過程として説明している．この結果，ガードナーにあっては，国際清算同盟案と国際安定基金案とが比較検討され，戦後通貨計画の本構想が最終的に国際安定基金案に一本化される過程，このあと英米の専門家会議で共同声明原案が策定され，さらに両国間の調整によって共同声明がまとめあげられる過程，の考察が欠ける結果となっている．また，彼の研究では，共同声明からブレトンウッズ協定にいたる過程についての考察もない．このような研究結果となったのは，彼が次のような認識に立っているからであるとも考えられる．

「1944年4月に発表された『国際通貨基金設置に関する専門家の共同声明』のかたちでケインズ，ホワイト両案の妥協が成立した」．「本声明に盛られた重要規定についてはきわめてわずかな修正が行われただけで，米国ニューハンプシャー州のブレトンウッズで開催された連合国の会議で採択された国際通貨基金協定の中で具体的に成文化されたのである」（ガードナー 1973: 24, 下線：筆者）．そうして，ガードナーは，妥協案について，流動性の問題，国際収支調整の問題，戦後過渡期の問題の3点にわたって論じている．

これでは，ブレトンウッズ会議では，「わずかな修正が行われただけ」で，国際通貨基金の協定が成立したことになってしまう．ガードナーが，共同声明とブレトンウッズ協定をほぼ同じ内容とみているのは，本来，ブレトンウッズ会議での国際通貨基金協定案への英米両国側の対応を扱わなければならない箇所で，共同声明への対応ですませている点にもうかがえる（ガードナー 1973: 262-71）．

こうしたガードナーの研究から，英米通貨・金融交渉での補足すべき研究課題が自ずと明らかになる．彼が省いたブレトンウッズ会議にいたる過程での重要な会議，すなわち 1943 年初夏に開催された連合国非公式会議，同年秋の英米専門家会議と共同声明作成の過程，さらにはアトランティックシティ準備会議とブレトンウッズ会議での交渉過程，の検討である．

　ガードナーの研究では，ブレトンウッズ協定，英米金融協定とともに，英米通商交渉，国際貿易機構構想とその流産，が扱われていた．だが，ブレトンウッズ協定の成立，ブレトンウッズ機関の設立を主テーマとする本書では，通商交渉を研究対象から除外し，主題を通貨・金融協力に絞り込んだ．これにともない対象とする時期も英米金融協定の批准までと，より限定されることになる．

　また，彼の研究では，国際復興開発銀行は研究課題ではなかった．本書では，国際通貨基金とならんで国際復興開発銀行についても，それがどのような国際機関として設立されたのかが重要な課題となる．

　ガードナーは，政策論争の評価では，「完全に『客観的』ではなかった」としつつも，英，米の，どちらかの側に立つことなく，「『客観的』になることを熱望した」と，記している．その意味でこの研究の見解は，「『大西洋の真中』になるよう企図されている」と言い添えている（ガードナー 1973: xxvi）．

　ガードナーの研究のアプローチと異なるのは，われわれの方法は解釈学的アプローチに立っている点である．ガードナーのいうように「大西洋の真中」に立ち，「客観的」になることが可能とは考えない．そもそも歴史研究は主観的，説明的な，したがって「物語」とならざるを得ないからである．もちろん，いい加減な資料評価に基づいて，各々の語り部が勝手な物語を紡ぐことができるというのではない．

　そこで本研究の特長をあらためて強調すれば以下のようである．

　第 1 に，初期ホワイト案が財務省の国際安定基金案へと発展してゆく過程，およびホワイトの初期銀行案が財務省案として起草され，修正を重ねられ財務省の国際復興開発銀行案としてまとめあげられてゆく過程を，それぞれ詳細にたどったことである．

　第 2 に，1943 年初夏の連合国非公式協議，同年秋の英米専門家会議の意義を明確にし，これらを経てケインズの国際清算同盟案が放棄され，戦後通貨計

画は，財務省の国際安定基金案に一本化され，さらに1944年4月の共同声明の原案が作成される過程を究明したことである．

第3に，これまでわが国の研究ではブラックボックスとなっていたアトランティックシティ準備会議，およびブレトンウッズ会議で，国際通貨基金案，国際復興開発銀行案の起草がどのように進められたのか，を明らかにしたことである．

第4に1945年12月の英米金融交渉を仔細に検討することで戦後過渡期における英米の国際通貨・金融政策の対立と協調の特徴を再評価したことである．そうして，キーカレンシー・アプローチに立つ米国が主導する戦後の通貨・金融政策の展開過程で，国際通貨基金と国際復興開発銀行は限定的で二次的な役割を負わされ，モーゲンソーとホワイトの主導による戦後通貨秩序構築の試みが頓挫したことが明確にされる．

これらの課題の究明にあたっては，①プリンストン大学所蔵のホワイト文書，②国際通貨基金所蔵のバーンスタイン文書，バーナフ文書，ラクスフォード文書，③英国公文書館の大蔵省文書，ケインズ文書，を精査した．また，第3の課題の究明にあたっては，①～③の文書とともに，わが国ではこれまで利用されてこなかったブレトンウッズ会議録を詳細に検討し，起草過程を明確にすることを試みた．

本書の概要をあらかじめ明らかにすると次のようである．

第1章では，ケインズが超国家的金融機関を案出する経緯を，『貨幣論』での超国家的銀行構想，『繁栄への道』での国際発券機関の構想，『一般理論』での所説の検討，により明らかにし，国際清算同盟案の経済理論，政策思想の背景を考える．

第2章では，ケインズが相互援助協定交渉を契機に，フンクの構想，ナチスや自国の戦時為替統制政策にヒントをえて，多角的清算同盟を案出する経緯を扱う．

第3章では，米国での戦後計画立案の動きを概観し，米州銀行構想，ホワイトの銀行，基金構想がどのように立案されたのかをみる．

第4章では，1943年4月に公表されるケインズ「国際清算同盟案」，財務省「国際安定基金案」をめぐる両国内の動向，英米間の政策論争，この間におけ

る両案の修正過程を検討し，最後に両案の比較検討を試みる．

第5章では，戦後通貨計画をめぐる英米の交渉過程を扱う．1943年初夏の連合国非公式協議，ロバートソン，ケインズによる両案統合化の試み，英国専門家集団によるユニタスのバンコール化を条件とした財務省案への一本化への合意形成，の諸過程を詳細にたどる．そうして，この後9，10月の英米専門家会議で共同声明原案が起草される過程の特徴を明らかにする．

第6章では，銀行案の起草と設立に向けた準備過程がとりあげられる．1943年夏から秋にかけて米国は，英米専門家会議に向け銀行案の起草を急ぐ．銀行案は，専門家会議で提案されたあと，投資-保証専門の国際金融機関として設立の準備が進められる．銀行案への英国，ケインズの対応や両国間での設立に向けた合意形成の過程が扱われる．

第7章では，ブレトンウッズ会議に向けた英米の準備過程が検討の対象になる．とくに英国が，基金案で通貨主権，柔軟な相場制度，過渡期条項での一層の譲歩を求める過程，銀行案については自治領諸国会議を経て消極的支持から積極的支持に転じたケインズが銀行への取り組みを強める過程，などが明らかにされる．そうして，アトランティックシティ準備会議で両国が，銀行，基金の主要条項で原則的な合意に達する過程が詳らかにされる．

第8章では，ブレトンウッズ会議がどのような会議であったか，その審議過程が検討される．各国代表団の特徴，会議の雰囲気，模様，基金と銀行の起草過程が詳細にたどられる．会議では，ソ連との調整に手間取り，国際決済銀行（BIS）の解体問題では多少紛糾するものの会議は概ね友好的，協調的，円滑に進行したことが明らかにされる．

第9章では，会議終了後，英国内で協定に対する厳しい批判が生まれたこと，ロバートソンとケインズとの間で国際通貨基金第8条の解釈で降ってわいたような論争が勃発し，これが英米間での協定文修正問題にまで発展したこと，が明らかにされる．また，過渡期に英国が直面した金融的困難について触れられる．さらに，米国でのブレトンウッズ協定の批准論争が取り上げられ，ブレトンウッズ・アプローチに代替的なキーカレンシー・アプローチが重視される過程を明らかにする．

第10章では，1945年9～12月に長期にわたって行われた英米金融交渉が考

察の対象となる．英米交渉がなぜ難航し，長期にわたったのか．英米金融協定の交渉過程が詳細に跡づけられる．

　第11章では，英国議会（ブレトンウッズ協定と英米金融協定が抱き合わされて上程された），および米国連邦議会（英米金融協定が上程された）での批准論争が，それぞれ扱われる．

　本書では，この政策展開過程の特徴の究明を課題としてケインズ「国際清算同盟案」と財務省「国際安定基金案」，英米協議と共同声明，この後の英米の交渉過程，ブレトンウッズ会議と協定，英米金融交渉と金融協定等に関して，新しい解釈を提示する．その要点を以下であらかじめ明らかにしておこう．

　①ケインズ案は，貸越-借越，および清算機能を柱とした後年の「欧州決済同盟（EPU）」に類似した国際金融機関であった．それは，民間の為替市場が正常に機能していない異常時の短期の金融機関であり，平時の恒常的な国際金融機関にはなり得ない限界があった．

　ケインズは，この点を自覚していたのか，同盟案に固執せず，国際通貨・金融政策の立案と事実上の政策遂行にあたる彼とロバートソン，ロビンズらの英国専門家集団は，ユニタスのバンコール化を条件に，1943年7月末には早々にケインズの同盟案を放棄し，財務省の基金案をベースとする国際通貨機関の設立に向け政策の転換を図った．

　②1943年秋の英米専門家会議は，友好的，協調的雰囲気のもとで基金案についての合意形成が進められた．ケインズら代表団は，通貨主権，国内均衡維持のための為替調整の容認，稀少通貨条項での黒字国の責任の明確化，過渡期条項での戦後過渡期における経常取引の制限措置の容認，当事国間でのポンド残高処理などを求め，国家利益の確保に努めた．米国は，英国の要求に妥協的に対応し，双方は10月，共同声明原案の起草にこぎ着けた．

　③共同声明の公表を受け，英米両国内では，戦後通貨計画の推進勢力とこれに反対する勢力との対立が表面化した．米国ではニューヨーク国際金融界が，英国では，イングランド銀行と帝国擁護勢力が，それぞれ中心となって，ブレトンウッズ・アプローチへの批判を強めた．こうしたなか，英米間で進められた共同声明の作成は，英国側が，ユニタスのバンコール化に固執したこともあって，難航した．しかしながら，大戦の行方や大統領選を前にした米国の強い

意向を受けて，英国政府は，バンコール化案を放棄，1944年4月，共同声明は公表された．

④共同声明の発表後も英国側は，通貨主権の一層の明確化，柔軟な相場制度，過渡期間の延長，規定の曖昧化による過渡期条項の無内容化など執拗にその修正を求めた．英国は，さらに欧州諸国との調整による修正案（"ボート・ドラフト"）の作成によって，協定案の修正を画した．

⑤アトランティックシティ準備会議で英米は，英国の修正案を基調に主要条項で，事実上，原則的に合意する．そうして，ブレトンウッズ会議で英米は，準備会議での合意の線に沿って，終始，友好的，協調的関係のなか起草を進め，驚くほど短期間のうちに協定文を作成，最終的な合意にいたる．ブレトンウッズ協定は，過渡期条項や柔軟な為替相場を認めさせた点で英国の外交的勝利と評価しうる．これに対して，自由主義的経済秩序の性急な構築をめざした米国にとって，曖昧な過渡期条項で経常取引の自由化を先送りしたことは重大な外交上の失敗であった．

⑥銀行については別の物語が必要であろう．米国は1943年夏から秋にかけ銀行案の本格的な見直しを行う．この過程で初期ホワイト案の世界中央銀行構想は最終的に放棄される．投資-保証業務を柱とする国際金融機関が構想される．米国は，1943年秋の英米専門家会議で銀行案を提案する．事前調整なしの提案に英国がいったんは反発する．この後しばらく，ケインズ，英国政府は，銀行構想に消極的であった．だが，1944年3月の自治領諸国会議を経て銀行案の積極的支持に転ずる．1943年11月財務省草案をベースに両国では，国際金融機関の設立に向けてのコンセンサスが形成される．そうして英米はアトランティックシティ準備会議で銀行案の骨格で合意する．ブレトンウッズ会議では，協定文の起草が残された課題となるのである．

⑦会議後間もなくロバートソンとケインズとの間に国際通貨協定第8条の解釈を巡る論争が勃発する．ケインズの誤解釈に起因するこの論争は，英米間の協定修正問題にまで発展するが，財務省は，ケインズの修正要求を拒否，問題は，米国でのブレトンウッズ協定の批准とともにうやむやに処理される．

⑧米国でのブレトンウッズ協定批准論争のなかで，国際通貨基金も国際復興開発銀行も，英国の過渡期金融問題で実際的に有用な役割が果たせないことが

明らかになる．そうして，この問題の解決を重視するキーカレンシー・アプローチが影響力を強める．英国では，イングランド銀行を先頭に批判勢力がポンド地域の維持を主張，経常取引にともなうポンドの交換性回復に強い危機感を表明する．

ブレトンウッズ協定の批准後トルーマン政権は，ブレトンウッズ・アプローチからキーカレンシー・アプローチへの通貨金融政策の戦略転換を図る．自由主義的経済秩序の構築を推進する勢力にとっては，対英金融援助とこれに絡めた過渡期条項の適用除外が新たな政策目標となる．

⑨武器貸与援助の処理も含めた英米金融交渉は1945年9月中旬から12月初旬まで延々と続けられる．ケインズを団長とする交渉団は，事実上の交渉権限を与えられ，交渉に臨む．経常取引の自由化を前提に無償援助を求めるが，有償を主張する米国と厳しい対立となった．ケインズの交渉方針（「公正」のアプローチ＝戦争負担の公正化）と交渉能力に過大な信頼と期待を寄せていた労働党政権は，しばらく独自の方針案をもち得ず，交渉が難航するなか英国の対米交渉は混乱し，迷走した．待ちの姿勢で臨んでいた米国も，長期化する交渉にしびれを切らし，有償の援助案を提示する．だが，そこには具体的な金額が提示されていなかった．英国側では，交渉団と本国との間で軋轢が生じ，深刻な内部対立が生まれていた．交渉の期限切れ目前で事態を憂慮する米国が，金額を盛り込んだ再提案を行い，これを労働党政権が最終的に受諾する．

⑩英米金融協定によって英国は，過渡期に許容されるはずであった経常取引にともなう通貨交換性の制限という特別措置を自ら放棄する羽目となった．苦心惨憺，長期にわたる交渉で米国から勝ち得た成果を一気に失うという大きな外交上の敗北であった．英米金融協定は，ブレトンウッズ協定の発効期限直前の12月中旬，英国議会でブレトンウッズ協定と抱き合わせで批准された．一方，米国での英米金融協定の批准は難航した．ブレトンウッズ機構で戦後の通貨・金融問題は解決すると説明していた財務省に，議会内外から厳しい批判が浴びせられた．トルーマン政権は，ソ連の脅威を強調することで，かろうじて議会の支持を取り付けることができた．

われわれはすでに『冷戦の起源とアメリカの覇権』で以下を明らかにした．戦後の通貨秩序構築に関わる米国の戦略構想として，財務省主導のブレトンウ

ッズ・アプローチとウォール街が唱えるキーカレンシー・アプローチとの対立があった．ブレトンウッズ協定の締結で一旦は，前者が優位に立つ．だが，ブレトンウッズによって設立された 2 つの国際機関は戦後過渡期の国際通貨・金融上の主要課題の解決には無力であった．かかるなか，協定の批准論争の過程でキーカレンシー・アプローチが影響力を強め，戦後過渡期の対英金融援助問題に直面するやキーカレンシー・アプローチがトルーマン政権の国際通貨・金融戦略の柱となってゆく．

このもとで，対ソ封じ込めのトルーマン・ドクトリンが内外に宣言され，ギリシャ・トルコ援助，欧州復興援助政策が展開されるのである．これとともに，国際通貨基金，国際復興開発銀行を柱とする戦後国際通貨・金融秩序の再構築の試みは破綻するのである．

2. 国際通貨・金融政策決定の方法論

本論で明らかにするように，財務省主導の戦時通貨外交は，戦後過渡期の困難に有効に対処し得ず，創設された国際通貨基金，国際復興開発銀行は無力であった．これに代替的なアプローチによる英米金融協定も，ポンドの性急な経常取引自由化を追求したため 1947 年のポンド危機を招く結果となった．英米の国際通貨・金融政策は，意図せぬ結果を招き，戦略的目的の達成はことごとく失敗したのである．ケインズは，ブレトンウッズ協定，英米金融協定の批准に関わる議会演説で，敗北感を漂わせ次のように弁明している．「交錯する流れ，政治的諸勢力の動向，全般的な国民感情を，推察することは，外国人には困難であります」．彼はさらに同じ演説のなかで，英語という共通の言語という利点があっても，英米が理解しあうのはどんなに困難なことであるか，相互が抱える困難と問題解決のための真の目的について誤解しあうものか，とも慨嘆している．ケインズのような碩学で，かつ実際に通貨外交をになった張本人が，かくの如く公の場で述懐するのであっては，後世の観察者は，いったいどのような方法で対象に切り込めばよいのであろうか（CW 1979: 614）.

政策決定論は，ディシプリンに応じて，また学際的な広がりにおいて，多様な展開がみられる．それは，経済学，経営学，政治学，社会学，心理学，認知

心理学, 認知科学, 情報科学など広い範囲に及んでいる. いったい, どのようなアプローチが政策決定の方法として有効であるのか. 演繹的な単一の簡明な理論ほど至上の方法はないと説いたのはウォルツであった. だが, 本書で扱うような英米通貨・金融外交の展開過程を, そうした方法で説明するには対象が多面的で複雑すぎる. むしろ, アリソンにならって, いくつかの方法を併用して, 事象を多面的に解釈する方が望ましいと考える. 本書では, 以下に概観する多様な政策決定論のアプローチについての知見を踏まえ, 英米間, および両国内での政治的, 金融的権力関係, 省庁やさまざまなアクターの対立と連携の関係の特徴を把握することに焦点をあて, 政策の立案, 展開過程の説明を試みたい.

　政策決定モデルとしては, アリソンの3つのモデルがよく知られている. 彼は, キューバ・ミサイル危機を事例に, 危機の勃発から一応の収束までの米ソの動きを分析する. 彼の第1モデルは合理的行為者モデルである. それは, 国家を完全情報のもとで自己利益の最大化をはかる合理的行為者として仮定し, 対外政策を明確な意識的, 合理的選択の結果として説明する方法である. アリソンには, このモデルを補完するものとして, 2つのモデルがある. そのひとつは組織過程モデル, いまひとつは政府内（官僚）政治モデルである. 組織過程モデルで彼が念頭に置くのは, サイモン, サイアートらカーネギー学派の組織理論である. それは, 政府の行動を, 行動の標準的様式に従って機能する組織の出力として捉える（アリソン 1977: 71）.

　これに対して政府内（官僚）政治モデルは, 政策決定を政府内組織のさまざまなプレーヤーの駆け引きとその結果として説明する. このゲームのプレーヤーは, 所属するさまざまな目標と利害にもとづいて行動する. そこで, この枠組みからは, 政策決定は, 政府内諸組織の取引過程の産物, 官僚間の押し合い引き合いの産物として捉えられる.

　アリソンによれば, 3つの「分析枠組みは, 実際上は『概念レンズ』である. 3つの枠組みを比較対照すれば, 各枠組みが何を拡大し, 何を重要なものと考え, 何を明らかにし, 何をぼかしたり軽視したりするかが分かる」. そうして彼は,「概念レンズが異なれば, キューバ・ミサイル危機のような事件のどの側面を強調し重大視するかについても全く異なるということを立証」しようと

する（アリソン 1977: i-ii）．

　アリソンによればこの概念レンズを用いるのは，政策決定過程の分析者である．実際の政策の立案者，執行者ではない．「概念レンズ」は分析の枠組みであると強調するアリソンの認識論的な立場は，近代認識論の伝統に立脚しているともいえる．政策決定者とそれを取り巻く内外の状況が客観的な対象として存在し，これを認識主体の観察者が概念枠組みを用いて分析するのである．

　アリソンはこうした3つの切り口（cut）でキューバ危機を分析したが，彼の政策決定論についての考え方は，いくつかの点で興味深い問題を残していた．

　第1に，アリソンが，第1モデルの限界を最初から認めている点である．彼は，ミサイル危機に「戦略的選択という立場から接近し」，単一の行為者としての認知が一致し，選択が統制され，諸活動が調整されているように見えるが，それは「政府内部のメカニズムを詳細に検討せずになされたもので」「官僚的な策動に関する第2，第3モデルの記述が示すように，事実に反している」とまで論じている．

　第2に，彼が3つのモデルを絶対視せず，第4のモデル，さらに大きなモデル構築の可能性にも言及していた点である．アリソンのモデルは拡張される可能性があった．

　第3に，彼は先行研究として当時画期的と評価されていたフランケルの『外交における政策決定』，スナイダーらの『国際政治の研究への接近方法としての政策決定』を事実上，黙殺した点である．

　第4に，彼は，多元主義的モデルに言及しつつも彼のキューバ危機分析のモデルとして採用しなかった点である．危機的状況におけるモデルとして，有効ではないと考えていたのであろうか．

　アリソンの第1モデルは演繹的方法によっている．それは経済学の合理的行為者モデルそのものである．ホモエコノミクスといったいくつかの公準群を基礎に理論を構築し，分析する方法である．アリソンは次のように述べている．「われわれは，政府の行動を分析するための最善の方法は個人の合目的的行為から類推することである」，政府をも擬人化し，合理的行為者になぞらえる（アリソン 1977: 6-8）．

　方法論的個人主義=合理主義的アプローチに対する批判は，経済学・経営学

はもちろんのこと，多くの分野からなされてきた．サイモンの限定合理主義はそのひとつである．彼は，合理的に行為すると想定された行為者は，複雑きわまる外的状況を完全には把握できない．それゆえに，選択にあたって完全に合理的決定を下すことはできない．そこでは，目的の完全な実現を目指す代替案の選択ではなく，一応の満足をもたらす代替策が選択されるのである[2]．

---

2) パットナム，オデルらも，ある種の合理主義的方法に立った経済外交モデルを提唱する．パットナムの「二層ゲーム（two-level game）」（Putnum 1988）は，国家＝合理的行為主体との仮説に立つ国家中心的アプローチを超克し，「国際レヴェル」「国内レヴェル」の概念を導入することで，経済外交の国内的要因と国際的要因との相互連関と作用を分析の対象とするモデルを構築しようとする試みであった．ここで「ゲーム」は，単なるメタファーに留まらない．政策や制度の選択の問題として考える経済外交の決定過程論でのゲーム論的展開の可能性をもはらんでいるからである．パットナムの二層ゲームのキー概念は，「ウィン-セット win-set」である．それは，各アクターの合意の集合のことと考えてよい．交渉と政策決定あたって国際レヴェルのアクターや国内レヴェルのアクターのウィン-セットが重要となる．ウィン-セットは，権力の配置，選好，国内制度，さまざまなアクターの連携の可能性，交渉戦略などによって影響を受ける．各アクターの集合が重なる領域が交渉可能範囲となる．そうして，ウィン-セットが大きければ相手国との交渉での合意の可能性が高くなる．だが，それだけに，柔軟な態度で交渉に臨んだ場合，相手国につけいる隙を与えかねない．他方で，ウィン-セットが小さくなれば相手国との合意可能な集合の範囲は狭くなり，外交交渉での交渉力は弱まり，場合によっては交渉は失敗に終わりかねないのである．

なるほどパットナムの二層ゲームは，演繹的推論によるモデル構築という点では大きな前進であった．だが，通貨外交政策の歴史事象を研究するというわれわれのアプローチからすると，特有の弱点を指摘しなければならないであろう．それは，国際協定が，どのように履行され，どのような結果をもたらしたのかを問題としない点である．ブレトンウッズ協定について見れば，協定締結のみを扱い，これがその後どのように履行されたのかについては関心を払わない．われわれの方法論的な見地からすれば，1944年のブレトンウッズ協定締結の評価に当たっては，それを相互援助協定の交渉から締結，履行という一連の政策展開過程のなかで捉えることが必要である．すなわち，1942年2月の相互援助協定から戦後通貨計画の立案，1943年の英米協議と共同声明の公表，ブレトンウッズ会議，英米金融協定の締結，1946年3月のサヴァナ会議を，一連の流れとして把握し，評価しなければならない．

こうした立場からすると，重要なのは，英米金融協定によって，英国は，ブレトンウッズ会議で実現し得たかに思えた政策目標が台無しにされたことである．英米金融協定による国際通貨基金第14条（過渡期条項）の適用除外である．他方で，米国は，ブレトンウッズ会議で事実上先送りした経常取引に関わる交換性回復の早期実現という政策目標が達成される結果となった．それゆえに，ブレトンウッズ協定の成立過程だけを切り取り，政策分析と政策評価を行った場合と，ブレトンウッズ協定から英米金融協定までを一連の政策展開過程とみて政策分析と評価を行う場合とでは，異なる結論になるの

このサイモンの「満足化モデル」とポパーの「漸進的工学」の影響を受けて，政策決定過程にあって増分主義的に，あるいは限界的に，問題解決にあたるべ

である．ストレンジも言うように，政策の展開によって何が獲得されたのか，何がもたらされたのか，が重要なのである．つまり結果が重要であるのだ．政策展開の結果と照らし合わせて政策評価をすべきであるのだ（ストレンジ 1998: 55-8）．
　この問題を一般化して，次のように論じることも可能である．国際通貨・金融の制度的枠組みによって規定されるさまざまな要素は新たに構築された制度的枠組みによって変容し，アクターに影響を及ぼすこと．アクターもまた，選好，期待，戦略，行動様式を変化させること．
　だが，問題はこれに留まらない．こうした制度的枠組みの外で大きな構造，制度的変化がおこるということである．たとえば，英国での総選挙と政権交代，他方での米国での大統領の急逝と新政権の成立，戦時経済から平時経済への移行による経済構造と政策課題の変化，大戦という大洪水的変動によってもたらされた国際環境の変化，ソ連の台頭，東西冷戦の勃発等々．こうした国内外の環境変化をうけてブレトンウッズ協定に対する英，米の位置づけは，1944 年 7 月段階のままであり続けるはずはない．ブレトンウッズ制度の評価とそれに対する政策目標は変化する．
　問題を，次のようにいうこともできよう．すなわち，T1 時点で成立したある合意，協定は，T2 時点という，異なる時空でその執行，あるいは実行が図られる．実験室で国際交渉が行われているわけではないのである．T1 と T2 は，同じ時空となることはない．新たな制度的枠組みが構築され始め，時間が経過する．内外の環境変化とともに，各アクターの期待，自己利益にもとづく政策目標は変化する．T1 時点での政策目標と，国際的合意や協定が成立した後の T2 時点での，各アクターの利益目標や政策目標は同じではない．各アクターは，新たな政策目標を追求するようになる．たとえば，国際通貨基金協定での米国の過渡期条項での譲歩は，英米金融協定によって無効化される．新たな制度に反対のアクターは，制度の撤廃や無効化に動く．これに対して推進勢力は一層の自己目標の追求を目指す．ダイナミックなアクターの社会的行為の変容がもたらされるのである．ブレトンウッズ協定によって新たな国際通貨制度が構築されると見たウォール街は，その制度の空洞化を図る一方で，一層強力に，代替的アプローチすなわちキーカレンシー・アプローチを追求する．英米金融協定がまさにそれである．こうして，パットナムの経済交渉のモデル構築の弱点は，明白である．
　パットナムの「二層ゲーム」を継承し，対外政策に対する国内的要因を強調するのがミルナーである．ミルナーは，国家が単一の行為主体であるとする国家中心的アプローチを批判し，代わりに多元的な国内システムを想定し，新たなモデルを提唱する．そこでは「国内選好の構造」，「国際政治制度」，「国内での情報の配分」がキー変数として，簡明な抽象モデルの構築が試みられる．しかしながら，ミルナーの意気込みとは裏腹に，実際にモデルの切れ味はよくない．モデルの有効性を試したブレトンウッズ協定，英米通商交渉，英米石油協定などの事例研究では，従来の知見を超えるものはない．たとえば，第 5 章でブレトンウッズ協定が批准されたのに対し，なぜ同時期に進められた貿易交渉は国際貿易機関（ITO）の頓挫で終わるのかを事例としてとりあげている．しかしながら，そこでは国内制約要因を説明するだけで，——それも連邦議会と利益集団とい

きであると説くのがリンドブロムであった．彼は，意思決定過程の方法を2つに区分する．(1)「合理的-包括的方法（rational comprehensive method）」と(2)

う——残念ながら，新たな知見は提示されずに終わっている．多元主義的アプローチに立つ政策決定論とさほどの違いはないのである（Milner 1997: 233, 234, 237, 239）．
　オデルの場合，まず合意の範囲（Zone of Agreement）と抵抗点（Resistance Points）なる概念を提起する．合意の範囲は，抵抗点によって決まる交渉範囲のことである．ここで抵抗点とは，好ましくない協定を締結するよりは無協定とする方が望ましいと考えられるポイントである．それはBATNA（交渉合意点に対する最善の代替策（Best Alternative to Negotiated Agreements Point））とも呼ばれる．
　彼は，極めて単純な2類型に交渉戦略を分類する．それらは，①価値要求的（value claiming）戦略，②価値創造的（value creating）戦略，である．これらの類型は理念型なのであろうか．①の戦略は，A国の目標を達成しようとする行為であり，B国と対立した場合，攻撃的，要求的戦術によってB国から価値を獲得しようとする．当然，この戦術に対する対抗的戦術として防衛的価値要求戦術がある．②はA国とB国は目標で共通点があり，また利害も絡み合っているなかで，パイの分配ではなくパイを大きくする行動を追求する戦略である．こうしたうえで，彼は，さらに，①と②の戦略が混在した混合戦略を提起する．そうであれば，彼の交渉戦略の類型は3つになる．
　かかるオデルの方法については，いくつかの問題性を指摘しうる．
　第1に，経済交渉の場合，両極で決着することがあるのか．多くの場合，混合戦略で決着するのではないか．そうであれば，あえて2つのモデルを提示し，この次の混合戦略を説明するのではなく，両極を範囲とするスペクトルの中で決定されると説明した方がスッキリするのではないか．
　第2に，経済交渉の場合，他の交渉に比べて目標を数量化しやすいとはいえ，経済外交の目標を単純にオデルが例示するような財の販売価格の交渉とその決着と同じ数量的問題として扱うことができるのであろうか．ブレトンウッズ協定の締結によって米国が得られる利得はどれほどの金額になるのか．これをどう推計するのであろうか．
　オデルは，混合戦略（mixed strategy）の格好な事例として，1942-44年のブレトンウッズ協定にいたる交渉過程をあげている（Odell 2000: 35-6）．
　オデルは，交渉過程を次のように評価した．交渉が進むにつれ米国の立場は劇的に変化していた．その戦略は「米国の特殊な目的を擁護するための柔軟な分配的戦術によって稀薄になっていた」．国際機関での決定に対する拒否権を米国に付与すべきであるとの主張を引っ込め，ケインズの新国際通貨の提案や米国に一層の責任を負わせることへの断固とした拒否の姿勢を転換させたのである．そうして会議の後半になると，モーゲンソー，ケインズ，他の参加者は，自己利益を追求する交渉者としてではなく，共通の目的を追求するパートナーとして振る舞うようになる（Odell 2000: 36）．
　オデルは，ブレトンウッズにいたる交渉過程をこのように理解するが，それでは，この交渉過程を事例とした場合，英，米はどの段階でどの戦略を採用したと考えるのか．最初は価値要求的戦略を採用していたのか．それが価値創造的戦略に変化したのか．それとも混合戦略へと変わったのか．そうした場合，いったいいつ戦略の転換が図られたのか．だが，オデルの記述からすれば，当初の交渉戦略がなし崩し的に変容していった

「遂次的・限定的比較法（method of successive limited comparisons）」である．

(1)の方法は次のように特徴づけられる．①価値あるいは目的の明確化が代替的政策の経験的分析と区別され，通常はその前提となる，②それゆえに政策形成は手段-目的分析によって行われる．その際，はじめに目的が明確化され，次に目的を達成するための手段が求められる．③よい政策である証明はそれが望ましい目的に対して最も適切な手段であることが示されることである．④分析は包括的になされ，すべての関連する要因が検討される．⑤理論に大きく依存することが多い．

しかしながら，リンドブロムは，複雑な政策問題の処理には(1)の方法は機能せず，(2)を用いざるを得ないと考える．彼は次のような理由を挙げている．①価値目標の選択と必要な行為の経験的分析とが明確に区別されず，密接に絡み合っている．②手段と目的とは明確に区別できないので，あらゆる目的-手段分析はしばしば不適切であったり，限界が生じたりする．③よい政策である証明は，さまざまな分析家がそれに同意したかによるのであり，その政策が合意された目的のための最適な手段であると同意しているわけではない．④分析というものは非常に制限されたものである．重要な起こりうる結果，重要な代

ように解釈できる．そうであれば，最初から混合戦略をとっていたのか．それとも早々に混合戦略へと転換がはかられていたのか．

次のような疑問も湧く．オデルの交渉理論によると，ある交渉が特定の戦略に基づく「結果」であると評価するのは何時の時点であるのか．①政府間合意，あるいは協定締結時点か，②それともそれらが実行，履行された段階であるのか．オデルは次のようにわざわざ「結果（effect）」の概念について念を入れている．「結果とは，政府間合意の条件であるか，あるいは暗黙の解決（あるいは交渉の中断）なのであり，市場や政治に及ぼすことになるかもしれない影響のことではない」（Odell 2000: 4）．そうであれば，①の段階をさすのであろう．そうしてみると，オデルの研究も協定の締結までが考察の対象で，それがどう批准され，その後どのように履行されたのかは対象になってはいない．だが，ブレトンウッズ協定の場合，米国の連邦議会での批准過程で，対内措置法が成立している．それによって米国が協定を履行するにあたって重要な"注文"が付けられた．この国内法によって，最大の出資国であり，票決権をもつ米国の国際通貨基金に対する政策は制約を受けることになった．

さらには，協定の主要条項が実際には，どう履行されたのかを検討し，国際協定としての「結果」を評価しなければならない．問題を相互援助協定第7条の履行過程として全体的に捉え英米金融協定の締結までを一連の過程と見ると，英国はブレトンウッズ協定で勝ち得た過渡期の特別扱い（第14条の適用）を，英米金融協定によって反古にされる結果となるからである．

替的政策，影響を受ける重要な価値は，無視されるのである．⑤この逐次的比較法によると理論に依存することが著しく低下する（Lindblom 1959; Braybrooke and Lindblom 1963)[3]．

　第2の論点である．スタインブルナーは，①合理的行為者モデルを意味する「分析的パラダイム」，②「サイバネティック・パラダイム」，③②と認知理論とを組み合わせた「第4モデル」（アリソンの3つのモデルを補完する第4のモデルの意味）の3つの枠組みを提示した．ここで彼がサイバネティック・パラダイムと呼ぶ②のアプローチは，どのようなものか．彼によれば，政策決定者は，決定過程は単純であるべきであるとして，多様性を排除して行為のための計算を最小限に済ませようとする．少ない変数を注視し，変数を自己の許容しうる範囲内におさえ，不確実性を減少させることに主要な価値をおいている．だが，果たしてこのモデルは，価値の対立が見られ，不確実性と決定が多く，複雑で異なるプレーヤーが登場する対外政策などの政策決定過程に適用できるであろうか．彼はそこで認知理論に注目する．認識（perception），学習（learning），記憶（memory），推論（inference），認知的一貫性（consistency），信条（belief）等に関する研究である．そうして，彼は，この認知理論とサイバネティック理論を組み合わせた「第4モデル」を開発する．そのうえで，意思決定者を「型にはまった思考（groomed thinking）」「コミットしない思考（uncommitted thinking）」「理論的な思考（theoretical thinking）」の3つに分類し，方法論の展開を試みる（Steinbruner 1974）．

　たしかに第4のモデルの可能性として認知，あるいは心理学理論の援用の可能性がでてくる．そこで第3の論点である．アリソンは，フランケル，スナイダーらの研究を無視したことで，政策決定論の方法論的な問題で重要な視角を

3）　宮川によると，こうした増分主義が現実性をもつのは，合理性モデルの非現実性に対応した次のような理由による．①政策決定者は，あらゆる代替的な政策を検討するだけの時間，情報，能力を有してはいない．②不確実性のもとでは従来の政策を踏襲するか部分的に修正したものを選択する．③既存の政策の選択にかなりの投資がなされ，政策の根本的な変更は妨げられる傾向がある．④政治的にも増分主義が受け入れやすい．⑤人間の行為は，場当たり的，状況主義的であり，極大化行動はとらない．⑥社会的価値が多元化した現代社会では価値目標について明確な合意はえられない（宮川 1994: 158-61）．

切り捨てる結果となっている．そのひとつは，政策決定における行為者の主観的要因を政策決定論にどう取り込むのかの問題であり，いまひとつは，政策決定論における解釈学的（説明的）アプローチの可能性である．

フランケルの場合，その方法論の特徴は，合理的行為者モデルの問題点について批判し，情報，心理，認知的要因を重視していた点である．彼は次のように指摘していた．「政策決定過程の始まりと選択行為の間に，状況が提議され，評価される段階が介在している」．（フランケル 1970: 126, 246）彼の方法では，「多くの用語」が用いられている．それらは，「イデオロギー，教義，価値と評価，効用，政策，約束，到達点，目標，目的，綱領，利益，あるいは善」であり，「原則，倫理，生活様式」などである．「価値は，2つの道を通して政策決定に影響力を及ぼすことができる．フロイドとデュルケイムがそれぞれ独自に異なった観点から展開したように，価値は個々人によって『内面化』され，集団の内部に制度化される」（フランケル 1970: 148, 145）[4]．

一方，スナイダーらの研究の独自性は，政策決定者の行為を解釈，理解する必要性を説いていたことであった．彼らによれば，実際の政策決定者の行為を説明することは，彼らの観点で世界を再構築することであった．「政策決定者が見るのと同じに政策決定者の"世界"を再生することをわれわれの分析上の主目的とすることがわれわれに求められている．これは，政策決定者自身ではなく観察者の判断によって状況を再生しこれを客観的に解釈するのと極めて異なったアプローチである」．「政策決定者が規定したように状況を再生すること」「政策決定者の立場から分析しようというもの」である（Snyder et al. 1962: 65）．つまり，観察者の立場からではなく，政策決定者の立場から分析すべきであるというのである．それゆえに政策決定論の研究方法としては，政策

---

4) このような方法論的立場からフランケルは次のように合理主義的方法を論断する．「目的と手段と図式を用いることは分析を単純化するが，しかし，同時にもっとも重要な疑問を生み出すのである．……（それは）価値についての決定的に重要な議論を見落としているだけでなく，価値は個別の実態ではなく，環境についてのわれわれの知覚に強く影響し，一般に手段と過程に属しているという事実を，非現実的なまでに無視することになる．」「こうして，合理的行動様式についての19世紀的神話は，他の分野の政治的行動と同様外交政策にも当てはまらないことが明白である」（フランケル 1970: 234）．

決定者の認知過程，国内的，及び国際的要因が政策決定者を取り巻く環境の政策決定者への影響を解明しなければならない．

そうしてスナイダーらは，動機分析が人間の行為を分析するうえで必要であるとして，シュッツにならい，それを①目的動機（in order to motives），②理由動機（because of motives）の2つに区分していた．もっとも実際の決定過程で関係するのは①であり，②は，過去の生い立ちの過程で形成された異常な心理的傾向，のことであった（Snyder et al. 1962: 144; シュッツ 1980: 96-9; Rosenau 1980: 306）．

スナイダーらの枠組みは，フランケルと同様に「壮大」なもので，雑多な説明要因が数多く挙げられ，それらは概念として明確さを欠いていた．観察者にしても，これらの余りにも多い要因を体系的に調べ，すべてを政策決定者の観点で検討するのは，不可能であった．そもそも，それぞれのカテゴリーは，政策決定者自身が用意したのか，それとも観察者が研究上のうえで設定したものであるのかも不明確であった[5]．

政策決定における主観的要因に着目する研究は，政策決定者が世界をどのように認知，あるいは認識するのかにおかれている．たとえば，歴史認識の問題である．歴史からの学習は，十分になされず，適度に一般化されやすい．政策決定者は，歴史的事件を自己流に解釈し，それによって形成された特有の世界観，歴史観をもつことになる．これに個人的な体験が合わさって，世界の動きに関して特有の期待や信条を生み出し，これが政策決定に影響を与えることになる．

また，人にはある先有傾向があり，これに合致する情報のみが受容され，そぐわない情報は捨てられる．新しい情報が自己の情報と矛盾するとその情報を認めず，信用しない場合がある．新しい情報のなかで，自己の見解を支持する情報や思考を模索する一方で，自己の信念と調和しない情報の弱点を探すような行動様式をとりがちである．たとえ，最終的にそれまでの信条を維持できな

---

[5] その概念図式が発表されたとき学部生であったローゼノーは，今日においては色あせたスナイダーらの壮大なシェーマは，国際政治における体系だった政策決定の理論化の試みであり，全く斬新で見事なアプローチと評価された，と当時を回顧している（Rosenau 1980: 299-300）．

くなった場合でも，その最小限の変化を許容するのみである．彼らは，内的葛藤をもたらし，一度選択したら取り消せない選択をためらう．政策の選択が価値観の対立に発展するのを嫌う．そこである選択に関わる場合，それがすべてのものを満足させることになると自らを説得し，あるいは，選択されなかった政策案を不十分なものとして選択された政策を合理化し，いままで以上にそれを支持しようとする．また，敵対者を自己の内的な侵略性や敵対性から説明しようとする傾向もある．認知的一貫性を保とうとする政策決定者は，既存の信条，認知メカニズム，願望，期待等に合致するように情報を吸収し，解釈しがちなのである．

　一方，ジャーヴィスのように「誤認（misperception）」をキー概念とするアプローチもある．これまでの研究では，政策決定者は世界を極めて正確に認識するものと見てきた．彼は，そうした考えが誤りであると論じる．そうして，「世界に関する認識，他の行為者に関する認識は，われわれが究明することが可能な，又われわれが理解できる理由によって，あるパターンにもとづき現実からずれる」と主張する（Jervis 1976: 3）．彼は，心理学研究の成果を踏まえ，国際政治の歴史的事件を事例としつつ誤認をもたらす要因の検討を行う．①心理的一貫性：新しい情報を既存の信条，イメージに同化させる傾向．②誘発された傾向（evoked set）：直接的な関心，あるいは現在取り組んでいる問題との関わりで情報を受容する傾向．③歴史からの学習：歴史についての独自の見方が彼の多様な状況と他のアクターについての認識に影響を及ぼす．④態度変容：本人の認識に合致しない情報がその人の見地，ものの見方，態様を変化させる．⑤共通の誤認：他の行為者を自己よりも統制がとれており，合理的に行為すると考えがちである．⑥2つのタイプの過大評価：(1)行為者は，自己の影響を過大視し，自己の努力によって他者が行為を変化させたと考えがちである．(2)他方で，行為者は，他者の行為を自立的なものと考えてしまい，自己の行為への反作用とは考えない．⑦希望的思考：願望や恐怖が認識を曇らせることがある．⑧認知的不協和：認識上の不協和をもたらす状況を回避しようとするか，あるいはそれらを少なくしようとする．

　しかしながら，こうした立論には，心理学的，認知論的アプローチに特有の難点がある．彼自身次のように自問している．「第1に，正確であるかどうか

を決めるのは容易ではない．ある人の認識がなんであったのか，またそれが正しいかどうかを知るのは困難なのである」．第2に，「個別な事例で誤認の証拠があったとしても，その事例が典型的でない場合，そこから誤認を一般化できないし，因果関係を確定することもできない」(Jervis 1976: 6-7)．

それにしても，そもそも政策決定者が認識した内容を観察者は事後に完全に追体験できるのか．観察者は果たして「客観的に」認識できるのか．観察者の認識も誤認に陥る可能性を否定できないのではないか．観察者の認識も信頼できないとすると政策者が誤認に陥っているかどうかを誰が判定するのか．また，外交関係では，さまざまな認識のもとづく交錯した政策の連鎖的な展開が見られる．ある国の政策決定者が正確な認識に立っていても，他の国の政策決定者が事態を誤認していた場合，政策の相互展開過程は誤認にもとづく結果をもたらすことになるのではないだろうか．

心理的学的，認知心理学的アプローチにもとづく研究で，政策決定に関わる小集団の力学，集団思考「グループ・シンク（group think）」に注目する研究もある．かかる集団研究では，集団は単にその構成員の単純な集合ではなく，したがって個人の選好や機能の寄せ集めではないことを強調する．集団を構成する成員の多様な見方や能力，分業による協業の成果，集団内討議による高度な分析と判断力の発揮等の理由からである．しかし，ジャニスらの研究のように強く結束した集団は，政策立案，執行能力を低下させることもあるとの研究もある．すなわち，集団内の力学から成員は，情報の検索や代替的な政策の検討を抑制したり，目標の明確化に資するグループ内の論争や競争をおさえこんだりする，のではないかと考えるのである．この一方で成員の集団への自己同一化がみられ，選択した政策に異議を唱える外部の政策集団から情報を入手しようとせず，それに対抗的な姿勢をとる傾向も見られる[6]．

---

[6]「グループ・シンク」を打ち出したジャニスは，その後，マンらとストレスが人間の合理的な決定を如何に制約するのかの研究に進んだ（Janis and Mann 1977）．それによれば，重要な決定は心理的な葛藤を生み，一度選択したら取り消しのできない選択をためらう．決定を渋る人間の心理的ストレスはどのようにして合理的な決定を制約するのか．彼らはそれを次の5つにパターン化して，解明しようとした．①非葛藤（unconflicted inertia），②新しい行為経路への葛藤なき転換（unconflicted change to a new course of action），③防御的回避（defensive avoidance），④過度の警戒

精神分析からのアプローチとしてはフロイトとブリットによるウィルソン大統領の研究が知られている．彼らは「ウィルソンを研究するために精神分析法を用い，精神分析の仮説や用語を制限なく用いた」．この研究方法によるおおよそのアウトラインは，次の文に示されている．「さてわれわれは，子供のときにウィルソンのリビドーの配分状態を概観した．その結果わかったのは，彼は自己愛が旺盛であったこと，母ではなく父が彼の情動の主な対象であったこと，彼の女性関係は正常で平凡になる運命にあったこと，父への能動性の一部は抑制され，一部は高い超自我を生み出したこと，父への受動性は彼の最も強い欲望であり，多くの捌け口を必要としたこと，父への服従や神への服従も，また，母との同一視や弟のジョーとの同一視も，父への受動性のための捌け口であったこと，などである」（フロイト＝ブリット 1969: 80）．
　ジャーヴィスは誤認に，ジャニスは心理的葛藤に焦点をあて，フロイトは精神分析を応用する．これらの方法的立場には，相当の距離がある．心理的，認知論的アプローチのうち，どの説明原理が優れた説明的方法であるのだろうか．
　最後に，このような認知，認識，精神のありようからのアプローチとともに，アリソンが除外している政策決定のアプローチに，多元主義的アプローチがあった．アリソンは密室状態での安全保障政策の決定過程の分析にこの方法は有効ではないと考えたのであろうか．それは多元的政治理論や利益集団論等として知られている伝統的なアプローチであり，ベントレーを先駆としてトルーマン，キーらに受け継がれたものである．それはまた，社会中心的 (society-centered) アプローチとでもいう方法である．
　集団概念を手がかりに本格的な政治分析を試みるベントレーの場合，諸集団は，相互活動を通じてひとつの均衡状態に近づく傾向があると見た．「集団の交差 (criss-cross)」「習慣背景 (background habits)」と訳される彼独特の概念がその論理を支えていた．前者は，重複メンバーシップのことで，各個人がさまざまな集団に属していると，ある特定集団が自己利益だけを追求して突出した行動にでるのを抑制し，諸集団間に均衡化の傾向が生じる．後者の習慣背景は，「潜在的集団（活動）」とも理解され，この集団と活動は，社会が安定的な

(hypervigilance)，⑤警戒 (vigilance)．

あいだは現れてこないが，集団の利害対立が激化すると表面に現れ，抑制的な動きをする (Bentley 1908)．ベントレーの調和論，均衡論は，その後の多元主義的アプローチの基礎となり，受け継がれていった．彼らは政治過程，広義の政策決定過程を次のように捉えた．すなわち，政府，あるいは国家を中立的な調停者として位置づけ，集団間の競争から自然に調和が生まれると信じ，社会の多様な利害集団によって政策の決定課題が決まり，その対立と連携の過程で政策が決定，執行されていくのであると．

多元主義のアプローチは，国際経済政策や経済外交の決定過程を対象とした研究の多くが採用している．スムートホーリー法について研究したシャットシュナイダーの業績を嚆矢に通商政策，国際金融政策，国際資源政策の研究に用いられている (Shattschneider 1935)．

こうした政策決定論に対して批判理論は，「権力（パワー）」や「ヘゲモニー」概念を全面に押し出す．それらは，国際システムの構造，安全保障と権力の構造，支配エリートによる強いリーダーシップなどとして指摘されているアプローチである．ミルズが唱えたパワー・エリート論は，政府機関，政党や議会，実業界，学界などでパワーを持った個人や集団が支配的な影響力を行使するという社会分析のアプローチであった．英米関係における米国，財務省と財務省高官（モーゲンソー，ホワイト，バーンスタインら），英国専門家（ケインズ，ロバートソン，ロビンズら），米国の専門家（パスヴォルスキー，ハンセン，ゴールデンワイザーら），イングランド銀行，ウォール街等のパワーに注目する方法である．

また，グラムシのヘゲモニー論を継承した理論構築の試みとしてはストレンジが注目される．それは，ギデンズ，コックスの研究を足がかりに，世界政治，社会，経済における構造的パワーなる概念を打ち出した点にあろう．構造的パワーとはなにか．新マルクス主義やコックスが生産構造を強調し，生産が基層を形成し，世界秩序が最上層に，その中間に国家が存在するという構図を思い描くのに対して，彼女は4つの面をもった三角四面体をイメージする．各々の角面は4つの構造のひとつを表し，これら構造を通して権力が特定の関係に対して及ぼされる．この構造的権力は，第1に，人びとの安全保障をコントロールする立場にある人びと，第2に，財やサービスの生産様式，方法を決め支配

する人びと，第3に信用を提供し，分配する能力を持った人びと，が握っている．ヘゲモニー論は，厳格な実証主義の因果関係論を越えた本質的に反実証主義に立つ大きな枠組みからのアプローチといえる（ストレンジ 1994: 40; Cox 1987; Giddens 1979）[7]

　国際経済政策や金融政策の決定政策を扱った近年の研究では，これまでに見たような方法論の展開を受けて，方法論の一層の広がりが見られる．

　まず，パスターの場合は，国際経済政策を記述し，説明し，予測する「レンズ」として次の5つのレンズを挙げている．①国際システムの構造論，②官僚政治論，③議会行為理論，④利益集団論，⑤政府間政治，議会-行政府の政治論（Paster 1980: 26-25）．

　米国の国際通貨政策を研究したオデルは，以下の5つの枠組みを示し，政策転換過程の説明を試みている．①国際市場の条件：市場の圧力による国際通貨政策の転換，②安全保障と権力構造：国際的な権力構造の転換，③国内政治：政治指導者の地位変化，利益集団の圧力の変化，世論の変化，④組織と内部的構造：組織の構造，そこでの交渉，⑤観念：イデオロギーから精神病理的な認知，政府高官の政策的優先順位に関する認識をもふくむ（Odell 1982）．

　コーヘンは，国際経済政策に関わる政策決定モデルとして以下の7つを挙げている．①大統領命令モデル：大統領による直接介入，明確な指示にもとづく政策決定．例：1971年8月15日のニクソンによる金・ドル交換性停止措置．②官僚政治モデル：これを増分主義として把握．異なる認知作用，目標，支持基盤，権益を有する官僚組織による取引として政策決定過程を捉える．③共有されたイメージ・認知作用モデル：「集団思考」のことである．国際経済政策に関わる部署では市場メカニズムの機能を共通して重視するような政策が追求される．④多様な調整モデル：大統領に忠実であるが，各官僚組織から中立的

---

[7]　ストレンジは，その後『国家の衰退（*The Retreat of the State*）』（Strange 1996）でさらなる議論の展開を図る．そこで彼女は「国家の権威の弱体化」「衰退」との基本認識に立ち，旧著『国家と市場』で打ち出した先の4つの構造的権力のうち，国家の指導的役割を唯一安全保障に限られると主張しはじめた．さらに「権力」概念についての考察を進め，「関係論的権力」と「構造的権力」を区別すること，すなわち，「～からの権力」よりも「～に対する権力」が重要であると論ずる（ストレンジ 1998）．われわれはかかる議論の展開を支持しない．

な政策調整者による政策の調整と決定．⑤単一の決定機関による支配モデル：国際通貨・金融政策を管轄する財務省による政策決定．⑥パーソナリティ・モデル：強いパーソナリティをもった政策決定者による決定，⑦議会・政府機関の対立と連携のモデル：議会や行政府のどちらかが優位性を発揮する．場合によっては相互協調するなかでの政策決定（Cohen 1988: 147-69）．

　本書において，われわれは，かかる先行研究の方法論的企図を継承しつつ，それぞれのアプローチの優位性と弱点をおさえながら事例研究を試みる．

　われわれは合理主義的モデルを，はなから否定するものではない．しかし，演繹的方法にたち，国家を単一の行為主体として，通貨外交を説明するというのでは強引すぎる．また，社会的組織の行為を自己利益最大化仮説で説明するのも乱暴すぎる．われわれはまた，合理的行為者モデルが価値中立的方法であるとの評価についても疑問を抱く．それは，行為主体の社会的行為を，自己利益最大化の仮説という「概念枠」を持って説明しようとする解釈学的方法であろう．

　なるほど認識論的，あるいは認知的アプローチも有用であろう．だが，さまざまな個人や集団の心や内部に分け入ることは容易ではない．たとえば，ケインズ，ロバートソン，あるいはホワイト，財務省の通貨調査局が，何を考えていたのか，どう認識，認知したのか，どのような心理的状態にあったのかを，後世の観察者が追体験するのは可能であろうか．たとえ，その世界に入り得たとしても，心の中，内部の心理状態，決定過程の特徴を正しく理解しえたとの保証はない．このような難問にどう答えるのか．

　また，政府内，官僚組織内の動きに注目した方法による研究も容易ではない．財務省，国務省，連邦準備制度，あるいは大蔵省，イングランド銀行等の官僚組織の内部に関する1次資料は，断片的，断続的であり，組織内部の動きを，全体的に，継続的に検討することは不可能である．

　資料的な事情から，本書でもっぱら依拠した方法は，英米の多元的政治状況のもとでの権力関係をおさえ，通貨外交に関わる政府組織，議会，主要な社会集団の対立と連携のなかで，政策の立案，展開過程を追うことであった．

第1編　戦後通貨構想の起源

第1章
ケインズの国際通貨制度論と超国家的金融機関の構想

　　　　「近年，多くの人々が，世界の貨幣的問題の処理方法について，不満をも
　　　　つようになってきた．われわれは，まずいやり方をしているが，しかし，
　　　　もっとうまくやるにはどうすればよいかは分かっていない」（ケインズ
　　　　『貨幣論』より，CW 1971b，邦訳 427 頁）

　ここでは，ケインズの国際清算同盟案の理論的・政策的位置を明らかにするため，彼の国際通貨制度論の展開を跡づけ，国際清算同盟案を構想するにいたる経緯を明らかにしよう．本論に先立ち，あらかじめここでの要点を明らかにすると以下の通りである．

　第1に，ケインズは1913年の『インドの通貨と金融』から1936年の『一般理論』にいたるまで国際金本位制度とそのもとでの固定相場制度に一貫した批判的関心を払い，通貨，金融理論と政策の研究を発展させてきたことである．

　第2に，とりわけ『貨幣改革論』以降は，国際金本位制の固定相場制とこれに連動させた銀行利子率が完全雇用と整合的と考えられる自立的利子率の維持を不可能にしてきたことを究明しようとしてきたことである．

　第3に，国際金融における自由放任は，金利の制御を不可能にし，自立的な金利政策の制約要因となるばかりか，資本移動を容認し，国内均衡の維持を目標とする政策を困難にしてきたことを明確にしようとしてきたことである．

　そしてケインズは，『貨幣論』で，一国的に市場利子率の調整による物価水準，国内投資の調整政策を展開する限界を考慮した英米の政策協調を柱とする国際的な通貨，金融政策の展開，とりわけ国際的に管理された超国家的銀行

を構想する．さらに彼は，ロンドン経済会議に向けては，各国の拡張主義的政策展開を助けるための国際発券機関をも構想するのである．

1. 『貨幣論』と超国家的銀行構想

(1) ケインズ『貨幣論』の刊行

ケインズは，『インドの通貨と金融』（1913年）で金為替本位制度について，『貨幣改革論』（1923年）では，金本位制度が未開社会の遺物と化しているとして管理通貨制度の下での通貨，金融政策について考察をした．そうして，国内的には管理通貨制度の下でのインフレ政策の展開を可能にするため英米が協調して金を管理し，ドルとポンドを安定化させうる国際通貨制度を模索する重要性を強調した．その後ケインズは，『貨幣論』（1930年）で，国際通貨制度論を発展させ，超国家的金融機関を構想するにいたるのである．それは次のような歴史的状況のもとで進められた．

1924年10月の保守党の勝利をうけてポンドの価値は10月31日の4.49ドルから年末には4.72ドルまで上昇した．金本位制復帰への期待が高まるなかでケインズは1925年3月の『ネーション・アンド・アシニーアム』で，金本位制は決して自動的，あるいは自動調整的な制度ではないと主張するとともに，それは米国の保護下に英国を置くものであると警告した（ドスタレール2008: 468-71）．

金本位制復帰は1925年4月25日，チャーチルの予算演説で発表された．1ポンド＝4.8ドルという戦前の平価での復帰であった．ケインズは，直ちにこれを批判し，旧平価ではポンドが10％過大評価されていること，このレートを維持するためには賃金と物価を同程度切り下げる必要がある，と主張した．ケインズの推計では，そうした措置が大量の失業者を生み出すことは必死で，通貨当局のかかげる目標自体が達成困難であることは明らかであった．こうしたなかでケインズは，新聞の論評をまとめたパンフレット『チャーチル氏の経済的帰結』を刊行し，戦前平価での金本位制への復帰は，国内すべての労働組合との賃金切り下げのための闘争を生じさせかねないと予言した．事実，旧レートでの金本位制度への復帰は英国に深刻なデフレ圧力をもたらした．ポンド

高は，石炭産業などの輸出産業を直撃した．炭坑主のロックアウト，炭坑組合のゼネスト（1926年），内閣総辞職（1929年）と政治的危機が続いた．そうして，これに追い討ちをかけたのが大恐慌であった．英国の危機的状況は深刻化した．

深刻な体制危機の渦中にあってケインズは，金融事象の根本問題への新しいアプローチについての研究を思い立った．その成果が1930年に刊行された『貨幣論』であった．執筆に7年も要した『貨幣論』についてケインズは，大胆率直にも「著者序文」で「校正刷りを通読して，その欠陥を強く自覚している」と告白した．なんと執筆中にケインズ自身の「考えは発展し変化していった」．そうして「最後に到達した考えは，出発点としたものとは非常に違って」しまったのである（CW 1971b，邦訳 xxv 頁）．そのうえケインズが「入り組んだ密林の中を無理矢理に切り抜け」「脱け出した」とき，予期し得ぬ現実に直面した．彼が執筆にあたって前提としていた国際金本位制度がばらばらに崩壊してしまったのである（同，邦訳 xxvi, xxix 頁）．

ケインズは「貨幣的組織」の「動学的な諸法則」の発見が『貨幣論』の基本課題であると述べていた（同，邦訳 xvii 頁）．だが，その後，本当の課題は，貯蓄，投資を分析の中心におき生産量と雇用量の変化を決定する「動学的諸法則の発見」でなければならないと気づいた．『一般理論』で到達した理論的地平からすれば，『貨幣論』は，「理論的部分（第3，第4篇）の著しい欠陥」（CW 1973，邦訳 xxvi 頁）をはらんでいたのである．

本著の本来の課題からすれば，ケインズ自身がこのように評価する『貨幣論』の，多様で複雑な内容と，その学説史上の意義と限界について，ここで論じることはできない．早々に本論の課題——『貨幣論』で打ち出されたケインズの国際通貨制度論——に議論を移そう．問題を，①『貨幣論』にみる国家介入主義の思想——科学的に管理された世界制度の建設，②金本位制度批判，③超国家的銀行の設立と内外均衡の達成，に整理して概観しよう．

(2) 『貨幣論』の経済政策思想：国家介入主義の思想

ケインズは国家介入をどのように考えていたのか．ケインズ時代の終焉が喧伝された頃，ケインズが陥っていたと批判された前提に「ハーヴェイロードの

プリザンプション」があった．確かに彼は，理性的な賢人による経済のコントロール可能性を信じていた．次の引用文から，「科学的管理」「英知」「調整」「計画的」「科学的方法」などが，ケインズの経済政策論のキー概念となっていることが分かるであろう（下線：筆者）．

「もしわれわれが，<u>科学的に管理された世界的な制度の建設</u>を妨げるような，多くの障害をひとたび克服できた場合には，その制度に金の偽装を施しても，それがわれわれの困難をたいして増加させるようなことはないであろう．もし世界の通貨制度が，<u>超国家的機関の十分な英知をもって管理</u>されるとすれば……」（CW 1971c，邦訳 314-5 頁）．
「現在のところでは，国際的な複雑な事情が，われわれの<u>価値の標準を科学的に管理し</u>，そして世界を通じての投資の均衡を維持しようとするいかなる効果的な試みをも，妨げているのであるが……」，「……一つの超国家的な管理の制度において，唯一の適切な解決策が見出されうることになるであろう」（同，邦訳 393 頁）．
「……もしわれわれに，<u>その銀行組織を利用して，市場利子率の適切な調節を実現しようとする用意があるとすれば，投資率は，必ずしもわれわれの調節のおよばないものではない</u>ということである」（同，邦訳 405 頁）．

そして，必要ならば，イングランド銀行と連邦準備制度理事会が協調して，両銀行が場合によっては国際協定を締結し，他の中央銀行に対して圧力をかけ全銀行が一緒に行動するようにして，公定歩合政策と公開市場操作とを徹底して追求する．

「このような線に沿って，<u>計画的なそして強力な行動</u>がとられ，そしてそれが失敗に終わらない間は，われわれは，本書の議論に照らして，この場<u>合銀行組織は投資率そしてそれ故に物価水準を調節することができない</u>という考えを認める必要はない」（同，邦訳 406 頁）．

(3) 『貨幣論』での金本位制度批判

ケインズは『貨幣論』で金および金本位制についてどのように見ていたのであろうか.

「第35章 国際的管理の問題 2 金本位」で次のように論じている.

ケインズは「1 呪うべき黄金欲」でまず，金を価値の規準として選択することは，主として伝統に基づいている，としたうえで，金属貨幣の歴史的変遷について次のように簡略で見事な説明を行っている.

> 「およそ4, 5000年前に，文明世界は，ポンド，シリングおよびペンスに対するものとして，金，銀，および銅を使用することに落ち着いたが，しかし銀に第1の重要性を与え，銅を第2とした．ミケーネ人は金を第1位においた．次にケルト人あるいはドーリア人の影響を受けて，ヨーロッパおよび地中海の北岸へ，銅に代わる短い期間の鉄の侵入があった．アケメネス王朝のペルシャ帝国は，固定比率での金銀複本位を維持した（アレクサンダーがそれを倒すまで）が，それとともに，世界は再び金，銀および銅に落ち着き，銀がもう一度，最も重要なものとなったのであった．そしてその後は，銀の長い優位が続いた……が，それは，十分には成功しなかった金銀複本位の企て，ことに18世紀および19世紀前半の試みによって変化させられ，そして〔第1次大〕戦前の50年間における金の最終的勝利によって，漸く終わりを告げるに至ったのである」（同，邦訳302頁）.

ケインズはフロイトを引き合いに出し，金は購買力の独占的な標準としては，成り上がり者といってもよいくらいのものであるとも論じている.「フロイト博士は，われわれの潜在意識の深所には，とくに金が強い本能を満足させ，象徴として役立つような，特別の理由が存在すると述べている」．ケインズは注記で英国でのフロイトの一番弟子アーネスト・ジョーンズの所説にまで言及している（同，邦訳303-4頁）.

ケインズによれば，第1次世界大戦は，金を各中央銀行の地下室に集中させ，そしてこれらの［中央］銀行はそれを解放しなかった．したがって，ほとんど世界中を通して，金は流通から引き揚げられてしまった（同，邦訳304-5頁）.

ケインズは中央銀行相互間の金の受け渡しさえも「不必要な移動に要する費用のために，かなり時代遅れのものになりつつある」とみた．この例が「『イヤーマークする』と呼ばれるもっとも近代的な方法」であった．それは「場所を移すことなしに所有者を変える方法である」．だがケインズも指摘するように，イヤーマークは決して新しいものではないのである．その最も古い例として，ケインズは，ロッセル島の石貨を指摘している．このうえでケインズは，中央銀行間の協定の締結の開始にいたる道程はそう遠くないとの見通しを明らかにしていた（同，邦訳306頁）．

(4) 超国家的銀行の設立と内外均衡の達成

近代において，多くの国々で金が支配した時代は60年にも満たず，また，金本位制度のもとで，金は時々，極めて少量が中央銀行間で受け渡しがなされたに過ぎなかった．金は土に帰った，と主張して憚らぬケインズからすれば，金廃貨こそが選択すべき政策であったように思われた．しかしながら，ケインズは理想主義者であったが，経済理論と現実との統一を重視した現実主義者でもあった．「何らかの仕方で金に結びつけられているのではないような，ある標準についての，国際的支持を確保しうるようになるなどということは，今後何年にもわたって，ありそうにもない」（同，邦訳314頁）．

この認識に立ってケインズは，国際通貨制度の改革問題で次のように論じた．「われわれの前にある最後の問題は，金の価値それ自体を，ある種の超国家的制度の媒介によって管理する方法を，展開することである」（同，邦訳407頁）．

換言すれば，金本位制度を前提にしつつ，金の国際的価値を人為的に管理する国際制度を打ち立てることである．この考えは，『貨幣改革論』で打ち出された国際的な金価値の管理，国際的な管理通貨制度論を敷衍し発展させたものであった．

貨幣金の価値を国際的に管理することとは，たとえば世界的に重要な60の標準化された食料品と原材料をとり，それらを加重された物価指数に合成することで国際的な計数標準を決め，金の価値の長期的趨勢をこれに一致するように管理することである（同，邦訳410-2頁）．

その目的は，先進国の経済的政策協調により，国際的標準にしたがって金の

価格を調整し，投資と貯蓄の均衡により国際物価水準の安定を図ることである．ケインズはこれを，比喩的に，次のように説いている．金を，各中央銀行から構成され統治権を持つことになる1つの内閣の意思に完全にしたがうような立憲君主として維持することである．

(5) 超国家的銀行の役割と機能

ケインズは『貨幣論』第38章「超国家的管理の問題」で，金価値の人為的な管理を行う国際組織として，超国家的銀行を構想する．これは，英米両国による貨幣用金の価値の人為的な管理を提唱した『貨幣改革論』の構想を，国際組織の設立として発展させた提案であると評価することができよう．

彼は，超国家的銀行による金管理の問題を二段構えで論じている．「最低限度の管理」と「最大限の管理」である．これらについては，ケインズ自身に説明してもらおう．

最低限度の管理　「①すべての国は，金（あるいは金証券）を活動的な流通に入らせず，もっぱらそれを，中央銀行の準備貨幣として留保するようにすることに，同意しなければならない」．

「②すべての中央銀行は，金に対するある代用物を，その固有の準備貨幣の一部として受け入れ，その創造する中央銀行貨幣の一定量に対する裏付けとしてその金庫に保有する必要があると考えている金の量を，減少させる——あるいは少なくとも事情に応じて変化させる——ことに，同意しなければならない」．「金以外のあるものを，中央銀行準備貨幣の一部として使用することは，為替本位〔制〕および為替調整の採用を通じて，徐々に行なわれ始めてきた」（同，邦訳415-6頁）．

「③すべての中央銀行の法定準備必要額は，中央銀行委員会の勧告に基づいて，正常の20パーセントを超えない額だけ，上下に変化させられるべきである」．

「④すべての国において，中央銀行の金の最低買入価格と，その最高売却価格との開きを，2パーセントまで拡大させるべきである」（同，邦訳418頁）．

最大限の管理　しかしながら，信用循環に対するなんらかの有効な改革案を見出そうとするのであれば，これにとどまるべきではない．ケイ

ンズによれば,「理想的な制度は, 疑いもなく, 1つの超国家的銀行を設立することであり, そして世界の中央銀行が, これに対して, その加盟銀行の中央銀行に対する関係とほとんど同じ関係に立つことであろう」(同, 邦訳419頁).

　この銀行についてケインズは次のように説明している.

(1) 銀行は創業資本金をもつ必要はない.
(2) 中央銀行以外とはいかなる取引ももつべきではない. その資産は, 金, 有価証券および各中央銀行に対する貸し出しからなっており, またその負債は各中央銀行による預金からなるべきものである. このような預金を, われわれは超国家的銀行貨幣(Supernational Bank Money: SBM)と呼ぶ.
(3) SBMは, 相互に2パーセントだけ差のある一定価格をもって, 金との引き換えにより購入され, また金により現金化できる.
(4) この銀行の金準備額は, 銀行自身の裁量に基づいて決定される.
(5) 加盟中央銀行の創造した国民的貨幣は, 金と同じ条件, すなわち買値と売値との2パーセントの差をもって, SBMにより強制的に買い取ることができ, また, 強制的に現金化できる. SBMがまず第1の国際的本位となり, SBMそれ自体を現金化する金が最終的な本位〔貨幣〕となるようにするのは, 極めて望ましい.
(6) SBMは加盟中央銀行の法定準備用のものとして, 金と同様に計算に入れられる.
(7) 加盟中央銀行は, 最初に相当な額を預託することによって, 超国家的銀行に勘定を起こすものと期待され, それ以後は, そのSBMの保有高は, 金のそれ以上の預け入れにより, 他の中央銀行からのSBMの振替により, また超国家的銀行からの借り入れによって補充される.
(8) 超国家的銀行はある利率を設定し, 加盟銀行は, 一度に3カ月を超えない期間について, この利率により借り入れられる. ある中央銀行がこの割引枠の利用を許される範囲は, たとえばそれ以前の3カ年についてのその中央銀行の平均預金額, または初めはその最初の金預入額に等しい金額まで, そして3年後には, それ以前の3カ年についての, その平均預金額ま

で割引を受ける資格を与えられる．「超国家的銀行は，二つの面で——銀行利率の面と，割当枠の割当額と呼べばよいと思われるものの面と——各中央銀行に対する信用の条件を，調整することになるであろう」．
(9) 超国家的銀行は長期債，または短期債の売買によって公開市場操作を行うことができる．SBM 表示の国際的公債の発行ができる．
(10) 各加盟銀行の代表者からなる管理委員会の設置．これによる日々の運営．委員会には高度の権威と独立性が付与される．
(11) ①主要な国際貿易品に基づく計算表中で測った金（あるいは SBM）の価値の安定を維持する．②国際的性格をもつ一般的利潤インフレーション，および利潤デフレーションをできるだけ回避する．これらの目的を達するための方法は，その銀行利率，その割引枠の割当額，およびその公開市場政策による（同，邦訳 419-22 頁）．

　ケインズは『貨幣論』で超国家的銀行について極めておおざっぱな構想を提示したにすぎない．設立される銀行の基本目的，権限と業務，運営組織と運営方法などについて具体性を欠いていたのである．それはケインズが，超国家的銀行の核となる国際銀行として実際的には「国際決済銀行（BIS）」を考えていたからであると考えられる．
　BIS はもともと第 1 次世界大戦によって発生した政府間債務の支払いおよび振替——ドイツの賠償金，連合国相互間の債務，およびヨーロッパ各国の政府からの合衆国への支払い——を円滑に進めるために設立される超国家的機関であった．BIS は，①各中央銀行の当座勘定，預金勘定により預金を受け入れ，②各国中央銀行への貸付，③金，外国為替，手形，その他有価証券の自由な売買，が業務とされた．
　ケインズは『貨幣論』の超国家的銀行に関連して次のようにこの銀行の創設に期待を込めている．「われわれはここに，貨幣的管理のため一つの超国家的銀行が発展してくる出発点となる核があるという希望をもってよい」（同，邦訳 426 頁）．ケインズは少なくともそこには世界の中央銀行の総裁たちが腹蔵なく議論する慣習をもち，そして相互にその方法と見解とを熟知するようになるような集まりの場を提供するであろうと考えた．ケインズは，このことから

協調と共同行動が銀行を核に，次第に育ってゆくものと期待したのであった．もっとも，こうした期待が実現されるか否かは米国の態度いかんで決まるとも見ていた（同，邦訳 426 頁）．

ケインズはこのように『貨幣論』で，BIS について言及している．だが，超国家的銀行と BIS とが，役割と機能の面でどのような関係になるのか，具体的な言及はない．BIS が正式に設立されるのは，『貨幣論』の刊行と同じ 1930 年である．『貨幣論』の原稿はこれ以前に執筆されていなければならない．超国家的銀行の構想が具体性を欠くのは当然のことであろう．

このように『貨幣論』では，超国家的銀行の構想は具体的な内容を欠いていた．だが，ケインズはそこで，次のような認識にあったことが明らかであった．

第 1 に，市場利子率の調整による物価水準，および国内投資の調整が必要であり，またこれが可能である．

第 2 に，イングランド銀行と連邦準備制度理事会との中央銀行間協力——ブレトンウッズでのような大蔵省・財務省協力ではない——による公定歩合政策と公開市場政策での政策協調による景気政策の必要性．

第 3 に，英米の中央銀行間協力を柱とする国際的に管理された超国家的銀行の創設とこれによる金と国際通貨の管理の必要性．

2．『繁栄への道』での国際発券機関の構想

(1) 世界恐慌と保護主義への転換

1929 年の世界恐慌をうけて，11 月にマクミラン委員会が，1930 年 1 月には経済諮問会議が設立された．ケインズはこうした場で，中心的な役割を果たし，英国の経済的諸問題の調査と政策的問題の検討を行った．ケインズは，失業対策として保護貿易主義を説き，政策提言や報告書の取りまとめに力を尽くした．1931 年 6 月に公表された『マクミラン委員会報告書』は，金本位制度からの再離脱を望ましくないとし，輸入関税と輸出補助金の導入を提案していた．ケインズもいったん金本位制に復帰した以上，これに留まる方がよいとしていた．恐慌対策として次第に保護主義への傾斜を強めた彼は『ニュー・ステイツマン・アンド・ネイション』で輸入関税を強い調子で説いていた．

こうしたケインズの行動について，彼が妄想を膨らまし，この恐慌を，英国が世界の金融上の主導権を奪還するうえで利用しうると考えた，との見方がある（ドスタレール 2008: 475）．実際に，ケインズは金本位制が機能しているかぎり，英国がそれから利益を得る最も効果的な方法を追求した．それまでは熱心な自由貿易の支持者であったのにもかかわらず，彼は，ポンド平価の維持を追求し，保護主義的手段を提案するようになったのである．ケインズの保護主義への傾斜は耳目を集めることとなり，ロビンズらはこれを「経済的ナショナリズム」と批判した．

だが，『マクミラン委員会報告書』が公表されたわずか数カ月後，イギリスはふたたび金本位制の停止に追い込まれた．1931年5月，国際金融恐慌が勃発したのである．訪米中のケインズは，ドイツからの巨額の資金流失による国際金融システムの動揺，フーバーモラトリアムや米仏金融協力と矢継ぎ早の対応がとられる様を目にした．

ポンドは強い売り圧力を受け，国内経済は激しく落ち込み，財政危機は深刻化した．ポンド不安は続き，英国の短期借り・長期貸しの国際金融のメカニズムは破綻した．1931年9月20日，マクドナルドは，ラジオで，ヘンダーソンが起草した声明を読み上げ，金本位制度からの離脱を表明した．

マクドナルド内閣は，一方で，増税と歳出削減を柱とするメイ委員会報告を受け，賃金と俸給の引き下げを提案した．だが，マクドナルドは労働党と労働組合を説得できず，逆に強く反発する労働党から逐われた．

経済，政治危機のなかで成立したマクドナルド挙国内閣は，失業手当の切り下げ，増税と支出削減を打ち出す一方で，経済的ナショナリズムへの傾斜を強めた．輸入関税法（1932年3月），為替平衡勘定の設定（1932年4月）と矢継ぎ早の対応をみせた．前者は，保護主義を鮮明に打ち出したものであり，また，為替平衡勘定によるポンド安の誘導は国際的な激しい平価切り下げ競争のきっかけとなった．さらに，英国はオタワ会議（1932年7月21日〜8月20日）を主導した．そこで，恐慌対策として，英連邦特恵関税制度が決められた．これは世界のブロック経済化に拍車をかけた．

1933年に入るとドイツではヒトラーが首相に，米国でローズヴェルトが大統領に，就任した．その後，ドイツの選挙でナチスが大勝利した．米国ではニ

ューディール政策への転換が進められ，4月には金本位制度から離脱した．世界経済は大恐慌と保護主義の蔓延によって著しく落ち込んだ．

『繁栄への道』（1933年3月）と題されたパンフレットは，1933年3月『タイムズ』に掲載された4つの論文をもとに加筆したものである．それは1932-33年にかけヘンダーソンと協力して案出したケインズ＝ヘンダーソン案をもとにしたものであった．

ロンドン経済会議に向けて執筆されたケインズの政策案の根底にあったのは，英国経済と世界経済の繁栄を同時に実現しうる道を構想しなければならない，との信念であった．国内の経済成長政策が各国間の富の奪い合い，対立を激化させてはならない．ケインズはここで『貨幣論』での超国家的銀行とは異なる超国家的発券機関を構想し，提案する．

英国大蔵省も，ロンドン経済会議に向けた準備会議で，ケインズ＝ヘンダーソン案のアイデアを取り込んだ国際信用機構（公社）案の検討を求める動きを見せた．それはBISを通じて各国に金を貸し出すことを柱とした構想であった．英国は，この案を仏，米と協議するが，実現にこぎ着けることはできなかった．時期悪く，マクドナルドを団長とする交渉団が大西洋を米国に向かっていたころ，ローズヴェルト新政権は，新たな金政策に着手し，通貨管理政策を強めたからであった．

1933年6月の世界経済会議（ロンドン）が開催された．それは，経済的ナショナリズムが強まるなかで，国際経済政策協調を模索する最後の試みであった．

ロンドン経済会議に先立ち，ローズヴェルトは5月16日，ロンドン国際経済会議での通貨の安定化の必要性を強調していた．ケインズは会議への期待を込めて『繁栄への道』を著した．しかし，米国代表団は6月22日に，さきの声明とは反対の声明を発表した．会議の先行きへの懸念と不安が広がるなか7月3日には大統領自らがドル安定化拒否声明を発表し，ロンドン世界経済会議での国際経済政策協調の試みは失敗に帰した．

新たな事態に直面してケインズは，1933年7月『ニュー・ステイツマン・アンド・ネイション』で「国家的自給」と題する論説を2回にわたって掲載し，再び保護主義を支持した．

(2) 『繁栄への道』での国際発券機関の構想

　1932年に英国は金本位制度からふたたび離脱した．金本位制を自発的に放棄することはないと考えていたケインズは，『貨幣論』では妥協的に，当時採用されていた金本位制を出発点として，管理された世界通貨への形態へと徐々に発展してゆくことを希求した．しかし，金本位制度は崩壊した．彼は，1932年4月5日の『貨幣論』「日本語版への序文」で，次のように記している．

> 「〔第1次〕大戦後にあれほどの大きな苦痛と犠牲とを払って再建した歴史的な金本位制は，ばらばらに崩壊してしまい，そして恐らくそれが将来再び古い形式で組み立てられることは，決してないであろう」(CW 1971b, 邦訳 xxix 頁)．

　そうして英帝国経済会議がまねいた経済的国家主義の世界的な高揚は経済戦争の激化となって世界経済に不吉な暗雲をもたらした．経済的保護主義，為替の切り下げ競争にどう対処すべきか．この現実に直面してケインズは，金本位制に拘泥せず自由に新しい計画案によって国際通貨体制を再建することができるのであり，9年前の『貨幣改革論』で示唆した構想に回帰すべきであると考えた（同，邦訳 xxx 頁）．

　ケインズはさらに，近い将来に起こりうることとして，世界の国々が次の2つの集団に分かれることを予測していた．そのひとつは，暫くの間厳格な金本位制に固執する国々であり，いまひとつは，金とは一定であるが硬直的ではない関係を維持しながら，ある形の価格の安定化を企図しようとするものであった．後者は英帝国，日本，南アメリカ，中央ヨーロッパおよびスカンジナビアを含む通貨同盟ともいうべきものであった．それは1つの共通通貨単位を持ち，その価値はこの新通貨同盟の加盟国に主としてかかわりのある主要な国際貿易商品からなる1つの合成商品で測った規準（値）で決められ，為替相場水準は，たとえば上下5％以内に（すなわち全変動幅10％以内に）安定するように維持される，と考えられた（ケインズ 1979: ① xxx 頁）．

　ケインズの『繁栄への道』とそこで説かれた国際金融機関は，どのような構想か．彼は，ここでカーンの乗数概念を用い，赤字公債の発行にもとづく公共

事業支出によって国内需要を増大することが大恐慌後の深刻な不況を克服する唯一の方法であると主張した．しかし，各国が独自にバラバラにこうした政策を採用し景気が跛行的に回復した場合，新たな国際的不均衡を引き起こす恐れがある．世界が共同して同時に公債支出増大，公共事業の拡大をはかる以外にはない．また，各国がこうした政策を採用するには，中央銀行が国際収支の制約から解放され，自由な政策の展開が保証されなければならない．

この問題にどう対処したらよいのか．世界経済会議の中心課題がここにあった．ケインズは，全世界が足並みをそろえて公債支出の増大をはかる以外に，世界の物価を上昇させるのに有効な手段は存在しない，という結論に達した．そうしてケインズは，これを，いかにして達成するかが，世界経済会議の中心課題でなければならない，と考えたのである（CW 1972，邦訳315頁）．

このための方法として3つが考えられる．

①国際収支が黒字国か金準備に余裕がある財政的基礎の強固な債権国による弱者である債務国への借款の供与である．
②財政基盤の強固な国による公債支出の増加による内需および外需の喚起である．
③国際的政策協調による同時的な公債支出の増大による物価上昇の達成である．

ケインズによれば，①②は量的効果が限られる．そこで③である．「公債支出増大を目指す」国際的政策協調．「行動の同時性」．そこでどうするのか．世界経済会議での「歩調を合わせた国際的行動が政策の根幹である」（同，邦訳315-6頁）．したがって，会議の課題は「諸国の中央銀行の不安を緩和し，中央銀行の外貨準備に対する危機，あるいは危機に対する恐れや予感をなくすための一種の共同行動を考案することである」（同，邦訳316-7頁）．だが，それは「世界中の大蔵省と中央銀行に，より適当な国際通貨準備額を供給することによって，その不安を緩和しないかぎり，どのような治療法を用いても，早い効果は望めないであろう」（同，邦訳317頁）．

それがケインズによる国際的な発券機関の構想であり，国際的共同行動によ

る財政支出の拡大である．

(3) 国際発券機関の仕組みと特徴
①国際銀行を設立し，金銀行券（ゴールド・ノート）を発行する．金銀行券は1米ドル相当の金含有量をもって表示される．
②金銀行券の発行限度は総額50億ドルとする．参加国は，各国の割当額の範囲内で，等しい額面の各国政府の金債券（ゴールド・ボンド）と引き換えに，金銀行券を取得することができる．
③これによって50億ドルの信用が創出され，国際流動性が増大され，その配分も是正される．配分の最高限度は4.5億ドルで，米，英，仏，独，スペイン，アルゼンチン，日本がこの対象国とされた．これらはケインズが当時経済大国として考えていた国々だ．
④参加国は国内法によって金銀行券を金と同価値物として認め，支払準備に充当する．ただし流通はさせず，通貨当局だけが保有する．
⑤各国通貨は金の公定価格で金との交換が可能であるが，金銀行券は金に交換されない．金債券には低利な金利をつけ，債券はいつでも償還できるようにする．
⑥参加国の金の公定売買価格の幅を5%に拡大し，為替変動幅の拡大をはかる．変動幅は，超国家的銀行の場合2%であった（同，邦訳318-9頁）．

ケインズは「世界各国の中央銀行が自由に自らの手で公債支出を推進できるように，それに対する不安を解消し，そうすることによって諸物価水準を引き上げ，雇用を回復するような国際通貨発行制度の創設を提案した」と述べている．「この政策の必要性は，公債支出増大による以外，世界物価を上昇させる手段はないという，私が再三強調した結論からの帰結である」（同，邦訳321頁）．

ハロッドは，ケインズが真に欲したことは，世界全体にわたる共同一致の資本支出が行われることであった．いずれの国も個別にかかる景気政策を検討した場合，国際収支への影響を恐れて実行することを躊躇するであろう．したがって，各国が進んでリスクをとることができるように，各国の対外支払能力に

いくらかの余力を持たせることができるような何らかの国際機構が必要である．そうして，彼の問題関心は，国際発券機関の可能性にむけられた．それによって，他のすべての銀行が国内で行っているのと同じ方法で，国際的な流動性を創造することである．

　ハロッドが指摘するように，この提案は，多くの論評をうけたが，強く人びとには訴えなかった．イギリス産業連盟のロイ・グレンディーは『エコノミスト』(1933年4月1日) で，ケインズの提案を「信用詐欺」と呼んでいた．紙片を印刷して，それが50億ドルの価値をもつものにすることによって，何ごとかが変革されるというようなことは，普通の人々には納得できないことのようであった（ハロッド 1967: 493）．

3. 『一般理論』第23章での通商政策，国際通貨制度論

　『一般理論』は，封鎖体系での国内均衡を問題とした．このため，国際通貨，金融制度の改革問題は，そこでは，明示的に扱われていない．『一般理論』の初稿が完成するのは1934年末，刊行は1936年である．この時期のケインズについては，ロンドン経済会議の失敗，ニューディール政策の展開をうけて，一層保護主義への転換を図っていった，との評価があった．ハロッドは次のように書いていた．英国経済の復興と発展の道を模索し，通商政策では自由主義よりも保護主義を，国際協調主義よりも経済的国家主義を支持した．1933年7月8日，および15日の『ニュー・ステイツマン』で，「自由貿易主義からの反動を一段とおし進めた2つの手の込んだ論文を書いた」．「彼は海外に市場ならびに投資機会を捜し求めることは，平和にとって有害であると信ずるようになっていた」（ハロッド 1967: 496）．

　これまであまり注目されなかった「『一般理論』が示唆するもの」と題する第6編の第23章「重商主義，高利禁止法，スタンプ付貨幣，および過少消費説に関する覚書」は，『一般理論』執筆時にケインズが，国際経済，通貨制度についてどのように考えていたのかを「示唆」する内容となっている．

　通説ではケインズによって重商主義が積極的に再評価されたと説かれる．ケインズは，『一般理論』で，スミス以来の古典派の経済理論が誤りであったと

第1章 ケインズの国際通貨制度論と超国家的金融機関の構想　　45

批判する一方で，貨幣，雇用を重視する重商主義を評価していた，このため彼は重商主義を復活させた最大の立役者である，との評価がなされている．なるほどケインズは，先の第23章で，「最初に，現在の私が重商主義理論における科学的真理と考えるものを，私自身の言葉で述べてみよう」（CW 1973, 邦訳335頁，下線：筆者）と口火を切って，重商主義を論じはじめている[1]．

　だが，第23章では，次のような批判的論述も眼につく．ケインズは手放しで重商主義を礼賛しているわけではないのである．「節度を欠いた政策は，貿易黒字を追求する無意味な国際競争を招き，それによってすべての国が同じような被害を被ることになる」（CW 1973: 338-9）．

　ケインズは，重商主義が，国家利益と相対的利得をめざした政策論であり，その政策が国家主義的性格や戦争を助長する傾向がある点を認識していたのである．ケインズは，この時期，やむを得ぬ選択として保護主義を唱えながらも心中ではゼロサムゲームよりはプラスサムゲームを望ましいと考えていたフシがある．それが米国との間での1941年から1942年にかけた相互援助協定交渉で，米国側の自由貿易への断固とした姿勢を受けて彼自身も，自由主義的通商政策への転換という動きとなって現れるのではないか．

　それでは第23章での彼の重商主義の評価で注目すべき点は何か．

　第1にその通商政策についてのケインズの評価である．彼は，次のように批判している．「大戦後のヨーロッパにおける貿易制限の経験は，貿易収支の改善を意図しながらも，実際には逆の方向を生み出してしまった」．それゆえに，次のように主張する．「貿易制限が，特別な根拠によって正当化されない限り，それに対しては，一般的性質をもつ有力な反対理由がある」（CW 1973: 338）．

　ケインズは，戦間期における欧州での貿易制限の経験は，望ましいものでは

---

[1] これが間宮訳だと次のようになっている．「いまの私には，重商主義の教義にも科学的真理らしきものが含まれているように思われる」（間宮（下）116頁．下線：筆者）．
　原文は次のようになっている．「Let me first state in my own terms what now seems to me to be the element of scientific truth in mercantilist doctrine.」（CW 1973: 335，下線：筆者）
　英文の「seems to me」に引っ張られて間宮は，「科学的真理らしきもの」と訳したのであろうが，seem to〜は，〜と思う，〜と考える，といった意味もあるのだから「科学的真理と考えるもの」と訳する塩野谷の方が適訳であろう．前後の文脈からも「らしきもの」ではおかしい．

なかったとの見方を示しているのである．ケインズによれば貿易制限は，貿易収支を改善する目的から実施されたものであったが，実際には，逆の結果となったのであった．

　第2に，国際金本位制度に対する厳しい批判である．「歴史上，一国の利益を隣国の利益と対立させるのに，国際金本位制度（あるいはそれ以前の銀本位制度）ほど有効な方法は存在しなかった．なぜなら，国際金本位制度は，一国の繁栄を競争的な市場獲得と競争的な貴金属への渇望に直接依存せしめたからである」．ケインズによれば，「戦前の英国でもそうであったが，そのような経済では，隣国を犠牲にして貿易黒字と貨幣金属の輸入のために闘うこと以外に当局は，国内の失業に対する正統的な手段をもち得ないからである」（CW 1973: 349）．

　また，国際金本位制のもとで，「厳格な外国為替相場と銀行利子率を結びつける」という「もっとも危険な方式」（CW 1973: 339）は，完全雇用と整合的であるような国内利子率を維持する可能性を排除してしまう，とケインズは考えていたのである．

　第3に，ここからケインズにとって採用すべき政策は明らかであった．すなわち，「国際的な問題についての先入観に妨げられることなく，最適水準の国内雇用を目標とした自律的利子率の政策と国家的な投資計画の政策が採用すべき政策なのである」（CW 1973: 348-9）．ケインズは，「固定相場制を強いる国際金本位制と国際金融における自由放任を主張する現代の論者」を「混乱した思考（confused thinking）」に陥っていると批判するのである（CW 1973: 348, 下線：筆者)[2]．

　『一般理論』の時期，ケインズは，金本位制からの離脱を前提に，国内金融における完全雇用を目標とする金利規制，および資本移動の規制を必要な政策と考えていたことは明らかであった．モグリッジが指摘するところであるが，資本移動の規制について『一般理論』「覚書」でのケインズの見地は，『一般理論』が刊行された1936年の4月22日付ギブリン宛書信に確認することができる．彼はそこで，オーストラリア・ポンドに関連して「経常取引ではない取引

---

　2) 間宮は，「international fixed gold standard」をなんと「不動の国際金本位制」と訳している（間宮 2008:（下）137. 下線：筆者).

は，許可制でなければ認められないという意味で，オーストラリアや英国をはじめとする多くの国々で，早晩，完全に管理された為替制度を採用せざるを得なくなると確信しています」と記していたのである（Moggridge 1986: 58-9）．

　第4に，国内均衡を維持するための国内金利規制，資本移動規制は，国際政策協調の枠組みで追求するべき課題とケインズは考えていたのである．ケインズによれば，保護主義によっては，国際経済問題が解決できない．貿易制限に頼らずとも，国内利子率を管理し，国民的投資計画を策定し実行することで，課題に対処すべきなのであった．ただ，一国的には無理である．国際的枠組みのもとでの国際協調政策によって可能となるのである．ケインズは次のように論じている．「経済の健康と活力を国際的に取り戻すためには，すべての国々が，連携して，これら政策を同時的に実行することである」（CW 1973: 349）．

　ハロッドは，彼が国際清算銀行や同盟の構想を抱くには，彼自身の国際関係認識の転換，国際経済政策面での保護主義から開放経済体制への再転換を，待たなければならなかった点を指摘している．彼は，「（ケインズは）生涯の終わりのころふたたび自由貿易主義に復帰した」と記している．この「終わりのころ」とは厳密にいって，何時のことかは明確に述べていない．だが，ハロッドはこれに続けて，ケインズをして開放的国際経済システムの支持に変えさせたのは，米国側の協調的精神，彼らが無差別主義を強化しようという意図を持っていることを実際に経験したことであった，と述べている．これは相互援助協定締結交渉での経験を指していると見てよい．

　すでに見たように，ケインズは『一般理論』への「覚書」第23章で，戦前の重商主義政策はうまくいかなかったと論じていた．それでは，この段階でケインズは自由主義的通商政策の提唱者に転じていたのか．それとも，『一般理論』ではそう記しながらも，保護主義的通商政策を志向していたのか．なお，この点でハロッドがケインズを，現実主義者でプラグマチストでもあるかのように次のように評しているのは興味深い．「このような実際的な終始一貫性の欠如」はケインズの「心の終始一貫性の欠如を意味するものではない」（ハロッド 1967: 521）．

# 第2章
戦後計画とケインズ

「この方法が悪に奉仕するために使われている事実を以てその可能性のある技術的利点を，善の実現という大義のために用いないという法はない」
（ケインズ「1941年9月8日付戦後の通貨政策」より，CW 1980a: 23）

　ケインズが戦後通貨計画の立案に着手するにあたっては2つの契機がある．そのひとつは，フンクの新経済秩序への対抗からの当座貸越−借越の着想である．いまひとつは，相互援助協定交渉をきっかけにしての多角的清算同盟案の構想である．清算同盟という呼称からしてこの国際金融機関は，貸越−借越機能を柱に清算業務を中心的機能とする．それは預金業務，手形割引業務，資金貸付業務は行わない特殊な非銀行金融機関である．これによってケインズは，『貨幣論』での超国家的な国際銀行，『繁栄への道』での国際発券銀行とは異なる3つめの国際金融機関を構想したことになる．それにしてもケインズは，なにゆえに，この段に及んで『貨幣論』で構想したような世界中央銀行を構想しなかったのであろうか．

1．フンク「新秩序」とケインズ「多角的清算同盟」の着想

(1) フンク「新秩序」とケインズ
　戦後の国際経済についてのケインズの論考は，情報省のハロルド・ニコルソン（情報省政務次官）からの要請にもとづき書かれたものが最初と考えられる．これは，ニコルソンが，1940年の11月19日に，ライヒスバンク総裁フンク

の「新秩序」提案に対抗する必要から，ケインズにラジオ放送を通じてキャンペーンを始めるように要請したことがきっかけである．当のフンクは1940年7月25日，ベルリンで，戦後のドイツおよび欧州経済の復興・再編プランとして「新秩序」を発表していた．それは，①独，伊は戦後の欧州の復興のために協力する，②欧州に多角的支払同盟を設立する，とうたっていた．ニコルソンによってもたらされた新秩序に関する情報は，フンク・プランそのものではなく，新聞やラジオ放送にもとづく情報にすぎなかった．ケインズらはこれらとともに，12月に刊行された『エコノミック・ジャーナル』の記事「ヒトラーの欧州新経済秩序」からも有益な情報を入手した．そうして，同盟については，同盟内では固定相場制がしかれ，決済には金は用いられない，同盟外の諸国との貿易は双務的協定にもとづき行う，などの具体的な仕組みについての情報も得ることができた．

　ケインズは，早速ニコルソン宛の返信で，フンクの「新秩序」提案への対抗策としてニコルソンが考えるように，「戦前の経済体制の擁護者」として「金本位制」や「国際為替の自由放任主義」を提案することによって，フンクに打ち勝とうとするのは間違いである，との考えを伝えた（CW 1980a: 1-7）．注目すべきは，ここに早くも戦後計画の基礎となるべき経済政策思想が表明されていた点である．すなわち，ケインズにとっては，戦前の金本位制や自由放任主義と決別した新しい体制の構築が，志向すべき課題であったのだ．

　その後，大蔵大臣からハリファックス卿に対して，「新秩序」に対する「ドイツの約束の偽りの性格を暴露する何か権威のある声明」を，ケインズに用意してもらえないかとの要請があった．ケインズはこれをうけて，「ドイツの『新秩序』に対する反提案」という一連の草稿を書いた．この最初のものは1940年11月25日付で，これに注釈文のついたものが12月1日に公表された（CW 1980a: 7）．

　この「ドイツの『新秩序』に対する反提案」でケインズは，次のように論じた．「ドイツの宣伝は，その近隣諸国に対して，金を保有していない国々の通商のために工夫された安定的な通貨制度と，とくに，経済的秩序と機構を備えた制度を提案しようと企図している」．このため，「新秩序を全く否定するという考えに立って，多くの人びとを説得できるような宣伝文を書くことは，容易

ではない」．そこで，ケインズは，「もしわれわれが積極的に主張すべきことをもっていないのであれば，むしろ沈黙していたほうがよい」とも考えた．だが，ケインズは熟慮し，「試みにいくつかの積極的な宣言」を書き上げることができるし，そうすべきであると考え直したのであった（CW 1980a: 7-8）．

積極的な宣言を打ち出すべきこの「反提案」で，ケインズは次のような注目すべき基本認識を示していた．

> 「ベルサイユ平和条約の制定者たちは，政治的国境や安全保障の問題に関心を奪われすぎ，ヨーロッパの経済復興を軽視するという誤りを犯した．われわれのすべてが蒙った多くの不幸はこの怠慢から生じたものである」．「他のすべての目的に優先してわれわれは，休戦後の飢餓状態，ヨーロッパ全体の通貨混乱，雇用，市場，物価の著しい変動を回避することを課題としなければならない．これらは両大戦間の20年におけるあの災禍の原因だったのである」（CW 1980a: 11）．

興味深いことにこの提案に当たってケインズは，欧州戦の早期の休戦を想定していた．したがって，ケインズは，休戦後にドイツに飢餓状態は起こらず，ドイツは近隣諸国と共に余剰物資の配分にあずかることができると仮定した．ケインズは，今次大戦が先の大戦のような長期の総力をあげた消耗戦になるとはこの時点で見通していなかったのである．

ケインズはまた，このような認識をもとに，戦後ヨーロッパを再建するにあたってのドイツの戦略的重要性を考慮し，次のように想定した．戦後の新体制では，中央ヨーロッパでのドイツが経済的主導性をとる．また，対独戦後政策ではドイツ経済の再建を重視する（CW 1980a: 9-10）．

ケインズは第1次世界大戦後の対独政策，とりわけ賠償政策でドイツに対する寛大な政策を主張し，対独融和的と批判されてきた経緯がある．それでは，彼は，ドイツの新秩序への対抗策としてどのような政策提言を行ったのか．その1つは，統制的為替管理政策の継続である．ケインズの認識では，「前大戦後の為替面における自由放任主義は混乱を招いた」．そこで「金またはその等価物によって，財を国際的に自由に売買する戦前の自由放任主義的通貨取り決

めへの復帰は望ましい選択ではない」と考えたのである．

　ケインズによれば，その頃までには英国は「ほとんどの金を失っており，また海外の債権者に対して巨額のポンド債務を負っているのであるから，この仮定は妥当なものであった」．そうして彼は，この点では「われわれの提案はフンク博士の提案と同じ」であると言い切っている．それというのも「フンク博士の通貨計画」の根底にある考え方は健全であり，好ましいものであると評価するからである．彼は，次のように述べている．

　　「それは一つだけ長所をもっている．すなわちそれは，かつて，ある国が輸出しうる商品をもっていないからではなく，単に金をもっていないだけで破産することがあった昔の自由放任主義の国際通貨取り決めの弊害をある程度避けることが出来るということである」．

　実際，ケインズによれば，大蔵省とイングランド銀行はこの6カ月ほどの間に，ドイツの経験のなかから正しいものをすべて借用し，為替制度を構築してきたのであった（CW 1980a: 8-9, 12）．
　ケインズは，この一方で，戦後欧州の経済秩序を再建するうえで，開放的な国際貿易制度の確立が必要であるとして次のように述べている．

　　「われわれはわが国のすべての市場を，国の大小にかかわりなくすべての国に等しく開放し，また財と財の交換を基礎に，われわれが影響力を行使しうる原材料に，各国が等しく接近できる国際貿易制度を確立すること」（CW 1980a: 12）．

　これは国際通商における機会均等の原則の表明とも受け止めうる主張である．そうであれば，ケインズが，国際経済秩序のあるべき姿を二元的に構想していた，ともみることができよう．二元的というのは，ひとつには国際的に閉鎖的で統制され，制御された通貨・為替制限の国際通貨制度であり，いまひとつが自由で開放的な国際通商の制度である．ケインズは，閉鎖的で統制的な通貨・金融制度と開放的で自由な通商制度とが，対立することなく併存し，機能しう

ると考えていたのである．

　この「声明草案」でのさらなる注目点は，欧州復興基金の構想であった．彼は次のように考えた．解放された欧州は過渡期においてこれを切り抜けてゆくのに必要な資源のプールを必要とするであろう．そこで，われわれは「外国から食料や原材料を購入するための信用を解放された国の各々の中央銀行に供与することのできる『欧州復興基金』の設立を検討している」(CW 1980a: 13)．

　重要であるのは，こうした原則はドイツ国民にも適用されるべきであるというのがケインズの立場であった．「彼らが欧州再建基金の恩恵や経済復興の心地よい開放感から排除されることはない」(CW 1980a: 15)．

　欧州経済の復興問題を直視したうえでの，ドイツに対する寛容とも思えるケインズの現実主義的な立場は，第1次世界大戦後からここにいたるまで一貫していたのである．

　ケインズはさらに「声明草案」では，余剰物資の獲得とこれを戦後にヨーロッパ諸国の利用に供する計画の想定や米国との金融協定などを構想していた(CW 1980a: 9)．ここで彼が，とくに，米国との金融協定として何を如何に構想していたかは，不明である．しかし，予想される戦後英国の国際通貨・金融上の窮状を打開するために，なんらかの金融支援が念頭にあったのであろうか．

　「草案」はその後大蔵省，イングランド銀行，外務省などでも回覧された．ケインズは，武器貸与法問題で訪英していたローズヴェルト大統領の側近中の側近であるハリー・ホプキンスとも草案について意見を交換している．確認されたかぎりでは，これが最も早い段階でのケインズの構想を巡る英米間でのやりとりであった．

　ケインズ提案は，1941年1月30日にはチャーチル首相宛に送付された．興味深いことにチャーチルに送付されたこの修正案からは，「ヨーロッパ復興基金」案などは削除され，原提案は目立って修正されていた．だが，戦時内閣はこの問題で積極的に迅速な動きを見せなかった．この文書は1941年5月まで事実上，放置されていたのである．

(2) 当座貸越の着想と多角的清算同盟の構想

　この間，ケインズは草案の通貨問題についての考えを練り直していた．清算

同盟案にいたる過程を跡づけると，まずは1941年4月25日付のゴートキン宛の書信が重要である（CW 1980a: 16-9）．それというのも，ここで従来の支払協定に多角的制度の多くの要素を導入し，一定額の当座貸越-借越を認めるような多角的支払・決済制度について言及しているからである．「提案は支払協定またはそれに類するものの継続を意味する」．ケインズはポンド地域全体に広がっているこの協定の「今までの経験から，ある種の多角的制度を導入できると期待した」．それは「国際収支不均衡の拡大を防ぐために必要な支払協定の制度」である（CW 1980a: 17）．構想は，いまだ明確なものではなかったが，不均衡が発生した場合には，「あらかじめ合意された金額までは信用取決めで対処しうるような協定を締結する必要がある」と考えた（CW 1980a: 18）．戦時期に発展したポンド地域システムの世界化．これをケインズが構想していたことは明らかである．このシステムで英国，それにイングランド銀行が，中心となり，英国と地域内各国の金融センター，あるいは事実上の中央銀行として機能する．そうして，そのシステムを構築するうえでの重要な仕組みとして，当座貸越-借越制が着想されていた．

　さらにこの書信で注目されるのは，国際資本移動の規制問題と債権国米国の責任問題について論じていたことであろう．

　まず前者についてである．ケインズは，国際資本移動とその規制の必要について次のように論じている．「国際資本移動は，資本流出国が流入国に対して黒字の場合にのみ許される」．「いいかえれば，資本移動はそのときの均衡を破壊することがない場合のみ，許される」のである．実際，英国にしても「もはや均衡破壊的な資本移動のもつ直接的な影響に対処するための，金や他の流動資産の余力をもち合わせていない」．このため「この種の規制は不可避」と考えるべきなのである（CW 1980a: 16-7）．

　次に債権国の責任である．ケインズによれば，こうした「計画の必要性は，基本的には米国の不均衡な債権国ポジションから生ずる」．戦中から戦後にかけて米国は巨額の黒字を累積させ，世界経済に深刻な構造的不均衡が生み出されよう．自由な為替制度への復帰に必要な条件は，米国がこの不均衡な債権国ポジションに対する何らかの永続的な対応策を見出すことである．米国がこれに対応せざるを得なくなるのは誰の目にも明らかである．しかしながらケイン

ズは「戦後直ちに米国が解決方法を見出すであろうと考えることは，たとえ米国が欧州の復興のために巨額の贈与を実施して，その課題の軽減を試みるとしても，あまりに楽観的であるかもしれない」と考えたのである（CW 1980a: 19）．

明らかにここでケインズが懸念しているのは，構造的黒字国米国の存在であり，これによる世界経済における深刻なデフレーションの発現の恐れ，という事態なのであった．

ケインズの清算同盟案にいたる過程を展望すると，ゴートキン宛の書信はその基本的アイデアが打ち出された点で重要な文書であると位置づけることができる．すなわち，第1に，当座貸越-借越制度とこれに基づく多角的清算制度が構想されたこと，第2に，債権国の責任論が明確に打ち出されたこと，第3に，国際資本移動規制がその通貨計画の前提と位置づけられたこと，である．

また，このゴートキン宛の書信で注目すべきは，ニコルソン宛の書信では言及されなかった多角的制度とポンド地域システムとの関係についても触れていた点である．これは，ケインズの構想する多角的清算制度の重要な特徴として指摘しておかねばならないであろう．この時点でのケインズの戦後通貨構想は，ポンド地域システムの経験を踏まえて，その利点と思われる特徴を世界的規模で実現しようと企図したものであった．

2. 相互援助協定締結交渉とケインズ構想の始源

(1) 相互援助協定第7条を巡る交渉

ローズヴェルト政権は，大戦勃発後，自国の戦略的位置と役割が定まらず，国内の反英勢力や孤立主義を志向する強い世論におされて親連合国の姿勢を明確に示しえなかった．米国では，1940年は勿論のこと1941年にいたっても世論は欧州の戦争への米国の介入に強く反対していたのである．孤立主義的な世論が蔓延するなかで，1933年の戦時債務不履行の発生をうけて翌年には強硬な孤立主義者たちが推進したジョンソン法が成立し，戦時債務の不履行国に対する貸付が禁止されていた．さらに，軍需産業の調査にあたったナイ委員会の活動から1935年から1936年にかけて，一連の中立法が立法化され，交戦国に

対する武器，軍事物資の売却，貸付が禁止されていた．

それでも政権は，欧州戦の勃発後，新たな立法措置によって，事実上，連合国陣営を支援する目的で，自国船で，かつ現金払いの場合に限り，軍需物資を米国から買い付けることができるようにした．

一方，英国は，フランスの敗北後，米国の本格的な支援を得られずドイツと闘うという孤立無援状態に追い込まれていた．英国の戦費負担は，国力を超えていた．米国内での軍事物資調達によって，英国の金・ドル準備は減り続け，アメリカン・ビスコースやその他在米保有資産の売却によっても埋めきれず，外貨は枯渇寸前の状態となっていた．

ローズヴェルト政権は，ようやく1940年12月17日，危機に陥った英国の防衛は，枢軸の攻勢から米国を守る生命線であるとして，武器貸与計画を発表し，英国をはじめとする連合国への本格的な援助政策へと転じる．下院でHR 1776という実にシンボリックな法案番号を付けられた武器貸与法案は，1941年1月11日に議会に送付され，3月11日に成立する．

武器貸与援助の執行にあたって，米政権は，援助の見返りに，被援助国から，できるかぎりの戦争協力を引き出すとともに，米国が構想する戦後経済秩序への協力を取り付ける必要があった（Pressnell 1986: 18-9, 22-4; ガードナー 1973: 173-5）．

武器貸与法による軍事物資の供与の見返りとなる新たな国際経済秩序構築を主題のひとつとする英米交渉は，相互援助協定の締結交渉として，1941年の5月に開始された．ケインズは，英国代表としてこの交渉に臨んだ．彼は妻リディアと，5月1日に英国を発ち，ポルトガルを経由し，パンナムのクリパーで島嶼を縫って大西洋を渡り，5月8日にニューヨークに着いた．彼は，疲れをいとわず，ワシントンでの交渉で，通商政策に関して，米国の対応によっては，英国は戦後に保護主義的手段に訴えざるを得ないとの厳しい警告を発した．自由主義的な国際経済・金融秩序の構築を構想する米国は，ケインズの発言に態度を硬化させ，自らが目指す新たな国際経済秩序の構築に英国の明確な協力を取り付ける動きを強めた．

7月28日，アチソンはケインズに第7条草案を手渡し，本国と検討するよう求めた．この草案には，その2週間後にウェルズが大西洋会談に提案して拒

否されたのと同じ厳しい内容が，すなわち，英連邦特恵関税，その他の米国に対する差別的措置の撤廃，が盛り込まれていた．この一方で，草案では米国の対応する政策的措置はいっさい触れていなかった．ケインズはこれを不満として，この規定の受け入れを拒否した．ここで交渉は行き詰まり，中断した．ケインズは提案を「ハル氏の気違いじみたとんでもない提案」と酷評した（ガードナー 1973: 176）．

ケインズの態度は，米国に予想以上のリアクションを生み出してしまった．米国側は，ケインズの 1940 年 12 月 1 日の「ドイツの『新秩序』に対する反提案」を，「シャハト主義」を礼賛した文書と受け止めていたフシがある．これもあって，ケインズの言動は米国側をはなはだ刺激する結果となったのであろう．この事情についてガードナーは次のように述べている．

「この席上，ケインズが英国の戦後経済政策について強硬な発言を行い，米国代表団をあわてさせたのである．すなわち，ケインズは，戦争の終結とともに英国政府は重大な経済困難に直面し，これを切り抜けるために，双務協定その他米国を完全に差別することになるような手段に訴えざるをえなくなるであろう，と発言している．この発言は米国に深刻な影響を与えた．国務省を代表してこの交渉に臨んでいたホーキンズは，相互援助協定の草案を練り直し，戦後になって英国が米国を差別しないようこれを事前に排除するため新しい草案を作成する必要を痛感したのである．また同時に，ローズヴェルトの指示により，ウェルズ国務次官が大西洋会談のために準備していた共同声明の草案にも同じような趣旨をもりこむことになった」（ガードナー 1973: 155）．

晩年のケインズは，米国との経済外交交渉の重要なプレーヤーとして活動した．交渉の場で，彼の交渉能力が試された．しかしながら，彼の交渉での強硬な姿勢は，大西洋会談での最終合意の「第 4 パラグラフ」，それに，相互援助協定第 7 条草案についての，英米の深刻な対立と相互不信を引き起こすきっかけとなったのである．戦時内閣経済部で通商問題を担当する自由貿易主義者のミードは，早くからこの点を危惧していた．第 7 条の起草交渉で露呈したケイ

ンズの外交交渉能力の欠如を見過ごしてきたことが，1945年の英米金融交渉での英国の惨めな敗北につながったのである（ガードナー 1973: 155, 176-7; Howson and Moggridge 1990: 135）．

なお，ケインズは，訪米の際，国際経済秩序に関わる問題でローズヴェルト大統領と意見交換を行っていた．ハロッドによれば，彼はワシントンにつくや，すぐさま，ハリファックスとフンクの「新秩序」に関するケインズの草案を協議している．そして5月28日に，2人は，この問題で大統領と会見した．席上，大統領は，ケインズの考えに理解を示しつつも具体的な問題に入ることを避けたようであった（ハロッド 1967: 546）．

(2) 大西洋会議（1941年8月9日～12日）と大西洋憲章

ケインズの帰国と前後して英米関係に重大な転換をもたらす事態が生じた．大戦後の情勢を受けて，友好関係の再確認とともに，ヒトラーの「新秩序」に対抗するため，英米首脳は，両国の戦争目的を明確化する必要に迫られたのである．英米両首脳が秘密裡に会合したのは，ニューファウンドランドのプラセンシア湾沖合であった．ローズヴェルトには，国務省を代表するウェルズと大統領に個人的に信任の厚かったハリー・ホプキンズが随行した．英国側は，チャーチルと外務省のカドガン，軍需相のビーヴァーブルックが参加した．第1日の予備会談でウェルズはカドガンに共同声明の起草を提案し，とくに経済問題を重視する姿勢を明らかにした．夕食会で大統領は，今後の政策について両国が共同歩調をとるために一般的な原則をうたった共同声明を起草するように提案した．チャーチルはこれに積極的に応じた．彼はすぐさま次のような草稿を提示した．

> 「第4に，米英両国はそれぞれの領域内のみならず，ひろく世界の諸国間においても，必要不可欠な物資について，公正かつ公平な分配体制を確立するため努力するものとする」．

自由で無差別な戦後の国際経済秩序を構想する国務省のウェルズにとって，この条文は満足のいく内容ではなかった．そこで彼は次のように書きかえた．

「第4に，米英両国はそれぞれ他方を原産地とする物資の輸入に対する米国ならびに英国内の差別を撤廃することにより相互に有益な経済関係を促進するよう努力するものとする．さらに両国は世界のすべての国民が公平な条件の下に市場に接近し，経済の繁栄に必要な原材料を確保する権利の享有を促進するよう努力するものとする」．

ウェルズが手直ししたこの草案の前半は，ホーキンズその他がケインズの強硬発言に応じて起草した相互援助協定第7条の修正された条文と実質的に同じものであった．しかしながら，この全文は大統領にはあたかも貿易協定のようであって，格調の高さを求められる声明文としては適当でないとの印象を与えた．

そこでウェルズは，前半をカットして，後半に「差別されることなく」という文言を挿入し，草案を手直しした．これに対してチャーチルは，手直しされた第4パラグラフに注目し，「差別されることなく」は，オタワ協定に抵触する恐れがある，と疑問を呈した．

問題の取り扱いをめぐって米国側では，ホプキンズとウェルズの意見が分かれた．ホプキンズは，通商政策上の特定の問題にこだわるよりもできるだけ早く共同声明について合意することを重視した．これに対してウェルズは，強硬姿勢を貫こうとした．こうしたなかで，チャーチルが，草案の手直しを申し入れてきた．すなわち，「差別されることなく」を削除し，「市場」にかえて「貿易」とし，さらにもっとも重要な点として「既存の義務を十分に尊重し」という免責文言の挿入を要求した．

これにウェルズは執拗に反対した．だが，英国首相の強硬な姿勢に大統領は妥協し，修正案を受け入れる姿勢に転じた．結局，米英両首脳は，8月12日に大西洋憲章最終草案に合意した．

問題となっていた第4パラグラフは次の表現に落ち着いた．

「既存の義務を十分尊重し，世界のすべての国は，大国，小国たるを問わず，また戦勝国，敗戦国を問わず，公平な条件の下に，世界の貿易に参加し，経済の繁栄に必要な原材料を確保する権利の享有を促進すること」．

第2章 戦後計画とケインズ

共同声明には，英国の戦時内閣の要望を受けて，第4パラグラフに加えて新たに第5パラグラフが加えられた．そこには次のような提言が盛り込まれていた．

> 「第5に，米英両国は，すべての国がそれぞれの労働水準の向上，経済発展，社会保障の改善を達成する目的をもって，経済面で最大限の協力を行うことを要望する」（ガードナー 1973: 156-62）．

大西洋憲章は1941年8月14日にコミュニケの形で発表された．米国でとくに注目されたのは憲章の経済条項であった．ローズヴェルト政権は，第4，第5パラグラフを指摘し，これらは，米国がこの間唱えてきた国際経済政策の原則の勝利を物語るものであると力説した．これに対して議会孤立主義勢力が猛然と攻撃した．そこで与党の支持派は，この文書が「政策に関する一般的な文書」にすぎないとして批判に応じた．一般の米国民は大西洋憲章を英国民より重視したようだ．すなわち，これが原材料を確保する上で「平等な権利」を規定しているばかりか，被支配下の人びとの自決をも規定していることに注目し，重要な反帝国宣言であると受けとめたのである．

英国では，チャーチルが抑制された調子で大西洋憲章の意義を国民に説いた．英政府は憲章の経済条項については多くを語らず，また明確な説明もしなかった．しかし，英国民はむしろ「ナチ独裁政権の決定的壊滅」などを盛り込んだ憲章の8つのパラグラフにおよぶ力強い宣言に強い印象を受けた．軍事的に劣勢に立たされている英国は，宣言が米国の孤立に終止符を打つものであり，米国はやがて欧州戦に参戦するであろう，と受けとめたのであった．

大西洋憲章は，英米の戦争目的を明確にし，戦時の英米同盟の基礎を築き，米国の参戦を準備した．だが，経済外交面では深刻な問題を残すことになった．肝心の「既存の義務を十分尊重し」が，オタワ協定の存続を意味する免責文言であるのかについては，英米双方で解釈が分かれたままであったからだ．ハルは，抽象的で原則をうたいあげただけの憲章にひどく失望した．特恵制度を除外してもよいとの規定であるかのような英国側の解釈は，米政権内の自由主義的国際経済秩序を推進する勢力の立場を硬化させた．そうしてハルは，武器貸

与・援助の実施にかかわる相互援助協定の締結交渉で，通商政策で英国に自由，無差別の実現をあらためて迫ったのである（ガードナー 1973: 162-8）．

(3) ケインズの着想

相互援助協定に関する交渉が中断後，再度大西洋を横断し，1941年7月30日にロンドンに戻った．ケインズはクリパーの機内でアチソン，ホプキンズとの会談を思いおこした．通商上の自由・無差別が米国の要求である．席上，ケインズは，ハルの提案を，気違いじみた提案としてはね除けた．ハルはケインズの姿勢に反発し，米国としては，英国が差別主義的政策を続けるのであれば，それは米国に対する戦争であるとまで警告した．交渉の中断は，両国内に大きな波紋を生み出した．英国内では，帝国擁護勢力がハルの「無差別」を，英帝国を死に追いやるものとの批判を強めていた．これと別の動きも生じた．米国の通商の自由化に向けた意志は不動である．英国が，この道を避けて通れないとすれば，どのような選択肢があるのか．英国は未曾有の危機的状態にある．戦中から戦後にかけて英国は巨額の債務を負い，海外資産を失い，慢性的なドル不足と国際収支危機に直面するであろう．輸出環境も悪化し輸出の増大は容易ではない．他方で米国は，不均衡な債権国としてのその地位を進んで是正する意志はないであろう．世界経済は過渡期の激しいインフレの後に，深刻なデフレに陥るのではないか．このような構造的不均衡をどう是正するのか．

ケインズは，状況は差し迫っているとみて，英米協調の枠組みのもとでの英国がとるべき繁栄への道を真剣に模索し始めた．そうして，彼は，相互援助協定交渉に臨む前の通商上の保護主義，封鎖経済的政策思想から大胆な転換を図ったのである．帰国後，ケインズは，国際通商面での保護主義的政策はあくまで回避すべきで，むしろ自由主義的通商秩序の構築を模索すべきである，との考えに転じた．そうして，戦後世界でかかる秩序を実現するにあたって，国際通商，金融面で新たな制度を構想し，具体化することが不可欠であると確信したのであった（ハロッド 1967: 572-4; Horsefield 1967: 14-5）．

ケインズの帰国後間もなく，彼の覚悟を促す一報がもたらされた．英米首脳は大西洋のニューファウンドランドで，合意内容での解釈の対立を残しつつも，戦後の自由主義的経済秩序の構築で合意したというのである．そのコミュニケ

が発表されたのは8月14日であった．この大西洋憲章と翌年2月に締結された英米の相互援助協定が，通貨外交という舞台での，晩年のケインズの栄光と挫折を運命づけることになる．

ケインズは，訪米の疲れを十分癒す間もなく，ティルトンでの休暇の最後の日の8月21日，カーンへの書簡で次のように伝えている．「私はまだ，将来の通貨取り決めに関する私の構想を文章化する仕事に取り掛かってはいません」(CW 1980a: 20)．この文面から，ケインズは，そこで，構想を論稿にする仕事に着手してはいないものの「将来の通貨取り決め」についての構想をすでに頭に描きつつあったことが分かる．彼の通貨構想がどのようなものか，カーンへの書信からその輪郭を知ることができる．ケインズは，ここで「自由放任派」が力を持っている現実を指摘しつつも，英国が，戦後に為替管理とともに出発せざるを得ないことは厳然とした事実であると認識していた．そうして，「真にわたくしを悩ますのは，この事実上の制度を平時の状態に適応させる仕事である」と記している (CW 1980a: 20)．

これは，戦後の通貨計画を構想するうえでのケインズの問題意識を端的に示す一文であった．ケインズはここで，戦時中の為替管理システムを，どのような形で平時のシステムとして「適応させる」のかが「真にわたくしを悩ます」問題であるというのである．戦時の国家主義的，統制的な為替管理システムを平時のシステムとして継承，発展させようと知恵をめぐらしていたのである．このカーンへの書信は，第2次世界大戦期のケインズによる国際通貨・為替政策構想の軌跡を跡づけるうえで重要な文書として位置づけるべきであろう．なぜならば，その出発点となる彼の政策思想がここに表現されているからである．この時期のケインズの国際通貨政策論の基本的な問題意識は，戦時の為替統制政策の継承，発展にあった．

3. ケインズ「国際通貨同盟の提案」

(1) ケインズ「戦後の通貨政策」

ケインズが戦後の通貨構想を論稿にする仕事に着手したのは9月に入ってからであった．そうして，ケインズは，週末をティルトンですごし，戦後の国際

通貨問題に関する改革構想を9月8日付の2つのメモランダムの形でとりまとめる．そのひとつが「戦後の通貨政策」であり，いまひとつが「国際通貨同盟の提案」であった（CW 1980a: 21-40）．

「戦後の通貨政策」（1941年9月8日付）は「1 永年の国際問題」「2 現代のイギリスの問題」「3 問題の分析」「4 われわれが選択すべき政策」の4つの部分からなっていた．まずケインズは「1」で次のように問題を提起する．諸国家間の国際収支の均衡維持の問題が全く解決されていない．中世の自給自足経済に取って代わってからこの問題を解決できなかったことが窮乏，社会的不満，ときには戦争や革命の主要な原因となった．過去500年間に貿易取引で貨幣の使用がうまく機能した時期は，約50年からなるわずか2つの時期──①エリザベス女王の時期，②ヴィクトリア女王の時期──にすぎない．①の時期は，新世界からの銀の供給が開始され，供給量が増大したことによってデフレ体質がインフレ体質に取って代わられた．②の時期はロンドンを中心とする国際投資のシステムが調整の責任を債権国に肩代わりさせた．このような歴史認識に立って，ケインズは次のように主張する．自由放任主義の方法を信用しさえすれば均衡維持のための自動調整システムが円滑に機能するという考えは，確かな裏打ちをもたず，歴史的経験の教訓を無視する空論家の妄想である．ケインズはさらに自由放任主義への非難を次のように続ける．通貨の自由放任主義は通貨上の無秩序から逃れようとして考え出された貿易障壁を生み出す一切の源泉となってきた．国際自由放任主義からの逸脱はその原因ではなく，それが引き起こす症状との闘いに起因している．国際通貨の自由放任は戦前から急速に崩壊し始め，戦時中には完全に消滅した（CW 1980a: 21-2）．

ケインズによれば世界は，2つの戦争に挟まれた期間に，次のような誤った考えや解決方法を模索した．①自由な変動相場制．そうして，それが自動的に均衡状態を生み出すという発想．②債権国と債務国の間での寛大な信用取り決め．③金の無制限な移動が自動的に価格水準の調整をもたらし，均衡を回復させるという理論．④競争的デフレ政策に採用による賃金，物価水準の調整と均衡回復策．⑤為替の切り下げ，そうして競争的な為替切り下げ政策の採用による均衡回復策．⑥関税，特恵，補助金などの措置による貿易制限や差別による国際貿易の均衡回復策（CW 1980a: 22-3）．

以上のような試行錯誤が試み続けられた現在，何よりも注目されるのがナチス・ドイツのシャハト，フンクの試みである．ケインズは，なかでもシャハト博士の経済圏構想を，すぐれた技術的萌芽を孕んだ新奇なものであると評価する（CW 1980a: 23）．その新奇性は，通貨の使用を放棄し，バーター取引を導入することで国際貿易を促進しようとした点にある．それは確かにドイツの戦争準備という悪に奉仕することになったが，大蔵省顧問のヘンダーソンが述べているように，大砲や航空機の代わりにバターを手にするために，この方法，技術を用いることができるし，善という大義に奉仕させることができる．
　こうしたうえで，ケインズは「2」で戦後の深刻な国際収支危機への対処，とりわけ巨額のポンド残高の処理が，英国の差し迫った課題となっていることを指摘し，「国際通貨同盟」の創設を提唱する．
　ケインズによれば，確かにそれは新奇であり，そしてある意味ではユートピアである．また，計画は，実行不可能であるという理由からではなく，それが高度の理解，大胆なイノベーションの精神，国際協力と信頼を必要としているために反対に直面する提案でもある．
　そうしてケインズは「3」の問題分析で，国際通貨システムの歴史からいくつかの教訓を指摘する．彼がここで問題とするのは自由兌換の，最初は銀，次に金の，国際金属本位制の失敗の主要な原因である．債務国の下方への調整がもたらす社会的緊張という犠牲は，上方への調整よりもはるかに大きい．また，債務国にとって，調整過程は強制的であるのに，債権国にとってそれは任意である．したがって，この不均衡の調整過程は，とりわけ小さい国に大きな犠牲を強いることになる．債権国に利用可能な大部分の調整手段は小国の交易条件に不利な影響を与えやすいということである．ケインズによれば，「社会秩序に最も破壊的な方向で調整を強制し，それに耐える力の最も欠けている国に負担を課し，貧しい国をますます貧しくするのが自動的な国際金属通貨制度の固有な性格であった」（CW 1980a: 29）．
　さらに，戦前の国際通貨制度の欠陥は，逃避的，投機的または投資的目的の資金の送金も受け取りも自由放任に委ねたことである．ケインズの理解では，国際的資金の流れは19世紀から1914年までは，債権国から債務国，古い国から新しい国に流れた．だが，戦間期にはこうした傾向とは全く逆に，資本は貿

易収支の赤字国から黒字国に流出した．結局これが，国際経済の不安定性の主要原因となったのである．戦後世界では，このような解決方法をとるべきではない．

ケインズによる国際通貨同盟の提案は，このような認識に立ってなされたものであった．それは「一つの通貨が無制限な国際通用力を維持することを可能とする手段」であり，「シャハト的方策を洗練し，改善したものを採用する」試みなのである（CW 1980a: 24）．

(2) ケインズ「国際通貨同盟の提案」

いまひとつのメモランダムは，「1941年9月8日付ケインズ『国際通貨同盟の提案』」である．この提案は「国際清算同盟案」に発展する体系的なプランとしては最も初期のものであった．ケインズの国際清算同盟案の基本編成と特徴については後に詳しく検討することにして，ここでは，最初の構想がどのようなものか，その骨子と考えられるものをあげてみよう．

あらゆる国際取引は中央銀行が国際清算銀行に開設する自己の勘定を通して中央銀行間で清算される．

各国民通貨の平価は清算銀行の銀行通貨の価値で決定する．中央銀行の通貨は金の単位で表示される．

各国中央銀行は輸出入合計額の過去5年間の平均の半額を指標割当（Index Quota）として割り当てられる（＝当座借越枠）．

各中央銀行は，この清算勘定を当座借越することが認められる

その清算勘定が1年以上割当額の4分の1を超える金額につき赤字である中央銀行は，5％を超えない限度で通貨を切り下げることができる．

その清算勘定が1年以上割当額の4分の1を超える金額につき黒字の中央銀行は5％を超えない限度でその国の通貨を切り上げることができる．

清算勘定は設立される他の国際機関のためにも開設される．これらの国際機関には，平和と国際的秩序を維持する役割を負う超国家的な政策機関，戦後の救済と復興とを担う国際機関，国際商品統制を運営する国際機関がある．

国際通貨同盟は8名の理事からなる理事会を組織する．各中央銀行は割当額に比例した投票権をもつ（CW 1980a: 33-40）．

第2章 戦後計画とケインズ

　以上から明らかなように，国際通貨同盟の提案は，清算勘定と当座貸越・借越制度を柱として中央銀行間の金融を行う超国家的国際機関を設立するという極めて理想主義的で野心的な構想であった．

　ここにおいて，国際清算同盟構想の基本的アイデアがこの提案に盛り込まれていることが理解できよう[1]．

　もっとも国際通貨同盟は金を価値の基準と位置づけており，同盟と国際金本位制度との関係については，「戦後の通貨政策」で説かれていた自由放任主義と国際金本位制度への強い調子の批判論とは異なる現実主義的な対応がみられた点に注意が必要であった．

---

1) 環境経済学の開拓者として知られるシューマッハーは後年ケインズ案を自分が発案したものである，と主張していた．このことを念頭に置いてかモグリッジは次のように注記している．「1941年9月16日，ブランドは，ドイツのローズ奨学金受領者で当時ブランドの農場で農業労働者として働いていたシューマッハーの『戦後経済計画の若干の様相』と題する覚書をケインズに送付した．これは国際的な清算取決めを唱導するものであった．この提案に関してケインズがコメントした記録はなく，またこれが，ケインズの考えの発展に影響を与えたという兆候もない」．モグリッジがここでシューマッハーの構想が，ケインズの考えの発展に影響を与えた「兆候もない」と断定するのは，言い過ぎであろう．この件については，バーバラ・ウッド『わが父シューマッハー』（ウッド 1989: 129-39），『全集』第25巻の訳注（ケインズ 1992: 25, 343-5）を参照のこと．

第3章
米国の戦後計画と「ホワイト案」

「ホワイト案を読み，理解するのは大変な労苦であります．ホワイト案が機能しないであろうことは明らかです．しかし，そこに示された全体的な態度と方向性ほど勇気づけるものはないのです」（ケインズ「1942年8月3日付ホプキンズへの書信」より，CW 1980a: 138）

ホワイトの基金案と銀行案は，政権内外の改革主義的，理想主義的潮流に乗った大胆な構想であった．なかでも銀行案はケインズが『貨幣論』で打ち出した超国家的中央銀行構想を受け継ぐ構想であった．ホワイトの構想はどのようなものであったか．

1. 欧州戦の勃発と戦後構想への始動

大戦の勃発後，ローズヴェルト政権は，旗幟を鮮明にせず，連合国を支持するとの明確な立場を表明することを避けていた．しかし，間もなく，大統領は「4つの自由」で米国の基本的な立場を内外に明らかにする．「4つの自由」とは，餓えからの自由，政治的自由，思想信条の自由，経済的自由のことであった．経済外交戦略の観点からすれば，これによって自由，無差別を唱導する政権の外交姿勢が明確に基礎づけられたことになる．

このうえでローズヴェルト政権は，反枢軸の姿勢を強め，1941年8月の大西洋憲章で，英国との協調関係の強化をはかりつつ自由，無差別の国際通商秩序の構築を英米共同の目標とすることで合意した．参戦後，米国は，さらに，

1942年2月,英国との間で武器貸与援助に関わる相互援助協定を締結する.そうして,戦後構想の立案にあたり,同協定第7条を足がかりに,国際経済の多様な分野での自由化を実現しようと動きを強めるのだった.

こうしたなか連邦政府内外で注目すべき動きが見られた.ひとつは,財務省,国務省など連邦政府内での戦後構想への取り組みであり,いまひとつは,これと軌を一にした外交問題評議会(CFR)や国家計画協会(NPA)などの民間の調査,研究機関の動きであり,かかるなかで活発な役割を果たしたホワイト(財務省),パスヴォルスキー(国務省),ファイス(同),ハンセン(ハーヴァード大学),ガリック(TVA)らの活動である.

国務省は,国務長官ハルの主導のもとで,経済的自由主義を基本原則に,戦時経済外交戦略の立案と遂行を企図した.彼は,コブデン,ブライト流に,自由な経済体制こそが平和の礎であると考えてきたテネシー州出身の国際主義者であった.彼によれば,高関税,貿易障壁,不公平競争などの経済戦争こそが諸国家間の戦争の主因であった.ハルにとって差別的措置は,平和的な通商上の自由な競争への障害であるばかりか,第2次世界大戦をもたらした経済的ナショナリズムの根源なのであった.

ハルのもとで国務省は,米国参戦の戦争目的を明確化する準備を進め,平和の経済的基礎に経済的自由主義を位置づけ,戦時経済外交の具体的戦略の立案に着手した.

ニューディール擁護勢力の一角を占めたウォーレス副大統領を中心とする勢力の動きも注目された.ハンセン,ホワイトらと連携しつつ,ニューディール左派として政権内外で活発な政策立案を試みた.かかる勢力は,世界ニューディール,世界TVAの可能性を模索したのである.

民間ではCFRが米国の戦争目的の研究に着手していた.CFRはニューヨークの国際金融界との結びつきも深く,『フォーリン・アフェアーズ』を発刊し,歴代政権の外交戦略や外交政策の立案と遂行に密接な関係にあった.このCFRの活動で興味深いのは,その基本性格は保守的であると見られていたが,ニューディール勢力やケインズ理論に関係の深い学的潮流とも連携し,対外政策で理想主義的,改良主義的な戦略的アプローチをも模索していた点である.CFRは,早々にハンセン,ヴァイナーのもと経済・金融問題を検討する委員

会を設立し，1941年春には関係省庁の政策立案に当たる高官に対して報告書を提出し，参戦を想定して米国の戦時経済外交の戦略目的を明確化するように求めていた．そこでは経済的協調と調和とが政治的自由と国家安全保障にとって肝要であるとしていた．そして，各国との経済政策協調によって完全雇用の実現，景気変動の調整，経済的資源の効率的な完全利用，貿易を拡大させるための新たなメカニズムの創出，国際金融活動の再開，通貨の安定化，不況との闘い，などに取り組むことを重要課題として指摘していた．

ハンセンの活動でさらに注目されたのは，TVAのガリックとの戦後の完全雇用政策に関する共同提案であった．彼らは，1941年秋にロンドンを訪れ，米国側の動きを伝え，戦後世界の再建に当たっての英米協調体制構築の必要性を訴えた．彼らは，国際経済委員会（International Economic Committee），国際開発公社（International Development Corporation）といった国際組織を設立し，完全生産，完全雇用政策を世界的レヴェルで実現しようとしたのであった．この構想に，ケインズはおおいに触発され，国際清算同盟案（1941年11月）の案出にあたって，参考にしたほどであった．

ハンセンはさらに，キンドルバーガーとの共同論文「戦後世界の経済的課題（The Economic Task of Postwar World）」を『フォーリン・アフェアーズ』に掲載し，次のように論じていた．戦後世界は孤立主義では対応できない．「4つの自由」「大西洋憲章」が戦後世界経済構築の基礎的理念である．完全雇用を維持し，生活水準の向上を達成するための管理，制御された経済秩序の構築が必要となる．また，そこでは政府の役割が重要である．

戦後世界では国際協調による大量失業の克服が課題となる．国際経済の連関性をみると，失業克服のために各国が拡張主義的政策を講じる必要がある．

戦前に超大国の米国と英国が資源の完全利用に失敗し，デフレと不況という破壊的な影響を世界に及ぼした．これまでとは全く新しい姿勢で臨まないのであれば世界は再び混沌と戦争に行き着く．国際的な安全保障のためには，経済面でも完全雇用の維持のための国際協調的な国内政策プログラムを実行しなければならない．とりわけ米国が深刻な景気変動に見舞われないようにすることである．この数十年間の経験は米国の繁栄が如何に世界の繁栄に影響を及ぼすかを示している．1930年代の経験はデフレが世界的に伝播したことを示して

いる．これをくい止めることは米国の死活的な利益である．

戦後には多くの開発計画を実行に移さなければならない．ドナウ河流域の農業開発計画，アマゾン河流域の開発計画，黄河の洪水対策などが課題となっている．これらの課題を達成するには専門的な技術とともに低利・長期の資本を供給する必要がある．このため，政府企業の設立，国際的復興金融公社の設立による対外投資の拡大，後進地域の大規模な開発のための国際開発公社の設立が求められている．これらによってバルカン地域，インド地域，中国での生産の向上，国際的協調のもとでの知識の普及・向上のための教育，栄養状態の改善や農業開発計画など多くの課題に取り組む必要がある．

このような戦後に直面する経済的課題の解決のために米国は主導権を発揮しなければならない．それは大不況による損失，世界大戦の負担より安上がりである．過去において米国は自己の責任を自覚しなかった．われわれは世界平和の維持のための政治的責任とともに世界の繁栄の達成と維持のための経済的責任を自覚しなければならない．

その他にこの時期の注目すべき戦後構想としては，国務省のファイスが『フォーリン・アフェアーズ』の1942年1月号で提唱した米国政府資金の拠出による貿易安定化予算あるいは基金の構想（資金規模30～40億ドル）がある．また，ポーランド亡命政府のカルピンスキーは，*The Polish Economist* の1942年上半期号で，1936年三国通貨協定の拡張案を提案している．さらにヴァイナーは，1942年5月に経済・実業基金構想を打ち出し，為替と物価水準の安定化のための実効性のある国際通貨システムを提唱している．そこでは，近隣窮乏化政策をとらないとする国際協約の締結，国際機関の設立による修正金本位制度のもとでの金価値の国際管理，各国の為替・通貨の安定化，デフレ・インフレの回避，不況からの脱出，などが提唱されていた（Eckes 1975: 34-8; Hansen and Kindleberger 1942: 466-76; Horsefield 1969: 13-4, 17; Keynes 1980a: 42; Markwell 2006: 236-40）．

2. 米州銀行創設の企図

財務省の戦後構想策定の動きも重要であった．この作業で中心的な役割を果

たすホワイトと財務省高官の通貨・金融構想の立案過程を跡づけると，先駆的な構想として米州銀行構想があったことを指摘しなければならない．

国際通貨基金，国際復興開発銀行の原案ともいうべき米州銀行（Inter-American Bank）の構想は，国務省のウェルズ，バール，ヤング，コラド，財務省のホワイト，それに連邦準備制度理事会，連邦貸与局（Federal Loan Agency）の専門家らが立案したものであった．銀行は，西半球諸国の通貨の安定化，米州諸国相互間の決済，それに長期資本の供与などを柱としたきわめて革新的な構想であった．米州銀行は，国際銀行と通貨基金，それに民間金融機関の役割と機能とを兼ね備えていたのである．それは，ローズヴェルト政権の善隣外交政策の流れを受けつつも，ドイツの積極的な中南米への戦時外交攻勢に対抗した新機軸の戦略的対応としての性格も持っていた．それは，フンク「新秩序」の公表（1940年7月25日）に先駆ける，大胆な構想であった．

(1) 米州銀行構想の歴史

銀行構想の歴史は半世紀前にさかのぼる．国務省文書によると，まずは，1890年4月の第1回アメリカ諸国会議（International Conference of American States）である．そこで米州銀行の設立を承認し，その設立を勧告している．会議には，アルゼンチン，ボリビア，ブラジル，チリ，コロンビア，コスタリカ，グアテマラ，ホンジュラス，メキシコ，ニカラグア，パラグアイ，ペルー，それに米国が参加していた．

1902年に開催された第2回国際会議も強力な米州銀行の設立を勧告した．同行は，ニューヨーク，シカゴ，サンフランシスコ，ニューオリンズ，ブエノスアイレスなどに設立される予定であった．この構想も実現をみなかったが，やや間をおいた第1次世界大戦勃発後の第1回汎米会議（1915年5月）でも同様の構想がとりあげられた．このように米州銀行構想は，設立に向けたエネルギーの高揚とその消失という間歇的な動きをたどってきた．同行の設立構想が再び脚光を浴びるのは1929年恐慌と大不況をうけた1933年の第7回アメリカ諸国国際会議においてである．会議では，とりわけペルー，ウルグアイが前面に立って米州銀行の設立を勧告する決議が全会一致で採決された．同行設立の動きはこのあと，いったん下火になるが，枢軸との抗争が激化し，米国の中南

第3章　米国の戦後計画と「ホワイト案」

米政策が新たな展開をみるなかで，設立に向けた動きが再び活発化する．まず，1938年の第8回アメリカ諸国会議で米州連合（Pan American Union）に対して，銀行設立の検討を求める動きがあった．そうして翌年のアメリカ共和国外相会議では，米州金融・経済諮問委員会を設置して，米州銀行の設立の検討を急ぐべきであるとの決議が採択された．同年のアメリカ共和国の財務省会議も設立に向けた作業を急ぐよう勧告した．

これをうけて米州金融・経済諮問委員会は，米国の主導もとで1939年11月に銀行案の検討を開始した．諮問委員会には中南米の21カ国の代表と米国の国務省，財務省，連邦準備制度理事会，連邦貸与局の専門家が参加した．そうして，銀行の最終案は1940年2月7日，米州連合諸国に提案された（DSB 1940: 522-3）．

(2) 米州銀行案の特徴

米州銀行は，①通貨価値の安定化，通貨の供給と需要の安定化，貨幣用金，銀の利用と分配などの通貨管理，②国際的支払いのための清算業務，③短期，中・長期の資金貸付，④信用貸付保証，⑤手形，小切手，外国為替の割引，決済業務，⑥有価証券の発行，売買，などの業務を行うこととされた．

米州銀行は，預金，貸付，手形割引，決済業務を行うこととされていたことから，発券業務を欠いたものの銀行の基本的な機能をもっていた．それは通常の商業銀行と投資銀行の業務を兼ね備えた金融機関でもあった．これらに加えて，調査，助言の機能を果たすものと考えられた．

銀行の資本は1億ドルで参加国が資本を拠出することになっていた．各国の拠出額は1938年の外国貿易額に対応したものであった．また，銀行の基本方針の決定にあたっては全投票数の4/5の票決数が必要とされた．

米国政府は1940年5月に議定書に署名した．米州銀行の設立に向けて国内法が議会に上程され，連邦議会委員会の公聴会が開催された．だが，法案成立に向けた議会の合意は得られず，法案の審議はここで止まった．結局，銀行の設立法案は，流産の憂き目にあうのである．しかしながら，この米州銀行が構想され，法案化された意義は大きいと見なければならない．なぜならば，国際経済協力と政策協調の考えに立ち，加盟国の経済発展と開発，通貨，金融構造

の強化，発展がうたわれていたからである．また，政策活動の系譜からみても重要であった．米州銀行の法案化にかかわった財務省のホワイト，国務省のヤング，コラドらは，この後の国際通貨基金，国際復興開発銀行の創設にかかわることになるからである．米州銀行は，国際通貨基金と国際復興開発銀行の役割をひとつにしたような理想主義的で遠大な構想であった．それは，未成熟な構想で，頓挫したとはいえ，戦後計画の初期構想の原案として位置づけうる構想であり，企図でもあったのである（Horsefield 1969: 13-4; Eckes 1975: 35）．

3. ホワイトの初期構想：国際安定基金案と国際銀行案

(1) ホワイトの初期構想

　戦後計画は，当初，国務省を中心に進められていた．これに対して，モーゲンソー財務長官は，ハルの主導下での戦後計画の策定では，ニューヨーク国際金融界が勢力を盛り返すことになると懸念した．彼は国際金融界を，国家の利害を私的利害の下に置こうとする勢力とみた．彼は，また，1920年代に問題の処理を誤り，大恐慌とその後の不況を招いた責任は，銀行家にあるとも考えていた．モーゲンソーは，戦後計画の具体化を図ることによって国際金融界の跳梁を許さず，押さえ込もうとしたのである．ローズヴェルト政権内での戦後計画の立案では，ニューディール左派の副大統領ウォーレスも，経済戦争局を拠点にして主導権を握る動きを見せた．この問題では結局，国務省，財務省などの対立と連携のなかで，大統領と個人的に親密なモーゲンソーの主導する財務省が，省間対立の間隙を縫うようにして，金融外交面での主導権を握ることになる．

　モーゲンソーは，早くも日米開戦の1週間後の1941年12月14日という時点で，就任して間もない財務次官補のホワイトに対して，1942年1月の中旬にリオデジャネイロで開催される第3回汎アメリカ共和国外相会談に向けて連合国国際通貨・金融機関の設立についてのプラニングを急ぐように指示した（Horsefield 1969: 12）．

　モーゲンソーは，この際，以下の政策目標を考慮するように求めている．
　①戦時中の同盟国への金融援助．

②大戦後の国際通貨の安定化.
③戦後の国際通貨の供給.

　指示をうけたホワイトは直ちに連合国通貨・銀行設立ための行動計画（"A Suggested Program for Inter-Allied Monetary and Baking Action"）と題された12頁のメモランダムを提出した．そこでは外国為替の安定化と戦後世界経済の復興と成長のための資金供給にあたる2つの国際機関が打ち出されていた．それらは連合国銀行（Inter-Allied Bank）と連合国安定基金（Inter-Allied Stabilization Fund）であった．ホワイトの構想をモーゲンソーの指示と比べると，いくつか興味深い相違があった．①モーゲンソーの場合，通貨の安定化と通貨供給にあたるひとつの国際機関が構想されていたが，ホワイトの構想ではこれが2つの機関に分けられていた．②ホワイトの構想からはモーゲンソーにあった第2次世界大戦中の連合国への金融援助が除外されていた．とはいえ，このホワイトの初期構想が，ブレトンウッズ協定で設立される国際通貨基金と国際復興開発銀行の原型となるのである．

　ホワイトは，これらの国際機関の創設をいつ頃構想したのであろうか．モーゲンソーの指示に迅速に対応していることから，ホワイトは事前に構想をあたためていたことがうかがえる．

　オリバーは，2つの国際金融機関の構想は，1941年晩夏から初秋にかけて起草されていたとする．彼は，ヤング（Youmg 1950）を引きながら国際安定基金案に限って1941年12月付の謄写印刷の草稿があると注記している（Oliver 1975: 110-1, 361 note 26）．

　他方，ホースフィールドは，連合国銀行案について同年の10月のキューバ訪問時には起草を終えていたとみている．実際，1942年1月の汎アメリカ共和国会議に向けホワイトは，戦後構想について国務次官のウェルズの理解を得た．彼は構想に強い印象を受け，はじめは安定基金の設立をうたった決議案をリオデジャネイロ会議に提案すべきであるとも意気込んでいたのである．だが，財務長官は，欧州の連合国諸国との協議を経ずに安定基金の設立をリオ会議に提案するのは時期尚早であり，賢明ではないと判断した．長官の意向をうけた米国代表団は，結局，会議では，安定基金の設立計画について討議する米州共和国の蔵相会議の開催を盛り込んだ決議案を採択するに留めたのであった

(Horsefield 1969: 12-3).

英国の駐ワシントン大蔵省顧問のフィリップスは,1942年1月23日付の本国への書信で,リオデジャネイロ会議での決議について,米国の報道機関の報道を伝えるかたちで伝達している.英国側がどの時点でホワイトの国際安定基金構想等について知ることになったのか必ずしも明らかではない.しかしながら,このフィリップスのもたらした情報は,英国によって戦後計画が大西洋憲章,相互援助協定第7条の具体化の動きとからみ英経済外交の重要な政策課題と意識されるようになるきっかけのひとつとなった(Horsefield 1969: 16)[1].

(2) ホワイトの初期国際安定基金案

初期ホワイト案の新奇性,その革新主義的,理想主義的特徴については,国

---

1) ワシントンに帰任したホワイトは構想を練り直した.この時期の構想を描いたものとしてプリンストン大学所蔵のホワイト文書に関連文書が残されている.
　これまでの研究では,1942年3,4月の時点で,初期ホワイト案に関する草案は3種類あるとされている.しかしながら,草稿の種類と日付についてはヴァンドーマエルとガードナー,ホースフィールドとの間では多少の食い違いがみられる.
　まずヴァンドーマエルによると3つの草稿は次のようである.①1942年4月27,28,29,30日の日付が打たれた草稿である.これらのいくつかの頁は失われている.明らかにごく初期の草稿である.そこではタイプの打ち間違い,修正,手書きでの注解や疑問符が書き込まれている.②1942年4月と記されたきれいにタイプされた草稿である.黒いカバーの草稿で明らかに①の修正版とみられる.①にあったブランクが埋められ,間違いは訂正されている.③ホワイトが1942年5月8日にモーゲンソーに手渡した謄写印刷の草稿である.②と基本的に同じものである.草稿の日付は3月と記されているが,実際にはこれ以後のものではないかと考えられている(Van Dormael 1978: 45).
　しかし,これがガードナーの説明によると次のようになる.①日付のないタイプで打った草案,②1942年3月付のタイプで打った草案,③1942年4月付の謄写印刷の草案.ガードナーによれば,3つの草稿は①と②③ではいくつか重大な相違がみられ,②③では実質的な大差はない(ガードナー1973: 229 注3).
　一方,ホースフィールドによると,3つの草稿は①日付のないタイプで打たれた草案,②1942年3月付の一通り完成した草案,③②を若干修正した1942年4月付の謄写印刷の草案,ということになる(Horsefield 1969: 13).ガードナーとホースフィールドの説明は,ほぼ同じものと見てよいが,これらとヴァンドーマエルとの説明では大きな相違が見られる.なお,ホースフィールドは,ホワイトの初期構想の具体化にあたっては,当時財務省の通貨調査局の一員であったバーンスタインが重要な役割を果たしたと指摘している.後にみるようにホワイトと彼の部下であったバーンスタインが安定基金案の実質的な起草者になるのである(Horsefield 1969: 14).

第3章 米国の戦後計画と「ホワイト案」

際通貨，金融の専門家も驚いたようだ．その格好の資料として，連邦準備制度のゴールデンワイザーからエクルス議長への書信がある．2年後には，ブレトンウッズ会議の米国代表団の正式団員となるゴールデンワイザーは，書信のなかで，モーゲンソー財務長官からローズヴェルト大統領に戦後通貨金融計画が策定されつつあることが伝えられ，これに国際安定基金案と国際銀行案の長文の文書が添えられていたことを記したうえで，ホワイトの計画を「大胆で，遠大で，非正統的であるとの批判を受けている」と言い添えていた（「1942年5月25日付ゴールデンワイザーからエクルスへの書信」Memoranda, FRB, BMC Ref. 83915）．ホワイトの初期構想についてのこのゴールデンワイザーの印象は，当を得ている．

ホワイトの初期草稿に打ち出された戦後通貨・金融構想がどのようなものであったか．まず，ホワイトの国際安定基金案である．それは，「I 基金の目的」，「II 基金の権限」，「III 加盟国となる資格」，「IV 基金の構成」からなっていた．

この構想をどのように特徴づけることができるか．まず，構想の革新的，理想主義的性格に注目すべきであろう．銀行とは，貸付，決済，預金業務を営むものをいうが，中央銀行の場合は，これらに発券業務が追加される．ホワイトの銀行案は，本格的な預金業務が欠けているとはいえ，中央銀行の上位に立つ世界中央銀行としての機能を持つものとして構想されていたことがわかる．

基金の目的：この基金案では，基金の目的として，為替レートの安定化，生産的資本移動の促進，封鎖勘定の自由化，金の配分の是正，債務の整理，国際収支の不均衡の是正，物価の安定化，為替制限の撤廃・自由化，健全な通貨の発行・信用政策の実施，外国貿易の自由化，為替取引の効率化・低廉化の促進，が指摘されている．

資金規模：50億ドルと想定されている．

拠出額・拠出方式：当初50％の資本を払い込む．このうち25％が利付政府証券，12.5％が金，残りの12.5％が自国通貨で払い込むことになっている．

主要国の拠出額は，米国が31.56億ドル，英連邦10.55億ドル，うち英国6.35億ドル，ソ連1.64億ドル，オランダ・同植民地1.57億ドルが想定されて

いる．

平価規定・為替相場調整方式：厳格な固定相場制度．金の現送点が想定されていた．基金による通貨価値の安定化，安定的な為替レートの維持が目標とされた．ただし通貨価値の基準をなにに求めるのか，それを金，あるいはドルにするのか具体的な言及がなかった．票決権数の 4/5 の賛成を得て基金は加盟国通貨を買い支えることができる．

また，基金は 4/5 の賛成で「基礎的不均衡の是正」のために通貨価値の変更を認められる．ここに基礎的不均衡の概念が登場している点に注目したい．

資金供与：加盟国は国際収支の不均衡を是正するために赤字を埋め合わせるため，基金から外国通貨を購入できる．ただし，その上限は拠出額の 100% までとする，とされた．

銀行機能：銀行券の発行権．金，通貨，外国為替，加盟国政府の手形，政府証券の売買，保有．金，外貨残高の国際移動のための決済．政府間取引の決済．為替取引の効率化，低廉化，金の再配分がうたわれていた．

外国為替取引・通商の自由化の推進：加盟国はすべての為替統制の撤廃，2 国間清算協定の撤廃，貿易自由化，関税引き下げを推進する，ことがうたわれていた．ここで注意したいのは，国際通貨基金協定でのように，経常取引のともなう資金の取引に限定し，その自由化を目指していたのではなかった．すべての外国為替規制の自由化との文言からすれば，初期のホワイト構想では，経常取引と資本取引とを区別せず，資本取引の自由化をも目指していたとも理解しうる．

対外均衡への配慮：国際収支の深刻な不均衡をもたらす国内通貨，物価政策を採用しないことが強調された．

封鎖対外残高の処理，私的・公的債務の清算・支払の促進：とくに封鎖勘定については，次のように規定していた．加盟国は基金に対して封鎖残高を売却できる．売却後，加盟国は金，または自由通貨で，封鎖残高の 40% を年 2% 以下の金利で買い戻す．戦時に米国をのぞく交戦国は巨額の戦時対外債務を抱えることになる．この問題が深刻化するのをあらかじめ見越してその処理に基金を絡ませようとしたものであった．

資本移動の自由：ホワイトの初期草案で彼は資本移動についてどのように考

えていたのであろうか．草案でみる限り，資本移動の自由に対する立場は明確ではない．「I 基金の目的」で生産資本の移動に関してこれを制限してはならないとしている．また，「III 加盟国となる資格」の①では，外国為替の制限措置を撤廃すると規定している．ここからホワイトは資本移動に自由を認めているようにも思える．だが同じ III-③では，当該加盟国の許可なくしては加盟国の資金あるいは投資を受け入れないとも規定している．この点からは資本移動の規制を容認しているようでもある．この問題についてスキデルスキーは，ホワイト草案では，対内投資を拒否する権利を保有する加盟国によって資本移動の自由は制限されると解説している（Skidelsky 2001: 253-4）．

(3) ホワイトの初期銀行案：1942 年 4 月草案

ホワイトの銀行案は，預金業務，与信業務，手形決済業務を兼ね備えた点からケインズが『貨幣論』で打ち出した超国家的銀行構想を継承するものであった．銀行案の目的，機能について見ることにしよう．

ホワイト銀行案の独自性と革新性は，銀行が掲げる目的に明らかであった．銀行は，まず，加盟国の経済的復興，戦時経済から平時経済への移行という戦後過渡期の経済的課題を主目的として掲げていた．だが，銀行の活動はこれに留まらない．短期，及び長期金融機関として，貿易金融，通貨・信用構造の強化，1 次産品価格の安定化など，その活動領域は広範囲である．銀行の目的と業務についてやや詳しくみよう．

ホワイト銀行案の際立った革新的性格は，金によって保証された国際的な銀行券の創出についての条項にあった．これにもとづき，50％ の金準備を裏づけとして，加盟国政府が保証した債券に対する自己あて一覧払いの銀行券が発行されるというのである．超国家的な世界中央銀行による国際通貨の創出．余りにも理想主義的なアイデアである．だが，銀行の目的とのかかわりで発券業務がどのように管理，運用されるのか．これらが明確さを欠いていたことは否めなかった．

銀行の際立った革新的性格としてさらに世界的な金融，経済恐慌に対する取り組みが，銀行の目的に掲げられている点にも注目すべきであろう．

銀行の野心的，革新的性格はこうした経済的目的に限らなかった．民主主義

的制度の発展や，戦後の平和会議での政治経済問題の解決の容易化といった政治的役割もまた銀行の目的に掲げられていたからである．

こうした目的を達成するため，銀行は政府，公的機関，民間に対する短期，長期の金融を行うことが構想された．具体的な金融業務としては直接貸付，民間企業の投資に対する保証業務が考慮された．ブレトンウッズ国際会議で最終的に設立が合意される国際復興開発銀行の業務の柱となる直接貸付と投資保証とが，当初から構想されていた点に留意すべきであろう．

銀行が金融するにあたっては，紐付き金融の禁止がうたわれていた．ここでとくに考えられていたのは，銀行は貸付資金の費消地域を限定すべきではないという点であった．

銀行の活動領域は加盟国政府や民間に留まらず，1次産品価格の安定化と需給調整にあたる国際商品公社や，公平な国際資源開発を進める国際機関への金融も，銀行の重要な業務と考えられたのである．

こうしてみると，ホワイト銀行構想は，単純に銀行業を国際的に拡張したものではなかった．通貨や金融の範囲を超えて，復興と救済，国際商品価格の安定化，国際原料資源の公平な取り扱いなどとともに国際的な政治的課題や平和の問題にまでその活動領域を広げようとしていたのである（Eckes 1975: 52-6）．

注意を要するのは，初期プランでは，銀行が掲げる目的の項目には，後進地域の「開発」という文字は見当たらなかった．開発に関連した文言を注意深く探してみると，ただ「生産性を高め，これによって加盟国の人びとの生活水準を引きあげる」との言及があるのみであった（Eckes 1975: 53）．当初案では，国際開発が必ずしも銀行の主要な業務として位置づけられてはいなかったのである．

4. ホワイトの初期構想と省間専門委員会の設立

財務省のホワイト構想を受けて，戦後通貨・金融構想をどう具体化するかが重要な政策課題となった．このため，主要省庁の専門家からなる委員会が組織された．

第3章　米国の戦後計画と「ホワイト案」

この委員会のメンバーは，財務省，国務省，連邦準備制度理事会，戦争経済局，あるいは対外経済局，不定期には，ホワイトハウスや商務省からも代表が出席し，討議に加わっていた．このなかには，財務省のホワイト，バーンスタイン，ラクスフォード，国務省のファイス，パスヴォルスキー，バール，連邦準備制度理事会のゴールデンワイザー，ハンセン，ガードナー，バーナフ，戦争経済局，あるいは対外経済局からコー，ホワイトハウスからカリーらが参加した．

この専門委員会に対して，基金案と銀行案の起草作業を受け持ったのが，ホワイトが主導する財務省の通貨調査局であった．そこでホワイト，バーンスタイン，ラクスフォードらが中心となって基金案と銀行案の具体化が図られた．

戦後計画の立案に関わった人びとの一部は，これまでケインズ主義者，ニューディールリベラルなどとして特徴づけられていた．たとえば，ガルブレイスは，ある著作のなかで，カリーを次のように描いていた．カリーは，1939年連邦準備制度から，肩書きはなかったが，事実上ローズヴェルトの経済顧問としてホワイトハウスに転任した．そこで彼は，自ら人材登用係をもって任じ，政府エコノミスト受け入れの窓口となった．政府部内のどこかで重要な空席が見つかると，彼は確実にケインズ的信念の人がその地位に就くようにとりはからったのである．かくして，彼は，30年代終わり頃には，そのような共鳴者が財政上重要なすべての機関に席をもつという形の非公式の網状の組織をつくりあげた．これらすべての人びとは，思想ならびに政策のうえで緊密な連絡をたもち続けた．……（ガルブレイス 1976: 329）．

このようにガルブレイスは，1940年頃には，ローズヴェルト政権の経済関連部局の中枢にケインズ派が網状の組織を形成し，強い影響力を行使し始めた事情を指摘している．それは，ケインズの経済政策思想が，政権内でどのように影響力を増していったのかを示す興味深い指摘であるが，最近では，さらに，こうしたケインズ主義者の一部がケインズ派の衣をまとった共産主義者，あるいはそれと連携する勢力の一員，であったことが明らかにされている．政権内でケインズ的人脈作りの中心にいたとガルブレイスが評価するカリー自身が，ホワイト，コーとともにアメリカ共産党員あるいはその同調者と目され，ソ連の諜報活動を幇助したことで後年，議会の非米活動委員会の追及を受けること

になる．さらに，ホワイトの財務省通貨調査局には，非米活動委員会などでの容疑対象者となるウルマンも勤務していた．後にあらためて言及することになるが，戦後通貨計画やブレトンウッズ会議に，ホワイトをはじめとして共産主義者，あるいはその同調者や協力者と目される人びとが，深く関与していたのである．

専門委員会はどのような役割を果たしたのか．手元にある財務省通貨調査局の省間専門委員会の会議メモは1942年5月30日付，同6月3日付，同7月11日付，同10月9日付，同12月1日付，同12月8日付，同12月13日付，同12月23日付である．これらのメモは，不十分で不完全な資料ではあるが，われわれの関心にもとづき，いくつか注目すべき内容を指摘しうる．

第1に，英米，あるいは，英帝国との合意を優先すべきであると主張され，これが追求されていた点である．5月30日の初回の会合では，国務省のファイスが真っ先にこの点を強調していた．ホワイトは，この年の10月，ロンドンでケインズと非公式に意見交換する機会があったが，この場では，各国との交渉に入る前に英国との合意を優先させる方針が，ケインズとの間で確認されている（「5月30日付，及び10月9日付財務省通貨調査局『専門委員会会議』覚書」BMC Box 31）．

第2に，ホワイト案にある発券機能について，早い段階から批判がなされていた点である．この問題では，6月3日の会議で，連邦準備制度のハンセンは，国際銀行が巨額の通貨を発行することは望ましいことではないと主張した．連邦準備制度のガードナーも，銀行券の発行や預金の創造は，世界の流動性を増大させることになり，望ましいことではないと批判した（「7月11日付財務省通貨調査局『専門委員会会議』覚書」同前）．

第3に，1942年10月8日に開催された専門委員会で，ケインズ案についての検討が行われ，その基本的な機能に対して，否定的な評価がなされていた点である．この会議には，国務省からパスヴォルスキー，戦争経済局からコー，商務省からクレイトン，連邦準備制度からハンセン，ガードナー，ゴールデンワイザー，それに財務省からホワイト，バーンスタインが参加していた．会議では，ケインズ案について検討し，その信用総額を300億ドルと推計した．この金額は，ジョーン・ロビンソンの260億ドルという推計を大きく上回っていた．

議論のなかでは，次のような意見が出されたことが記録されている．世界的にドル不足状況となる戦後初期に米国への強い需要が発生する，ケインズ案によって各国に割り当てられた資金の多くが米国勘定に移転されることになろう，これを防ぐ手だてがケインズ案にはない，米国は巨額のドルをバンコールに交換せざるを得なくなろう，さらには黒字国としての責任を取らされ関税の引き下げ，通貨の切り上げ，財政支出の拡大等を強いられる，債務国が結束した場合債権国が少数派になる恐れがある，バンコールの非人格性，帳簿上の資金移転等は強い批判を受けたのである（「10月9日付財務省通貨調査局『専門委員会会議』覚書」同前）．

第4に，1942年12月に入ると，専門委員会は頻繁に開催され，ケインズ案とホワイト案との比較や，ホワイト案の修正がなされていった点である．すでに記したように，12月の開催は，4回に及び，基金案について集中的に審議が進められていたことがうかがえる．財務省通貨調査局でのホワイト，バーンスタインらが起草した基金案をこの省間専門委員会の会議にかけ，修正していったのである．この過程で，理想主義的なホワイト原案は，次第に，財務省案として現実的な構想へと変容を遂げていくことになる（「12月1日付，同8日付，同15日付，同23日付財務省通貨調査局『専門委員会会議』覚書」同前）．

補論　ホワイトの略歴・経済政策思想・人となり

　ホワイトは1892年10月にリトアニア移民の子としてボストンに生まれていた．彼の両親は1880年代に米国に渡っていた．ホワイトは，高校卒業後，1912年にマサチューセッツ農科大学に入学するが，間もなく中退，家業の金物屋を手伝ったり農業に従事したりした後，第1次世界大戦に出征，フランス戦線で戦う．帰還後，ニューヨークのセツルメント活動に従事した後，30歳にもなろうかという時に大学への進学を志す．まず1922年に一旦はコロンビア大学に入学し，経済学を専攻するが，翌年，スタンフォード大学に転校，そこで経済学修士号を取得する．1924年の大統領選挙では社会主義者ラファイエットを支持したことが知られている．1925年にハーヴァード大学の博士課程に進学し，タウシングのもとで研鑽を積む．ラフリン・カリーが同級であった．1930年に第1次世界大戦前のフランスの国際収支の研究で博士号を取得する．ハーヴァードで経済学を教えるも終身雇用の地位を得ることができずに，1932年にウィスコンシン州アッペルトンのローレンスコレッジに職を得る．40歳の頃，ソ連研究を志すもモーゲンソー長官が財務長官に就任した後の1934年の夏，シカゴ大学のヴァイナーの世話で，臨時に財務省の調査研究に従事する．この働きぶりをかわれて同省に留まり，通貨・金融政策の立案，研究にあたる．1936年には調査・統計局の副部長に，1938年には設立して間もない通貨調査局の局長に昇進する．この間，ホワイトは三国通貨協定の締結や財務省の為替安定基金の為替安定操作で国際金融の経験を積む．そうして，モーゲンソーの信頼を得て側近として重用され，1941年には財務次官補に就任する（Van Dormael 1978: 41-2; Eckes 1975: 43; Rees 1973）．

　ホワイトはどのような学問的遍歴をたどったのか．ヘレイナーは，ホワイトの経済政策思想について次のように特徴づけている．ホワイトは，①1933年の博士論文で自由主義的な金融秩序を支持する論調に懐疑的であった．②1937年までにはケインズ経済学を信奉するようになり，外国為替と貿易の中

第3章 米国の戦後計画と「ホワイト案」

央統制の考えをもつようになった (Helleiner 1994: 32)．

これに対してフランダースは，ホワイトの立場をタウシング，ヴァイナーらと共に「後期古典派」と位置づけ，ヘレイナーの説明と真っ向から対立する見解を打ち出している．彼女によれば，後期古典派は，古典派と同様の国内外の不均衡の均衡についての自動調整メカニズムを信奉している．

ヘレイナーは，ホワイトは初めから自由主義的政策思想に懐疑的であり，この点からホワイトのケインズ学派への移行は自然の過程であるともいいうる．これに対してフランダースの見地からすれば，ホワイトには，後期古典派からケインズ学派へと大きな転換があったことになる (Flanders 1989: 236-41)．

一方，ケインズの伝記執筆者であるスキデルスキーは，ホワイトは1938年にはケインズ主義者になっていたと評価している．1938年の景気後退と闘うために財政政策，所得再配分政策，財務省への通貨管理の集中などを支持するようになっていた，という (Skidelsky 2001: 241)．それでは，ホワイトの経済政策思想へのケインズの影響はどう評価すべきであろうか．

この問題を扱ったIMFのボートンは，反循環的政策，国際通貨・金融政策，国際資本移動論などから，両者の関係性について次のように論じている．

第1に，反循環的政策についてである．ボートンは，2002年のレイドラーとサンディランズの研究をもとに次のように論ずる．ホワイトは，早くも1932年に，カリー，エルズワースとの共同論稿で，不況対策としての拡張主義的な政策を構想していた．興味深いことに共同論稿では，ケインズ的なものよりはより貨幣的な景気政策のモデルを暗示していた．それゆえにレイドラーらは，この論稿に，ハーヴァード大学での反循環的マクロ政策の理論的起源が見られると評価する (Boughton 2002: 5-6)．

第2に，ホワイトの国際通貨・金融論である．この点でもボートンは，ホワイトの国際通貨・為替政策論は，ハーヴァード大学のヤングの影響を受けつつ独自に育まれたと評価する．ボートンによれば，それはヴィクセル，ホートレーの系譜を受け継ぐもので，マーシャル，フィッシャーの流れとは異なる政策思想の展開であるという．すなわち，通貨・為替政策は，ルールに従うべきではあるが，これらルールに，通貨当局による柔軟な調整政策が適用されるべきであるとの考えである．彼はこれを1934年の金本位制度に関する財務省報告

で調整可能固定相場制度（"fixed but adjustable"）の考えとして明確化したのであるという．ボートンはこれを近年の，緊急時の政府による経済への介入ルール（state-contingency rule）の先駆けとなるものであると評価する．この財務省報告は，同年1月，金1オンス＝36ドルへと金価格の切り下げを実施した際にヴァイナーが，ホワイトに作成を要請したものであった．ホワイトはそこで金本位制度を，経済に過度の軋轢が生じた際の為替レートの柔軟な調整が容認されるかぎり，通貨節度を維持するうえから有用な制度と評価したのである（Bougton 2002: 6）．

　ただ，この時期，ホワイトの為替調整問題に対する政策評価と政策的対応は，一定していなかったようだ．1935年1月の「金本位制度と管理通貨」では管理通貨制度を危険であると評価しているのに，同じ時期の別の論文では，不況からの脱出のためには積極的な為替政策を採用すべきであると説いている．ところが，8月の覚書では，ふたたび輸出刺激政策として為替政策を採用することに反対している（Boughton 2002: 7）．

　この他，ホワイトの政策論で興味深いのは，ドルの将来についての彼の見通しであった．彼はドルが第2次世界大戦後に第1位の国際通貨となること，金と並んで準備通貨となることを予想できなかった．そうした役割は依然として金が果たすものと考えた．1941年に彼は「金の将来」と題する論稿を準備していたようであるが，最終稿にまとめられなかった（Boughton 2002: 8）．

　第3に，国際資本移動についてホワイトとケインズはどう考えたかである．博士論文でホワイトは，資本移動は，フランスの国際収支に影響を与えなかったと論ずる．1934年にホワイトは，ヴァイナーに，資本移動の規制は通常は必要ではないが，連邦準備制度がそれを実施できるように法整備を行う必要があると報告している．彼は，資本移動規制には，抜け道が多くあることを認めていたが，それでも大規模な資本移動を抑えることは可能であると見ていた．当時，資本移動の問題で米当局が懸念していたのは，米国への金の流入であった．こうしたなか，当初，規制の必要性に懐疑的であったホワイトも，1930年代の後半になると，外国保有銀行の準備率の引き上げ，外国証券購入者に対する印紙税の導入等の措置による資本移動の規制について検討し始めたようだ．1938年にはフランス・フランの減価と国際収支の悪化を阻むために一層の切

り下げと資本移動の規制を提案している．しかしながら，資本移動の規制を安定的な国際金融システムを維持するうえで必須の条件であると考えていたケインズと異なり，ホワイトの場合はそれをやむを得ず容認すべき措置であると考えていたとみられる（Boughton 2002: 9-10）．

　ボートンの研究ではさらに，ホワイトの国際政策協調への確信が強調されている．ホワイトは，1935年の春に，財務省の担当官として最初の海外出張に赴く．その際彼は，英国でケインズや大蔵省などの高官と会談する機会をもった．ホワイトは，彼らに良い印象を持たなかったが，この仕事を通じて，ポンドとドルの安定化の必要性を痛感したと見られている．彼はこの後，三国通貨協定に関わり，英米間で難航したポンド相場の調整が，フランの切り下げ幅を調整することでうまく実施された経験から，国際協力の有効性を確信することになる（Boughton 2002: 8-9）．

　ホワイトについては，背の低い，ずんぐりした体軀，きれいに刈り込んだ口髭を蓄え，縁なしの眼鏡をかけた，しわがれた声の，厳格なユダヤ人然とした容貌であったと伝えられている．

　なお，ケインズによる興味深いホワイト人物評があるので紹介しよう．彼は，1943年の秋，戦後通貨計画についての実務会談の最中に，ホワイトについて好悪入り交じった人物評を記している．

　ホワイトについて威圧的で，礼節をわきまえず，尊大な人物であるとの予備知識をもって交渉に臨んだケインズは，交渉相手としてのホワイトに接して，強固な意志を持ち，非常に有能で，献身的な公務員であって，建設的な発想の持ち主であり，世界のためにのみ自らの最善をつくそうとする人物，責任と創意，高度の廉潔と透徹した理想主義的な国際的目的を持つ人物，であるとして賛辞を贈っている．ケインズは，ホワイトがお世辞などとは無縁で，彼に近づく方法は，彼の目的に敬意を払い，彼の知的関心を刺激することであり，交渉の過程で妥当な論議，あるいは適切な行動の軌道からはずれたときは，何の技巧も弄せずに，率直かつ断固として説得し切ることが必要である，と記している（CW 1980a: 356-7）．

　ホワイトは第2次世界大戦後，議会非米活動委員会に喚問され，在米共産主義者との関係やソ連の諜報活動との関係が厳しく追及される．それでも，ホワ

イトはアメリカ共産党との関係やスパイの疑いを否定する．だが，その後の情報公開による新資料の出現と調査，研究の進展によって，ホワイトは，アメリカ共産党とこれまで考えられていた以上に密接な関係にあったことが明らかになった．

　ホワイトがソ連の諜報活動に関わっていたことはチャンバーズの証言によって明るみにでた．彼は，当時，非合法活動下にあったアメリカ共産党の党員で，ソ連の軍事諜報活動機関の支配下にあった．1939年9月2日，彼はホワイトがヒス，カリーとともにソ連のスパイであるとの情報をバールに伝えていた．情報を得たバールはローズヴェルトにこれを伝えたが，大統領は関心を示さず，問題は表面化しなかった（Haynes and Klehr 1999: 90-1）．

　チャンバーズはあらためて1942年になってFBIの事情聴取を受けた．しかし，この際，FBIは，彼の証言の信憑性を疑った．チャンバーズの「物語」はこの後3年間，忘れ去られた．だが，チャンバーズが言うように，ホワイトは長い間共産主義者とかかわり，1935-36年には，ソ連のスパイとして採用されていた．彼は財務省の資料をチャンバーズに渡し，それらは米国内で諜報活動に当たっていたボイコフ大佐に届けられていた．チャンバーズによれば，当時，ホワイトは党員ではなく協力者であった．ホワイトはこの時期，反ナチの闘いを強化するうえからナチス・ドイツと抗争しているソ連を支援する意図があったとみられた．ホワイトの諜報活動は1938-41年に休止している．これはチャンバーズが脱党したことで諜報活動に影響が生じたことが大きかった．また，独ソ不可侵条約によるソ連への不信感があったことも影響したとも考えられている．

　だが，1941年6月，ヒトラーのソ連侵略後，諜報活動をめぐる状況は一変した．これには，国際情勢ばかりか，ワシントンにベントレーという活動家が登場したことが大きかった．彼女の恋人で諜報活動を率いていたゴロスの指示で，ベントレーは，シルヴァーマスターによって組織された細胞のメンバーや同調者と接触した．シルヴァーマスターは，カリフォルニアのバークレーで学位を取得し，卒業後にワシントンの農業関連の連邦機関に在職していた．ベントレーによればこの組織には，ホワイトの他にも財務省の職員が加わっていた．シルヴァーマスター・グループの諜報網によってえられた情報は，彼によって

自宅に持ち込まれ，そこでマイクロフィルム化されたりして，ニューヨークのゴロスのところに送られた．チャンバーズとは異なりベントレーは，ホワイトと接触があったとは証言していない．だが，彼女はホワイトが1944年にソ連の諜報機関員と直接接触した事実がある，と証言している．

ホワイトがソ連のエージェントであったことは，ワシントンの連邦機関内に組織された別の細胞の関係者であるパーロの妻も証言している．ベントレーは，1945年8月，チャンバーズと同様に，共産主義運動に幻滅してFBIに出頭している．

1946年2月にFBIがトルーマンに送付したホワイトに関する情報は，30件に及ぶ信頼すべき情報であったが，ホワイトを訴追するまでには至らなかった．ホワイトはブレトンウッズ会議後，国際通貨基金の専務理事に就任するのではないかと観測されていた．これは実現しなかった．

チャンバーズとベントレーは，1948年夏の非米活動委員会でホワイトに関して証言した．これに対してホワイトは，8月13日に証言に立ち，嫌疑のすべてを否定した．だが，彼はこの3日後に心臓マヒで突然逝去した．

ホワイトの一件は，議会非米活動委員会を中心としたセンセーショナルな"赤狩り"が沈静化するとともに忘れ去られたかのようであった．チャンバーズ，ベントレーらの証言の信憑性への疑念，赤狩りやマッカーシズムへの批判や嫌悪などもあって，ソ連・東欧圏の崩壊以前には，あらためて真正面から本格的に扱われることはなかった．しかし，ホワイトをめぐる状況はソ連の崩壊と1995年の「ヴェノナ（Venona）」に関する調査，研究によって一変した．ヴェノナとは1943年に米国の情報機関（US Signal Intelligence Service）が開始したソ連KGBと在米諜報機関との間で交わされた通信のやりとりを解読する仕事の暗号名であった．これに関するヘインズとクレールの研究（Haynes and Klehr 1999）によって，チャンバーズとベントレーの証言の正しさ，ホワイトがスパイ網の一員であったことが基本的に裏づけられた．ヴェノナの情報の解読によって，ホワイトが，ソ連から最も価値のある情報をもたらす人物であると見なされていたことが明らかとなったのである．ただし，彼が入党していたのか，シンパであったのか，あるいは米ソの協調を信奉する理想主義的な国際主義者であったのか，未だ不明である（Craig 2004: 273-4）．

ホワイトが戦時期に率いた財務省調査局に属したコー，アドラー，グレイサーが，ホワイト同様に非米活動委員会によって相次ぎ追及されたことはあまり知られていない．コーは，カリーとともに政権内部にあった人物である．彼は，アトランティックシティ準備会議とブレトンウッズ会議でも重要な役割を果たし，ホワイトの信任が厚かった人物である．ホワイトは彼を国際通貨基金の重要な役職に就かせている．専務理事に就任したギュットは彼の更迭を望んだが，米国政府がこれに反対して実現しなかった．だが，この2年後にコーはソ連とのつながりで追及をうけ辞職した．コーはその後非米活動委員会の追及を避けるためカナダに，さらに元同僚のアドラーとともに中国に逃亡した．調査局から国際通貨基金に転出したコーの後任はグレイサーであった．だが，彼もソ連に情報を提供したアメリカ共産党グループに関係があるとして追及された．彼らもヴェノナの暗号の解読によって連邦政府内の共産主義者のグループと繋がっていたことが明らかになっている．

　ホワイトのもとで調査局に勤務していたマイクセルは，多くの人びとにホワイトは共産主義者であったのかと問われた．彼は，ホワイトの死後の数週間前に一緒に講演したこと，1947年4月19日，ホワイトと数時間ともに過ごしたこと，などのホワイトとの交遊を想起しつつ，私は彼が共産主義者ではなかったと確信していると回想している（Mikesell 1994: 56-7）．

第4章
ケインズ案と「ホワイト案」

「われわれの感覚では，適正な時期が到来するまでは両案の妥協について協議しないことが極めて重要です．その時期は未だ到来してはいません．しかし，妥協の余地はたくさんあるでしょう」（ケインズ「1943年4月16日付フィリップスへの書信」から，CW 1980a: 243)

　ケインズ案と「ホワイト案」は，1943年4月に公表される．それらはどのような修正過程を経てケインズ「清算同盟案」，財務省「国際安定基金案」として起草されていったのであろうか，また，それぞれはどのような構想であったのであろうか．

1. 相互援助協定の締結と英国の政策論争

　1942年2月に英国と締結した相互援助協定がその後の英国の国際経済政策の方向性をどれほど強く縛ることになるのか．政策当事者はそれをどこまで予想し得たであろうか．協定第7条の履行を迫られた英国は，米国主導のブレトンウッズ協定，英米金融協定の締結に追い込まれ，そうして，1947年のポンドの交換性回復の大失敗という辛酸をなめることになる．5年後にこうした事態が生じるのを1942年の時点では到底想起できなかった．

　相互援助協定第7条をきっかけに，1942年の年初から春にかけた時期，英国内で戦後の国際経済秩序に関する論争が惹起された．米国との協調にもとづき戦後計画を推進しようとする勢力と，これを危険視し代替的政策を提示しよ

うとする勢力との最初の政策論争は，戦時内閣に提出する大蔵省文書"大蔵省のサンドウィッチ"を巡って展開された．ここでは，この取りまとめ過程に焦点を当て，政策対立の基本的構造とケインズ清算同盟案に反対するイングランド銀行の動きを追うことにする．

(1) 相互援助協定第7条と英国

相互援助協定は，英米両国による8カ月の長期にわたる交渉の結果，1942年2月23日に締結された．重要であったのは，この協定の第7条で，枢軸に対抗する戦後経済秩序構築に当たっての基本原理がうたわれたことであった．第7条は，ケインズが1941年7月に手渡された草案とその後に追加された文書からなっていた．7月の文書は，次のような内容であった．連合王国が米国から防衛援助を受ける場合，ならびに，米国がこの見返りに受ける利益について最終的に決められたものは，2国間の貿易を妨げるものであってはならず，両国間の相互に有益な経済関係を促進し，全世界的な経済関係の改善を助長するものでなくてはならない．すなわち，英米両国は，それぞれを原産地とする物資の輸入に対する米国ならびに連合王国の差別を撤廃し，これらの目的を達成するための措置を規定するものとする．これに，次のような文書が新たに追加されたのである．すなわち，両国は，適当な国際的および国内的措置によって，すべての人びとの自由と厚生の物質的基礎である生産，雇用および財の交換と消費を拡大すること，国際通商上のすべての差別的取り扱いの除去と関税その他の貿易上の障壁の撤廃に向けての，また一般的には1941年8月12日のローズヴェルト大統領とチャーチル首相による共同宣言に述べられたすべての経済目標達成のために行動する．そうして，両国は早い適切な時期に，上記の目的を達成することである（ガードナー 1973: 176-9）．

こうして戦後世界経済の基本目標が相互援助協定第7条で合意されたのであった．その内容は「大西洋憲章に拙速的に設けられた経済条項よりかなり具体的にしかも細部にわたっている」．第7条はかくして「経済面における戦後計画の基本的かつ法的骨格を形成することになったのである」（ガードナー 1973: 173）．

しかしながら，英米では，合意された第7条の解釈を巡って，大西洋憲章に

みられたのと同様の対立や相違がみられた．国務省は差別的措置の撤廃には英連邦特恵関税を含み，英国側がこれを受け入れたことはほとんど疑う余地がないと解釈した．だが，チャーチル首相やアンダーソン蔵相などの英国政府関係者は，依然として，英連邦特恵関税制度の撤廃を約束したものではないとか，これについては例外的な扱いをうけているとかの説明を，国内向けに行ったのであった（ガードナー 1973: 186-7）．

しかしながら，英国側で相互援助協定の解釈に相違があったとしても，英国は，第7条にもとづき，米国との間で国際通商，国際通貨・金融問題の包括的な交渉にはいることを約束したことは間違いなかった．そうして，米国側が，第7条を手がかりに，自由主義的経済秩序の構築を目ざして，外交攻勢を強めてくるのは必死であった．英米協議が差し迫るなかで，英国政府は具体的な対応を迫られた．

(2) 英国における戦後経済秩序を巡る対立
①戦時挙国体制と経済外交

ここでまずは，英国の戦時経済外交を理解するうえでいくつかの特徴を指摘しておこう．第1に，戦時動員体制は，米国と比較すると，独自の性格が際立ってくる．米国のように権限と機能が分散し，情報が遺漏しやすい体制と異なり，英国のそれは，中央集権的で，位階的な世界であった．公務員は大臣に，大臣は議会に責任を負った．政策決定は，米国でのようにタバコの煙が充満した部屋で決められることはなかった．カーボンコピーや謄写印刷された文書が各レベルの関連部署の担当者のなかで順次回覧され，決定に時間を要した．

チャーチルは戦争遂行のためにいくつかの超越的組織を作り，これに既存の組織を下属させた．彼はチャーウェルを重用し，一時彼のもとに戦時の情報を集中し，一元的に管理しようとした．戦時内閣のもとに経済部が設置されるのもこうした状況のもとにおいてであった．

チャーチルは，枢軸との戦争遂行に全力を傾け，戦時の経済・金融的な問題に関しては積極的なリーダーシップを発揮しはしなかった．彼の保守党の際立った伝統のひとつは英帝国へのこだわりであった．それはチャーチルとの個人的な結びつきの強いカナダ生まれのビーヴァーブルックや植民地省のアメリー，

農相のハドソンらによって代表された．かかる勢力は，保守勢力内で国際主義的戦後計画への反対勢力を形成した．

米国主導の自由主義的な通貨・通商の国際的な枠組み作りに対しては，経済社会の計画化を押し進めようとする左派，労働界内にも強い警戒感があった．

戦時内閣は，挙国体制を維持し，枢軸との戦争を遂行することが第一義的な課題であった．それ故に，国論を二分するような深刻な政策対立をさけたかった．通貨外交を主管する大蔵省とイングランド銀行は，ともに政権内外で本来の影響力を行使できずにいた．第1次世界大戦後と大恐慌への対処策で重大な政策ミスを犯した通貨当局に対する不信感は根強かった．チャーチル自身も大蔵省に強い反感を抱き続けていた．彼にしてみれば大蔵省は1920年代に彼を誤った方向に導き，1930年代には英国の再軍備を遅らせ，ナチスの跳梁と暴挙を許した張本人であった．大蔵省の戦時経済体制における役割は限定されていた．戦時内閣と大蔵省は，聖ジェームス公園とウェストミンスター寺院に挟まれた建物に同居していた．だが，同じ空間にあっても両者の間に活発な対話はなかった．

戦時期の通貨外交をになったのは，極めて限定された少数の経済学者グループであった．ケインズ，ロバートソン，ロビンズらであった．戦時の挙国体制のもとでは，彼らの学説上の対立はさほど問題にならなかったようだ．彼らは，ケンブリッジ，LSE出身の第一級の経済学者であり，該博な知識と経済学の専門性を生かして，政策を立案し，実務をこなし，外交交渉をになったのである．これに対して大蔵省や外務省の高官は二次的役割を果たした．こうした事態は，大蔵省の顧問やイングランド銀行の理事を兼務するケインズの戦時内閣の経済外交における影響力を強める結果となった[1]．

②自由主義，拡張主義的政策の支持勢力

ケインズは，1942年1月下旬の週末，「国際通貨（あるいは清算）同盟案」を取りまとめた．彼は，この時期，対米協調を基調とし，通商政策面では自由主義的路線，国際通貨面では統制主義的で拡張主義的な路線を追求しつつあっ

---

1) ケインズは1941年9月18日，イングランド銀行理事に選出されている．

第 4 章　ケインズ案と「ホワイト案」

た．彼の同盟案は，対外通貨および経済問題に関する大蔵省覚書の 61 節から 134 節として，戦時内閣の復興問題委員会用に印刷された．この大蔵省覚書というのは，1942 年 3 月 31 日の復興問題委員会の会合における審議用に作成された文書であった．ケインズの計画は，くすんだ色の布に巻かれた分厚い文書のなかに挿まれていたのである．ケインズは，この扱いに特別不満を抱かなかったようだ．だが，ハロッドやロビンズは，同盟案に対して賛成とも反対ともつかぬ大蔵省の取り扱いに不満であった．それは「まんなかに国際主義の薄い中味をはさんだ」保護主義の「サンドウィッチ」であったからだ（CW 1980a: 108-9, 139; Harrod 1967: 585; Skidelsky 2001: 226）．

ケインズとともに戦時の経済外交をになう経済学者のロバートソン，ロビンズらは，シャハト的路線は英米関係を損なう危険性がある，各国との政治的・経済的摩擦を生み出すことになる，帝国との関係を破壊することになる，保護主義は既得権益の擁護につながり富の創造の機会を削ぐことになる，などの理由から強く反対した．

ケインズに近い人びとのなかではハロッドの動きが目立った．ハロッドは，英国政府内外での最も厳しいシャハト主義の批判者の 1 人であった．彼によれば，シャハト的政策体系は平時には維持しえないもので，貿易を政治に釘付けし，すべての新しい通商の発展を経済戦争の行為に変えてしまうものであった．特恵関税の維持にこだわるあまり帝国そのものを失ってしまうことになりかねないのである[2]．

2）　シャハト主義，国際清算同盟案の評価と関連してハロッドとケインズとの間では，国際資本移動について見解の対立があったことに注意を促しておこう．ハロッドは，自由主義的立場から国際資本移動を容認し，国際清算同盟案のなかの国際資本移動の規制を削除するよう提言した．

　この問題をめぐるケインズとホワイトとのやり取りとしてケインズの 1942 年 4 月 19 日付ハロッド宛書簡が興味深い．そこでケインズは，国際資本移動を自由にすべきであるとのハロッドの批判に，「国際資本移動の統制はまったく不必要であり，とりわけ国際清算同盟が設立されれば，なおさらそうであるとする貴君の見解には，とりわけ強く反対です」と記している．

　また，ケインズはハロッドを次のようにも批判している．「国際資本移動の自由は古い自由放任体制の本質的な部分であり，世界のどこにおいても利子率を均衡させることが正しく，かつ望ましいことを仮定しています．すなわち，もしイギリスにおいて完全雇用を促進するような金利が，オーストラリアにおける適正な金利より低いのであれば，

③英国のシャハト主義者,イングランド銀行

戦時挙国体制のもとで「城内平和」を維持しなければならない英国内では先鋭な対立とはならないが,戦中・戦後の国際経済戦略をめぐって論争が生じた.保護主義か自由主義か,緊縮主義か拡張主義か.保護主義を社会主義勢力,改良主義勢力と帝国擁護勢力が支持した.このうち,社会主義勢力を中核とする改良主義的勢力は労働党によって代表され,完全雇用と国内改革の達成を重視した.一方,保守党の一翼を形成する帝国擁護勢力は帝国の権益の擁護,自治

イギリスのすべての貯蓄がオーストラリアに投資され,……結局オーストラリアでの均衡利子率がイギリスの利子率まで下落するという状況にいたる」のであり,完全雇用の達成という政策目的は実現できなくなるというのである.ケインズによれば「国内経済の全体的な運営は,世界の他の場所でゆきわたっている利子率に関係なく適正な利子率を適用できる自由に依存している.国際資本移動の統制は以上から当然導き出せる結論なのである」(CW 1980a: 145-9).

ハロッドは,ケインズの構想が大蔵省案として採用されるうえでも重要な役割を果たした.彼は,国際清算同盟案の採用に強い影響力を持つ大蔵省高官ホプキンズへの書信で,「ケインズは著しく計画をシンプルなものにした.小生の批判に対処するために多くを取り入れた」などとして,大蔵省の支持のもとで,多くの閣僚たちに完全に実施可能で実際的な計画として提案しなければならない,と訴えていた.ハロッドは清算同盟案の実現に向けても配慮を欠かさなかった.彼は戦時内閣の閣僚たちに,混乱を招くだけである,として清算同盟案と双務主義のいずれかを選択させる仕方に反対し,米国に対しては国際投資機関や緩衝在庫構想などとあわせて国際通貨同盟案を提案すべきであるとも進言していた (Skidelsky 2001: 220-4).

ハロッドは,戦時期にケインズが貿易政策面で経済的国家主義,保護主義から自由主義へと転ずると評価する.「きわめて最近の段階に至るまで,貿易政策における無差別主義的な開放体制に復帰することの実行可能性について重大な疑いを抱き続けていた」ケインズが,この段階で再び何度めかの変容を遂げたことをハロッドは次のように回想している.「いまやケインズの熱狂は彼自身の計画に注がれていたのであるから,貨幣および外国為替の分野におけるシャハト主義政策対国際主義政策という主要な問題に関する彼の二兎をともに追う気持ちは消え失せていた.彼自身の本来の国際主義が表面に現われて来た」(ハロッド 1967: 588).

なるほどケインズは通商政策ではそうであるかもしれない.しかし,国際通貨・為替政策ではそうではなかったというべきであろう.ケインズが,それらの面ではシャハト,フンク的な統制政策,いいかえれば無差別,多角主義,自由主義に相反する超国家的組織による統制政策を追求したのである.ハロッドは,後年,ガードナーの『ポンド-ドル外交』に一文(序言)を寄せ,そのなかで,「私は故ケインズ卿の清算同盟案その他の戦後の計画の草案の討議に積極的な役割を演じ,その後は事態のなり行きを周辺から,しかし内部事情を知りつつ,見守っていた」と記している(ガードナー 1973: xv-xvi).彼は清算同盟案に違和感を抱かなかったのであろうか.

領との伝統的な結びつきを維持しようとした．かかる勢力は，戦時挙国内閣で強い影響力を持っていた．

　大蔵省顧問のヘンダーソンとイングランド銀行に代表される勢力は，為替統制と国家間の貿易協定とによって戦後の国際貿易の均衡発展を企てていた．ヘンダーソンは，ホプキンズと並び大蔵省の考えに強い影響を与えていた．この時期，大蔵省では，ヘンダーソンの他にケインズ，キャトーが相次いで顧問に就任し，相応の影響力を行使しはじめていた．大蔵省は，シャハト主義勢力と自由主義勢力，それに通商面で自由主義を唱えつつ清算同盟を推進するケインズといったように，複雑な力関係のもとにおかれていた．こうした力関係を微妙に調整し，均衡を保とうとしたのがホプキンズであるともいわれる．このような大蔵省にあって，ケインズのかつての盟友ヘンダーソンは，ハル的なアプローチを敵視する英国のシャハト主義者と目されていた．彼にとって，戦時経済外交の焦眉の課題となっている第7条の具体化は，英国の国際収支の改善と経済の計画化に対立した．ヘンダーソンは経済的ナショナリズムを批判する当時の風潮に対して異論を唱え，むしろそれが，世界経済の変化への避けることのできない対応であったと考えていた．彼は国際経済・通貨政策として為替管理の完全なメカニズムの維持，三国通貨協定の線での英米通貨協定の締結，英米の経済協力を進める合同機関の設置，を提案した（Skidelsky 2001: 200-1）．

　イングランド銀行は，米国の財務省，国務省による自由主義的国際経済秩序の構築を支持しなかった．同行はまた，米国の金融界と，ローズヴェルトとモーゲンソーの戦後計画に反対の姿勢を共有していた．米国の金融界と同様にイングランド銀行は，中央銀行や国際金融界を敵に回すような政策スタンスのモーゲンソーを嫌い，ケインズとの間では相互信頼と相互理解を欠いていた．シティの利害を代表するイングランド銀行の戦略目標は，ポンド体制の維持，ロンドン国際金融センターとしての地位の保全にあった．この目標を達成するためには，ポンド地域の維持と金・ドルの流出を抑えるための為替統制が不可欠になると考えたのである（Fforde 1992: 33; Skidelsky 2001: 219）．

　イングランド銀行の場合，少数のエリートによる通貨・金融政策の決定過程であったようにも見てとれる．銀行内部ではほんの一部の高官が取り仕切っていたのである．副総裁のキャターンズ，コボルド，シープマン，バルトン，ト

ンプソン=マッコーズランドがその中心にいた．ノーマンは政策決定過程に深くかかわってはいなかったが最終決定権を握っていた．彼のもとには，シープマンを責任者に，クレイ，ボルトン，トムプソン=マッコーズランドの4人からなる小委員会が組織されていた[3]．

こうした体制のなかでイングランド銀行はケインズが推進しようとする政策から徐々に距離を置き始めた．同銀行の国際通貨・金融制度の枠組みを巡る議論の出発点は三国通貨協定であった．それはキーカレンシー・アプローチの典型であり，基軸通貨国の協調的な通貨安定化の試みとしてケインズの清算同盟案のようなアプローチとは異なるものであった．米国ではこれと同様なアプローチがニューヨーク連邦準備銀行のウィリアムズ教授によって唱えられていた (Fforde 1992: 39)．

フォーデがいうように，イングランド銀行の清算同盟案への反対は，銀行家として本能的なものでもあった．学者によって夢想された誇大な国際的な計画であるとそれを嫌悪した．中央銀行たるものは，市場で実際に生起している問題を扱うべきなのであった．だが，同行はジレンマを抱えていた．戦時の経済統制体制のなかで大蔵省がますます力を強め，主導権を発揮していたからである．英国においても中央銀行は大蔵省（財務省）に一層従属し，通貨・金融政策での相対的自立度を低下させていたのである（Fforde 1992: 39）．

(3) イングランド銀行と大蔵省の"サンドウィッチ"

ケインズの戦後通貨計画の輪郭が次第に明らかになるなか，イングランド銀行のバルトンは，戦後の為替政策に関する1941年9月25日付の長文の論文で，英国独自の具体的計画が明確にならないなかで，ワシントンと戦後の通貨計画について討議するのは時間の浪費であると酷評した．彼は，通貨業務に携わる専門的な見地から清算同盟案に批判的であった．むしろ，キーカレンシー・アプローチに立ったポンド地域の強化，統合のための計画を推進すべきであると

---

[3] ハロッドも次のように述べている．「ケインズはまもなく一理事であるということそれ自体は，イングランド銀行の政策の決定にわずかな役割しか演ずるものでないということを発見した．同行の政策は主として高級の事務職員と専任の1，2の理事によって決められていた」（ハロッド 1967: 574）．

第 4 章　ケインズ案と「ホワイト案」　　　97

考えた．それらは，具体的には，ポンド＝ドル相場の固定，外国為替の管理，金取引の統制，長期・短期の資本移動の管理，非ポンド地域との支払協定の発展などを柱とした政策体系であった（Fforde 1992: 40-1）．

　この後，数次にわたって大蔵省と意見交換を経たイングランド銀行の動きとして重要であるのは，10 月 29 日の政策協議である．これには，ノーマン，キャターンズ，シープマン，コボルド，クレイが参加した．会議では，ケインズの戦後通貨計画，米国との交渉の是非などが話題となった．そうしてこの会議を踏まえて 11 月 4 日に，キャターンズは大蔵省のホプキンズに対してイングランド銀行の基本的立場を伝達した．そこでは，清算同盟案や同様の戦後計画に言及することなく，中央銀行制度を通した主要通貨地域に責任を負う主要通貨当局間の一連の政策協調的な行動，各国との協議による統制的政策の展開が望ましい政策であるとしていた．しかしながら，こうしたイングランド銀行の基本的見地をケインズやその同調者は支持しなかった．11 月中に行われたケインズとイングランド銀行との協議でもケインズは，ポンド地域についてのイングランド銀行のアプローチを疑問視した（Fforde 1992: 42-3）．

　間もなくケインズはイングランド銀行の支持を取り付けようとして働きを強めた．12 月に入るとコボルド，キャターンズ，それにノーマン総裁に書信を送付し，清算同盟案への支持を訴えた．しかしながら，ノーマンらはケインズの働きかけに応じようとはしなかった（Fforde 1992: 44）．

　1942 年 1 月，大蔵省は戦時内閣に提出する国際通貨・経済政策に関する文書の起草にあたっていた．この報告書の作成でイングランド銀行は，単純な反対論を主張せずに，協調的な姿勢を貫こうと腐心した．キャターンズは，2 月初めに大蔵省のホプキンズに対して，長文の妥協的な書信を送付した．そこで副総裁は，まず，大蔵省文書の説明と報告書の編成に全般的な同意を与えつつも，この一方で婉曲的に慇懃なかたちで，清算同盟案のみに一本化して将来の国際通貨システムの検討にはいる危険性を指摘した．さらに，清算同盟のアプローチと同銀行が推進すべきであると考えるキーカレンシー・アプローチ，双務主義的協力関係を中心とする国際通貨システムの構築とは対立するものではなく，相互補完的な関係にあるとの考えを明らかにした．そうしてイングランド銀行としては，どのような形式の国際通貨システムが採用されることになっ

たとしても，多くの国々の通貨当局との日々の決済業務を遂行するための具体的で実際的な通貨・金融合意が必要であることは変わりがないことを強調した．

しかしながら，こうしたイングランド銀行の努力は，大蔵省との軋轢の修復に役立たなかった．3月10日，イングランド銀行は大蔵省のホプキンズから，最終報告書に関するコメントを求められた．ホプキンズは，そこで，過渡期の問題や直面する問題には比較的少ない紙幅をさき，長期的な問題に力点を置き，戦時内閣が検討すべき課題をリストアップしていた．

これに対して翌日，ノーマン総裁がホプキンズの要請に応え，文書を送付してきた．ホプキンズが手にしたノーマンの書信は，それまでのイングランド銀行の妥協的，協調的な姿勢とは異なっていた．フォーデによれば，それはローズヴェルト政権の国際経済戦略と共同歩調をとるとの戦時内閣の全哲学から断固として距離を置くものであった．彼は，ノーマンの文書の次のような箇所を引いている．

「あなたは昨晩，戦後国際通貨政策の概要を送付してきました．しかしながら，この文書に対するコメントを本日の昼までに求めてきたことや，文書が本日午後の"最終会議"で検討される"修正文書"であるという事実から，私は，あなたが，イングランド銀行から重要なる貢献を得ることを期待していないものと推察致します．それゆえに，私は意見を3点表明するに止めます．そのうちの2つは一般的な，いまひとつは特殊なものです．覚書全体の全般的な基調は，われわれの見地からすれば，数週間前に合意した長文の文書の均衡のとれた要約になっていません．そこで強調されているものは，われわれにしてみれば，いくつかの側面で誤りであるように見えますし，偏見のない読者に対してわれわれが同意できないさまざまな結論を示唆しかねないように思われます」．

ノーマンがここで指摘している誤謬とは，(a)理論上，英国は国際貿易と支払いに対するすべての制限措置を放棄しなければならないとしていること，(b)英国の戦後政策の主要目的は米政権を懐柔することにあるとしていること，(c)戦後の世界は，他の国に配慮することなく，英米の連合によって運営でき

ると考えていること，であった．ノーマンとしては，むしろ英国経済の計画化と管理，英国の優先的な再建，欧州との協力が重視すべき政策的スタンスであると考えたのである．だが，ノーマンのかかる主張は全く無視された．

大蔵省とイングランド銀行とでは，この2週間後にも書信を交わした．ノーマンはその書信を次のように結んでいる．「私は，3月11日の私の書信で提起した問題点について，あなたが，第26パラグラフの無意味なくだらない一文の削除を除き，考慮することができないと考えているのを知りました」．

ノーマンは，イングランド銀行が提案した重要な批判点について大蔵省が一顧だにせず，無意味な一文の削除で応じたことに失望したというのである．そうして彼は，それまでのイングランド銀行の妥協的な姿勢とは打って変わった断固たる決意を示したのである．ノーマンはすでに70歳になろうとしていた．彼の国際金融での長年培われた豊かな経験が生かされなかった．結局，大蔵省文書は，3月21日に戦時内閣の復興委員会で検討され，文書に添えられていた勧告とともに実質的な修正を施すことなく承認されたのである．フォーデは，かかる経緯を「不幸な結果」と論評している．英国の通貨管理にかかわる中心的な組織間で，戦後の通貨計画をめぐり原理的な不統一と深刻な亀裂が生じたからである (Fforde 1992: 45-8)．

大蔵省の「戦後の通貨，金融，通商政策」と題する報告書は，1942年3月31日の戦時内閣の復興委員会で検討された．大蔵省の"サンドウィッチ"とか"大蔵省のバイブル"とか呼ばれていた文書であった．報告書はサー・ジョージ・クリスタルを名目的な責任者に大蔵省によって取りまとめられていたが，内容的には，作成に関与した関係機関から提出された文書で構成された，折衷的な特徴をもっていた．そこにはケインズ案，イングランド銀行の戦略構想概要，それにハンセンとガリックの国際機関に関する構想などが束ねられていた．

国際経済政策に無知で関心を集中できない戦時挙国内閣の閣議では，"サンドウィッチ"報告書にもり込められていたさまざまな提案のどれを優先して推進すべきであるのか，明確に合意が得られなかった．閣内では，労働大臣であったベヴィンがケインズ案を政府案として採択するのに最後まで反対した．彼は委員会の会合に遅刻したうえ，会議では顔を紅潮させてそれは労働者階級に対する英米銀行家の陰謀である，それによってわれわれは200万人の失業を甘

受しなければならない，などと文書を非難した．このため，ケインズはベヴィンと個別に会談し，国際清算同盟が反デフレ，失業対策の手段となりうる点を説明し，彼の態度を和らげようと腐心する一幕もあった．

いずれにしてもこの大蔵省報告の取り扱いで重要であったのは，ケインズ案が，事実上，政府案の1つとして閣議で認められたことであった（CW 1980a: 109, 139-42; Skidelsky 2001: 227）．

この間，大蔵省で人事異動があった．ウィルソンが引退して，ホプキンズが大蔵省次官に就任．フィリップスは，駐ワシントン大蔵省代表に，そしてホプキンズの後任にイーディーが着任した．それまで彼は農務省に在籍していたのであった．彼がケインズとイングランド銀行との間に立ち，難しい調整役をまかされることになった．

このようななかでイングランド銀行では，シープマン委員会による「戦後の為替政策」が策定された．戦時内閣が清算同盟案を承認した後に，行内で急遽取りまとめられた文書で，国際決済に関する野心的な計画の骨格として注目すべき構想が打ち出されていた．それは，為替管理が広範化したなかで主要国の通貨圏からなる世界を前提に，ポンド地域がこれらグループのひとつとして多角的かつ双務主義的にも他の通貨圏と通貨・為替の安定化のための協力協定を締結することで，戦後通貨システムの再建を実現しようとするものであった．そこでイングランド銀行は，米国の連邦準備制度理事会と中央銀行間の協力システムの中心のひとつとして機能することになっていた（Fforde 1992: 50-1）．

しかしながら，この構想に対する反応は厳しいものがあった．6月26日付の書信で，大蔵省のフィリップスはコボルドに対して，シープマン委員会の構想をシャハト主義的であると批判した．分離された通貨圏の世界は対立に満ち，混乱の絶えることのない世界となろう，というのがその要点であった．イングランド銀行内部からも懸念が出てきた．イングランド銀行によって北アメリカに情報収集のために派遣されたトンプソン=マッコーズランドから，イングランド銀行の双務主義的アプローチは，米国との建設的な協力関係を損なう恐れがあると助言されたのである．イングランド銀行による局面転換は成功しなかったのである（Fforde 1992: 51-2）．

2. 英米両国でのケインズ案，ホワイト案の予備的検討

(1) 英米での両案の検討開始

ところで，ケインズ案と「ホワイト案」が公表されたのは 1943 年 4 月のことであった．このことからわれわれは，この時点で初めて，英米両政府がそれぞれの構想を知ることになると考えがちである．だが，実際はそうではないのである．英米の専門家は，1942 年の 7，8 月の時点でそれぞれの草案を入手し，ホワイト案とケインズ案の全容を知ることになったのである．厳密に特定すると，ワシントン駐在の英大蔵省高官フィリップスが，本国にホワイト草案の要約を送付したのは，7 月 8 日，ケインズはこの文書を 7 月 22 日までには入手している．一方，米国側は，7 月 17 日には，フィリップスから国際清算同盟案について説明を受けている．

ホワイト案についてみれば，7 月 8 日，フィリップスが，大蔵省事務次官ホプキンス宛に，米財務省が用意した戦後の国際通貨構想についての草案の「要約」を送付している．翌日には在ワシントンの経済戦争局高官リー=スロスが，ホワイトから入手した計画のコピーをロンドンに送付している．

ホワイト案を受け取ったケインズは 7 月 24 日からのティルトンでの 10 日間の休暇のあいだに，ホワイト案の検討を行っている．この後，休暇から戻ったケインズは，8 月 3 日，ホプキンスとフィリップス宛に，ホワイト案の検討結果と国際清算同盟草案の改訂版を送付した（CW 1980a: 157-8）．

ケインズはこの段階でホワイト案をどのようにみていたのであろうか．ケインズが残した文書によると，彼は国際安定基金案と国際清算同盟案の原理的相違を指摘する．国際安定基金案は「一見したところでは，実際よりは国際清算同盟によく似ていると思われるかもしれない．しかし事実は，その基礎となっている原理が基本的に異なっている」．

また，彼は，ホワイトの基金案を銀行案との関係でとらえ，両機関を次のように位置づけている．

「本案は基金および銀行と呼ばれる二つの国際機関を準備している．だが，

この両機関の関係は明確ではない．とくに金と銀行が自由に発行できる銀行券の位置との関係が不明瞭である．しかし，大まかにいえば，基金の目的は清算同盟の目的に，銀行の目的は国際投資機関と国際商品統制の目的に，相当する」．

だがケインズによる国際安定基金案についての評価は厳しい．

「同案は銀行原理および金の交換性を一方通行とする方式を用いず，事実上，単純に，実際に利用できる金の量を増加させることを目的とした金本位制の異種にすぎない」．
「その詳細に目を移せば，国際安定基金案は大変複雑であり，散漫かつ拡散しすぎている．それは理解し難く読むことも不可能である．首尾一貫した理解が得られない箇所もある．討議の早期の段階で必要のないような内容が盛られてもいる．それは実際にはまったく機能しないように思われ，また多くの困難を含んでいるが，それらを処理しようとする考えもなく，またそれらの困難についての指摘もない」．

しかしながら，このように酷評するものの，ケインズのホワイト案への対応はアンビバレントでもある．「それにもかかわらず，その一般的な目的が，われわれが追求したものと同じであるのは顕著であり，われわれを励ますものでもある」．さらに，通貨に関わる国家主権の放棄はケインズ案と同じか，それ以上であり，米国による大規模な援助，外国貿易の自由放任主義とその規制に対する態度では，実質的にわれわれの構想と差はない，と評価もしているのである（CW 1980a: 160-1）．
　それでは米国側はケインズ案をいつ，どのように入手したのであろうか．国務省文書によると7月17日に，ワシントンでフィリップスとアチソン，パスヴォルスキーが会談し，相互援助協定第7条の合意事項をどのように具体化するのかについて意見交換した．注目されるのは，この際，パスヴォルスキーが，ケインズの国際清算同盟案について言及している点である．文書では英国のa clearing unionと記録されていたに留まっていたが，それは米国側の高官がケ

インズの草稿についての情報を得ていたことを物語っていた．なお，この点についてマークセルは，米連邦議会図書館所蔵のパスヴォルスキー文書に残されている1942年7月17日付アチソンの覚書を典拠に，この会議で初めて，英国側は，国際清算同盟案について米国側に説明したと，解釈している．

そうして，8月18日，フィリップスとオピーが，アチソンらと会談した際には，どのように国際安定基金についての協議を進めるのか話し合っている(USDS 1960: 192-3, 199-200; Marksell 2006: 240)．

こうして，英米双方の専門家は1942年7月にそれぞれケインズ案，ホワイト案を入手し，これをきっかけにして，ブレトンウッズにむけた長い交渉が始まるのである．

(2) 通貨交渉本格化への始動

このようななかで，英国側での第7条への国際通商政策面での対応はミードが主導して進められていた．彼が案出に力を入れた国際通商同盟案は，1942年の8月に取りまとめられ，その後ドールトンのもとで組織されたオバートン委員会での検討に付された．ミードの国際通商同盟案は，戦時内閣のブレーンとして政策立案に参画し，あるいは経済外交を担うロビンズ，ロバートソンやハロッドらによって支持された．この一方で大蔵省顧問ヘンダーソンの強い反対に直面した．彼は米国との協調よりも英帝国内での経済的紐帯の維持と強化を重視した．ところが興味深いことに，ケインズはミードの構想を支持しなかった．彼は，この時期，米国との協調を志向しつつも自由主義と保護主義との中間の道を模索しているように見えた．こうした力関係のなかで委員会の報告書は戦時内閣によって棚上げされ，通商の分野での政策調整は進展しなかった．国際緩衝在庫制度構想とともに通商同盟構想も結局，政府の公式文書として採用されなかったからである．そうして，ケインズの国際清算同盟案のみが，第7条の具体化にかかわる戦時内閣の有力な政策構想として，残される結果となったのである (Skidelsky 2001: 233-9)．

モグリッジは，1942年8月下旬から9月および10月の期間について次のように記している．8月の終わり，9月および10月初めの期間，ケインズが国際清算同盟案に関連した時間の大部分は，「外国投資，工業化と清算同盟」とい

う表題のハロッド論文の検討に吸い取られてしまった．国際投資の重要性を説くハロッドに対して，ケインズは，英国が戦後暫く債権国になりそうもないとの前提に立てば，国際投資機関等の構想は追求すべきではないと考えた．他方で，ハロッドは，ケインズに対して，結局のところ国際清算同盟案は貿易収支の不均衡が生じた時に，それを調整する自動的な機構とならないことも指摘していた．もし債務国が割当額のすべてを使ってしまえば，債権国の残高は巨額に達し，以前と同じ状態に戻ってしまうからである．ハロッドは，ケインズが恒久的な解決策ではなく，一時的な緩和策を用意したように考えて，その構想を批判したのである（CW 1980a: 195-6；ハロッド 1967: 599-600）．

こうしたなか，戦時の通貨計画の分野では，英米間で予備的な会合が持たれ，国際清算同盟案とホワイト案についての検討が進められた．

9月10日，最初の検討会が開かれた．米国側からはバール，パスヴォルスキー，ホワイト，英国側からは，フィリップス，オピーが出席した．ケインズ自身は9月23日，駐英大使ウィナントと会談した．

10月6日には国務省のバールが国際清算同盟案に対する一連の質問状を提出した．質問状での質問事項は，為替相場の管理方法，バンコールの規模と割当額，バンコールとの交換に米国が負担するドルの規模，それに債権国の票決権など，質問事項は技術的問題をも含めて多岐にわたった．バールが懸念していたのは，国際清算同盟案の基本的特徴である国際通貨単位の創設，貸越・借越メカニズム，そうして計画がドルの地位へ及ぼす影響であった．米国側はなかでも国際清算同盟案に謳われている「無限責任」に連邦議会は決して同意しないと見てとった．実際にはそうではないが，米国側は，ケインズ案を，加盟各国が同盟からいくらでもカネをひき出すことができる魔法の杖と考えたのである．英米の専門家レヴェルでの意見交換はこのようにして本格化し始めた．トップレヴェルでの会合についてみると，それは，モーゲンソーとホワイトが戦局を見極めるためにロンドンを訪れた10月中旬に実現した（USDS 1960: 222-4, 224-6; Van Dormael 1978: 61-3；ハロッド 1967: 599）．

英国側でも動きがあった．1942年10月末には自治領代表が戦後計画について討議するために訪英したのである．この際，ケインズが直接，国際清算同盟案について説明した．彼は，このなかでとくに，国際清算同盟案を実現するに

第4章 ケインズ案と「ホワイト案」

あたっての4つの困難を指摘していた。第1に，資本の源泉をどうするのか，第2に，信用枠をどのように設定するのか，第3に，債権国に厳しい案では債権国の協力が得られないのではないか，第4に，国際機関の権限，機能と加盟国の国家主権との関係をどう調整するのか。この会議では，フィリップスによって，国際清算同盟の信用供与がインフレを引き起こすのではないかとの懸念が米国で強まっているとの情報が伝えられた。自治領側は，金本位制よりもバンコール本位制が望ましいとして国際清算同盟の構想を一応，支持する姿勢を見せた。だが，この一方で，国際清算同盟案について，信用が膨張した場合，バンコールの価値が低下するのではないか，インフレが進むのではないか，などの懸念を表明した。また，英，米に特権的役割と地位が付与されており問題である，戦後の復興，救済問題を考慮に入れていない，などの批判的意見が出された。

自治領およびフィリップスがもたらした情報を考慮してケインズは，11月9日，再び国際清算同盟案の改訂版を準備した（CW 1980a: 196, 453-58; Van Dormael 1978: 62-3, 66-7）。

このような折，米国では，戦後通貨構想についての理解が深まるなかで，国際通貨問題の専門家にとどまらず各方面からケインズ案に対する懸念と批判が強まった。米国の潜在的な負担はどの程度に膨れ上がるのか。債務国の「権利」を主張しておいて債権国の「権利」はどうなるのか。各国に割り当てられる信用枠が早々に利用し尽くされた場合どうなるのか。バンコールの創出とオーバードラフト制がインフレ圧力をもたらすのではないか。これとは別に，財務省を中心に，政策立案者のなかで，戦後計画を首尾よく実現するうえで最も重視しなければならない要点についての認識が共有されていった。それは，連邦議会の支持をどう取りつけるか，であった。

こうして，英米の通貨構想の輪郭が明確になるとともに，重要な相違点が次第に浮かび上がってきた。さらに，本格交渉に向けての地ならしをどう進め，戦後計画の具体化をはかるべきであるのか。ケインズやフィリップスらは，英米双方で専門家集団を組織して討議を重ねてゆくことが交渉の進め方として望ましいことであると考えはじめた。同時に英米間では，交渉のヘゲモニー争いが表面化した。「戦後の通貨計画案に関する英米会談の進捗状況がきわめて遅

いなか，また他の国も含めて安定基金を設立しようとするホワイト案の論議を広げようとする米国側の動きもあって，英国政府も清算同盟案を，英連邦外の諸国と討議するためにその写しをロシア，中国およびヨーロッパの連合国に送付した」(CW 1980a: 205-6)．

このようななかで1943年2月1日，バール国務次官補はフィリップスへの書簡で，国際安定基金案の改訂版を送付したことを明らかにした．バールはそのなかでソ連と中国政府にも送付したことを伝えていた．そうして早期の連合国準備会談の開催の意向を表明した (USDS 1963: 1055)．ケインズも2月26日，公に国際清算同盟案に関する議論を開始し，この手始めにヨーロッパ同盟国の会合で演説した．戦後の通貨計画をめぐる英米の外交交渉が本格化しはじめたのである (CW 1980a: 206-15)．

3. ケインズ案の進化と国際清算同盟案

1941年9月8日に打ち出されたケインズの戦後通貨構想が国際清算同盟案として進化していく過程を明らかにしよう．ここでは，ケインズの清算同盟案の実質的な第1案というべき1941年11月18日の「国際通貨同盟の提案」(第2次草案) から1942年3月大蔵省覚書「国際通貨（あるいは清算）同盟案」(第4次草案) をへて米国のホワイトに手渡される第5次草案，それに1943年4月に公表されるケインズ案（国際清算同盟案）までの草案の修正過程をたどる．ここでの具体的な課題は，第1に，ケインズ第2次草案をもとに，その基本構成と特徴を明らかにすること，第2に，ケインズ草案の形式，構成の変遷を概観すること，第3に，草案の深化過程での主要な修正点を確認すること，である．

(1) ケインズ「国際通貨同盟案（第2次草案）」の基本構成と特徴

ここではケインズ第2次草案の特徴をみよう．モグリッジによれば，1941年9月8日のケインズの提案が，大蔵省の討議において注目された様子はまったくなく，またイングランド銀行はケインズの提案に反対であった．主要な論評は，カーン，ミード（戦時内閣経済部経済補佐官），ホートレー（大蔵省財務調

第4章 ケインズ案と「ホワイト案」

査局長)によってなされた.こうした論評を考慮に入れてケインズは「第2次草案」(1941年11月8日)を作成した.

さらに,モグリッジによれば,ケインズは,この草案の作成にあたり,ハンセンらが1941年の秋にロンドンを訪れた際に説いていた完全雇用の維持のための戦後計画(ハンセン=ガリック提案)をも考慮したという.たしかにハンセンらは国務省の後援で英国を訪れ,戦後計画を説明して回った.当時,ハンセンは,ハーヴァード大学教授で連邦準備制度理事会の顧問,ガリックは国家計画局(NPB)の顧問でTVAの専門家であった.彼らは,計画のなかで英米両国政府が完全雇用,生産の拡大,生活水準の向上,経済の安定化,世界貿易の促進のため,①経済政策協調を助言するための国際経済委員会の設立,②国際的資源調査,③国際開発公社の設立,を提案していたのであった(CW 1980a: 40-2; Horsefield 1969: 13-4).

第2次草案は,本文と付録に国際清算同盟案の基本原理,その機能と基本的システムが明確に構想され打ち出されていた点で,実質的にはケインズ国際清算同盟案の最初の草稿と位置づけられ,その後の討議の基礎となるものであった.それゆえに,この第2次草案をもとにケインズの基本構想を概観しよう.

ケインズは,まず,第2次草案の冒頭で戦後通貨計画を提案するにあたって,次のように戒めている.英米協力が,たんに英国の戦後の困難とその極端さを説明し,英国の利益のために有用であるなどと執拗に懇願し続けてはいけない.また,米国に対して進んで贈与,または無利子借款または金準備の無償配分という形で直接的に金融支援を要請するのも誤りである.英国が希望しうる援助は間接的なものでなければならないし,また,米国からの施しもの,との印象を与えてはならない.

さらに,英連邦またはポンド地域の結束と重要性とを高める結果となり,米国の偏見と疑惑を招くような提案を正面から持ち出すのも誤りである.米国の人々の関心と熱意を惹き付けるためには,国際的な性格をもち,わが国以外の国の利益にもなり,戦後の世界経済をこれまで以上に公平で有望なものにする機会をもたらすような何か野心的な計画——広範かつ多様な利用が可能な——を提案する必要がある(CW 1980a: 42-4).

ケインズは,これに続けて国際通貨同盟案の提案の基礎にある考え方は単純

であるとして次のように説明する．すなわち，それは「国際清算銀行の設立を通じ，すべての封鎖体系のなかにみられるような銀行業の基本原則を一般化することである．この原則とは，貸方と借方，資産と負債とを等しくさせることである」(Keynes 1980a: 44)．

封鎖体系内にある一国内の銀行がケインズ構想のモデルなのである．しかしながら，ケインズによれば，ルールか裁量かの問題に関わり，違いがある．すなわち，多くは事前に合意された規則や一般原則によって決定され，日々の裁量によって決定されるものは少なくならなければならないということである(CW 1980a: 45)．

ケインズはさらに，同盟案の基本的目的として，世界貿易に対する拡張的な圧力を重視する (CW 1980a: 46)．通貨・金融面からの需要拡大政策を行うべきであるというのである．国際清算同盟案の基本的特徴がここにある．

同盟案の画期的性格は，構造的黒字国の責任について次のように規定している点にも見て取ることができる．構造的黒字国，すなわち他の世界全体に対して貸方残高ポジションにある国は，その残高に対処する義務をもつが，それによって世界経済に対して縮小的圧力を加えるような方策をとることを許さない．かかる債権国に対しては債務国に対するのと同じ程度で調整の責任を課するというのである (CW 1980a: 47, 49)．

ケインズの同盟案は，資本移動についても独自の考え方に立っている．彼によると，資本の流出入の中央管理は戦後制度の恒久的特徴とならなければならない．このために，次に述べる資本移動を区別する手段をもつことが必要となる．(a)浮動的な資金移動と，世界の資源の開発のための純粋な新規投資．(b)均衡維持を援助する黒字国から赤字国への移動と赤字国からの，または，黒字国から他の黒字国への，投機的あるいは逃避的な移動．この区別に立って資本移動を管理するため「すべての送金は中央銀行を経由しなければならず，その結果生ずる残高は国際清算銀行を経由して中央銀行により清算されなければならない」(CW 1980a: 47, 53)．果たして，好ましい資本移動と，不均衡を招く悪い資本移動とを，実際に区別しうる具体的手段を開発して実行しうるのか．ケインズは英国の戦時為替統制措置を過大に評価し，問題を極めて楽観的に容易なものと考えていたことがわかる．

第4章 ケインズ案と「ホワイト案」

　ケインズはこの銀行案を，広範囲な国家主権の放棄を要請する点で「野心的な提案」と自賛する．国民国家に固有な権利と見なされる経済的主権の一部を放棄しなければならない．それゆえに「提案されている取り決めは，金融的武装解除の手段」なのである（CW 1980a: 57）．

　国際清算銀行案では，新たに設立される平和と国際秩序を維持する義務を負う超国家的な警察機関，救済復興のための国際機関，国際商品統制のための国際機関，それに国際投資機関との連携が打ち出されていた．また，国際清算銀行は，物価の安定と景気循環の制御にその力と影響力を行使する国際機関であるべきであった．ケインズは，世界経済の変動を，人知によって制御可能であると考えていたのである（CW 1980a: 58-60）．

　国際清算銀行はまず米国と英国の共同機関として設立される．特にその初期においては，基本的には両国の共同管理下におかれることを想定している（CW 1980a: 45, 60）．

　興味深いことにケインズは加盟国を個々の国家単位ではなく，国家グループで考えていた．それらは北アメリカ，南および中央アメリカ，ポンド地域，ソ連，ゲルマン諸国，スカンジナビア諸国，ラテン同盟，中央ヨーロッパ，バルカン同盟，中東，そして極東の11の国家グループであった．ちなみに極東は日本のほか中国，タイがあげられていた．このことは，彼の同盟案が，ポンド地域など既存の通貨圏と併存しうる国際通貨機関として構想されていたことを示唆していた（CW 1980a: 55-7）．

　「国際通貨同盟の提案」には「付録」がつけられて，国際清算銀行の業務が，AからCまで20項目に分けてやや詳しく説明されている．

　この「付録」で注目されるのはA.1とA.5で国際清算銀行の銀行通貨について詳しく規定している点である．まずA.1で，銀行は国際残高の決済のために，金と等価物として普遍的に受け入れられ，かつ究極的には金に基礎をおくグラモールと名づけられるべき銀行通貨を供給する，こととしている．

　また，A.5で平価についても次のように規定している．「各加盟国の通貨は，清算銀行の銀行通貨（ないしグラモール）で表示された固定相場……をもつべきものとし，銀行通貨自体は金の単位により表示される」．

　さらに，通貨同盟の信用機能とその具体的なメカニズム，国際収支不均衡の

是正策については，B.1〜B.9 で具体的に述べられていた（CW 1980a: 62）．

　注目される金との関係については次のように規定していた．各国の中央銀行は，国際清算銀行に金を払い込むことにより，清算勘定を補充することができる．しかし，勘定の残高は，他の清算勘定へ振替の目的にのみ使用できる．したがって金を引き出すことはできない，と．後の国際清算同盟案のバンコールと同様に，金と国際銀行通貨との関係が一方通行の関係にあることが，この時点で明確に打ち出されていたことがわかる（CW 1980a: 61-2）．

　この「第 2 次草案」は，大蔵省内でその後の政策立案の討議の中心に据えられ，次第に有力なものとなっていった（CW 1980a: 66）．

　ケインズは 1941 年 12 月 19 日付のイングランド銀行総裁ノーマン宛の書信で，国際清算銀行案の「最新の改訂版」を送付するにあたって，いくつか注目すべき説明を加えている．

　まずケインズは国際清算同盟案の基本的アイデアが，民間銀行相互の当座預金勘定をもとにした預金通貨による清算，決済を，国際的分野に応用した点にあると強調する．「本案の本質は実に単純です．それは銀行業の基本原理を国際的分野に延長したものであり」「国内銀行業の原理の発見とその適用により，18 世紀および 19 世紀の国内事情が変貌を遂げたように，この同じ原則を国際分野に延長しさえすれば，両大戦間期間に存在したような国際経済の明白な弊害を是正することができます（とわたしは信じています）」（CW 1980a: 98-9）．

　ケインズは加えて英国の国際金融上の利害からしても国際清算銀行案の実現が重要であると論ずる．「特に，多角的計画は，ポンド地域とロンドンの金融上の地位にとって必要な条件であるとわたくしは信じています」（CW 1980a: 99）．

　さらに注目すべきであるのは，ケインズが国際決済銀行（BIS）を事例に出しつつ，その経験を発展させた野心的で理想主義的な試みであると位置づけている点である．「この提案は，野心的にすぎ，理想的にすぎ，全体として壮大にすぎるとあなたはお考えになるかもしれません．しかし，これが一つの利点なのではないでしょうか．あの国際決済銀行は，偉大な，そして実に必要な，理念を具体化しました．一部には，賠償に関わったため，一部には米国の不参

加のために，同行が不運な目に会ったからといってわれわれは冷笑的になったり，落胆などしてはならず，むしろ奮起して，もう一度やってみるべきです．本案は，19世紀の金本位制の偉大な歴史的有利性を，現代の理想，そして戦後の要求に結合しようとする大胆な試みなのです」（CW 1980a: 100）．

(2) ケインズ草案の構成の変遷過程

ここでは1941年11月の第2次草案から1943年4月の国際清算同盟案までの構成の変化を概観する．

まず，表4-1をもとに第2次草案～ケインズ案にいたる変遷を概観しよう．これから，第2次草案～第3次草案までは同じ構造になっているが，大蔵省覚書である公式文書第4次草案をへて第5次案，国際清算同盟案へとしだいに整えられていったことがわかる．ここで第5次草案というのは，1942年8月にホワイトに送られた清算同盟案のことである．

やや細かく見ると，第2次草案は全11章で付録がついていたが，第3次案は全12章となり付録は削除された．これが第4次草案になると全74項目がAからNのグループに分けられ，膨らんだ．これが第5次草案では全10章，48項目に，最終案である1943年4月の国際清算同盟案では全11章，46項目に整理された．

大蔵省覚書から第5次草案，国際清算同盟案への変化の過程をやや詳しく見ると草案の冗長さが克服されている．第4次草案では74あった項目が第5次草案では48に整理されている．また第4次草案では，項目がA～Nに漫然と分けられグループ化されていたが，第5次草案では全体で10章と簡潔な構成になっている．

さらに1943年4月の国際清算同盟案と1942年8月の第5次草案を比較する

表4-1 ケインズ草案の構成の変化

第2次 (1941/11)	第3次 (1941/12)	第4次 (1942/3)	第5次 (1942/8)	国際清算同盟案 (1943/4)
I～XI	I～XII	A～N	I～X	I～XI
付録	付録削除	61項～134項	第1項～第48項	第1項～第46項

出所：CW 1980a: 42-66, 68-94, 108-39, 169-95; USDS 1948: 1548-73.

と，形式のうえでは項目が48から46に減る一方で章がひとつ増えているものの，全体としては大きな変化はない．ただ，ひとつの目立った相違がある．ケインズ最終案の第3章（7～9）で，債権国の責任論が独自の章として位置づけられ，強調されている点である．これは，第1次草案から第5次草案までは，債券国の責任を独自の章で扱うことはなかった点で興味深い修正であった．

この他では，第4次草案「国際通貨（あるいは清算）同盟」で初めて「清算同盟」の語が現れる．ただしケインズはこの時点では「国際通貨同盟」がよいのか「国際清算同盟」がよいのか選択に迷っていたことがわかる．しかし，これ以後は「通貨同盟」「清算銀行」の語に代わってもっぱら「国際清算同盟」の語が用いられるようになる．

(3) ケインズ草案の主要な修正点
ここではケインズの草案での重要な条項の修正過程について詳しくみよう．

①新国際通貨単位バンコール
第3次草案では第2次草案のグラモールにかわって「バンコール」が初出する．バンコールは金に固定され（しかし変更不能ではない），金の等価物である．そうして，「全加盟国（および非加盟国）の中央銀行は，国際清算銀行に勘定を保有し，同勘定を使用して，バンコールで表示された平価をもって相互の為替残高を決済することができる」のである（Keynes 1980a: 72）．

このバンコールという用語は，銀行bankとフランス語の金goldを意味するorの合成語であった．ケインズは，ホートレーがグラモールを嫌がったのでバンコールに変えたといわれている．ホートレー自身はモイ（moy）を提案していた．今は存在しないポルトガルのコインの名moidoreからきたもので27シリングと等しい価値を有していた．

新国際通貨単位は金と準備通貨を補足し，次第にそれらに取って代わる．それはホワイトの金と各国通貨からなる基金とは異なり，帳簿上に存在するだけで，一国から他国の勘定に移転する．それはケインズが再三強調するように，封鎖的な銀行システムに類似したものである．もしも加盟国に赤字（debit balance）が生じると，当座借越が認められる．いうまでもないことであるが，

同盟から加盟国に特別の資金貸付がなされるわけではない．

　ケインズの考えでは，バンコールの量は変化することなく，同盟は資金的な困難に陥る恐れはない．この新しい資産の配分を受けることで，英国のように巨額の債務を抱えた国は，資本移動を除く，すべての通貨・為替の制限措置を除去し，安定的な為替相場を維持し，国際収支危機に見舞われることなく，刺激的な国内景気政策を追求できる．

　注意すべきは，金とバンコールとの関係の独自性である．ケインズは金が依然として心理的価値を持ち，争うことなき価値基準であることを認めていた．したがって彼は，金を直ちにバンコールにとって替えようとはしなかった．そうではなく，金を用いてバンコールの受容性を高めようとしたのである．

　ケインズは，金という信認されている金属通貨への逃避を阻むために，双方向の交換性を認めなかった．すなわち，加盟国は自動的にバンコールを金や準備通貨のごとき準備資産に代えることができないようにした．同盟は金からバンコールへの交換という一方通行の交換性のみを認めるのである．ケインズは，この規定が，自らの資産を，名目貨幣から金という商品貨幣に交換しようして生じる通貨上の混乱や危機を回避するうえで，必須の条件であると考えた．こうしたこともあってか，ひとたび金廃貨に向けた議論を展開してきたケインズであったが，同盟案では金廃貨問題への言及は避けていたのである．

②割当方式

　過去，たとえば戦前の貿易額を合計したものの平均をもとに算出するという考えは共通している．ただし，第1次草案と第2次草案は，その1/2の金額としていた．だが，第3次草案になると，ただ外国貿易を参照してと変えられる．これが第4次草案になると，戦前の3年間の平均に等しい額，またはこれより少ない額となる．また，この第4次草案からは，過渡期経過後の割当額の見直しが新たな条項として追加された．そうして，第5次草案からケインズ案では，割当額の算出根拠は，戦前の輸出入額の（たとえば）3年間の平均，および過渡期期間経過後は3年間の移動平均の（たとえば）75％，といった表現がとられていた．こうして割当額の基礎や割当方式については，第1次草案からケインズ案にいたるまで，過去の貿易実績を算定の根拠とする考えでは一貫してい

るものの，具体的な算定方式では，試案のレヴェルにすぎず，ケインズが最後まで決めかねていたといえよう．

なお，「割当 (quota)」という用語は，第1次草案から第2次草案までは「指標割当 (Index quota)」の用語があてられていた．

浅野は「バンコールの発行量は，当面260億ドルとされた」（浅野1993: 305) としている．だが，この数字はケインズのものではない．ケインズは，基金の割当額が50億ドル相当であるのに対して，同盟の場合には，資金規模をおよそ400億ドルと見込んでいた（CW 1098a: 216)．しかしながら，実際の信用総額がどの規模になるのか，明確に記述してはいない．260億ドル説の元は，ガードナーの研究であろうが，彼自身は，『エコノミック・ジャーナル』(1943年) に掲載されたJ. ロビンソンの推計によっている（ガードナー1973: 206)．

③当座貸越/当座借越/国際収支不均衡調整策など

第1次草案・第2次草案　第1次草案から第2次草案までは「赤字銀行 (deficiency bank)」「黒字銀行 (surplus bank)」「被管理銀行 (supervised bank)」なる語が当座貸越，当座借越，あるいは国際収支調整策の基本概念として用いられていた．ここで赤字銀行というのは，その清算勘定が1年以上にわたり指標割当額の1/4を超えて赤字の中央銀行のことであった．また，この割当額の半額を超えた中央銀行は被管理銀行と呼ばれた．一方，黒字銀行は，その清算勘定が1年以上にわたり指標割当額の1/4を超えて黒字の中央銀行のことであった．赤字銀行は，5%を限度に通貨価値を切り下げることができた．これがさらに被管理銀行になると，5%を超えないかぎりでの通貨切り下げのほか，金準備の取り崩し，資本流出規制，さらには脱退を求められる．黒字銀行は5%を限度にその通貨価値を切り上げることができ，あるいは赤字銀行の清算勘定に貸し付けることができた．黒字が1年以上にわたり指標割当額の1/2以上を超えた場合は，理事会から5%切り上げるよう要求され，また年末の貸付残高がその割当額を超えた場合，超過額は国際清算同盟の準備資産に組み込まれることになっていた．これは貸付額の事実上の没収といえた．

第3次草案 第1に，第1次，第2次草案の「赤字銀行」「黒字銀行」という用語が，「赤字国」「黒字国」という用語にかえられた．しかし，これらの用語も第4次草案からは削除される．

第2に，当座貸方，当座借方を均衡化する方式として，課金の考えが導入されたことである．すなわち，①貸方，借方の区別なく，1/2 までの平均残高に対してまず1％，② 1/2 を超える場合2％，の課金の支払いを求められた．

第3に，国際収支黒字国の調整策が整備されたことである．ここで黒字国は，その貸越残高の均衡回復にいかなる方法が適切かを，理事会と討議することとされた．ただし，いかなる措置を講ずるのかの最終決定は，当該国にあるとされた．是正策としては以下が指摘されていた．(a)国内信用，および内需の拡大措置，(b)バンコール建て当該国の通貨切り上げ，または貨幣賃金の引き上げ，(c)関税とその他の輸入抑制措置の軽減，(d)後進国に対する国際貸付．この黒字国の不均衡是正措置は，第5次草案，ケインズ案に受け継がれることになる．

第4次草案 第1に，赤字国，黒字国という用語が削除された．

第2に，借方残高の増大に対する一層厳しいペナルティ措置が導入された．すなわち，新たに借方残高が少なくとも1年間の平均で 3/4 を超えた場合に，理事会は，その改善のための措置をとるよう，当該加盟国に要求できることになった．そうして，当該国が，2年以内にその借方残高を削減できなかった場合には，理事会は，債務不履行宣言を行うことができ，また，当該加盟国は，清算同盟の自己勘定から資金を引き出す権利を喪失することになる．

第3に，やや細かいが，課金の年率2％が1％に軽減された．

④過渡期についての条項の新設，その他の修正

第1に，大蔵省覚書である第4次草案から過渡期についての条項が新設された．この条項は，過渡期における米国からの復興，救済援助と国際清算同盟の借越ファシリティの関連など，あらかじめ想定される過渡期の金融問題と国際清算同盟の活動との関連についての内容である．

第2に，余り目立たないが，第5次草案から国際清算同盟案までに，興味深い用語の修正がみられる．そのうちのひとつは黒字国の国際不均衡是正策とし

てあげられている「(d) 後進国開発のための国際貸付」が国際清算同盟案では「国際開発貸付」に代えられている点である．同様に(b)項の「貨幣賃金」がケインズ案では「貨幣所得率」に代えられている．

清算同盟案の修正を重ねたケインズは，1943年2月に外交攻勢に転じ，この手始めにヨーロッパ同盟国の会合で清算同盟案について演説している．最後に，これをもとに彼自身の説明を聞こう．

通貨計画は第1に，無差別的，多角的決済制度と為替の安定化をめざすものである．第2に，国際収支不均衡の是正をめざすが，不均衡是正の責任を債務国と同様に債権国にも問うものである．第3に，この清算同盟案は，封鎖体系内での銀行業との類比から構想したものである．そこでは，相殺業務を行い，資本を外部から調達せず，貸付はせず，資本金を必要としない．第4に，節度を保った当座借越枠が与えられる．第5に，為替相場調整規定が設けられ，ルールに従った為替調整が行われる．第6に，資本移動の規制を行う．これにより，有害な資本移動に攪乱されない多角的決済制度を確立する．さらにケインズは，金の地位には変化のないことを言い添えた（CW 1980a: 206-15）．

ケインズ案を特徴づけるにあたり，早坂は，ケインズの清算同盟案を「一種の世界中央銀行」と特徴づけ，浅野も国際清算同盟を「一種の世界中央銀行の設立であるといってよい」と論じていた（早坂1978: 255; 浅野1993: 303）．だが，われわれの理解では，ケインズ案は「銀行」ではない．清算同盟は為替取引，貸付業務，預金業務を欠いており，銀行の概念規定に従えば，それは銀行とは言えない．それは，ケインズが呼ぶようにあくまで貸越-借越機能を有した特殊な国際金融機関である．

4. 国際安定基金案の修正過程

1942年5月25日，財務省の主導で戦後の通貨・金融計画の具体化にあたる各省の専門家による専門委員会（American Technical Committee）が設立されていた．委員会は財務省，国務省，戦争経済局，連邦準備制度理事会の専門家によって構成された．このなかにはパスヴォルスキー，ヤング，ゴールデンワイザー，ハンセンなどが入っていた．こうした人びとは，戦後計画にかかわる

国際経済組織の設立にかかわる知見を有し，設立の必要性を説いていた専門家であった．

　この専門委員会で戦後計画はどう進められていくのか．ホワイトの構想は，通貨問題と復興問題の双方を平等に扱っていた．しかし，時間が経つにつれて，前者の方が重点的に検討されるようになっていった．この結果，戦後経済復興という喫緊の課題の検討が同時並行的に行われなくなった．国際銀行案が英米交渉のテーマとして急浮上するのは1943年の10月の初旬になってからのことであった．こうして省間委員会では，国際安定基金案の検討が優先され，国際銀行案の検討は棚上げされたのであった（ガードナー 1973: 201-2, 229-30）[4]．

　財務省は，ケインズの清算同盟案との対抗から国際安定基金案を優先させた．その財務省内で国際安定基金案構想の取りまとめにあたったのは，通貨調査局のホワイト，バーンスタイン，法律顧問のラクスフォードらであった．

(1) 国際安定基金案修正過程の時期区分

　ここでは，国際通貨基金所蔵のブレトンウッズ関連文書やプリンストン大学所蔵のホワイト文書の整理に基づき，1942年春の初期ホワイト構想が1943年4月に「ホワイト案」として公表されるまでの過程をたどってみよう．ここで1943年4月7日公表のホワイト案を「ホワイト案」とカギ括弧をつけるのは，呼称にもかかわらず，それをホワイトの個人的な案ではなく，財務省通貨調査局の草案と考えるからである．

　都合上，あらかじめ国際安定基金草案の修正過程，および国際通貨基金協定の成立過程を概観すると，次の5段階に区分できよう．

　第1段階　ホワイト原案の起草（1942年4月）〜1943年の4月7日の「ホワ
　　　　　　イト案」の公表
　第2段階　「ホワイト案」の公表から英米非公式会議をへた1943年6月26

---

[4]　ハロッドによればフィリップスがホワイトに銀行案については検討しないのかと尋ねたところ，ホワイトは消極的な姿勢をみせたという．これについてハロッドは，ホワイトが，米国がケインズ案を受け入れれば英国はホワイトの銀行案を受け入れる，との取引を英国側が持ちかけるのを警戒したからではないかとみた（ハロッド 1967: 541）．

日付，7月10日付草案の策定
第3段階　1943年7月10日付草案から英米専門家会議をへた1943年10月の原則声明草案の策定
第4段階　1943年10月の原則声明草案から1944年4月の共同声明の発表
第5段階　共同声明からアトランティックシティ会議をへてブレトンウッズ会議での最終合意

この区分を前提に，以下の(2)で第1段階における国際安定基金の基本的な性格がどのように修正されたのかを跡づけることにしよう（1942年11月25日付，同12月11日付，16日付，24日付，29日付，1943年1月付，同4月7日付，同5月8日付，同6月26日付財務省「連合国安定基金準備草案」BMC Box 32)．

(2)　国際安定基金案の構成と内容
①国際安定基金案の構成
　1942年春の草案は，ホワイト原案がかなり荒削りな形で提案されたことがうかがえる．全10条の構成からなる草案で，「Ⅰ 基金の目的」，「Ⅱ 権限」，「Ⅲ 加盟国の資格」，「Ⅳ 基金の構成」，「Ⅴ 管理」の各々の条項は，一応，整序的な条文形式をとっていた．だが，6条から10条までは，条項にタイトルがなく，個々の項も記されず形式的に未完成であった．
　起草作業はこの後しばらく中断されていたようであるが，1942年11月末から活発となった．まずは11月25日付草案である．
　そこでは「基金の目的」を欠き，「Ⅰ 基金の構成」，「Ⅱ 権限と業務」，「Ⅲ 管理」，「Ⅳ 加盟国の義務」の構成となっていた．
　12月に入ると，11日，16日，24日，29日と相次いで改訂され，精力的な起草作業が続けられたことになる．この間に基金案の構成はどのように修正されたのか．
　第1に，12月11日付草案で，新しく「Ⅲ 通貨単位」が条項化された．これとともに通貨単位ユニタスが導入された．なお，銀行草案では，1942年12月3日付草案で一旦ユナット（unat）なる呼称の新通貨単位が導入されている

(1942年12月3日付財務省通貨調査局「連合国復興開発銀行準備草案」BMC Box 51」).

　第2に，1942年11月12日付草案からそれまで「加盟国の義務」となっていた条項が，12月11日付草案では「加盟国の政策」に変更された．

　第3に，12月16日付草案の権限と業務で稀少通貨条項が整備された．そこで scarce currency の語を見いだすことができる．

　第4に，「I 基金の目的」が定式化されるのは，1943年の1月草案であった．これによって「I 目的」，「II 基金の構成」「III 権限と業務」「IV 基金の通貨単位」「V 管理」「VI 加盟国の政策」からなる全6条構成の1943年4月7日付「ホワイト案」の骨格ができあがるのである．

　②基金の目的
　基金の基本的性格を理解するうえでは，草案の「基金の目的」について触れるのが有益である．

　1942年春の草案では，第1条で全11項にわたり基金の目的を掲げている．重複を避け，整理すると，ほぼ次のようになる．為替レートの安定，生産的国際資本移動の促進，封鎖対外残高の自由化，貨幣用金の偏在の是正，公的・私的債務の処理の促進，国際収支の不均衡期間の短縮・その程度の緩和，為替管理の自由化，対外貿易障壁の削減，健全な銀行券の発行・信用政策の促進，国際為替業務の効率化・低廉化．

　すでに指摘したように，基金の目的の条項はこの後しばらく草案からのぞかれていた．それは1943年1月草案（日付不明）に再び盛り込まれる．そうして，これらがほぼ「ホワイト案」に受け継がれることになる．そこで，1月草案をみると，第1条で基金の目的は全6項にまとめられた．すなわち，為替レートの安定，国際収支不均衡の期間の短縮・その程度の緩和，対外貿易の促進，生産的資本移動の促進，戦時異常残高の処理の促進，外国為替規制の撤廃・自由化，である．

　他方で削除された項目は，貨幣用金の偏在の是正，国際債務処理の促進，健全な銀行券の発行・信用政策の促進，国際為替業務の効率化・低廉化であった．

③「加盟国の義務」あるいは「加盟国の政策」

　この条項も，国際安定基金がいかなる国際金融機関として案出されたのかを理解するうえでは重要な条項である．

　まず，1942年11月25日付草案では，いかなる条項が記されていたのであろうか．まず興味深いのは，第1項で加盟後1年以内に外国為替に対する「すべての」制限措置の撤廃を規定していた点である．これは，経常取引と資本取引とを区別せず，すべての為替制限措置の撤廃をうたっているとも理解しうる規定であり，為替制限措置を短期間に撤廃しようとする性急さがうかがわれた．為替制限措置の撤廃は，資本移動にも適用するのか．この曖昧さを取り除くためにか12月24日付の草案で資本移転を除外するとの但し書きが挿入された．

　第2に，固定相場制を前提に，相場調整には基金の同意が必要であると規定していた．加盟国の通貨主権を侵害する規定であった．他方で平価の決定や基礎的不均衡を是正するための為替調整の実際的な方法について何ら言及がなかった．

　第3に，厳しい資本移動の管理を可能とする条項が盛り込まれていた．それは，加盟国の許可がない限り，基金の他の加盟国は，当該加盟国の預金，投資を受け入れず，あるいは許可しない，というものである．この規定は，基金草案の起草者が，国際資本移動の規制を容認していたことを示していた．

　1942年12月11日付の草案以降，「加盟国の義務」は，「加盟国の政策」に変えられた．12月16日付草案以降は，内容的には11月草案を受け継ぎつつも全7項目にまとめられた．

④権限と業務に関わる主要な修正点

資本の構成　1942年4月草案以来，資本金規模は，50億ドルであった．当初出資比率は50％であった．変更があったのは，金の拠出比率である．はじめ，加盟国は一律クォータの12.5％であったが，1942年11月25日付草案では，加盟国の金・外貨保有額が1億ドル以下，3億ドル以下の場合の例外規定がもうけられた．そうして，金の拠出比率は，それぞれの場合，5％，7.5％となった．この例外規定は，1943年4月7日付の「ホワイト案」でも継続された．なお，1943年11月20日付草案では，資本金規模が80億ドル

へと拡大され，これが共同声明に受け継がれる．

平価の決定，相場調整 この問題では，1942年4月の「II 権限と業務」で，金価値を基礎とする固定相場制度を前提に為替相場の安定を指導原理とすると断った後で，為替レートの変更は「基礎的不均衡」の是正に必要な限り票決権数4/5の同意で実施することを認めた．だが，ここでは固定相場制の上下変動幅については言及がなかった．この平価規定と為替調整については，一部文言の修正はあったものの，1943年4月7日付草案まで引き継がれた．

通貨単位 1942年春のホワイト原案では，銀行に発券機能をもたせていた．11月25日付草案では，権限と業務の第13項に「国際通貨単位 (international monetary unit)」の用語を見いだすことができた．ユニタスなる用語が導入されるのは，1942年12月11日付草案からであった．そこで「III 基金の通貨単位」が創設されるにともない国際通貨単位としてのユニタスが登場するのである[5]．

基金との取引 基金からの売却額の上限については，再三の変更がみられた．1942年4月草案では，①クォータの100%以内，②①以上は4/5の票決権数が必要，とされていた．これが1942年11月25日付の草案では，クォータに対する比率で，①50%/1年以内，②75%/2年以内，③100%/その後，と変更された．だが，これも，1942年12月11日付草案になると，①100%/1年以内，②150%/2年以内，③200%/その後，と変えられた．この規定は，「ホワイト案」まで継続された．

これに加えて11月25日付，12月11日付草案から12月29日までの草案で

---

5) この問題で岩本は，ホースフィールドとモグリッジの所説にもとづいて，ユニタスは，1942年12月3日に導入されたと書いている（岩本1999: 253）．だが，われわれがホースフィールドの引用箇所にあたると，12月3日との記述はない．当のホースフィールドは，41頁でユニタスの導入は，12月11日としている（Horsefield 1969: 41, 45）．これに対してモグリッジは，ユニタスの登場を12月3日としている．岩本が12月3日とするのは，これによるのであろうか．だが，彼の所説を注意深く読むと，それは銀行草案について述べているのであり，基金草案に導入されたとしているのではない（Mogrridge 1992: 690）．もっとも，この草案でユニタスが導入されたとするモグリッジの説は誤りではないか．われわれが手にする12月3日の銀行草案ではユニタスではなく「unat ユナット」とあるからだ．

は，加盟国の80％の賛成で先の限度を超えて基金からの購入ができることになっていた．

この他では，票決権数80％の賛成で基金から加盟国に売却される通貨は，対外債務（債務不履行となった場合も含む）の支払いに充てることができた．また，基金から加盟国に対する貸付のクォータを超える残高に対して年1％の手数料が課されることになっていた．しかしながら，これらの規定は，1943年1月草案，1943年4月7日「ホワイト案」では，削除された．

稀少通貨　ホースフィールドは稀少通貨条項の起源は幾分ミステリアス（somewhat mysterious）であると記している．会議議事録が残されているどの会議にもこの問題について言及された形跡がないからである．彼は，それが1942年12月15日，財務長官によって開催された会合で初めて検討され，12月16日付の草案に盛り込まれたと言う（Horsefield 1969: 4-6）．だが，稀少通貨条項の条項化の過程を詳しくみると，かかるホースフィールドの説明は，正確ではない．

稀少通貨（scarce currency）なる用語が登場し，稀少通貨についての条項が強められるのは，なるほど1942年12月16日付草案である．しかし，特定加盟国通貨の稀少化については，1942年11月25日付の草案で，すでに基金保有通貨が15％を割り込む場合についての対策が規定されており，通貨の稀少化についての問題意識は，すでにあったとみるべきである．英国側はいわゆる稀少通貨条項を，黒字国責任論との関連で位置づけようとするが，どうであろうか．米国側は，実際的な問題として基金保有通貨が稀少化する場合を想定していたと考えることもできよう．

この条項の成り立ちを考えるうえで注目されるのは，1942年11月25日付草案「第2条 権限と業務」の第4項である．ここでは次のように規定されている．基金の特定加盟国通貨が15％を割り込んだ場合に，そうして通貨の追加的借り入れのために，当該加盟国の拠出金と同額の金，当初払い込まれた当該加盟国の有利子国債を使用した場合に，基金は当該加盟国に対して，その通貨が不足した原因，特別の手段を講じなかった場合の国際収支見通し，それに当該国通貨の基金保有を増やすための勧告，を盛り込んだ報告書を提出する権限と義務を負う．当該加盟国はこの報告書を作成するために設置された委員会

第4章　ケインズ案と「ホワイト案」

のメンバーとなる．委員会の参加国は，基金の勧告に対して，直ちに注意深い関心を払わなければならない．

　ハロッドが，稀少通貨条項が初めて導入されたとして軍用列車の中で感動するのは，12月16日付の草案であった．しかしながら，われわれは，ハロッドが評価するように，この草案で，いきなり稀少通貨条項が導入されたのではなく，それ以前からあった広義の稀少通貨条項が，12月16日付草案での修正によって一層拡張されたと考えている．

　この12月16日付草案では，第4項への新たな追加条項として，第5項で概要，次のような条項が挿入されている．特定通貨に対する需要で，基金保有の特定国通貨が消尽する兆しが理事会にとって明らかになった場合，理事会は第4項の措置をとるとともに，当該通貨の需給を促すための提言と当該通貨の可能な供給，その公平な配分の方法について伝達しなければならない．基金は，当該通貨を保有している加盟国から通貨を取得し，通貨供給を増大させる努力を払わなければならない．また，基金は，加盟国との間で，適切で実行可能な条件で緊急の供給のために，特別の合意を得なければならない．……．この文中に，まず理事会は第4項の措置をとる，と規定している箇所に注目すべきであろう．この新たに導入された第5項とそれ以前にあった第4項とは，一組の条項と理解すべきである．

封鎖対外残高の処理　　封鎖対外残高（blocked foreign balances）の一部を基金が買い取り，その清算処理に協力するとの一項は，1942年4月の草案から，一貫している．ただし，1943年1月草案（日付不明）にこの用語は戦時異常残高（war abnormal balances）と呼び変えられ，この用語は，1943年4月7日の「ホワイト案」まで踏襲された．この用語が元の「封鎖対外残高」に戻されるのは1943年6月26日付の草案である．

　この規定の要点は，基金が加盟国保有の封鎖対外残高を買い入れる点にある．草案では，①対象となる残高は，加盟国に存在し，その一部あるいは全部が封鎖されているもの，②加盟した日に加盟国から封鎖されたものとして報告された額を含む，③加盟国は基金に封鎖残高を売却し，これら残高を基金に移転する．この後，基金から移転された残高の40％を2％の金利で買い戻す．こうした規定の後に，さらにいくつかの条項が続く．だが，各項をいちいち説明す

るのは苦痛である．いずれもが，ケインズが「チェロキー土語」と呼び，ハロッドが解読に苦労した晦渋な文章であるからだ．

基金の管理　1942年11月25日付の草案では，拠出額に応じた票決権の配分，多数決での決定，理事会の設置が簡略に規定されていた．12月11日付草案では，理事会は最大11名とし，理事会の決定は票決権数4/5以上の賛成で決めること，一国の最大票決権数は最大で25%とする，ことが盛り込まれていた．

これらの条項案は1943年4月7日の「ホワイト案」まで受け継がれた．

5．ケインズ案と「ホワイト案」の公表

(1)　両案の公表

「ホワイト案」，ケインズ案は1943年4月7日に公表される[6]．

両案の公表に先立ち1943年2月初め，米国から最新のホワイト案が公式に英国政府に伝達された．そこにポンド残高処理計画が盛り込まれていたことが，英国内に大きな懸念を生み出した．2月18日，イングランド銀行は，イーディー宛の書信で，ホワイト案に盛り込まれている国際機関によるポンド残高処理に対して，強い懸念を表明した．行内ではこの時期，コボルドによって「戦後のポンド」と題する報告書が取りまとめられていた．それは9カ月前にフィリップスがひどく批判したシープマン委員会の修正版であった．コボルドの文

---

6)　ロンドンの『フィナンシャル・ニューズ』が4月5日，第1面で，ホワイト案の詳細を掲載したのが直接のきっかけである．だが，英国政府は，公表の方針を，米財務省に打診してきていた．財務省は，時宜を見て公表する方針であったが，ローズヴェルト大統領は，「ホワイト案」の詳細が新聞にすっぱ抜かれるまでは公表に消極的であった．なお，邦訳ケインズ全集第26巻の訳者注・訳注1の「共同声明」についての項で，訳者は「1943年3月ケインズの『国際清算同盟案』がイギリスにより提案され，……」とあるが，提案されたのが3月というのは間違いである（CW 1980b，邦訳527頁）．第26巻はブレトンウッズ協定を主として扱っている．この巻の訳者が，ケインズ案の公表日を間違ってはいけない．両案の公表日の誤記が多いのはどうしてであろうか．大田も「ケインズ案の基礎となったのは，……1943年3月に発表した『国際清算同盟案』（通称ケインズ案）であった．つづいて同7月にホワイトによる『連合国国際安定基金案』（通称ホワイト案）が公表され……」（大田 2009: 42）と書いている．大田の場合，両案公表の期日を間違っている．

第 4 章 ケインズ案と「ホワイト案」

書は，4 月初めにイーディーに非公式に送られた．文書はイングランド銀行のアプローチであるキーカレンシー・アプローチをもとに次のような考えが打ち出されていた．すなわち，ケインズやホワイトの提言する新制度によって，通貨当局間の清算業務を手助けし，国際収支赤字国への資金供与などの業務を行うことができよう．だが，日々の業務は別の経路でなされる．それらの業務を遂行するためには 1 つの構造が必要となる．新たな国際制度が立ち上がるまでにこの構造が機能し，ルールを供しなければならない．ここでいう構造とルールとは，具体的な政策面で，為替の安定，資本移動の阻止，可能なかぎりの経常取引の自由化の実現，戦後復興のための特別の金融などに関する主要国での合意であった．コボルドは，英国の国家利益の観点から，これらとともにポンド利用の促進，ポンド地域の強化，とりわけ，インド，エジプトでの過度に累積したポンド残高の処理の重要性をも強調していた．報告は，さらに，こうしたアプローチにより，ポンドの安定化とポンド地域の強化を図りつつ，これを足がかりに，ポーランド，ベルギー，フランスとは勿論のこと，アルゼンチン，ブラジルやその他中立国，さらには旧敵対国との支払協定の締結まで，構想していたのである（Pressnel 1986: 97; Fforde 1992: 52-3）．

　国際清算同盟および国際安定基金の両提案の公表および，今後の会談への期待とともに，英国では米国提案の内容の解明に関心が集中するようになった．だが，英国の専門家にとっても「ホワイト案」は難解で，容易に理解しえなかったようであった．それは，第一線のジャーナリストにとっても同様であった．その公表後間もなく『タイムズ』紙主幹のブラーアムは，ケインズに米国提案の摘要を作成してくれたことに感謝して，ケインズに書簡を寄せて来たが，そこでホワイトの基金案を理解するのはきわめてむずかしいと記していた（CW 1980a: 238-9）．

　この時期，ケインズは通貨・金融交渉の進め方や行方についてどのように考えていたのであろうか．1943 年 4 月 16 日付のフィリップス宛の書簡が参考になる．彼はそこで「私が最近考えていることを紙面に書いてみたい」として英米交渉の状況と行方についてあれこれと述べている．いくつか注目すべき点を拾ってみよう．

　ケインズは，まず，欧州の連合国はホワイト案よりも清算同盟を選好するで

あろうし，そうするのが公平であるとも考えていると観測している．同時に，ケインズは連合国代表に対し，次のような英国の立場を伝えていると記している．「米国の財務省に断固，欧州側がいかに強く国際清算同盟案を選好しているかを知らせる一方，今の段階では論争ないし擁護を避けるべきであること，反対というよりはむしろ疑問を抱きながらも，ホワイト案を検証すべきであること」．そうして，ケインズは，専門家たちの全般的な会議を招集できれば，両案を調和させることはそう難しいことではないと見通したのである（CW 1980a: 240）．

たしかに，ケインズ案への支持と交渉の行方についてのケインズの楽観的な観測は，しばらく変わらなかった．

そうしてケインズは，英米2国間協議によって問題の解決を図るよりも，6月頃に，すべての関係者の意見を調整し，なんらかの妥協を取りつけるための全体会議の開催を企てた．英国に同調している欧州諸国と英自治領とともに問題を扱う方が，米国との2国間協議よりは有利であると考えたからである．

このようななかでケインズは，1943年4月27日付ハロッド宛書簡で，両案の取り扱いと米国の対応に関して，戦後の計画を具体化するうえでの「真の危険」は，連邦議会の動きをうけて米国政府が計画に熱意を失い英国案だけが孤立してしまうような事態が生じることであると指摘していた（CW 1980a: 266-8）．

(2) ケインズによる両案の比較

ここでは両案の特徴を詳しく比較する．まずは，ケインズが両案をどのように特徴づけ比較しているのかを見る．このあと，国際流動性供給メカニズム，国際収支調整メカニズム，為替相場の位置づけ，過渡期への対応，債権国・債務国の責任論，稀少通貨条項を比較の基準に，両案の特徴を見よう．

ケインズによる両案の比較検討は22項目にわたっている．重複等を考慮するとそれはおおよそ次のようである．諸通貨の相互交換性，資本移動の統制，債務国に対する金融援助の限度，割当規定，債務国に節度を求める手段，課金，為替相場の固定，為替取引，金の地位，封鎖残高，収益力，非加盟国の地位，票決権，運営，統計，景気循環と拡張主義的政策，外部団体との関係．

第4章　ケインズ案と「ホワイト案」

表4-2　ユニタスとバンコールの全般的な比較

	ユニタス	バンコール
1	当初の割当額は通常の資本拠出によって徴収する.	当初の割当額は，国際的な信用創造によって提供される.
2	割当額は他の加盟国の通貨を買い入れる権利を表す.	割当額は，国際勘定に対する当座借越請求権を示す.
3	諸個人は相互に経常勘定の目的のため自由に為替取引ができることを前提する.	為替取引は国家の統制によって国際清算銀行に集中することが求められる.
4	原則として資本移動を統制するが，実際には過去にさかのぼり是正手段を講ずる.	すべての取引と予防的行動についての事前精査を含む資本移動の統制.
5	脆弱な加盟国に対する制裁規定.	強大な国に対する慎重に（少なくとも部分的に）適用される是正策.
6	総じて，現存する対外資源を分かち合おうとする意図はあるが，しかし，一般と特殊とを問わず，拡張を阻止する.	「拡張主義者」となる全般的な意図.

出所：CW 1980a: 225.

　そうしてケインズは，最後の22項で，ユニタスとバンコールという見出しを立て全般的な比較を試みている（CW 1980a: 215-26）.

　この比較によって，ケインズは，両機関が以下のように国際機関の役割と機能において対立的な性格を有していると理解した．第1に，資本拠出と信用創造．第2に，通貨の買入権と当座貸越請求権．第3に，経常取引の自由化と為替取引の国家統制．第4に，脆弱な国に対する制裁と強大国に対する是正策．第5に，反拡張主義と拡張主義．これに対して，資本移動については両案ともこれを統制すべきであるとの共通性があるとみた（表4-2）.

　ケインズはさらに，国際安定基金案の資金規模が国際清算同盟案に比べ小さいこと，債権国に課す規律が具体的な手段を欠いていること，為替相場調整が厳格すぎること，戦時ポンド残高の処理は望ましいもののこれに対処する資金規模が小さすぎること，票決システムが米国に有利であること，などの問題点を指摘していた.

　こうしたケインズの比較は，興味深い整理ではあるが，妥当なものとそうでないものとがある．また，ここでは，為替相場制度，為替相場調整方式，過渡期問題，戦時ポンド残高問題などが比較の対象から除外されている点で問題の

残る整理であった．

ケインズが対立しているとみた点について検討してみよう．

まず，第1の資本の拠出と信用創造という比較は，適切な比較であるとはいえない．この点については，以下の(3)の①で詳しく論ずることにしよう．

第2については，両案の資金利用，金融機能についての比較として妥当な比較方法の1つと考える．この問題については，②で考えることにしたい．

第3については，やや視角をかえ，論点を拡大しつつ，一部は③で，また外国為替の統制にかかわる論点については，④で論ずることにしよう．

さらにケインズが指摘する第4の論点については，⑥で債権国の責任論としてもっぱら検討することにしよう．

最後の拡張主義か，反拡張主義かという論点については，第1の論点と同様にケインズによる極端な論点化の意図が見え隠れする．財務省案も世界貿易の拡大，高水準の生産と雇用を目指す拡張主義政策を志向している点ではかわらない．国際安定基金案に拡張主義的性格がないとはいえないのである．

(3) ケインズ案と「ホワイト案」

①「ホワイト案」とケインズ案との原理的な相違

この点ではこれまで基金原理対銀行原理，主体的・受動的対自動的・能動的，あるいは債権債務関係の人格性対非人格性，といった対比がなされてきた．

こうした対比のうち，両機関を，基金原理対銀行原理で捉えるのは，必ずしも適当ではない．従来の見解として，ケインズ案とホワイト案の相違として「ホワイト案が拠出金原理にもとづいており，したがって信用創造力を欠くのに対して，ケインズ案はオーバードラフト原理または銀行原理にもとづいており，したがって信用創造力を持つ，という評価」がある．だが，滝沢によればこれは「正しい評価ではない」．「正確にはいずれも信用創造力を持っており，その相違はそれが自動的に行なわれるか否かの差にあるというべきである」．滝沢によればさきのような主張に立つ人びとは次のような論拠に立っている．「ケインズ案では出資ということは必要ではなく，通貨当局間の不均衡は自動的に供与される信用で賄われる．これに対してホワイト案というのは拠出されたカネを再配分するだけのことであって，そこに信用創造という現象は起きな

第4章　ケインズ案と「ホワイト案」　129

い，という論理である」．しかし，滝沢の考えでは，これは誤りである．「つまり自国通貨による出資というのは実質上ケインズ案における割当額の設定と何ら異なるところはない」．「IMFから信用を受けるときには形式的には自国通貨を対価としてIMFから外資を買うという形をとる．しかし対価として自国通貨を提供することは当該国にとっては何の負担でもない」．その取引は，形式上通貨の売買であっても，実質的にはIMFからの借入れになるからである（滝沢1988: 30-1）．

　このような滝沢の説明も明解ではない．信用論で，一般に銀行の信用創造というのは，多くの銀行が貸付と預金業務を繰り返すなかで，信用が創造されるメカニズムをいう．歴史発生的に主要国で中央銀行券が創造されるメカニズムは，次のようなものであろう．すなわち，中央銀行は，部分準備（一部の貨幣用金と政府証券）の元で，政府が発行した国債を買い取る．政府はこの取引で得た中央銀行券を中央銀行の当座預金勘定に預金する．中央銀行はこうして創出された銀行券を貸し出す……．無から有がうまれる点では，清算同盟の場合と同じである．一見すると基金は異なるようであるが，クォータと交換に，あるいはそれを形式的に担保として他の加盟国通貨を利用できる．中央銀行に預金された基金の外貨資金を部分準備とみて差し支えないのであれば，先の中央銀行通貨創出のメカニズムと変わらない．そもそも銀行原理対基金原理といった対比を試みたのは，ケインズ自身である．彼は国際安定基金案と国際清算同盟案を比較した際に，このような二分法によって両機関を特徴づけていたのであった．

②国際流動性供給メカニズム

　ガードナーが言うように，国際収支危機に直面している国に対して寛大な条件で十分に資金を供給しえないかぎり，加盟国に為替制限措置を撤廃させ，為替相場を変更する自由を放棄させ，厳格な固定相場を維持させることは期待できない．
　この国際流動性の供給機能について国際安定基金と国際清算同盟では著しい相違があった．
　まず資金規模で国際清算同盟は，ロビンソンの推計で260億ドルにのぼるの

に対して，国際安定基金は50億ドルと少なかった．資金の源泉についてみると，国際安定基金の原資は加盟国の拠出によるが，一方の国際清算同盟は，巨額の資金が人為的に信用枠として創出され，加盟国に配分される点に特徴があった．

国際流動性供給のメカニズムはどうなっているのか，やや詳しくみよう．まず，国際清算同盟案である．

その第1の特徴は，各国間の国際収支尻を国際清算同盟という1つの超国家的な機関に集中して，ここで集中決済を行う点にある．これは，国内での商業銀行の清算と決済が中央銀行の預金勘定の振替によって行われる方式を，国際的規模に拡張しようとするものである．ただ，国内の場合と国際清算同盟の場合との相違は，前者の預金勘定は各商業銀行が資金を振り込んで開設されるが，後者の場合は，何らの資金の払い込みを必要としない．国際清算同盟内に，各加盟国が割り当てられたバンコール預金勘定を開設し，このバンコール勘定の振替によって中央銀行間の清算，決済が済まされることになる．

国際清算同盟の特徴と仕組みを，バンコールに注目して，やや詳しくみよう．①バンコールは，同盟に開設される各国名義の預金勘定である．各国は金や自国通貨による資金の払い込みを必要とはしない．②バンコールの価値は，金を基準にして定められる．③各国通貨はこのバンコール価値を基準に決定される．④だが，他方で，このバンコール平価は各国の賃金，物価水準に応じて変更され，金価格は逆にバンコールによって決定されるのが興味深い特徴である．⑤バンコールの創出量は人為的に，裁量的に決定されうる．そうして世界の有効需要のデフレ的，インフレ的な傾向を相殺するために計画的に膨張させたり収縮させたりすることが政策目標とされる．⑥金の国際管理の問題と関連してバンコールと金との関係に独自の特徴がある．まずバンコールは金で入手できるが，逆に金はバンコールによっては入手できないということである．この一方通行性によって金は自然と清算同盟に集中するようにはかられている．このことは他方で，また，金については，直ちに非貨幣化することは考えないということである．

国際流動性供給メカニズムにかかわるケインズ案の第2の特徴は，国際清算同盟が加盟中央銀行に，当座貸越のかたちで，信用を供与する点にある．かか

る一定限度内でのオーバードラフト制度によって，世界経済に拡張主義的な圧力をかけようとする．この場合，ケインズ同盟案の債権・債務関係の非人格性としてよく指摘されることであったが，借り越した国は特定国に対してではなく，国際清算同盟に対して債務を負うことになる．加盟国は，清算同盟に対して債権者か債務者になるのである．さきに米国の例で示したように，特定国間には債権・債務関係は発生しないということである．ロビンソンの推計にもとづき米国を例にとると，米国の割当額を30億ドルとすれば，米国からの輸出は，国際清算同盟に記帳される米国の貸方残高が他の債務国に割り当てられた合計230億ドルになるまで，無償で続く可能性があった．しかしながら，こうした信用供与は，無限に行えるわけではない．したがって，継続的な長期的な不均衡に対しては便宜供与にも限界がある．

これに対して米国案は，ケインズ案のような，当座貸越-借越創出機能はなく，また，清算機能も持たない．単に各国が拠出した資金（金と自国通貨）を貸し付けるという信用供与機能をもつだけである．なるほど，国際安定基金には，ユニタスが導入される．だが，それは加盟国通貨の平価基準，基金の記帳や預託の単位にすぎない．

また，同案における各国の割当額の拠出についてみると，金での拠出比率が大きく，それは，加盟国の金・交換可能通貨の保有額と割当額とによって決められる．そうして，基金は加盟国の通貨当局に対して，認められた為替相場で，基金が保有するいずれの加盟国の通貨でも，売却できることになっていた．ただし，基金は，特定国の通貨を——修正草案によって異同が見られたが——その国の割当額の最大でも200％を上回って売却することはできなかった．したがって，実際に貸し付けられる資金額は，かなり限定されていたのである．

資金利用については，清算同盟を自動的，受動的なメカニズム，国際安定基金を，能動的あるいは裁量的メカニズムにもとづくものと特徴づけることも可能であろう．前者の場合，加盟国は清算同盟の借越残高の枠内で自由に資金を利用できる．これに対して後者の場合，基金の比較的自由な裁量にもとづき，弾力的に運用することが志向されていた．

③国際収支調整メカニズム

ガードナーは，①為替取引の制限，②為替相場の調整，③国内政策面での対応，の3点を均衡回復の主要な手段として押さえたうえで，それぞれについて両案がどう対処しようとしているのかを検討していた．ここでは彼の議論を基礎に，調整問題について両案はどう対処しようとしていたのかを検討することにしよう．

為替取引の制限措置：両案とも，資本逃避や投機的資本移動などによる国際収支不均衡にたいしては外国為替の規制策を認めていた．一方で，経常取引については，両案とも多角的清算制度の創設を目的として掲げてはいたものの，国際清算同盟の特異性が際立っていた．この点については，次項④で詳しく検討することにしよう．

為替相場の調整：両案に共通する特徴として，ある程度の通貨主権を制限し，その一部を国際機構に委ねようとしている点がある．このうえで両案とも，短期的には固定し，中，長期的には限定的なかたちで調整を実施する相場制度を望ましいものとした．このため，為替制限措置と同様に為替の調整を，正常な国際収支調整手段として積極的に位置づけてはいなかった．国際安定基金の場合，安定基金は加盟国の為替相場を固定する権限を与えられ，為替相場の変更は，「基礎的不均衡」の是正の場合にのみ認められた．この場合でも加盟国の全票決権数の4/5の同意が必要であり，票決に際して最大票数を保有する米国が反対すれば，事実上の拒否権を行使できる可能性があり，頻繁な相場変更は困難であるとみられた．

国際清算同盟の場合も為替調整に厳格であった．ガードナーは，ケインズの姿勢をうかがわせるものとして1943年6月9日付のヴァイナーへの書簡を引用している．そこでケインズは，国際金融機関は為替相場をできるだけ安定させることを目的とすべきで，為替相場の切り下げは，貿易収支が特殊な理由で不均衡になった場合を除き，均衡回復のための適切な手段と考えるべきではないと伝えていた．なおガードナーによれば，為替相場の変更は極めてまれにしかあり得ないことになっていた（ガードナー 1973: 216-7）．

国内政策での調整：ケインズの同盟案は，この問題で，形式的に，債務国と

債権国が等しく責任を負うことになっていた．しかし，実際には債権国に厳しい対応を強いていた．まず債務国はその借方残高が割当額の1/2になるまでは「何ら制限なく」当座借越枠を利用することができる．これを超えた場合，担保の提供，平価の切り下げ，資本流出の抑制，あるいは金または流動性準備を要求し，貸方残高の減少を図る．清算同盟は加盟国政府に対して，国際収支の均衡回復のために適切と思われる国際政策措置を勧告できる．もっとも，これらの措置を受諾するか否かは各国政府の権限に属した．

それでは債権国に対してはどうか．債権国はその貸付残高が割当額の1/2を超えるまで公的に「制裁」を受けることはない．この限度を超えた場合，債権国は，同盟との間で国際収支の均衡を回復する措置について，協議することが「要請」される．この際の措置とは，国際信用，並びに需要の拡大，通貨のバンコール価値の引き上げ，関税その他の輸入制限措置の軽減，国際開発金融などである．国内調整の問題でガードナーは，ケインズが表面的には債権国，債務国双方に対して公平に義務を負わせているようであるが，これは錯覚であると論じている．なぜなら，第1に貸越国による黒字残高の累積は，債権国による無償輸出を意味するからである．米国を例にとれば，すでに指摘したように，米国の当座借越総額から米国自身の割当額を差し引いた巨額の，230億ドルとも推計される無償輸出を迫られる可能性があったのである．第2に，債権国は貸越残高の累積により黒字減らしの無形の圧力を受けて不均衡の責任を負わされ，さまざまな黒字減らしのための国内調整政策を実行するように迫られるからである（ガードナー 1973: 220-1）．

④為替市場の位置

外国為替市場との関係で両案を比較検討した場合，清算同盟案の特異性が際だっていることがわかる．

まず，国際清算同盟は歴史的に形成されてきた外国為替市場とどのような関係を取り結ぶことになるのか．芦矢は，バンコール市場が創設されるとともに，次のような仕組みが形成されることになると指摘していた．すなわち，中央銀行間決済にはもっぱらバンコールが使用され，民間レベルでは従来どおり基軸通貨国の通貨，為替が使用される．つまり，外国為替市場の1，2階では各国

通貨が，3階では金，外国通貨，バンコールが使用される仕組みである．ここでいう1階とは，民間の非銀行部門の取引，2階とは，民間銀行相互の取引，そして3階とは，中央銀行間取引，に関わる市場，あるいは決済の場をいう．それでは1～2階の外国為替市場と3階の中央銀行間の清算機構とはどのような関係になるのであろうか．第1に民間市場が正常に機能していれば，本来，人為的にバンコールを創出して中央銀行間決済システムを構築する必要性は生じないはずである．そうであれば，後者の機構と決済システムを創設することは，論理的に考えて，前者が十分に機能していないか，機能不全に陥っている事態を前提にせざるを得ない（芦矢 1977: 77）．

第2に，ケインズ案では，国際清算同盟と外国為替市場との関係が明確に説明されていない．だが，国際清算同盟と各国中央銀行による厳しい資本移動の規制とともに，経常取引通貨と外国為替についても，同様に厳しい中央統制と管理の体制を整備せざるを得ないだろう．現に，国際清算同盟はその目的を達成するため，為替の集中管理がうたわれていた．加盟国の中央銀行は，すべての外国為替の需要と供給とを，自行もしくは為替管理機構に集中し，直接的にではなく，既存の銀行組織を通じて各個人に外貨を供給する．これを可能とするには，中央銀行と既存の銀行システムを，厳しい管理・統制下におかなければならない．自由主義的な国際通商システムの構築を模索しながら，この実現のため一方で国際通貨，為替面で厳しい管理，統制のシステムを構築するのは，経済の論理と理念で大きな矛盾を抱えることになる．

国際清算同盟はその機構の特徴からして，外国為替市場の未発達，長期にわたる戦時体制の継続，戦後過渡期，大恐慌による経済社会の混乱をうけた諸通貨・為替の売買制限や市場閉鎖，などのような状況に適合している．換言すれば，国際清算同盟は通貨の交換性が一般化し，開放された外国為替市場が成立しているような制度的状況においては有効に機能しえない．いや，そうした場合は不要になる．なぜなら，国際清算同盟なる名称が明示するように，この仕組みのもとでは加盟国の国際収支尻をひとつの中央機関に集中し，ここで決済することになるからである．滝沢が指摘するように，いったん，通貨の交換性が実現し，国際的な貿易にともなう代金の支払いと受け取りが外国為替市場で決済されるようになると，多角的清算のための国際機構は不要になると考える

べきなのである．滝沢はこの歴史的な例証として，欧州決済同盟（EPU，1950年設立）が，1958年12月27日の西欧における経常取引の交換性回復にともない，欧州通貨協定（EMA）という名目的な制度に発展解消された事情を指摘している（滝沢 1988: 32-3）．

⑤過渡期の問題への対応

国際安定基金が，短期的な基礎的不均衡の是正を目標とするとしても，戦後復興期に，通貨・為替の安定化政策だけですむのか．復興資金の供給はどうするのか．ポンド残高や戦災処理にどこまで関わるべきであるのか．構想の進展とともに戦後経済復興の役割は国際復興と開発に関わる銀行に委ねることになる．だが，財務省が，国際安定基金案の具体化を優先したことで，銀行をどのような機関とするのか，英米間での議論はなにも進まず，銀行の目的，資金規模，業務内容などについての検討は先送りにされた．基金案において，戦後過渡期の困難に対処する例外規定の条項化に着手されるのは，1943年秋の英米専門家会議で基金をもって過渡期問題へ対処する必要性で合意してからである．また，戦後の復興金融にあたる銀行案が英米間の議題になるのは，1943年秋の米国による銀行案の提案を受けてからである．もっとも，英米間で銀行に関する協議が本格化するのは，1944年4月の共同声明以降である．戦後復興の金融問題はアトランティックシティ準備会議，ブレトンウッズ会議まで本格的に議論されることはなかったのである．

一方，国際清算同盟はどのような国際金融機関であるのか．戦後過渡期の短期の安定化を目的とした機関であるのか．それとも経済復興が終わった段階での中長期の金融機関であるのか．

たとえば，ガードナーは，この問題をどのように考えていたのか．彼によれば，ケインズ案は，ホワイト案と同様に，世界が政治的，経済的に均衡しているのを前提にしていた，と次のように指摘している．「通貨制度案が成功裡に実現されるには，……政治面ばかりでなく，経済面においても均衡していなければならなかった」．「両案とも暗黙のうちにないしは明白に，経済的均衡を前提にしていることを認めていた」（ガードナー 1973: 209）．

さらにガードナーは，ホワイト案とケインズ案をそれぞれ検討した章の結論

部分でも，両案とも両大戦間に，世界を悩ませた通貨混乱，為替管理，経済変動を回避するための国際通貨制度案であった．だが，草案の作成が進むにつれ，通貨の安定が優先されるようになり，戦争から平和に転換する過渡期に予想される政治・経済問題を先に解決しないと，両案は十分にその趣旨が生かされなくなるという点が等閑視される危険があった，と論じている．こうしたガードナーの説明では，清算同盟は，戦後過渡期の問題が解決された後の経済的均衡状態が維持された平時に活動する国際機関となってしまう（ガードナー 1973: 205, 228）．この解釈は誤りである．

　もっともガードナーは，「ケインズ案では，他に道が開かれない場合は巨額の復興援助を行う意図があったように思われる」（ガードナー 1973: 213）とも言い添えている．彼は，ケインズ自身が錯綜していたことからやむを得ないものの，ケインズ案に込められていた戦後過渡期問題についてのケインズの政策的錯誤をつかみ損ねていたのである．

　こうした解釈に対して異論を挟むのが滝沢である．すでに言及したように彼は，国際清算同盟の短期的，過渡的役割性について次のように解説している．為替市場と国際清算同盟との関係についてみると，

> 「ケインズ案が多角的清算同盟としての性格をもっている以上，同案は市場機構を通じる多角的決済は完全には行われていないということを前提にしている．通貨間の交換性が回復される以前においては諸通貨間の振替可能性に限界があるため，民間に生じた債権債務は，為替市場で完全に決済されることなく，したがって残りは当局に集中されざるを得ない．そのような時代において当局間の多角的清算協定という機構が貿易の促進に大きな貢献をすることは疑いない．しかし一たん，通貨に完全な交換性が与えられ，国際的な貸借関係が為替市場ですべて多角的に決済されるようになると当然ながら多角的清算機構は全く不要なものとならざるを得ない」（滝沢 1988: 32-3）．

　国際清算同盟について残されたケインズの文書をもとに，純粋にその機能的側面に注目すると，ガードナーの解釈とは反対に，同機関は，経済が統制され

ている特殊な状況のもとにある経済システムのもとでしか有効に機能しえない．換言すれば，国際清算同盟は，戦時や戦時から平時への過渡期に適合的な人為的なシステムと理解すべきなのである．それゆえに，国際貿易が拡大し，外国為替市場での取引が活発化するとともに，国際清算同盟は通貨システムとして機能しなくなる．これは，滝沢が指摘していたように，第2次世界大戦後の西欧における通貨協力の歴史が如実に示している．したがって，国際清算同盟は平時における中・長期の国際通貨協力機関としてではなく，有事や異常時の短期の国際協力機関として位置づけるべきものなのである．

　それではケインズ自身は，自らが案出した国際清算同盟をどのような国際機関と考えていたのであろうか．異常時の短期のシステムなのか．あるいは平時の中長期システムであるのか．それとも，このような区別を考慮することなく構想していたのであろうか．この問題では，1941年12月15日付の第3案での次のような記述が注目される．ひとつは次のような一文（＝文章a）である．

　　「それというのも（国際清算同盟を設立して実際に）経験する前に，あまりに多くのことを決めてしまうことをせず，国際清算同盟の計画は，5年（例えば）という最初の実験期間が終了した後で，再検討することにした方がよいと思うからである」（CW 1980a: 73）．

　この文章のうち，最初の実験期間云々と述べている点，実験期間終了後に国際清算同盟について再検討する云々としている点，に注目したい．ケインズはここで，5年なりの期間，国際清算同盟をまず実験的に機能させて，その後再検討することにしたいと述べているのである．
　この一文の数頁後に次のような一文（＝文章b）もある．

　　「通貨同盟の加盟国が，相当な当座貸越信用の便宜を供与するという取り決めは，主として当初の期間においては有益であろう．しかしながら，取り決めそれ自体では，なんら長期的な解決をもたらすものでないことは明らかである．なぜならば，やがて諸国は，以前に比べて浪費的になり，したがってより貧困になり，それが当座貸越信用を使い尽くしてしまうこと

になるかもしれないからだ．当座貸越信用を供与する目的は，主として必要な調整を達成するための時を稼ぐことにあり，かかる調整を確実に達成するために事前に取り決めをしっかりと創っておくことが必要なのである」(CW 1980a: 77-8)．

ここでは，当座貸越信用枠の供与は短期の必要な調整を達成するために時を稼ぐことにある，と明言している．国際清算同盟は，中・長期にわたり活動する期間ではないことになる．だが，文書 a では，過渡期間の経過後に，その再検討を示唆している．中・長期的な国際機関として再組織化する可能性を排除していないことにもなる．ケインズは，一方で，国際清算同盟が継続される可能性を示唆しつつ他方では，清算同盟が，5 年程度の，過渡期の制度であるとも説明しているのである．

ケインズの 1942 年 8 月の第 5 次草案になると，第 3 条の第 14 項で先の文章 a と文章 b とが 1 つにまとめられたうえで，国際清算同盟案の当座貸越が短期の調整目的の時間稼ぎの措置であり，実験的な試みであるという説明がほぼそのまま引き継がれている．しかしながら，この説明に続けて，国際清算同盟の機能は強化され，改善されるとも述べている．清算同盟は実験期間を経過した後に，発展的に継続，強化されることになっていたのである (CW 1980a: 179)．

この規定は，最終的に 1943 年 4 月のケインズ国際清算同盟案第 16 項に継承されている．

⑥債権国の責任論と稀少通貨条項

英国は，戦後の過渡期にドル不足が深刻になっても，米国はこれに対する是正策を講じないのではないかと懸念した．構造的黒字国である米国の責任が明確に義務づけられれば，これほど望ましいことはない．この問題の解決に浮上したのが国際安定基金案の稀少通貨条項であった．ある国の通貨が稀少となった場合，稀少通貨国は輸出を抑制し，国内経済の刺激策によって内需を増大させ，輸入関税の引き下げなどによる輸入増大策，対外貸付の拡大政策を講じなければならない．これが可能になれば，黒字国責任論が国際安定基金に受け入

第4章　ケインズ案と「ホワイト案」

れられたことになる．
　だれよりもこの問題を重視したのは，ハロッドであった．彼は次のように回顧している．

　「1942年の秋を通じて安定基金は公式に提示できる形をとった．いくたびも草案が書き直された．12月11日の草案にはまだ『稀少通貨』条項は含まれていなかった．12月16日の草案にはそれがあった」(ハロッド 1967: 600).

　われわれはこのハロッドの理解について，異論がある．すでに論じたように後に過渡期条項として体系化される条文以前に，広義の過渡期条項というべき規定が基金案の最初から存在していた点である．この規定をさらに補強したものが，12月16日草案なのであった．
　いずれにしても，財務省の基金案で英国の主たる関心を集めた条項のひとつが稀少通貨条項であった．ハロッドはこの条項に注目し，1943年3月2日付のケインズへの書信で，次のような考えを伝えている．

　「国際安定基金案7（筆者注：ホワイトの稀少通貨条項のこと）はわが国にとって極めて有利であり，要求することも，また望むこともとうてい不可能なものを，わが国に与えてくれるものであると言いたいのです」(CW 1980a: 226).
　「もしわが国が米国に国際安定基金案7を堅持させることができるならば，長期にわたる経済計画にかかわる主要な戦いは，勝利することができると思われます．これが重要なポイントです．これに比べれば他の重要性は小さいのです」(CW 1980a: 228).

　ハロッドにとって，米国が債権国としての責任の一端を負うことを認め，稀少通貨条項というかたちでそれが国際安定基金案に盛り込まれたことは驚きであった．彼は『ケインズ伝』で，稀少通貨条項にまつわる自身の次のような感動的な体験を回想している．ハロッドは一時的に帰郷する兵士で満員のオック

スフォード行き列車の車中で米国の基金草案を読んだ．戦時下の英国の苦境を物語るかのように彼が手にした草案は，印刷状態が劣悪で，行間がぎっしり詰まり，薄っぺらな紙の両面に印刷され，インクが滲み出ていた．条文はケインズが後でチェロキー土語と呼んだ回りくどく難解な文章で，考えもひねくれているように思えた．数パラグラフを読んでは，読み続けることが困難に思われるような文章であった．だがハロッドは稀少通貨条項の箇所を読み進むや「私は私の目も，私の頭も信じることができなかった」．「私は立ちすくんでしまった．すぐ，これは一大事だと気がついた」．「私は生涯に一度か二度しか経験しないような爽快な気持ちを味わった」．ハロッドはそうして，車中で疲労困憊し寝込んでいる兵士たちを起こしてやりたい衝動に駆られた．「諸君，一大ニュースがある．戦争が終わったとき諸君のために事態を一変することになるひとつの提案がある．……」（ハロッド 1967: 601-2）．

ともかくハロッドは，戦後過渡期に英国がドル不足に陥ることを想定し，稀少通貨となることが予想されるドルの割当制度や輸入超過国による差別的措置を容認する条項，それに過剰債権国に対する抑制措置を，案文に盛り込ませることが望ましいと考えたのである．だが，こうしたハロッドからすれば，ケインズはこの条項の意味を充分に認識しているとは思えなかった．「ケインズも，他のイギリスの専門家たちも，この条項の価値をすぐには理解しなかった．その条項の決定的重要性が認められるようになったのはやっと，イギリスがホワイト案の主たる骨組みを承認しなければならないことが明らかになってからである」（ハロッド 1967: 606）．

稀少通貨条項の問題では後日談がある．ケインズは 1945 年 10 月 24 日，本国にやや長文の要約を送付し，ロー，ドールトンらが戦後にドル不足が生ずると予想しているのに疑問を呈した．この文書は数次の改稿をへて「米国の国際収支」と題する論考となった．この論考は，ケインズ死後の 1946 年 6 月，『エコノミック・ジャーナル』（第 46 巻）に掲載された（CW 1979: 568）．ケインズにはこの時期からドルの需給についての楽観論があったのだろうか．

稀少通貨条項は最終的に国際通貨基金の規程に盛り込まれた．だが，この条項は，ハロッドの予想に反して，戦後の過渡期にドル不足が深刻化するなかでも，実際には発動されなかった．ハロッドが英国のために事態が一変すること

になるとの期待は現実のものとはならなかったのである．

6. 米金融界の戦後通貨戦略構想：キーカレンシー・アプローチの提唱

　ケインズ案，財務省案が公表されるなかでウォール街はどのような戦略構想を立案していたのか．財務省主導の戦後構想に対するウォール街の対応が，通貨計画の成否の鍵を握っているようにも思われた．

　ニューヨーク国際金融界内の有力な勢力は，早くから財務省主導の戦後通貨計画に警戒感を強めていた．チェース・ナショナル銀行会長のオルドリッチ，ニューヨーク・ファースト・ナショナル銀行頭取で元 BIS 総裁のフレイザーらであった．

　なかでもオルドリッチは，戦後計画に関わるケインズ案，財務省案が公表されるや，この動きを牽制するかのように，4月27日，自ら会頭をつとめる国際商業会議所アメリカ支部の総会で"フリー・ダラー"構想を打ち出していた．オルドリッチは，両計画では為替レートの決定や変更に関わる権限を国際機関が握り，各国は通貨主権を放棄せざるを得なくなる点を問題とした．さらに彼は，資本勘定とともに経常勘定も完全な統制化におかれると見て，これを批判した．このうえでオルドリッチは，国際通貨・為替の相場決定とその安定化のためには，国内経済の安定化の達成が優先されるべきで，これがなければ外国為替相場やその制度の安定化は達成できないと考えた．このため，彼は，国内の均衡を回復させることが肝要であると説いた．すなわち，財政の均衡化，インフレの抑制，物価および財・サービスに対する統制の撤廃，金本位制度への復帰などをまず追求すべきである．彼によれば，このような措置を実行することで国内通貨価値の安定化が図られ，これを基礎に各国間の為替レートは安定的に維持されるのである．オルドリッチの演説で注目されたのは，これに留まらなかった．彼は，そこで，かかる政策を講じることで，米ドルが世界各国の通貨の確かな基礎となり，全般的に受容可能な交換手段となると，訴えていたのであった（Johnson 1968: 281; Aldrich 1943; －1944）．

　オルドリッチの構想は，ハーヴァード大学のウィリアムズ教授が，1936年

の三国通貨協定の経験を踏まえ，戦前から唱えていたキーカレンシー・アプローチが元になっている．当のウィリアムズはこの時期，ニューヨーク連邦準備銀行副総裁にあって，戦後通貨構想に関する関心が高まるなか，1943年7月号の『フォーリン・アフェアーズ』に「通貨の安定化：ケインズ・プランとホワイト・プラン」を寄稿した．彼はそこで，ケインズ案，ホワイト案に代替するものとして自らがキーカレンシー・アプローチ，あるいは中心国 (central countries) アプローチとよぶ国際通貨・為替安定化策を，あらためて提唱したのであった．元BIS総裁のフレイザーもこうしたキーカレンシー・アプローチの信奉者であり，中央銀行間協力を柱に国際金融協力を推進すべきであるとの立場にあった．

このアプローチは，世界の貿易と金融が，世界経済の中心国によって組織されていると考え，そうした中心国の行動が，その他の周辺国に生起する動きを支配し，決定するという，きわめて単純な，文字どおりの基軸国アプローチであった．通貨の安定化のためには，したがって，中心国の通貨の安定化が肝要なのであった．中心国の周辺に位置する中小国は，世界経済の安定化に資する充分な力を持ちえない，その力は中心国にある，とするこの考えからすれば，英米両大国の協調によるドル＝ポンド関係の安定化が，戦略的重要性を持つ．ウィリアムズは，基軸通貨の安定が国際通貨体制の安定化のために必須の前提となると論ずる．それでは，基軸通貨国の国内経済の安定化は，ウィリアムズの構想ではどのように達成されるのか．自由放任政策で経済の自律的回復に委ねるのか．そのような政策で可能なのか．必ずしも明確ではなかった（Williams 1943: 645-58; －1947）．

キーカレンシー・アプローチは，後にオルドリッチによってあらためて1944年に「米国国際経済政策の諸問題」として提案されることになる．

国際安定基金構想を推進する財務省を中心とするローズヴェルト政権内外の推進勢力は，さっそく，キーカレンシー・アプローチに対する警戒心を強め，これを批判した．ウィリアムズの『フォーリン・アフェアーズ』論文は，早くも8月11日に開催された財務省と連邦準備制度との会議でとりあげられていた．財務省からホワイト，バーンスタイン，連邦準備制度からエクルス，ゴールデンワイザー，ハンセンらが参加したこの会議では，ホワイトが，ウィリア

ムズのアプローチに対して,世界をブロック化するプランであると批判を加えた.会議では,多数の国々は,そのアプローチを,重要な政策決定から排除するものであると反対するであろう,多角主義に立つ米国としては,双務主義的アプローチを批判する以上,すべての国々の参加を求める必要がある,といった意見も出された (Memorandum of a Meeting with Board of Governnors, August 11, 1943, IMF, BMC Box 31).

米国内では,財務省主導の国際安的基金案を軸とする戦後通貨構想か,中央銀行間協力を柱とする国際的な銀行間協力による戦後通貨構想か,の戦略構想の対立が表面化しつつあった.

第 2 編　ブレトンウッズへの道

第5章
英米通貨交渉の進展と共同声明

「新しい国際通貨を何と呼んだらよいのでしょうか．バンコール？ あるいはユニタス？ 私の考えではいずれもくだらない呼称ですが，よい呼称を探すとしても無駄でしょう．しかし，妥協を愛する人であれば，ユニトールとでも呼ぶのでしょう」（ケインズ「1943年5月18日議会上院での演説」より，CW 1980a: 271）

　われわれが，ブレトンウッズ会議にいたる過程での重要な動きとして重視するのは，1943年初夏にワシントンで開催された英米を中心とする非公式協議，これと並行して進められた英国専門家集団による政策評価，7月の英国専門家集団による国際安定基金案——ユニタスのバンコール化を主たる条件とする——の受諾である．

　この非公式協議や英国専門家集団の動きは，これまでの研究ではあまり注目されてこなかった．ガードナーは，これについて全く言及していない．ホースフィールドは，散漫な記述に終始し，事態の核心に迫っていない．彼による1943年初夏の非公式協議とこの後の展開過程についての記述では，英国が国際清算同盟案を放棄し，財務省案を採用するとの決定を行った7月28日の英国専門家会議とそこでの合意内容が英国政府の政策案となった重要な過程が評価できていない．本来，この過程について注意を払うべきプレスネルにしても然りである．彼は1943年秋の会議については独立の章として大きく扱っているものの初夏の非公式協議，ロバートソン，ケインズの両案統合化の試み，ケインズのユニタスのバンコール化論，これらを受けてケインズ，ロビンズらの

専門家集団がバンコール化を条件に財務省案を受諾することで合意した7月の政策転換を明らかにしていない．ハロッド，イックス，ヴァンドーマエルの場合も，こうした核心的な政策の転換過程への言及がない．

　1943年初夏の非公式協議は，ケインズの国際清算同盟案が退けられ，戦後計画が国際安定基金案に一本化される重要な契機となった．会議を受けて英国専門家集団の内部では，ロバートソン，ケインズによって両案の統合化が試みられた．そうして，英国の専門家集団は，7月，ケインズ案を断念し，財務省の国際安定基金案をベースにした戦後計画の具体化へと政策転換を図るのである（ハロッド 1967: 612-3; Horsefield 1969: 51-2; Eckes 1975: 99-6; Pressnell 1986: 90-9; Van Dormael 1978: 81-91）．

　共同声明の発表にいたる過程については英米の「死闘」として，その結果を英国の「見る影も無い敗北」（村野孝）と描く研究がある（CW 1980a，邦訳548頁）．そうであろうか．1943年秋の英米専門家会議は，米国が拙速に銀行案を提案することで一時的に険悪なものになるが，全体としては友好的ななかで順調に進められ，1944年4月に公表される共同声明の原案が作成される．英国内では，この交渉を巡り自由主義勢力，ケインズら推進派と保護主義勢力，イングランド銀行，大蔵省内分派との対立が生まれる．合衆国でも財務省案にもとづき戦後通貨計画を推進する勢力とキーカレンシー戦略を唱えるウォール街との対立が表面化する．この後，英米で進められた共同声明の作成は，英国がユニタスのバンコールに固執し意外に手間取る．だが，資金規模，金の拠出，通貨主権，為替相場調整，経常取引の自由化，黒字国の責任論からの稀少通貨条項，それに過渡期の条項の整備が進められ，英国はまずまずの外交的成果をあげるのである．

1.　英米非公式協議と国際安定基金案への合意形成

(1)　ケインズによる妥協策：ユニタスのバンコール化構想

　ケインズは国際清算同盟案と国際安定基金案の比較やカナダ案の公表をうけて急速に前者の優位性について悲観的になっていった．そうして，ユニタスのバンコール化による両案の統合を模索し始めた．

第5章　英米通貨交渉の進展と共同声明　　149

　ケインズは，まず，国際清算同盟案と国際安定基金案との比較を試みている．たとえば，1943年4月16日付文書では票決権，金との関係，「多角的清算」，割当額の規模，「戦時異常（債務）残高」，稀少通貨の割り当てなどとともに「拠出資本対銀行原理」の問題を指摘している．ケインズによれば，それは「最も根本的な問題である」．基金原理に立脚した国際安定基金の割当額の規模が十分に大きければ，国際清算同盟と同じように，よく機能するであろう．だが，資金規模が小さい場合には国際安定基金の活動は制約されよう．両者の「原理上の相違は非常に大きい」のである．それゆえに「国際清算同盟から基金に乗り換えることから生ずる不利益は，見かけよりもはるかに危険であり，はるかに大きくなる．欧州側も同様の見解に立っている」．そこでケインズは，「もし銀行原理を確保できるならば，他のすべてについて妥協してもよいかもしれない」とまで考えるにいたったのである（CW 1980a: 245-9）．

　ケインズは，国際安定基金案の立ち入った分析の結果，それを基礎とした国際清算同盟案との統合を模索し始めた．こうした事情は，5月4日付のフィリップス宛の書信にうかがうことができる．ケインズは，そこで，ユニタスをバンコールのような実効性のある国際通貨単位としないことから，基金案のほとんどの難点が生じている，多様な異種通貨を用いずに，ユニタスだけを用いるようになれば，基金のそうした困難は解消すると説いていた．そうして以下のような対案を提示した．(1)加盟国は以下の方法でユニタス建ての預託金を取得できるようにすべきである．①加盟国が拠出した資金と交換，②基金への自国通貨の追加的売却，③金との交換，④加盟国通貨と交換して得た他の加盟国のユニタス建て預託金からの振替．(2)他の加盟国の通貨を保有する加盟国は，先の他の加盟国にユニタスを対価として，当該国通貨の買い戻しを求めることができる（CW 1980a: 255-60）．これがユニタスのバンコール化のアイデアであった．

　ケインズは，復活祭休暇中に，両案を統合するうえでの必要な調整について指摘し，国際安定基金案をベースに妥協は困難ではないこと，それは，名目的なユニタスに，バンコールのような実効ある国際通貨単位としての役割を持たせることによって解決される，との考えを抱くにいたったのである．

　ケインズがこの考えを一層強めるのは，5月20日，フィリップスからの書

信でカナダ案の内容を知ったからであった．カナダ案が米国案に近いものであったことにケインズは失望した．カナダ案は「国際為替同盟」(International Exchange Union) と呼称された．同案がカナダ議会の下院に上程されたのは7月3日であった．このカナダ案で国際通貨単位は，草案段階では「monad モナド」と呼称されていた．しかし，公表された文書では単に「unit 単位」となっていた．資金規模は80億ドル，各国は割当額の15％を金で，残余は各国通貨で払い込むことになっていた．また，債務国は同盟の同意なしで5％の範囲内で為替を切り下げることができ，1年間で割当額の50％まで，最大で割当額の200％に等しくなるまで，同盟から資金を引き出せることになっていた．このほかの面では戦時の異常残高問題，過渡期条項などでは国際安定基金案に極めて類似していた．ケインズはロバートソンへの書信で「カナダの草案によってわれわれは，ひどく動転した」と失望を隠しきれなかった（CW 1980a: 298; Horsefield 1969: 37-9）．

ケインズは，5月27日，フィリップス宛の返信で，国際安定基金案をもとにした妥協の道を探っていることをより明確に伝えた．ケインズにとって，国際清算同盟案をもとにした草案づくりよりは「国際安定基金案の草案づくりのほうが，問題にならないほどその具体化が容易であることは明らかで」，「したがって結局は，こちらを採用することになる」と判断せざるを得ないのが現実であった（CW 1980a: 283）．

その彼にとって，次善の策として考慮しうるのは，ユニタスのバンコール化であった．ケインズはこれによって財務省の基金案を実質的に清算同盟案に近づけることができるのではないかと考えたのである．そうしてケインズは，国際安定基金案をもとにした国際機関の設立準備が進められるなか，1944年4月の共同声明の公表直前まで，ユニタスのバンコール化に固執するのである．

(2) ケインズによる上院での演説

ケインズは，1943年5月18日上院で，格調高く演説し，国際清算同盟案への理解と支持を呼びかける行動に出た（CW 1980a: 269-80）．演説はシドニー・ウェッブ夫人を追悼しつつ，彼女の思想と運動とに重ねあわせて，国際清算同盟を，理想主義的な新たなデモクラシーの実現を目的にしたものである，

と強調していた．

　「シドニー・ウェッブ夫人の最近の逝去に謹んで哀悼の意を表明します．夫人は，わたしの判断では，この時代およびこの世代の最も注目に値する女性でありますが，以前，わたくしに，デモクラシーとは，『合意形成への自覚』を確実にすることを目的とするとの折り紙のつけられた政体であるという定義を下してくださったことがあります．それ故に，戦後に出現する諸国民の新しいデモクラシーのなかには，人類の共通の関心事を，神の助力により，友好と良識とをもってうまく処理するための諸手段が生まれてくるでありましょう．これら諸手段はわれわれがつくりあげるのですが，それらは，なによりもまず，人類自らのために普遍的な合意形成への自覚をかちとるものでなければならないのであります」(CW 1980a: 269-70)．

　このあとケインズは，清算同盟の「主要目的」は次の一文によって説明しうるとする．すなわち，それは「一国が財貨を売却して取得した通貨は，他のいかなる国の生産物の購入にも使用できるとの規定です．専門用語でいいますならば，多角的清算のシステムであります．英語でいうならば，全世界における貿易取引に通用する普遍的通貨であります」(CW 1980a: 270)．
　この「普遍的通貨」は，差別的な貿易システムを除去し，均衡ある貿易の発展にとって必要な便宜をはかるうえで不可欠なのであった．
　ケインズはまた，金との関係については次のように説明している．「これらの目的を達成するために，金のこれまでの用途を廃止する必要はありません．金にこの新しい通貨を合わせた総通貨供給量を，規制するだけで十分なのであります」．ただし，次のように言い添えていた．「新通貨は金への自由な交換を許さないことにします．それを許すならば，金準備をその引き当てに保有することが要求され，結局は過去の制度に戻ることになるからであります」(CW 1980a: 271)．そこでは金から新通貨への一方的な交換だけが許されるのであった．
　さらに，金や債権国の通貨の不胎化とそれにともなうデフレを克服する必要

性については次のように強調する．

　「過去の世界貿易のうえでの困難は，債務国の浪費によるだけではありませんでした．かかる困難は，債権国が国際通貨を流通から引きあげ，またそれを退蔵してしまい，それを流通面に戻さず，その結果，外国から得た所得を，国内消費のため支出し，あるいは海外に投資するのを拒否するならば，最も先鋭的な形で起こりうるのです」(CW 1980a: 272-3)．

　このようにケインズは，新しい計画が古い金本位制度の復活ではないことを印象づけようとしていた．
　さらにケインズは演説のなかで資本規制について次のように説明していた．「経常取引のための為替送金は完全に自由にするというもの」であるが，「資本移動の統制は，これとは全く別の問題として統制を必要と見なすか否かは，各国の判断にゆだねることにしてあります」．そうして，「英国についていえば資本統制の必要性は一層基本的なものです」と言い添えていた（CW 1980a: 275）．
　米国が国際清算同盟によって限りなく英国の債務を肩代わりせざるを得なくなるとの批判を意識しつつ，ケインズは次のように言及するのも忘れなかった．「英国の提案には，米国の一部の向きで，著しい誤解を受けているように思われる重要な問題があります．それは提案の目的が，米国を世界の，とりわけ英国の救済のための『ドル箱』，救済のための資金源にすることにあるとするものですが，これは全くもって根拠がありません」．清算同盟案は「富裕国が貧困国の救済のために出動しようとするといったような国際赤十字の博愛主義的な計画ではありません」（CW 1980a: 276-7）．

(3) 英米非公式協議と国際安定基金案への合意形成
①英米非公式協議
　米国は1943年初夏，ワシントンにおいて，英国を含む多くの国々との間で，長期にわたる2国間，及びグループ討議を開始した．
　ホースフィールドは，このワシントン非公式協議について次のように記録し

第5章 英米通貨交渉の進展と共同声明

ている．

　1943年5月，ワシントンに滞在していた46カ国の代表は，国際安定基金案について討議する協議への参加を呼びかけられた．

　6月15日～17日，非公式会議が開催され，これに米国と以下の18カ国が参加した．オーストラリア，ベルギー，ブラジル，カナダ，中国，チェコスロヴァキア，エクアドル，エジプト，フランス，ルクセンブルグ，オランダ，ベルギー，パラグアイ，フィリピン，ポーランド，英国，ソ連，ヴェネズエラであった（CW 1980a: 283; Horsefield 1969: 31-2）．

　この折衝のなかではもちろん英米非公式協議が重要であった．この協議には英国側からフィリップス（在米英大蔵省代表），オピー（在米英大使館経済顧問），ロビンズ教授，ロバートソン教授が参加した．ケインズは参加せず，ロビンズはホット・スプリングスで開かれた戦後食料問題の会議に出席するため，ロバートソンは大蔵省の仕事で，たまたま米国を訪れていたのであった．

　この非公式協議の意義は第1に，ホワイトが，英国側に国際清算同盟案の問題点を指摘し，米国政府，なかでも連邦議会は，ケインズの国際清算同盟案を受け入れないであろうとの見方を明確に示した点である．協議ではまず，英国側が，債権国，債務国双方で自らの行動によって不均衡を適当な範囲内に抑え，システムが機能するように責任を負わないかぎり，その成功はおぼつかないと主張した．だが，ホワイトは，不均衡の調整で，債権国に一層の責任を負わすような考えは受け入れ難いと反論した．また，米国議会は米国の無制限なコミットメントを規定しているとしてケインズ案に難色を示すであろう，との懸念を表明した．

　第2に，通貨計画にとりあげる主要な政策課題についての議論が深められたことである．たとえば，相場制度に関して英国側は，戦前に外国為替相場をポンド高に設定した誤りを反省し，柔軟な為替相場制度の導入を主張した．連邦準備制度のゴールデンワイザーは，最初の5カ年間は加盟国の多数決により10％の変動を認めてはどうかと提案した．これに対してロビンズは，より広い変動幅が望ましいと主張した．だが，ホワイトは，小幅な変動は基金との協議によって認めるとしても，10％を超える大幅な変更には加盟国の多数決による決定が必要であると主張した．

この一方でホワイトは，あらためて米国が受け入れることのできる通貨計画の条件として①基金原理に立っていること，②拠出資金の一部は金で払い込み，米国の拠出総額は30億ドルを超えないこと，③基金の設立時に主要加盟国の為替相場を決めること，などを主張した．基金への拠出の問題では，連邦準備制度の代表が，基金への金拠出額を50％とすべきであると提案した（Van Dormael 1978: 84-5）．

　第3に，非公式協議の場で米国側での政策調整が進められるという副産物がもたらされた点である．非公式協議で表明されたゴールデンワイザーらの問題関心には興味深い点があった．彼らの基本的な問題意識は，米国内の通貨供給量と通貨準備とを増大させることなく，世界的なドル需要を満たすにはどうすべきか，であった．だが，ケインズ案は各国に米国が財・サービスを購入する貸越枠を設定することになる．彼らの推計によれば，ケインズ案では，300億ドルの国際通貨が創出され，既存の110億ドルの貨幣用金を補充することで410億ドルの国際的購買力が創出される．これが米国の財・サービスの購入に向かうことになる．それは米国内の銀行準備を増大させ，戦後のインフレを激化させる．米国に世界中の貨幣用金と準備が集中する第2の金の大量流入（golden avalanche）といってもよい事態である．これに対してホワイト案はどうか．連邦準備制度の専門家によるとホワイト案は，各国の金準備にわずか25億ドルの流動性を追加するだけである．これでは戦後の国際流動性不足の解消にはならず，各国は貿易や資本移動の規制を引き続き維持せざるを得ない．

　ゴールデンワイザーらはそこで150億ドルの通貨基金の創設を提案する．基金への拠出はすべて金で行う．拠出額は加盟国の金準備の1/2あるいは3/4を限度とする．基金は金の国際的な管理機関として機能し，国際的な金取引を独占する．すなわち，加盟国は基金から金を購入し，あるいはそれへ金を売却する．ここに英，米両国は各々25億ドルずつを拠出する．

　基金は，国際均衡を達成するために，赤字国に通貨の切り下げや資本移動の規制を要求することができる．また，赤字国，黒字国双方に対して，国内政策の是正を勧告できる．

　債務国はその赤字額が割当額の1/4に達した場合，5％切り下げる．1/2に達した場合，さらに5％切り下げる．また，赤字額が割当額の1/2を超えた場

合，基金は当該赤字加盟国に切り下げを求めることになる．黒字国に対しては，この逆の措置がとられる．

　基金は，通貨調整とともに不均衡是正のために資本移動の規制を要求し，さらに以下を勧告できる．まず，債務国に対しては，国内経済の過剰な拡張の抑制，コストの削減，所得インフレをもたらす賃金上昇の抑制，経常取引にかかわる為替統制．債権国に対しては，国内経済の拡張，通貨切り上げ，国際的貸付，関税引き下げ，賃金率の引き上げ．

　財務省は，こうした連邦準備制度理事会案に対して，同調しなかった．

　さらに連邦準備制度理事会の専門家の動きとして注目すべきであるのは，貨幣用金の統制強化の提案である．ハンセンは，各国との協議の場で，1934年金準備法でドルの金兌換性を対外的に約束していることを問題としてとりあげ，その停止を求めたのである．米国政府による金兌換の停止は，1971年8月に実施された．ハンセンはこれに先立って同様の措置を主張していたことになる．しかしながら，ハンセンの提言に，ホワイトは強く反発した．彼は，そうした理論的なアイデアは，経済学者の研究会の席上で議論すべきテーマでありうるが，そのような考えで政府の実際の政策を決めるわけにはいかない，と考えたのである．

　各国の専門家は，もっぱらその関心をホワイトの国際安定基金案に集中させ，ゴールデンワイザーやハンセンの提案を現実的な政策課題としてうけとめなかった．それでも，彼らの批判的な論点は，ホワイト基金案の資金規模の拡大につながり，また，戦後通貨計画での金の役割や金の払い込み比率についての論争を活発化させたのであった（Horsefield 1969: 39-40; Eckes 1975: 94-5）．

　協議ではまた，国際安定基金案に盛り込まれた「封鎖対外残高」が争点となった．ケインズは，大蔵省のウェイリー宛の書簡で，この問題について触れ，イギリスにとって望ましい規定であると評価し「封鎖対外残高の処理の提案を暖かく歓迎」するとの立場を表明した（CW 1980a: 307）．

　こうしたケインズの対応は妥当な反応であるとも思えた．封鎖対外残高は，英国にとって深刻な国際金融上の問題であったからだ（CW 1980a: 148-9）．だが，戦時残高に関するケインズの所見の原案を手にしたウェイリーは，6月19日付イーディーへの書信「戦時異常残高」で，イングランド銀行のコボル

ドが，戦時異常残高の処理を基金が行うとの構想に反対していることを指摘し，彼自身も，基金による戦時残高の処理に反対であることを表明した．そうして，「戦時異常残高」問題で共通の認識に立つウェイリーとコボルドは，6月22日にケインズの見解が公表されるや，それに反対し，ウェイリーは，駐米大蔵省代表のフィリップスに，本国でこの問題での対応策についての最終決定がなされるまで，具体的な対応を見送るよう求めるのであった（「6月22日付ウェイリーからフィリップスへの書信」，「6月23日付ウェイリーからケインズへの書信『戦時異常残高』」「6月25日付コボルドからケインズへの書信」T 237/31).

そうして，英国はこの問題で米国や国際機関の関与による処理に反対の立場を表明することになる．

②ロバートソンの覚書

ブレトンウッズ会議への道程で重要なのは，この段階で，英国の専門家集団が，国際安定基金案をベースとした立案に同調せざるを得ないとの判断を固めたことであろう．ここで強調したいのはワシントン駐在大蔵省代表ロバートソンの働きかけを受けて，ケインズが，基金案をベースとする戦後通貨計画へと転換を図らざるを得ないと判断を固めていった点である．

非公式協議での英国代表としてのロバートソンの役割は，米国財務省のバーンスタインのそれに匹敵しうる大きなものがあった．ちょうどホワイトに対するバーンスタインの役割になぞらえ，ケインズとロバートソンの役割を位置づけ，評価することができるであろう．事実，ワシントン協議の合間にロバートソンは，本国で交渉の推移を見守るケインズ，イーディーらと国際清算同盟案と国際安定基金案の統合について意見を交わしている（CW 1980a: 285).

この点では，1943年6月3日付イーディー宛の書信が重要である．そこでロバートソンは，本国のイーディーから，ケインズが国際安定基金案を「意味のあるものにするため書き直している」という知らせを得て，「このニュースは，私自身の考えを明確にするため，私が以前に文書(A)として，全般的な見解を書いておいた覚書と合致します．いずれにしても，われわれは，国際清算同盟の旗を降ろすつもりはありません！」と書いている（CW 1980a: 289).

第5章　英米通貨交渉の進展と共同声明　　　　　　　　　157

　ここで文書(A)というの「国際清算同盟案と国際安定基金案に関する覚書」のことである．ロバートソンは，事実上，ケインズによる「国際安定基金案をすぐれたものにするため」の「書き直し」の方向性と彼自身の見解をとりまとめた(A)すなわち「国際清算同盟案と国際安定基金案に関する覚書」とが合致すると言っているのである．
　そこでロバートソンの「国際清算同盟案と国際安定基金案にたいする覚書」に注目したい．彼は覚書で次の3つの選択肢があると検討すべき問題を提起する．

　(1)　西欧諸国の支持に依拠しつつ通貨創造の権限を有する国際清算同盟案の改訂草案を最後まで追求するという選択である．ただし，これに反対する米国に譲歩して貸付額の制限の規定を導入する．
　(2)　国際安定基金案の改訂草案に譲歩する道である．すなわち，資本拠出という手段によって，各国の手にみせかけの通貨創造力を保持させることである．この場合，①清算同盟案で想定されているに反デフレ政策のための通貨量とほぼ同等とすること，②稀少通貨条項が為替および通商政策にとって持つ意味について議論を深めること，が必要である．
　(3)　国際安定基金案の改訂草案に譲歩しつつユニタスを，計算単位としてではなく，真の交換手段にかえることによって国際清算同盟案の優雅さを引き継ぐことである．

　このように3つの代替政策を提示したうえでロバートソンは，次のような「印象」を書き添えていた．事態は(2)の方向に進んでいる．もしかして(3)の方向に転換させうるかもしれないが，(1)の方向性はあり得ないように思える(CW 1980a: 292)．
　このロバートソンの覚書(A)が書かれたのはいつのことか．オリジナルな文書にはロバートソンによって「Written some weeks ago. D.H.R. 3.6」と注記されている．この注記を邦訳は「数週間前．D・H・R（デニス・H・ロバートソン），3月6日」と訳している（同前，邦訳323頁）．しかしながら，英語圏での表記方法では「3.6」は，一般に3月6日ではなく，6月3日である．こ

れを邦訳どおりに3月6日とすると,ロバートソンによる両案の比較は両案が公表された1943年4月以前になってしまい,不都合が生じる.「3.6」は,邦訳の3月6日ではなく6月3日と考えるのが自然である.そこで6月3日を起点にロバートソンの言うように数週間とすると,文書(A)は,5月中旬には作成されていたことになる.

こう解釈すると,ロバートソンは,国際清算同盟案と国際安定基金案との統合の方策を,ケインズともども模索し,(あるいは彼に先んじて)その方向性を覚書として取りまとめていたということになる.

ケインズが両案を入手した後,それらの比較検討に着手するのが1943年4月以降であることはすでに触れた.ケインズはその後5月初旬までには,ユニタスのバンコール化により,「銀行原理」を堅持できれば,両案の調和,統合を図ることは可能であると考えるにいたっている.さらに,5月27日には,フィリップスへの書信で,国際安定基金案を利用せざるを得ないとの見方を伝えていた.ケインズは,6月に入ると両案の統合,すなわち一本化に着手する.そうであれば,この作業にロバートソンの書信が少なからぬ影響を及ぼしたものと推察しうる.ケインズによる両案の統合化を試みた結果は,後に詳しく見るケインズによる6月29日付の「国際清算同盟案と国際安定基金案の統合」の文書として残されている(CW 1980a: 308-14).

(4) ワシントン非公式協議と英国による国際安定基金案の事実上の受諾
①ホワイトによる非公式協議の評価

ワシントン非公式協議は米財務省にとって大きな成果であった.これは,ホワイトがワシントンでの非公式会談終了後の7月24日,ケインズにあてた書信からも明らかであった(CW 1980a: 335-8).

第1に,ワシントン協議では,基金案,同盟案双方について突っ込んだ討議がなされた点である.ホワイトによれば,米国は,25カ国余の代表と討議し,また約20カ国の代表が出席した集団的な討議を,数回にわたって実施した.ホワイトは,われわれは戦後の通貨問題で予定されていた2国間会談をほぼ完全にこなした,そこでは,両提案の諸規定のほとんどが徹底的な討議にかけられ検討された,重要なのは,英国との協議でも両提案の主だった特徴は,余す

第5章　英米通貨交渉の進展と共同声明

ところなく討議され，比較された，と認めていた．

　この書信ではまた，英米非公式会談での批判をうけ国際安定基金案に改訂を加えたことが明らかにされている．

> 「国際安定基金に関する改定草案を同封いたしますが，あなたは重要な変更がたくさんあることを認められることでしょう．変更のあるものは，各国代表の勧告によるものであり，またあるものは原草案の規定についての批判を受け入れたものであり，そしてあるものは，国際清算同盟草案に具体化されている発想のいくつかを取り入れようとしたものです．あなたはこの新しい，改訂された諸規定のほとんどを好ましく思われるでしょうし，また我々が大胆に，為替相場にかなりの伸縮性を導入しようしていることを評価してくださるものと信じます」．

　書信ではさらに，1942年中間選挙後の連邦議会の動向をうけて戦後通貨計画の具体化には，それへの連邦議会の理解と支持が不可欠であることが強調されていた．

> 「われわれは，承認される機会のほとんどない提案に議会の承認をとりつけようとするのは大きな誤りであると考えます．それよりはもっと慎重に，少なくとも議会の承認をえられるような，あまり野心的ではない提案で満足するほうがはるかによいでしょう．……」

　こう認めた後，連邦議会の支持を取り付けるうえで重要な次のような条件をあげていたのである．
　第1に，米国の資金供与の承認の規模．議会が30億ドル程度の額を公約するならば幸運であり，多くの人たちは20億ドルが最高限度と考える．
　第2に，基金の構成に関わる問題．つまり金による拠出の必要性．
　第3に，票決権の問題．出資比率に応じた票決権の割り当てが必要なこと．
　ホワイトは，このような見解をケインズに伝えた．さらに書信のなかで，ギャランティ・トラストの論評，アメリカ銀行協会経済政策委員会が作成した草

案の要約報告書,ウィリアムズの『フォーリン・アフェアーズ』論考 (1943年7月号) などで,国際通貨計画に対して反対論や批判的な論調が広がっていることを紹介し,ケインズに注意を喚起したのであった (CW 1980a: 335-8).

②ケインズによる両案の統合

公式会談の進展をうけ,ケインズは,1943年6月29日付で,「同盟と基金の統合」なる文書を取りまとめた.それはケインズが米国案を基礎に戦後通貨計画を具体化せざるを得ないと決断した文書として重要である (CW 1980a: 308-14).この文書で,まず目につくのは,次のような一文である.

> 「われわれは,ホワイトの基本的な条件の実質的な内容を承認する.すなわち,(1)われわれは拠出原理に同意する.(2)われわれは債務の限定に同意する.(3)われわれはいかなる加盟国も,その意志に反して,自国通貨の金価値の変更を求められないことに同意する.われわれはまた,割当額と票決権に関する米国方式および安定基金の全般的な形態を承認する.われわれは,同案の条件の一つとして,ポンドとドルの最初の為替相場を1ポンド=4ドルとすることに同意する用意がある」(CW 1980a: 308).

ケインズは次に「われわれ自身の基本的な条件」として以下のような対抗提案を行った.

まずはバンコールのユニタス化と多角的清算機能の拡大である.ケインズが企図したことは,基金に多角的清算機能を持たせるために資金規模を当初案の50億ドルから100億ドルに拡大すること,ユニタスにバンコール並みの機能を持たせること,であった.それは,以下のような内容を骨子としていた.

(1) 基金は,加盟各国が拠出した各国通貨ではなく,ユニタスで取引すべきである.ただし,ユニタスはその基金への拠出金と引き換えに取得されるが,金には交換されない.加盟国は拠出と引き換えに基金の帳簿上振替可能なユニタス建て債権を受領し,この任意の額を他の加盟国へ振り替える自由を付与される.

(2) 金の拠出比率を拠出額の12.5%とするとの国際安定基金の原提案を受託してもよい．修正が可能であれば，本計画にあまりに明白な金本位制の外観を与えないようにしなければならない．また，金準備が乏しい国々の金拠出によって拡張主義的可能性が制限されてはならない．

第2に，為替相場の調整に弾力性をもたせるべきである．この点に関して，通貨主権を保持するための規定を設けるよう再考すべきである．このため以下の条項を盛り込むべきである．

(1) ユニタスの価値は現行の1ドルの金と等価に固定するが，基金の決定によって変更できるものとする．
(2) もし加盟国が通貨の切り下げを望むならば，以下の諸事実を提示する．
　①そのユニタスの平均保有額が過去平均1年で割当額の半額以下に減少したこと．
　②その金，外貨保有額が割当額の半額以下にあること．
　③債務の返済とは別の最近の資本輸出によるものではないこと．
　④この変更は基金の設立日以降の年平均1%，ないしは全体として10%を超えないこと．
(3) もし切り上げを望むのであれば，以下の諸事実を提示する．
　①そのユニタス保有額が，前年の平均を50%超過していること．
　②その金および外国通貨の純保有額が，割当額の倍額を超過していること．
　③それが資本の輸出入取引を不必要に阻害させた結果ではないこと．
　④平価の変更についての規定は切り下げの場合と同じとする．

この他では，票決権や基金の基本的立場について次のような提案を行った．

(1) 国際安定基金の総務会および理事会は，票決権数の過半数ですべての問題を決定できる．ただし，規定改正には5分の4の票決権数を必要とする．
(2) 総務会および理事会は，常に，世界の十分な雇用および産出量の維持が，その至上の義務であることに留意しなければならない．もし指導的な諸国の雇

用の低下，もしくは国際市場の物価および需要の全般的な不況の兆候が発生するときは，その事態の推移と戦うために，与えられたあらゆる裁量権を行使しなければならない．また，加盟国が外部から強制されたものでなく，自ら困難な事態に陥ったとみられる場合には，警告を発し，規律の遵守を求めるものとする．

こうしてケインズは，英米交渉をうけて，国際安定基金案を基礎に国際通貨機関を設立するという考えに転換したのである．

③英国専門家集団による基金案の実質的な受諾

このようななか米財務省は，ワシントンでの各国との協議をへて，4月に公表された「ホワイト案」の修正版である，6月26日草案，7月10日付草案を新たに起草していた．そうしてホワイトは，7月10日付草案を在米英大蔵省代表フィリップスに提示し，受諾するか否かを打診した．

一方，ケインズは，7月19日付大蔵次官補イーディーへの書簡で，国際安定基金案を受諾する条件として次のような事項を指摘した．

第1に，ホワイトが「不可欠な条件」とする基金原理，責任の限定，加盟国は通貨の金価値の変更を求められないこと，を受け入れる．

第2に，英国は以下を「不可欠の条件」とする．①加盟国の平価変更にかかわる国家主権の保全．また，平価の変更を弾力的に実施できるものとする．②基金の資金はユニタスのみの取引とする．ユニタスは金に交換されず，加盟国の拠出金との交換により取得され，基金の帳簿に登録され振り替えられる．③金拠出比率を引き下げ．原案の12.5％を受諾する．この比率を増やすのであれば金本位制の外観を与えないようにすべきである．拠出資金の残余は非譲渡性の政府証券の形をとる．また，金の拠出によって金が不足している加盟国の金準備を枯渇させて拡張的政策の実施を制限してはならない（CW 1980a: 316-8）．

こうしたなかで戦後通貨計画の実質的な交渉に当たってきた英国の専門家集団は，1943年7月28日，基金案をベースに米国との間で，戦後通貨計画の本格的交渉に入ることで合意した．このことを証拠づける文書として「同盟と基

第5章　英米通貨交渉の進展と共同声明　　　　　　　　　　163

金」と題する文書が残されている（T 230/40）．

　それは，ケインズがとりまとめたとされる7月19日，同26日付のそれぞれの覚書をもとに，7月28日，大蔵省で開催した実務家・専門家会議の模様を記録した文書である．ケインズの覚書がどのような内容の文書であるかは不明であるが，7月19日付文書は，すでに引用した同日付のイーディー宛文書の可能性がある．

　会議には，大蔵省からイーディー，ケインズ，ヘンダーソン，ロウ=ダットン，貿易省からリー=ロス，ミードが，戦時内閣経済部からロビンズ教授，イングランド銀行からコボルドが参加していた．会議には，ロバートソンが欠けているだけで，ブレトンウッズ会議にいたる過程で戦後通貨・金融計画に携わることになるほぼすべての実務家・専門家が一堂に顔を合わせていた．

　会議では，ワシントンでの非公式協議の結果を踏まえ，条件付きで戦後の国際通貨制度の創設を期することで合意した．ここでの条件とは，まず第1に，有限責任の問題であった．米国案では，総額120億ドル，各国の拠出額は不明であるが，米国拠出分が30億ドルと見込まれる．英国としては，全体の資金規模が適正な規模となるのであれば，有限責任制を認めてもよい．また，拠出原理よりも清算同盟案の借越・貸越の原理が優れてはいるが，米国はこれを受け入れることはない．そこで，英国として，拠出原理に対抗して借越原理を対置することはせず，以下のような条件の実現を求めたい．①金の拠出比率を12.5%とする，②基金は各国通貨を取引せず，ユニタスでこれを行う，③為替の安定とともに相場の柔軟な変更を認めることとする，④債権国の責任を強く押し出すことが重要である．

　この文書から英国の実務・専門家集団が，条件つきながら，国際清算同盟案ではなく国際安定基金案を，戦後通貨計画の基礎とすることで合意したことがわかるであろう[1]．

---

1)　ここで明らかにしたように英国は，非公式協議をうけて国際清算同盟案を実質的に放棄し，戦後通貨計画は1943年の7月末には，米国案に一本化する方針で合意していたのである．この点で通説は，ケインズ案とホワイト案との対立がブレトンウッズ会議まで持ち越されたかのような印象を与えている．たとえば大田は，「ブレトンウッズ会議―実現しなかったイギリス（ケインズ）案」の見出しのもと，IMF設立の事情について説明しているが，そこでは，「イギリス（ケインズ）案とアメリカ（ホワイト）案と

こうして1943年初夏の戦後通貨計画をめぐる英米交渉，およびこれと並行して進められたロバートソン，ケインズによる2案統合化，そして7月28日の英国専門家による基金案の事実上の受け入れは，国際通貨基金の設立にいたるプロセスのうえで重要な段階を画する一連の動きであった．英国側は，戦後通貨計画の策定に当たって，ケインズ案を断念し財務省の国際安定基金案——それは7月10日付草案としてまとめあげられた——を，戦後計画に関わる英米協議の基礎とすることに条件付きながら，基本的に同意したのである．

　戦後通貨計画が財務省案を軸に米国主導で進められることが明らかになるなかで，政府関連組織の内部では，推進勢力とこれに批判的な勢力との旗幟が鮮明になってきた．交渉を主管する大蔵省内の戦後計画に批判的，あるいは慎重なヘンダーソン，イーディーらの勢力とイングランド銀行との間で協調関係が形成され始めた．なかでも戦後計画が米国財務省主導で進められることに危機感を募らせたイングランド銀行は，代替的アプローチであるキーカレンシー・アプローチを強く押し出す動きに転じるのである（Fforde 1992: 54）．

　そのイングランド銀行にとってショックであったのは，カナダ銀行の対応であった．1943年6月にカナダ銀行総裁のタワーズは，ノーマンに戦後計画に関するカナダ案とともに彼のメッセージを添えて送付してきた．そこでカナダ銀行総裁は，イングランド銀行の思惑に反して，イングランド銀行の唱える代替的な双務主義的アプローチは，極めて危険であると論じていた．2週間後，ノーマンは，戦後計画を世界の立場ではなく，英本国，および英帝国の立場から位置づけなければならない，戦後計画に喝采を浴びせ，国際組織の設立を遠大な目標とするよりも，それらに比べて野心的ではないが，幾分地に足をつけたやり方を選択したい，と反論した．

　コボルドも，8月9日，大蔵省のイーディーに，イングランド銀行が主張する代替的アプローチが望ましいと書き送る．彼が代替的アプローチというのは，いうまでもなくウィリアムズの唱えるキーカレンシー・アプローチそのもので

の対立」が続き，「最終的に基金方式にもとづくホワイト（アメリカ）案が採択され，IMF協定が締結された」，あるいは「最終的にイギリスも基金方式によるアメリカ案への妥協を迫られ，1944年7月22日にIMF協定が調印された」と記している（大田2009: 41）．こうした説明は誤解を招く．ここでは1943年7月に英国は「ケインズ案」を事実上，放棄していた点を強調しておきたい．

あった．戦後世界ではポンドとドルが唯一の重要な国際通貨となるであろうし，英帝国と米国，世界の国々の関心は，原則的に，英米間でポンドとドルの間で合意することにある，というのがその主旨である．しかしながら，この代替的提案を大蔵省，内閣は支持しなかった（Fforde 1992: 55-6）．

2. 国際安定基金案の修正過程と7月10日付草案

ここでは，1943年6月26日付草案と7月10日付草案をとりあげ，この間の修正の主要な特徴をみることにしよう．このうち6月26日付草案は，財務省案としてひとつの画期となる草案である．また，これを微調整した7月10日付草案は，同年4月7日に公表された「ホワイト案」の代わりに「ホワイト案」としてわが国で紹介されてきた草案で，その後の英米交渉の基礎となる文書であった[2]．

1943年4月7日に公表された「ホワイト案」は，実質的に財務省の専門家が修正を重ねてきた途中の暫定的な草案にすぎなかった．この「ホワイト案」はその後，内外の反響を踏まえ，連合国代表との非公式協議のなかで数次にわたり修正される．

米国財務省案に対しては，非公式協議のなかで，資金規模が国際清算同盟案に比べ小さいこと，債権国に関する規律が具体的な手段を欠いていること，為替相場調整が厳格すぎること，票決システムが米国に有利になっていること，などとする批判が寄せられていた．さらに，戦後計画での金の役割，資金利用の規模と方式，戦時異常残高処理などに対しても，さまざまなコメントが寄せられていた．

---

2) 東銀の調査資料として邦訳されている「ホワイト案」は，1943年4月7日にケインズ清算同盟案とともに公表された「ホワイト案」そのものではなく，7月10日草案である（東銀1950）．「ホワイト案」と7月10日付草案はいくつか重要な修正点がある．ここで「ホワイト案」について注意を促しておこう．「ホワイト案」は，この時期，「国際安定基金案」として財務省通貨調査局のホワイト，バーンスタイン，ラクスフォードらによって幾度となく修正されてきた．この経緯からすれば，それは，もはやホワイトの個人的な政策案，すなわち「ホワイト案」ではなく，財務省案と呼ぶべきものに変容していたのである．

1943年の連合国諸国との非公式協議をへた6月26日付草案では4月7日付「ホワイト案」と比較すると，いくつか注目すべき修正点があった．各条項の特徴についてはこれを微調整した7月10日草案で詳しく見ることにして，まずは重要な修正点を指摘しておこう．

第1に，基金の構成で当初拠出額がクォータの100％に増やされた点である．

第2に，第4条として「為替相場」が新設されたことである．

第3に，基金の「権限と業務」での修正である．ひとつは，清算業務を削除したことである．これによって当初のホワイト原案の理想主義的，革新的特徴が最終的に除去されたことになる．清算業務という銀行の基本的機能を放棄することで，基金はより保守的な非銀行金融機関としての性格を強めたのである．

さらに，基金による加盟国に対する外国為替の売却規定の修正である．

第4に，管理規定で重要な修正があった．一国の保有しうる最大の票決権数をホワイト案の25％から20％に引き下げた点である．圧倒的な票決権数を保有することになる米国の影響力に対する他の連合国の懸念に配慮したものであった．

最後に，基金の目的をそれまでの全7項から5項に絞り込んだことである．それらの主要な内容は，実質的には以前と変わりがなかった．

これらの修正点を踏まえ7月10日付草案をもとに安定基金草案の基本的特徴を明らかにしよう．

同草案の特徴の第1は，冒頭にモーゲンソー財務長官の「序文」が添えられている点である．財務長官はそこで，世界の平和と繁栄のためには健全な経済的基礎を発展させることが肝要である，通貨の安定化と差別的取引を防止することが国際通商と金融の復活のために喫緊の基礎である，として以下の3つを指摘する．①外国為替の崩壊を防ぐこと，②通貨システムの崩壊を防ぐこと，③国際通商の回復と均衡のとれた発展を促進すること．そのうえでモーゲンソーは一国の繁栄は，他の国の繁栄に密接に関連しているとのプラスサムの思想に立つべきであると説く．そうして，国際安定基金とともに国際開発，復興，救済のための長期金融機関の設立が必要であり，こうした通貨・金融上の国際協力とともに国際貿易の自由化を推し進めなければならない，とした．

7月10日付草案の本文は，6月26日付草案を受け継ぎ前文と7条で構成さ

れている．4月草案は，前文なしの全6条構成であった．7月草案の条項が1つ増えたのは，すでに指摘したように為替レートについての規定を増やし，これを第4条に配したからである．さらに各章の編成についてみると，4月草案は，第1条（目的），第2条（基金の構成），第3条（権限と業務），第4条（基金の通貨単位），第5条（管理），第6条（加盟国の政策）となっているのに対して，7月草案の構成は，第1条，第2条については異同がないものの，第3条（基金の通貨単位），第4条（為替レート），第5条（権限と業務），第6条（管理），第7条（加盟国の政策）の順となり，各条項の位置づけに変化が見られた．

前文は基金の目的との重複が目立つ．そこで前文については省略し，国際安定基金の各章について概観することにしよう．

草案は，まず「第1条 基金の目的」として以下の5項目を掲げている．①外国為替の安定化，②国際収支の不均衡の期間の短縮，その程度の緩和，③外国貿易の円滑なる流れ，生産的資本の円滑なる国際移動の実現，④戦時封鎖残高の有効利用の促進，⑤世界貿易を阻害し，生産的資本の国際移動を妨げる外国為替制限，2国間清算協定，多元的通貨措置，差別的外国為替措置の削減．「基金の目的」については4月草案の6項構成が7月草案では5項構成に簡素化された．これは，4月草案の為替規制や統制にかかわる条項である第5項と6項が，7月草案では第5項に一本化されたからである．これは形式的な相違で実質的な変更ではない．

ここで注目されるのは次の点である．第1に，諸国間の協力，すべての諸国民のために経済発展と生活水準の向上を実現することが基本目標であるとあらためて強調していることである．第2に，外国貿易の円滑な流れとともに生産的資本の円滑なる国際移動の実現を説いていることである．ここで生産的資本についての具体的な規定はない．だが，良い国際資本移動と悪い国際資本移動との区別に立っているようである．このうえで，良い国際資本移動については，この円滑なる移動を促すべきであるというのである．第3に，戦時封鎖残高の有効利用を促進するとある．封鎖残高の中身については明確でなく，その有効利用の具体的な提案があるわけではない．しかし，草案は，基金を戦時に累積し封鎖された外貨残高を扱う国際機関であると明確に位置づけていたのである．

「第 2 条 基金の構成」では，資金規模は 50 億ドルで，クォータの 100％ を払い込むことになっていた．1943 年 4 月 7 日付ホワイト案では総額 50 億ドル，各国の拠出額はクォータの 50％ となっていた．各国との協議で資金規模の増額の必要性で合意が得られたからであろう．この年の秋の英米専門家会議をへて資金規模は 80 億ドルへと拡大される．この時期，資金規模の拡大を求める英国に配慮してとりあえずは，各国の拠出比率の引き上げで資金の拡大をはかろうとしたと考えられる．

「第 3 条 基金の通貨単位」では，目立った修正はなかった．

新設された「第 4 条 為替レート」では，いくつか注目すべき規定があった．①当初の為替レートを米ドルで表示すると規定していた点である．米ドルが加盟国通貨の価値基準とされていたのである．米ドルが各国通貨の価値基準となるという規定は，ユニタス規定と矛盾した．②基礎的不均衡の是正のための相場調整は，加盟国の 3/4 の承認で認められるとしていた点である．③過渡期間（3 年）の 10％ 範囲内での相場調整を認めていたことである．英国などからの過渡期の困難，柔軟な相場調整を求める動きに米国が対応したものであった．しかしながら，一定の変動幅のもとでの固定相場制を考えているものの許容される変動幅については具体的な規定が示されていなかった．

「第 5 条 権限，及び業務」では，4 月 7 日付「ホワイト案」からいくつか興味深い修正があった．

第 1 は，1942 年のホワイト原案から挙げられていた「決済業務」の放棄である．

第 2 は，加盟国に対する外国為替の売却規定の修正である．4 月 7 日付「ホワイト案」では，1 年目にクォータの 100％，2 年目は 150％，それ以後は 200％ となっていた．これをそれぞれ 1 年目にクォータの 50％，その後クォータの 100％ までと縮小したのである．

ここではまた「許容可能クォータ（permissible quota）」なる用語が登場する．基金によって定められた先の基金保有可能総額を意味し，これを超えた場合，理事会の特別の承認が必要で，加盟国は基金から国際収支対策を求められた．一方で，売却規模を縮減し，他方でこの例外規定を設けるというこの修正の意図は不明である．それは，売却規模の拡大を求める動きと，その縮小を求める

動きの双方へ配慮した動きからであろうか．

第3に，「戦時異常残高」の用語が「封鎖対外残高」に戻された．

「第6条 管理」での修正点は，一加盟国が保有しうる最大票決数を1943年4月7日付の「ホワイト案」の25％から20％に引き下げた点であった．これ以外では，理事会の構成を11人以下とし，理事会の決定には80％の票決が必要であること，など以前の規定を引き継いだ内容であった．

最後に，「第7条 加盟国の政策」ではこれまでの草案との異同はなかった．

3. 英米専門家会議と原則声明草案の策定

プレスネルは，1943年秋の専門家会議を，戦中ばかりか戦後期をつうじても経済問題についてのもっとも重要な英米会談であった，と過大ともいえる評価を与えている．彼は，会議が実にユニークであったとも書いている．それは極めて高度な知的レベルの会議で，大学のゼミナールの雰囲気があった，と（Pressnell 1986: 116）．後世のわれわれが，会議の模様をプレスネルのように評価しうるかは疑問が残る．だが，この会議が，ブレトンウッズにいたる過程で大きな意義を持っていたことは，強調しても余りあるものであった．

(1) 英米専門家会議での交渉の経緯

この間，英国政府は，相互援助協定第7条に関わる一連の英米公式会談を9月に開催するよう提案していた．米国政府はこの提案を受諾した．英米会談は，国際通貨・金融問題のほかに，通商政策，国際商品政策などが話し合われる予定となった[3]．

英国側の動きを見ると，戦時内閣は英米会談に向けた英国代表団への訓令を準備した．国際安定基金案についての訓令は9月2日，戦時内閣の会合において承認された．代表団への訓令は，以下の5点が柱となっていた．①加盟国は為替相場変更の自由な権利を有すること，②国際安定基金への金の拠出は割当額の12.5％に限定すべきこと，③国際安定基金は為替市場では受動的に行動

---

3) ドスタレールの訳書が，この会談を「非公式会談」と記しているが，誤りである（ドスタレール 2008: 485）．

し，各国通貨の買い入れ，ないし売り渡しはしない（このことを達成するために，ユニタス，すなわち国際安定基金の計算単位を貨幣化する）こと，④国際安定基金の拠出額を増やすべきであり，100億ドル相当の規模とすること，⑤戦時異常残高を処理する企図は，いかなるものであれ，この計画の一部とすべきではないこと（CW 1980a: 338）．

　これらのうち①から④までは，7月末に英国の専門家集団が，基金案を受け入れる条件としてきたものであった．だが，⑤については，英国側による突然の方針転換であるとの印象は免れえなかった．フィリップスは，1943年の6月22日付の書信でケインズに，国際安定基金案に盛り込まれたこの条項が，異常戦時残高から封鎖対外残高と呼称されるようになったと伝えていた．当のケインズは，依然として，この条項が英国にとって好ましいものであると考えていた．そうして，「封鎖対外残高の処理の提案を暖かく歓迎」すべきであるとの考えたのであった．それだけに，ひと夏を経た9月，封鎖対外残高の処理を，戦後計画の一部とすべきではないとする戦時内閣の政策提示は，唐突にもみえた．実は，本国では，イングランド銀行を中心に，ポンド残高処理への国際機関の介入を危険視し，これを阻もうとする強い動きが生まれていたのである．大蔵省内の一部勢力とシティの国際金融界は，封鎖ポンド残高の国際安定基金による処理が，ポンド地域の解体を招くことになり，また，これこそがホワイトの狙いであると考えた．ケインズらの方針転換はこうした動きに対応したものであった（CW 1980a: 305-7; Horsefield 1969: 52-3; Moggridge 1992: 724）．

　英国代表団は，9月3日，海路ニューヨークに向けてクイーン・メリー号でグラスゴーを出発した．代表団長は外務省のローでケインズの他に大蔵省のウェイリー，リー，経済部のロビンズ教授，外務省のロナルド，イングランド銀行のトンプソン=マッコーズランドらで構成された[4]．

　モグリッジによれば，代表団は船中で，米国との討議に向けた準備に忙しか

4）　ケインズ全集第26巻の邦訳では，このローを団長とする交渉団 Law Mission を，索引の「ロー（Law, Richard Kidston）」の項でなんと「法律使節団長」と誤訳している（CW 1980b, 邦訳46頁）．何を勘違いしたのであろうか．本文ではせっかく「第7条関係の使節団の団長たるロー氏」（CW 1980b, 邦訳441頁）と訳しているのに．

第5章　英米通貨交渉の進展と共同声明

った．なかでも注目されるのは銀行案についての本格的な検討がなされた点である．モグリッジは，『全集』で，国際銀行案の草案の検討にかなりの時間を費やした．この提案は，在米英国大使館付経済顧問オピーが，一行の乗船直前に，書信で私的に代表団に通達してきたものであった，と解説し，さらに次のように記している．代表団は，銀行案については，次の基本方針で臨むことにした．そのような制度の創設は望ましいと考えるが，今の段階で公表するのは望ましいことではない．銀行案については厳しい批判が向けられているからである．米国案が公式会議で提案された場合，次のような批判点が提起されよう．すなわち，かかる大規模な国際投資は長期的に収益を上げることはできないであろう，債務不履行国への制裁は厳しいものであってはならない，銀行と基金との関係を明確にする必要がある，などである．もしも，公式会議で米国側が，銀行案について正式に提案することを見送った場合，英国代表団は，国際投資の基本ルールと国際投資に関わる提案を精査する国際開発委員会の設立を求めるべきである (CW 1980a: 338-9)．

ケインズ一行がワシントンに到着したのは，1943 年 9 月 14 日であった．代表団には米国に駐在していたロバートソン，オピーが加わった．この後，戦後の通貨計画についての英米協議が，財務省で 3 週間続けられることになる．もっとも，ワシントン会議では，通貨計画だけが取り上げられたわけではなかった．国際通商，国際商品，国際緩衝在庫，国際資源開発，国際投資も討議されたのである (USDS 1943: 1083; ハロッド 1967: 615, 624-7)．

到着後，早々にケインズはホワイトと会い，モーゲンソーと昼食をともにした．英国側の資料によると，ホワイトとの非公式会談では，会談の進め方について話し合った．もしも英米公式協議で戦後通貨計画についての基本合意が得られた場合，かかる合意について両国政府の了承を取りつけた後，連合国の有力国からなる起草委員会で検討し，可能であれば 12 月か 1944 年の 1 月にも連合国の国際会議を開催して，その実現を図ることで一致した（「1943 年 9 月 14 日付キャンベル（ケインズ）から外務省への公電」T 230/44)．

戦後の通貨計画については，翌 15 日，第 1 回の公式会談が開催された．この日の会談で両国の代表は，まず為替相場問題を討議した．席上，ホワイトは，英国側に為替相場調整についての基本的な考え方を示すように求めた．そこで

英国側は，①相場変更は基礎的不均衡の是正のために実施され，基金の承認を受けること，さらに，②基金は加盟国の社会的，政治的政策を理由にその国の相場調整を拒んではならないこと，③基金は過去10年間に10％以上にならない限り加盟国の相場変更を承認すること，10％以上の場合は，経常収支，および外貨保有状況を考慮すること，などの立場を表明した．

これに対してホワイトは，厳格な為替相場制度は望まないと応え，また，為替相場の変更について，国際安定基金は戦後過渡期に加盟国が独自に10％まで切り下げることができると規定している，と説明した．基礎的不均衡を是正する柔軟な相場制度，とりわけ加盟国の国内均衡をまず優先すべきであると解釈しうる加盟国の社会的，政治的政策を理由に相場調整を拒んではならないとする英国提案は，米国の妥協によって，為替相場調整条項に取り入れられるのであった．

9月17日の会議では，冒頭で，ホワイトが，いまだ準備されてはいないが，国際安定基金案と並行して，銀行案の交渉も進めたいとの意向を表明した．突然の申し入れに英国代表団は困惑した．結局，英国代表団は，銀行案について本格的に検討し具体的に対応できるまで，草案の公表を控えるように米国側に要望することになった．

この後の討議では，為替相場調整問題をはじめ，ユニタスの金価格の変更，基金の計算単位，基金の規模，基金の権限などについて討議した．まず，金価格の変更については，ユニタスの金価格を柔軟に変更できるようにすべきであると考えたケインズは，85％の票決権数によるユニタスの金価格変更を多数決とするように求めた．当初案ではもっとも多くの票決権を保有する米国に，事実上の拒否権を与えることになるからである．これに対してホワイトは，修正提案は，受け入れがたいと反対した．

国際安定基金の資本規模についても討議された．ケインズは，米国が主張する50億ドルではなく，100億ドルが望ましいと規模の拡大を提案した．

この他，国際安定基金の運営と権限に関して，ホワイトとケインズの間で，ルールか裁量性かの論争があった．ケインズは，基金が，裁量性を保持した積極的な国際機関であるよりも，ルールにもとづいた受動的な機関であるほうが望ましいとの考えを表明した．国内均衡維持に努めなければならない英国の事

情を考慮して，強い裁量性を備えた強力な権限を有する国際機関では，国内政策への深刻な干渉を招き，経済政策の自律性を損なうことになると危惧したのである．だが，ホワイトは機関の活動に裁量性は不可欠とした．ホワイトは，裁量的な権限をもつ強力な国際安定基金による為替の安定化を重視したからである（CW 1980a: 340; Van Dormael 1978: 102-3）．

この後，交渉が本格化するとともに，英米間での争点が明確になってきた．通貨問題の討議は9月21日，および28日の公式会談と非公式会談で続けられた．そこでの主な討論事項は，ユニタスの貨幣化，割当額，貸付承認額の限度，資金規模および金の拠出額の規模，などであった（CW 1980a: 344）[5]．

モグリッジのケインズ全集の収録文書からは明確ではないが，通貨協議の重要な合意のひとつは，「戦時異常残高」の処理問題を，基金では取り扱わないとした点であった．英国側はこれに安堵した（「9月26日付イーディーからキャンベルへの公電」「9月29日付キャンベルから外務省への公電」T 230/44）．

会議は進展し，友好的な雰囲気のなかで順調に進められているようであった．ケインズは，10月3日付イーディー宛書信で楽観的な調子で次のように近況を報告していた．

「われわれは，すべての点において完全に一致したとても幸福なグループになっております．われわれの通貨グループは，申し分なく働いています．デニス（訳注：ロバートソン教授のこと），シギ（訳注：ウェイリー大蔵次官のこと）の両氏は並はずれて協力的です．もし我々の間だけで論争ばかりしていたならば，果たして問題を処理できたかどうか私には見当がつきません．なぜならば，仕事のペースはきつく，われわれは本当に激しい過労に陥っています．毎日いくつかの会議が開かれ，政策案について考えをめぐらし，文書に十分目を通す時間もないほどです．1週間に少なくとも10回は，外で昼食もしくは夕食をとるので時間はさらに足りません．幸いな

---

5) このなかで英国代表団は，討議の基礎となるユニタスの貨幣化に関する文書を提出，一方，米国側は，資本取引に関わる基金の資金利用に関する文書などが提案されている（「9月23日付キャンベル（ケインズ）から外務省への公電」「9月29日キャンベル（ケインズ）から外務省への公電」T 230/44）．

ことに……ワシントンの気候そのものは，とくに快適というわけではありませんが，わたくしの心臓には快いのです．私は1日で消耗しきってしまいますので，次の1日を回復のためにあてなければなりません．しかし，おおいにしゃべり，食べ，いや，しゃべりすぎ，食べすぎもしますが，それを別とすればほんとうにすばらしく元気です．

ワシントンの人たちは驚くほど親切です．私があの真珠湾攻撃以前に当地にいたときよりは，はるかに人々との関係が良くなっています．当時は，とげとげしくさせるような緊張がただよっていました．しかし，いまではどこでも親密さに満ちています．……」(CW 1980a: 353-4)．

また，ケインズは，別のイーディー宛の書信で，これまでの英米協議で一致点と残された対立点について次のように伝達していた．まず一致点についてである．ケインズは，①為替相場の弾力性，②ユニタスの金価値の変更方式，③100億から120億への割当額の増加，④金拠出方式，⑤稀少通貨条項，についてはほぼ合意が得られたと評価した．このうちケインズはとくに①について米国は大筋で英国の提案に歩みよってきていると評価した．また，⑤について米国は厳格な制度に賛成するであろう，すなわち，基金は不足に陥る危険に当面している通貨をすべての加盟国に通告するとともに，すべての加盟国は当該国からの輸入を一切禁止する権限を有する，ことになるとしていた．この一方でケインズは対立点として，英国側が主張する受動性が未だ十分に受け入れられていないこと，米国がユニタスの貨幣化に断固反対の姿勢を繰り返している点を指摘していた (CW 1980a: 357-60)．

しかし，こうした楽観的な雰囲気が一変する事態が生じる．それは，ケインズが欠席した9月30日の会議で，ホワイトが突然，英国代表団に，財務省の国際銀行案を手渡し，銀行についての協議に入りたいと表明したからであった．この動きにケインズは猛反発した．ケインズの強硬な抗議を受けたホワイトは，ひとまず国際銀行案の公表の延期を約束し，事態をおさめようとした．だが，ロンドンの『フィナンシャル・ニューズ』が国際銀行案の概要を入手し，掲載するという予期せぬ事態が生じた．

これを契機に，米国のマスコミは完全な情報公開を要求した．モーゲンソー

財務長官は，結局1943年10月8日に，国際銀行案の概要を公表せざるをえなかった（CW 1980a: 360-4; Oliver 1975: 150-1）．

これが困難な交渉の最終局面で，自国に有利なように必死に外交交渉を進めてきた英国代表団の神経を刺激し，彼らの反発を招いた．英国代表団は，その対米感情の基層にあったいらだちや不信感を噴出させたともいえる．10月4日に開催された会談がその場となった．交渉は，一転して，刺々しい対立で終始した．ミードは，日記に，会談の模様を次のように記していた．

「会談はあのベドラム精神病院そのものであった！ ケインズとホワイトは，双方の支援者たちの長い列にまもられながら，隣り合って座った．議事日程もなく，また何を討論するのかを考える準備もなしに，二人は，不協和音の甲高い二重奏をかなでた．会談は混乱ののちに延期された……」（Howson and Moggridge 1990: 127）．

この結果，速やかに起草委員会を招集して，合意文書を作成するという米国側の目論見は外れた．冷却期間に数日の空白が必要であった．
結局，起草委員会が開催されたのは8日であった．そうして9日，ホワイトが英米共同声明の原案となるべき草案を提示した．共同声明の起草にあたってホワイトは，安定基金に関する意見の不一致はすべて「Minutes of Evidence」という表題の議事録に詳しくまとめておくべきであると考えた．そうして，この文書がこのとき提示されたのである（ハロッド 1967: 624）．ケインズは文書を一読したあと，床に叩き付けた．ケインズはもうこれ以上交渉を続けても無用だと怒りを爆発させた．ミードは，日記に怒り心頭に発したケインズが次のように発言したと記している．「これには我慢できない．これはまたしても別のタルムードだ．交渉を決裂させたほうがよほどましだった」．
ケインズは提案された文書の晦渋さ，不明さをユダヤ教の律法解説書タルムードにたとえ，非難した．これにホワイトは，ケインズを慇懃無礼に「閣下」と呼び，小馬鹿にするかのように，次のように応じた．「われわれはなにか閣下がご理解できるものを作成することにしましょう！」
交渉は昼食時にはっきり決裂したかのようであった．しかし，午後遅くなっ

て，米国側から新しい妥協案が出された．会議のとりまとめに関する見解が一致するとともに議場の雰囲気は一変した．「情景は愛情，接吻そして祝福の言葉に満ち，会議は終わった」(CW 1980a: 370-1; Howson and Moggridge 1990: 133)[6]．

ケインズとホワイトは両方の文書に署名し，すべての点で合意に至るまで公開しないこと，双方の合意によって修正をはかること，合意事項は書簡の交換

---

6) 最終段階でのケインズのふるまいについて，ミードは，10月10日の日記に「かの人は国際交渉において厄介な人です」として，通貨交渉がケインズの無作法により台無しになりかねなかった，と記している．ミードは，1941年の相互援助協定第7条交渉を事実上中断に追い込んだケインズの拙い対応をみて，この交渉の開始以前からケインズの交渉能力にいささか不安を抱いていたのである (Howson and Moggridge 1990: 135)．

会議のケインズのふるまいに関連して，彼のイーディ宛の書信に興味深い記述がある．バーンスタインとの確執に触れたものである．ケインズは，会議を実質的に取り仕切っているのがバーンスタインであると見抜き，一連の顛末で，ホワイトよりもバーンスタインへの反発を強めていた．ケインズは次のように，彼への憎悪と敵愾心をむき出しにしている．「通貨計画と投資計画は双方とも，ホワイトではなく，彼の小さな随員であるバーンスタインの頭脳の成果なのです．その計画としての誇りは，ハリーのものよりむしろ彼のものなのです．バーンスタインは，ホワイトの壮大で政治的に高次なユダヤ教会の正規の狭量な指導者であり，ユダヤ教のタルムード（律法書，およびその解説書）の平教師である．バーンスタインは，とても小賢しく，また人当たりはよいのですが，自分自身の心の屈折，ゆがみ以外のことは，なにも知らないのです．私がはっきり言ったように，彼の考えには，『族内婚』というべきものが非常に高い度合いで存在しています．この男は，自分の住むユダヤ人ゲットー内を走り回るあらゆるネズミを知っています．しかし，彼に対して，広い世界の常道を，われわれと一緒に歩むよう説得することはむずかしいのです」(CW 1980a: 364)．ケインズのこの記述からすれば，国際安定基金案と国際銀行案の実質的な立案者と交渉相手は，ホワイトではなくバーンスタインであることになる．ケインズは，バーンスタインにある種のユダヤ的思考，行動様式を見出し，それらに強い違和感を抱いていたことがわかる．モグリッジは，ケインズに反ユダヤ主義を見てとる (Moggridge 1992: 728)．

バーンスタインは後年，ヘラーによって，刊行されたばかりのケインズ全集のなかで，故ケインズが差別的言辞を弄し，バーンスタインを「ユダヤ人ゲットーのネズミ」と記していると指摘された．当時を回想してバーンスタインは，次のような事情も明らかにしている．ケインズは，バーンスタインとの話し合いが不調に終わると，ホワイトに直訴し，基金案の修正を通そうとした．ホワイトはケインズと議論するのを嫌がり，「たぶんあなたが正しいがバーンスタインの納得が得られない．彼の同意が得られなければわれわれは致し方がない」と応じた．そこでケインズは窮余の策として連邦準備制度理事会に赴き，支持を取り付けようとしたという (Black 1991: 39-40)．

第5章　英米通貨交渉の進展と共同声明　　　　　　　　　　177

によって記録すること，で合意した．さらに双方はプレス向けに声明を発表することでも合意した（Van Dormael 1978: 105）．

(2)　英米専門家会議での主要な争点

ここでは，会議での主要な論点について概観しよう．

ユニタスの「貨幣化」問題：ケインズはユニタスの貨幣化の実現を重視した．彼は1943年9月11日付ホワイト宛書信で提案説明を行い，「ユニタスの貨幣化のための提案」を同封した（CW 1980a: 341-4）．

そこでケインズは次のように記していた．「私はこの規定がもつ，かくされた，また地味な美しさに，注目して下されば幸いです」．この「ユニタスの貨幣化のための提案」の要点は次のようなものであった．

① 加盟国は基金に対して，その割当額と同額の拠出をする．このうち12.5%を下らない額は金をもって，残余はユニタス払いの1/2%の利付証券をもってする．その見返りに加盟国は基金の帳簿に記帳されるユニタス表示の同額の残高を受領し，同じ条件により，さらに割当額の50%まで資金を拠出する資格を取得する．全加盟国の割当総額は，少なくとも80億ドル相当額となる．
② 加盟国はいつでも，その証券を買い戻すために，さらに金を拠出できる．加盟国は，基金の帳簿上での平価によるユニタスの振替と交換に，自国通貨の他の加盟国への売却を実施することができる．
③ 為替の安定と多角的清算の規定．加盟国は基金の帳簿上で，平価によるユニタスの振替と交換に，他の加盟国から自国通貨を買い入れることができる．
（④～⑥省略）

ケインズのユニタスの貨幣化案は，すでに指摘したように，国際清算同盟のバンコールの機能を安定基金に導入しようとする企図であった．すなわち提案は，国際清算同盟案の基本的メカニズムである振替決済システムを安定基金に

導入することを狙ったものである．ハロッドはユニタスの貨幣化案について次のように説明していた．それは「ホワイトの用語，有限責任の原則，その他アメリカ側の重視する諸点はこれを承認する．しかし，基金が，世界のいろいろな銀行における預金勘定に対する支配の形で，雑多な通貨をもつ代わりに，世界の銀行が基金にユニタスの形で勘定を保有するように手筈をきめる，というにあった」．イギリス側はこうすることによってのみ，日々の問題に対する基金の「受動性」が確保されうるであろう，と論じた（ハロッド 1967: 621）．

金の拠出：英国側は金の拠出は，加盟国の金準備の減少になるとして，それを全体の 12.5% に抑えるべきであると主張した．この一方でケインズは，金の準備量が増大した国は当然金の拠出比率を高めることが可能であろうとの考えを示した．こうしたなかバーンスタインが，割当額の 25% か金準備の 10% のいずれかのうちの少ない方にしてはどうかと提案した．結局，英国代表は，この年の 12 月にこの案を受け入れるのである（この金準備 10% という規定は，「共同声明」では金及び金為替の公的保有額 10%，さらに IMF 協定文では金及び米ドルの公的保有額の 10% となっている）．

拠出額と資金利用：国際清算同盟案，国際安定基金案とも，オーバードラフト，あるいは引出額の量的規制を想定していた．国際安定基金の引出額の制限は草案によって異なっていたが，1943 年 9〜10 月の会議までには初年度は割当の 100%，その後，1 年に割当額の 50% までが認められていた．一方，カナダ案では年間 50%，最大で割り当ての 200% までとなっていた．ケインズは 9 月 24 日の会議で，①貸付は割り当ての 120%，②借り入れは 150% までよいのではないかと主張した．このケインズの提案に対してバーンスタインは，拠出額と買入額とが厳密に一致する必要はないと，理解を示した．28 日の会議でホワイトは，拠出額が借入額の制限とはならないことに同意した．さらに，米国側は，国際安定基金は当該加盟国の割当額の 200% まで資金の利用を認めるという重大な譲歩をみせた．

資金利用の問題では，量的規制とは別の条件を課すべきかについても論争となった．英国側は当然のこととして量的制限のみを望んだ．だが米国側は，量的制限のみで良いとの考えには立たなかった．7 月 10 日付国際安定基金の草案によれば，加盟国が無条件で借り入れられる額は当該国の金での拠出額に限

られていた．そうしてこれを超えた分については，条件を付けるべきであるとの立場であった．ホワイトはこの問題で，基金から引き出した資金は，①資本逃避，②対外貸付能力のない国による対外貸付，③再軍備，④財政赤字の穴埋め，などには充当できないとし，また，資金の貸付は国際収支の不均衡を是正するのに必要な手段を講じることを条件に実行すべきであると考えた．いわゆるコンディショナリティの考えである．資金利用の問題は，9月17日，24日，それに10月4日と議論が続いた．資金利用の量的制限や資金利用の条件の他にもバーンスタインがスタンバイ・クレジットの提案を行い，さらに資金利用は特権（privilege）であるのか権利（right）であるのか，といった形でも議論が展開された．

　ケインズは，10月4日の会談で，1年間の引出額の限度を25%とする，加盟国が規則を破った場合には融資を拒否される，加盟国が引出総額の2/3を使い尽くした場合，基金は引き出しを拒む権限を有すべきであると提案した．これに対してホワイトは，次のような再提案で応じた．①加盟国の金による拠出分は無条件に基金から資金を引き出しうる，②基金の保有する加盟国の通貨が拠出額の150%に等しくなるまでは，国際安定基金は，拠出額の25%ごとの資金利用について拒否することができる．③基金による加盟国通貨の保有が150%を超えた場合，加盟国が利用できる金額は拠出額の15%に縮減される．だが，ケインズは，この提案に難色を示した．ケインズは引出権に関する制限は唯一量的なものとすべきで，それは割当額の200%に達するまでは，当該年に，割当額の25%までは加盟国による資金の引き出しを認める，というものであった．このケインズ案にホワイトは譲歩案を提示した．それは，①初年度に基金が保有しうる加盟国通貨は125%，次年度150%，第3年度175%，その後200%，とするというものであった．これらについては10月8,9日の会合でも検討されたが，ケインズは，米国側の主張に反して，量的制限以外の制限措置の導入に反対し，自動的な資金の引き出しを認めるよう主張し続けた．

　為替相場調整問題：ホワイトの7月10日草案では加盟国の平価は固定されることになっていた．草案は基金の融資を得て為替制限措置，差別的措置に訴えることなく固定相場制度を維持しなければならないとしていた．過渡期の3年間，加盟国は基金の承認なく10%以内であれば相場変更ができた．これ以

上の変更は投票総数の半数以上での承認が必要であった．過渡期以降の相場調整は，4分の3の承認で基礎的不均衡の是正のために認められた．

これに対して，英国側は，為替調整にかかわる国家主権の保持を強く主張した．その際，為替調整が必要とする客観的な基準が問題化した．この際，ケインズと通商問題での英米交渉を実質的に担っていたミードとの間で，何を基準とするのか論争があった．ミードは，通商同盟案にかかわり量的輸入規制措置を導入するにあたって，制限措置の必要性を検証する客観的な基準を考案していた．それは，当該国の国際収支と外貨ポジションに基づいたものであった．一方，ケインズは，ある国の生産費が他の国よりインフレ的であることを検証する方法を考えていた．それは長期的視点からのもので，一国の通貨標準はその国の労働標準に従うべきであると考えるからであった．しかし，ミードはこの方式はうまく機能しないと考えた．ミードの批判を受けてケインズは，ミードの基準案も取り入れて，為替相場調整の客観的基準として，生産費の水準，国際収支，対外準備を考慮すべきであるとの考えを提起した．

ところが，外国為替相場の安定性を強く志向するホワイトは，為替相場調整のためのこうした客観的基準を設定することを嫌った．この問題への米国の対応が注目されるなかで相場調整の客観的な基準づくりは，意外にも英国の大蔵省が，この問題で，ケインズ提案を拒否したことで，頓挫した．英国は，為替相場調整にかかわる国家主権は，これを断固保持すべきであるとの立場であった．客観的基準の導入によって，為替相場調整がより厳格に国際的に制度化されるのを恐れたからであった．

為替相場の調整方式では10月4日の会談でホワイトが次のような提案を行った．①各国は10％までの相場変更の権利を認められる，②さらに10％以上の変更を求むるのであれば48時間以内に基金の理事会からの承認を得ることが必要である．ホワイトの提案をうけて，相場調整は加盟国の権利か，調整にどこまで基金は介入できるのか，の議論が蒸し返された．この問題で米国は，さらに譲歩し，基金は国内政策を理由とする加盟国の相場調整を拒むことはできない，とするケインズの主張を受け入れた．

為替相場の調整の問題では，さらに，3年と目される過渡期において，どの程度，いかなる条件において，加盟国は通貨を切り下げることができるのかも

議論された．脱退に関する規定も論点となり，基金から調整を拒まれた加盟国の即時脱退を認めるか，その是非が議論された．

稀少通貨条項：英国は稀少通貨条項の問題でも米国の譲歩をひき出した．ホワイトの7月10日の草案では基金による稀少通貨の割当てを規定していただけであった．これがどのように発動するのかについては具体的な規定がなかった．この問題ではギリシャのヴァルヴァレッソスが，恒常的な債権国に対して基金はいかなる規律を課すのかの規定が欠けていると指摘していた．ケインズも9月28日の会談でこの問題をとりあげていた．ケインズは，もし稀少通貨宣言がなされた時，他の加盟国は稀少通貨に対して相場を維持することが求められている，その際，そうした国々による当該稀少通貨での支払制限を認めるべきである，と主張した．この問題で米国側は，10月4日，稀少通貨国との取引にあたって，為替制限措置に訴えるよりは輸入規制策を講じるべきであると応えた．

脱退規定：英国は自国のためばかりか国際収支がひどく悪化する可能性のあるあらゆる国のために，国際収支の困難が克服し難くなった場合に，基金の協定の縛りから完全に抜け出すことのできる道を考えていた．そこで，英国側は，制裁なしで即座に脱退できるという規定を盛り込むことを主張した．これに対してホワイトは，ひとたび加盟した以上，安易な脱退は認めるべきではないと難色を示した．だが，この問題を巡っては，ホワイトとバーンスタインの間でも意見が分かれた（Horsefield 1969: 54-77; CW 1980a: 341-4; ハロッド 1967: 621, 623; Skidelsky 2001: 311-5）．

(3) 英米原則声明草案の起草

結局，英米両代表団は，到達点を確認するために10月9日に英米原則声明草案（Anglo-American Draft Statement of Principles: Joint statement by experts of united and associated nations on the establishment of an international stabilization fund）なる文書を作成した（CW 1980a: 379-87）．

この英米原則声明草案は長期にわたる英米交渉の到達点を確認し，交渉を新たな段階に引き上げることになる重要な文書であった．なぜなら，第1に，それは1944年4月の共同声明の原案となるものであったからである．文書は，

また開催が予定されている連合国の通貨会議の準備文書として位置づけられるものであった．ケインズによればそこには「これまでのものより一層詳細な事項と，今後の一層の考慮のために留保された問題点が提示され」ていたのであった（CW 1980a: 377）．この英米原則声明草案は，両国政府の国際安定基金の設立にむけた今後の討議の基礎となるべき文書であった[7]．

ここではまず英米原則声明草案の注目すべき特徴について概観しよう．

(1) 基金の目的：①為替の安定化の促進，加盟国間の秩序ある為替の取り決め，為替の競争的切り下げの回避．②経常取引の多角的決済の便宜．③国際収支不均衡の期間の縮減，その程度の軽減．④加盟国への資金援助．

(2) 基金への拠出：①金または自国通貨で行う．②総額は85億ドル相当（世界全体では100億ドル）．金での拠出額については両案併記．（米国案）金及び自由為替で拠出額の25％，あるいはそれら保有額の10％のうちいずれか少ない額．（英国案）割当額の12.5％．米国は当初50億ドルを考えていた．米国は拠出額を23億ドル以内に止めたいとのと思惑もあって連合国の拠出額は85億ドル，世界全体では100億ドルとすることで妥協した．

(3) 資金の引き出し：引出額の限度は12カ月に割当額の25％以内，その後200％までを認める．

(4) 平価規定：①加盟国の平価は金で表示する．②加盟国の平価は当該加盟国の承認を必要とする．ここでユニタスへの言及がない点に注意が必要である．

(5) 相場調整：為替相場の変更は，基礎的不均衡の是正に必要な場合に行う．とくに当該加盟国の国内の社会的，もしくは政治的政策のために均衡回復が必

---

7) この原則声明草案には議事録がつけられており，ケインズによると，それは合意点と不一致点を詳しく記したもので，原則声明草案と関連させて読むべき文書であった．ケインズはこの2つの文書を，ホワイトとケインズの双方が署名したもので，両者によって確認された正式の文書として考えていたようである．だがモグリッジは，2つの文書にホワイトの署名はないと注記しており，文書の性格について両者で明確な了解があったかは疑問が残るところであった．また，ケインズは帰任に際して，原則声明草案と議事録の2つの文書とは別に「ユニタスの貨幣化による原則声明草案の修正案」なる文書を独自に添付していた．これは，ケインズが，ユニタスにバンコールと同じ機能と役割をおわせ，国際安定基金を国際清算同盟化する企図を放棄していないことを示そうとしたものであった（CW 1980a: 374-82）．

要な場合はこれを認める．①基金創設後10%を超えない変更の申請の場合，これを認める．②さらに，10%を超えない変更については，基金は申請の2日以内に決定する．③戦後3年間は為替相場の調整が必要である．④割当比率が10%以上を占めているすべての加盟国の承認のもとで，加盟国の通貨価値の一律変更を認める．

(6) 資本取引：基金の資金は巨額の，あるいは持続的な資金の流出に対処するためには用いられない．

(7) 稀少通貨の配分：①稀少通貨が生じることが明らかになった場合，基金はその公平な配分を提議する．②ある通貨が稀少通貨と宣言された場合，基金はその原因を明らかにし，稀少状態を終息させるための勧告を含む報告書を提出する．③基金は稀少通貨国と協議し，稀少通貨の配分を決定する．この際，稀少通貨国に為替統制の権限が与えられ，稀少通貨の需要を抑制し，それを加盟国に割り当てる権限を有する．

(8) 運営・脱退規定：①理事会，常任委員会によって運営される．②いかなる加盟国も票決権総数の1/5以上の票決権数を保有しない．③過半数によって議決する．但し割当額の変更は4/5とする．

(9) 加盟国の義務：①固定相場制での平価の売買．②経常取引の自由化．③差別的通貨措置，多元的通貨措置を行わない．

英米原則声明草案で，英米双方は，基金の目的に関しては完全に合意した．それらは，為替の安定化，秩序ある為替相場の調整，経常取引の自由化とそのための多角的融資枠の設定，国際収支の不均衡の期間を短縮しその程度を緩和させること，などである．これらはすべて，国際貿易の均衡ある発展と高水準の雇用を達成しようとするものであった．このうえで基金の具体的な業務内容についても合意が得られた．資金規模は100億ドル．平価は金で表示され，ユニタスに関する条項は完全に削除されていた．相場調整についても10%までは自動的に認める．この10%を超えた追加的な相場調整については基金の承認が必要となる．ただし稀少通貨条項，多数決による決定方式，ペナルティなしでの脱退規定なども盛り込まれた．

原則声明草案は両国の代表団が技術的専門家として，それぞれの政府に勧告

するために準備したもので，未解決の論争下におかれている問題点があるとの合意のもとに，一定の原則を概説したものであった．それだけに，原則声明草案では，今後の交渉課題として委ねられた多くの問題があった．平価の基準，為替調整問題，国際通貨問題，基金の利用方式，過渡期条項などで，突っ込んだ討議によって詰めるべき細目が多岐にわたり残されていた．

　ケインズは，依然として同盟案のアイデアに固執し，基金案の改変を求め続けていた．ユニタスの貨幣化がそれである．ユニタスは単なる計算通貨ではなく，国際的管理のもとでバンコールに類似した機能を果たすべきであると．しかし，米国側は譲らなかった．彼らは，ユニタスの貨幣化を受け入れれば，国際安定基金は米国からの財・サービスを購入するための資金を事実上無償で創出することになり，インフレを煽ることになる，などと反論を繰り返した．

　為替調整問題では，調整の最終的権限が基金にあるのか加盟国にあるのか，議論は未了に終わった．原則声明草案は，基礎的不均衡の是正のための通貨調整の必要性を認めていた．とはいえ「基礎的不均衡」がいかなる事態を含意するのか相変わらず明確ではなかった．注目されたのは，加盟国の国内の政治的，社会的事情を理由とする不均衡の是正を認めた点である．これはケインズ側の強い主張を容れた措置であった．しかしながら，対外均衡と国内均衡のどちらを優先すべきであるのか．戦後過渡期の困難を想定して英国側は，国内均衡の維持を優先しようとする．基金と加盟国との間で対立した時に，この政策目標のいずれを優先するのか．国際機関の判断と権限を優先すべきであるのか，それとも国内均衡を優先する加盟国の選択を優先するのか．これは，決着のつけられない問題として，今後の課題として残されたのである．

　これらに加えて，相場制度に関しても詰めるべき問題が残されていた．原則声明草案では，金価値による平価の決定と厳格な固定相場制がうたわれていた．だが，そこで許容される変動幅は規定されていなかった．さらに，過渡期の特別措置を講じる必要性がうたわれていたが，この場合の具体的な措置については今後の課題とされ，明記されなかった．

　また，資金の利用方式では，英国側は，資金の引き出しについて，その一層の自動性——制限のない自由な引き出し——にこだわった．基金はこの量的制限だけを課すべきで，加盟国は基金から自由裁量によって引き出せる方式にす

第5章　英米通貨交渉の進展と共同声明

べきであるとの考えであった．しかしながら，米国側は，自動性に反対であった．基金の資金利用の件は，結局，1947年に基金の業務が開始されるまで，最終的決着は見送られた（CW 1980a: 377; Horsefield 1969: 61-2, 66, 74; Harrod 1967: 560-4; Eckes 1975: 99; Van Dormael 1978: 107）．

この原則声明草案は英米の合意事項をとりまとめた最終案ではなかった．モグリッジによると，1944年4月に公表されることになる専門家の共同声明は，この1943年10月版を「7回にわたり修正したものであった」（CW 1980a: 392-3）．

戦後計画にかかわる交渉に隠れて注目されないが英米間で重要な協議が行われていた．それは武器貸与援助実施下での英国のドル・金準備をどの水準に保つのかについての交渉であった．ケインズは1943年9月24日に対外経済局の面々と昼食をともにした．彼はそこで英国の対外準備を低く抑えようとする米国の政策に対して真っ向から戦う決意であることを強調した．英国が共通の敵との戦争に支払っている財政上の犠牲は比べ物にならないくらい大きい．なぜ外貨準備の制限が英国だけに適用されるのか．なぜにソ連には適用されないのか．だが米国側は，英国に対する武器貸与援助の運用で厳しい姿勢を崩さなかった．この問題の経緯を跡づけると次のような事情があった．

すでに言及したように英国の外貨準備を制限することが米国の公的政策となっていた．これは武器貸与援助の条件として英国が1941年9月に自国の輸出を制限することを受け入れたことと相まって，英国の外貨事情を厳しい状況に追い込んでいたのであった．米国政権内部では，アチソンのように，英国の輸出と外貨準備を制限する政策によって，第7条の履行を英国に迫ることが困難になることに気づき，その政策的矛盾を懸念する政府高官もいた．アチソンは，英国の準備を増大させることが可能なような政策を推進しようとしたが，意のままにならなかった．ホワイトとクローリーとの政策調整に失敗したためである．クローリーは1943年7月に武器貸与局を引き継いだ対外経済局の責任者であった．彼は，反英的なアイルランド系米国人として知られていた．ホワイトも武器貸与援助の実際の運用によって英国の対外準備を統御すべきであると考える張本人のひとりで，1942年12月にそのように政策勧告した省間委員会

の中心人物であった．そこでは英国の対外準備を 6～10 億ドルの範囲に押さえ込むべきであるとの勧告が採択されたのである．この方針案は翌年の 1 月 11 日にローズヴェルトによって承認された．大統領は，逆武器貸与によって，英国から軍事用物資の輸入の増大を企図し，②この一方で，英国への武器貸与援助の削減を追求した．このような政策はホワイト，カリー，コーによって実行に移された（Skidelsky 2001: 322）[8]．

4. 戦後通貨構想をめぐる英米国内の対応と英米共同声明の公表

(1) 英国における戦後通貨計画への対応

ワシントンでの英米専門家会議で議論された問題は 12 月 17 日，戦時内閣の回覧に付された．戦時内閣は，12 月 21 日，英米専門家会議をうけた戦後通貨計画に関わる政策課題について，あらためてローに対して，閣議決定のために報告書を用意するよう指示した．戦時内閣は，2 月から 3 月にかけて開催される自治領諸国会議と議会での審議のためにも共同声明原案に対する対応を迫られていたのである（CW 1979: 395）[9]．

ケインズが 9 月から 10 月にかけて対米交渉にあたっていた間，大蔵省内では微妙な力関係の変化が生じていた．大蔵大臣のウッドは 9 月 21 日に逝去した．駐米大蔵省代表のフィリップスは 7 月に帰国した直後に倒れ，8 月初めに癌で亡くなっていた．戦時期の激務に心身をいためていたのであろうか．ホプキンズとヘンダーソンは冠状動脈に異常があった．ロバートソンは胆のうを病み，ミードは胃潰瘍で苦しんでいた．

新任の蔵相アンダーソンとケインズは面識がなかった．ケインズにとって不幸なことにホプキンズが病気で倒れたことであった．アンダーソンのもとで影響力を強めたのは，さまざまな文官勤務を経験した後で大蔵省入りしたイーディーであった．したたかで粘り強いイーディーは，ローによる共同声明原案に

---

[8] 反英的とも受け止められたかかる相互援助協定の運用にあたったカリー，コーは，ともにソ連の諜報活動に協力した共産主義者グループに関係していたことがヴェノナ計画の暗号解読によって明らかになった（Craig 2004）．

[9] モグリッジの注記によると，共同声明原案を閣議で裁決しようとした推進勢力の企図は，農業大臣ハドソン，インド相アメリーによって阻まれた（CW 1980a: 395）．

関する報告書の作成で，ケインズの手強い交渉相手となるのであった（CW 1980a: 302; Skidelsky 2001: 143）．

ローによる戦時内閣に提出する報告書のとりまとめの過程で，あらためて戦後の通貨計画をめぐる英国内での政策対立が表面化した．ここでは，1月26日に作成されていた草案をもとに作成された「2月7日付ケインズ文書」と「1月19日付イーディー文書」を検討しよう．

①ケインズ文書

ケインズはここで，概要次のように原則声明草案を擁護し，その実現を求めた．

・それは経常取引の自由化を目的とするが，資本取引の統制を定めている．
・拠出額は米国7.5億ポンド，英国とその植民地3.25億ポンド，世界全体で25億ポンドとなる．金での拠出は割当額の25％か，外貨準備の10％の，いずれか少ない方とする．
・資金規模は国際清算同盟案より小さいが，当初としては十分である．
・債権国も均衡維持の責任を負う．合衆国代表団は，連邦議会が国際清算同盟案でのような厳しい黒字国責任論を認めないため，輸入や海外投資の拡大，基金への拠出額の追加出資，稀少通貨宣言による対応措置を検討している．また，加盟各国は，他国にデフレを強いる退蔵性向に対するセーフガードを用意することになっている．
・英国側の主張を容れて為替相場の弾力性が合意されている．以前の草案にあった金本位制度をモデルとした硬直的な為替相場制度ではない柔軟な相場制度が構想されている．まず10％，さらに10％の相場調整が認められている．加盟国は基金の決定に不満な場合は基金から脱退することができ，完全な行動の自由を保障されている．
・米国は当初能動的な国際機関を構想していたが，広範で大きな権限を有する機関の設立は望ましくないとするわが国の説得もあって，受動的な組織の設立に同意している．
・基金案ではユニタスについて言及があるが，それは何ら有効な役割を負う

ものではない．原則声明草案には，新たな国際計算単位は存在しない．
・制限措置が解除できるほどに不均衡が十分に回復するまで，加盟国に，過渡期のあいだ，為替統制を強化する自由を与えられている．
・新しく過渡期条項が第11条として英国により整備された．これを財務省は基本的に受け入れた．そこでは均衡回復以前の過渡期の，為替管理が認められている．また，そこで基金が救済，復興，戦時債務の処理にあたる金融機関ではないことがうたわれている．
・基金の設立直後に英国がファシリティを利用し使い尽くすような事態を回避する必要がある．米国政府は，英国が外部からの援助なく均衡を維持することができるようにするため武器援助を継承した新しい金融援助体制を提示するまでは通貨計画に参加できない（CW 1980a: 399-408）．

②イーディー文書

この文書は，通貨計画に関する大蔵省の覚書をロー，ケインズ，ロビンズと検討した会議に参加した後で，そこで生じていた見解の相違を認めたものであった．ここで彼は，まず，全般的な状況について，概要次のように記している．

・ホワイトは英国側が求めた過渡期についての特別電報の内容を実質的に受け入れた．
・これとは別に，英国側は米国案に重大な欠陥を発見し，ワシントンに打電した．ケインズはこれを単に協定起草の問題としているが，そうではない．
・ケインズは計画に掛かりきりで，ロバートソンも熱心である．
・通貨計画を通して得られる信用量は全く不適当で米国に平身低頭してさらなる資金を要請しなければならなくなろう．
・大蔵省のウェイリーは国際安定基金案に熱心ではない．彼は基金が必要か迷っている．ヘンダーソンは計画に批判的で双務主義に賛成のようである．
・イングランド銀行は，いくつかの技術的問題で批判的である．基金の受動性に依然として疑念を抱いている．

この後，イーディーは，多角的清算，ポンド残高，管理方式，計画の全般的

第5章　英米通貨交渉の進展と共同声明

な枠組み，稀少通貨条項について次のようにコメントしている．

- ポンド残高に関してイングランド銀行は，3年後に多角的清算に移行することになれば英国は窮地に陥るであろうと懸念している．
- 運営に当たっては米国の著しい巨大な圧力がかかるであろう．
- 計画の全体的な構造は，依然として米国案と同じであり，それは財務省の為替平衡基金に由来している．
- ドルが稀少通貨になった場合，為替管理はドルに留まらずすべての通貨に適用しなければならなくなる（CW 1980a: 395-8）．

ロー，ケインズ，ロビンズ，イーディーによる討議の結果，深刻な意見の相違が存在することが確認された．このため，ワシントン会議に関するロー報告は，推進派とこれに批判的な派の見解を盛り込んだ内容とすることになった（CW 1980a: 398）．

戦後通貨計画に関わる対米交渉団長ローの報告は，ようやく1944年2月9日になって戦時内閣内で回覧された．報告書のうち戦後通貨計画に関わる箇所は，実質的に賛否両論併記の2部構成で編集されていた（CW 1980a: 398）．

モグリッジによると，ロー報告が戦時内閣で回覧された日，首相私設顧問のチャーウェルは，次のような評価をチャーチルに伝えている．「大蔵大臣自身は，この提案に賛成でありましょうが，省内には対立する2つの分派が存在しているのに困惑しています．ひとつはケインズが主導し，大蔵省内の多くや戦時内閣経済部，商務省の官僚が支持しています．いまひとつは，イングランド銀行を中心として，ヘンダーソンとさまざまな文官勤務を経て最近になって大蔵省入りしたイーディーによって構成されています」（CW 1980a: 408）．

戦後計画を推進するローは，1944年の2月5日の戦時内閣の閣議で，次のように表明していた．新しい草案は，変化する環境に適応させるため，加盟国の通貨価値を変更しなければならないとの原則を明確に規定している．さらに，基金がいかなる方法であるにせよ，加盟国の国内政策に干渉できないことも明確に規定している．ローはまた，深刻な不均衡に陥っている国は輸入制限が認められる，国際収支の黒字国であって当該国通貨が稀少通貨となった場合には，

当該国の財・サービスは，輸出市場で差別的措置にしたがわざるを得なくなるであろう，といった解釈を示した．このような解釈が，協定案の誤解によるものであるのか，意図的な曲解によるものであるのかは不明だが，反対勢力の動きを削ぐ効果のあったことは間違いない．

これに対して，戦後計画に反対するイングランド銀行，大蔵省内のイーディー，ビーヴァーブルックらの反対勢力は，次のような主張を展開した．すなわち，①戦後通貨計画は金本位制度の復活である．②この金を基礎とする協定は，ドルに比してポンドの受領性を低下させ，ポンドの信認をそこなうばかりか過渡期の困難を増すことになる．③計画はポンド地域を破壊しようとするものである．④戦後計画に基づく通商政策は帝国特恵を破壊し英国の農業を再び破滅させるものである (CW 1980a: 408-10; Van Dormael 1978: 131-4; Skidelsky 2001: 328-7)．

イーディーは，ケインズが対米交渉で本国を留守にしている間，ヘンダーソン，イングランド銀行と連繋して通貨交渉の進展を阻もうとした．大蔵省内のイーディーらのファクションとイングランド銀行との連繋は，ビーヴァーブルック，ブランドン，アメリーらによって代表された帝国擁護勢力に呼応したものであった．帝国特恵と国内農業利害に根ざしたこの勢力は，計画経済と保護主義を信奉する労働党内の有力なファクションと同様に，自由主義的，開放的な国際経済秩序の構築に反対であった．また，労働界を代表するベヴィンは，戦後通貨計画が失業対策に有効でないと懸念していた．相互援助協定第7条への反対の声は，完全雇用政策にかかわるベヴァリッジらの委員会からもあがっていた．こうした動きは，戦時内閣による第7条の取り組みを強く牽制した．

イングランド銀行は，ロー報告が戦時内閣に提出された2月9日，ケインズの過渡期の対外金融政策についての覚書にコメントした．そこで同銀行は，①ポンド地域の多様性を見落としている，②ケインズの対外金融政策の前提となっている彼の統計的推計は疑わしい，③ケインズのポンド地域についての提案は，同地域の解体を招くことになる，などと批判したうえで，米国からの援助は必要でなく，現在のポンド地域の拡張によって十分に移行期を乗り切ることができよう，との考えを打ち出していた (CW 1979: 18-9)．

2月9日，大蔵省内では，イーディーが興味深い動きを見せていた．彼は，

第5章　英米通貨交渉の進展と共同声明

ホプキンズ宛の書信で，基金の諸規定が不明であると指摘した．基金の諸条項を実際に運用した場合，うまく機能しないであろうとしたうえで，その例として稀少通貨条項，第3条2項の「金及び金交換可能通貨」の規定，第4条2項の経常取引の規定の不明確性，をあげていた．さらに，資本取引に関して基金が認める資本取引と認めない資本取引との区別，為替平価規定の不明確性についても指摘していた（「2月9日付イーディーからホプキンズへの書信」T 247/32）．

　大蔵省内のヘンダーソンとイーディーらのファクションは，イングランド銀行が戦後計画の反対者として全面に立ち現れたことで意を強くした．同銀行は計画が金本位制に類似していること，経常取引の自由化に向けた動きを懸念してのことであった．とくに後者の問題では，英国がこれを受け入れれば，短期のポンド債務──それらはインド，エジプトに集中していた──について，決定的な対応を求められるのではないかと恐れた．さらに，ケインズが大規模な米国の対英援助を構想していることに対しても反対の構えであった．ケインズは，かかる勢力との正面対決を避けながらも，大蔵省のなかで，共同声明の実現のために，闘わざるを得なかった (Skidelsky 2001: 327-8; Moggridge 1992: 732)．

　戦時内閣は2月11日，ロー報告を検討する会議で，大蔵大臣アンダーソン，戦時生産大臣リトルトン，ビーヴァーブルック，商務大臣ドールトン，外務大臣ローおよび総理大臣私設補佐官チャーウェルで構成される対外経済政策委員会を設けることで合意した．会合は2月14日から18日の間6回開かれた．ケインズは第2回の会議に出席し，2日後にチャーウェル卿とその進行について協議した．チャーチルは，ノルマンディー上陸作戦計画に手一杯であったこともあって，この問題で主導性を発揮しようとはしなかった．結局，委員会は2月18日に，ビーヴァーブルック卿の反対意見を添付した報告書を提出した．

　こうして共同声明原案を巡る政策対立は収束しなかった．2月16日付で，イングランド銀行のキャトーは，改めて通貨計画を批判する文書をケインズ，イーディー，ホプキンズに送付していた．その基本点は次のようなものであった．①ユニタスの貨幣化を撤回すべきでないこと．これこそが基金の受動性を担保しうる重要な条項である．②為替の固定化，調整条項でも基金に受動性を

付与することが重要である．③基金案は，ある種の金本位制度への回帰である．キャトーはここで加盟国の為替調整に関わる完全なる自由を保証するための条項案を提案していた．それはこの後，為替調整に関わるキャトー条項案として知られる，次のような規定案であった．

「ここでの規定は，加盟国が必要とみなし，あるいは望ましいとみなした場合には，為替レートを固定し，または為替相場を調整しようとする加盟国の主権に影響を与えるものではない．しかしながら，かかる為替レートの決定，またはその変更に当たっては，基金と協議しなければならない．そうして，加盟国が基金との合意なくかかる行動がとられた場合には，その行為が基金によって加盟国の利益と諸加盟国の利益のためにする基金の適切な活動の利益に反すると見なされた場合，その加盟国の出資金は封鎖され，その加盟国の基金の資金利用を停止するものとする」(「1944年2月16日付キャトーからホプキンズ，イーディー，ケインズに宛てた書信」T 247/32)．

かかる事態のなかでケインズは，1944年2月22日付大蔵大臣への書信で，英国が選択を迫られている国際通貨・金融問題について論じ，これへのイングランド銀行の立場を次のように批判した．

通貨の側面では3つの代替的政策がある．それは①ポンドの通貨ブロック，②国際計画として提示されている英米ブロック，③ドル外交，である．われわれはその選択を①と②の間のどちらかとしている．米国は②と③の間のどちらかとしている．彼らは一時的な便法として以外は，①を認めない．実際のところ，われわれは米国の援助を受けずに①を支持するに充分な強さはない．したがって，②は③を避ける唯一の方法である．財務省および国務省は真に公平な立場でわが国に②を提案している．両者は③を好んではいない．

ケインズによれば，イングランド銀行は現実に少しも向かい合っていない．ここでケインズのいう現実とは，英国の戦後の国内政策は，一層多くの米国の援助なしには実施不可能であるという現実である．また，イングランド銀行は次の事実も認めようとしない．それは，巨額の債務を負い，また乏しい対外準

第5章　英米通貨交渉の進展と共同声明　　　　　　　　　　193

備しかないなかで,同行には,独力で以前の国際的銀行業を復活させる力はないという現実である (CW 1980a: 410-3).

戦時内閣での政策調整は難航した．2月17日の会議について,チャーウェルは,ウェイリーに対して,委員会は完全に大混乱を来していると伝えていた．閣外ではイングランド銀行が,かたくなな姿勢を貫いていた (Skidelsky 2001: 329-30).

2月24日の閣議では,アンダーソンが共同声明の支持を表明したのに対してビーヴァーブルックが反論し,これに保守党のブラケン情報相,ハドソン農相らが同調した．閣内の意見は分裂し,閣議の雰囲気は険悪となった．チャーチルはこの案件の処理を事実上放棄した．なにが決定されたのか,あるいは合意事項がなんであったのか,明確ではなかった (Skidelsky 2001: 331-2).

ケインズは1944年3月8日,国際安定基金構想に反対するビーヴァーブルックに宛てた書信で,ポンドの交換性を制限し続けることの困難について次のように説いていた．

スターリング地域の内部でポンドの交換性の義務を実施し,他方で自治領のいかなる国に対しても外部世界とは交換性の義務を負わせないようにして,わが国との通貨ブロックを形成するように要求するのは不可能なことである (CW 1980a: 415-7).

また,戦後の通貨問題でのイングランド銀行とこれに連携するビーヴァーブルックの対応を次のように厳しく批判した．

「小生の生涯中,イングランド銀行は,最大の災難と恐るべき破産をもたらすことになると懸念した政策を,二度も盲目的に唱えるのをみています．小生は,二度もそれを予言しました．しかし,その都度信じられませんでした．ところが二度もそれは起こっています．その双方の出来事については,貴下と小生の意見は一致しました．小生は確信しますが,いま第三の出来事が起こっています．イングランド銀行は,とても支持できる可能性のない古い協定や,立ち後れた理念のために,必死の賭けをしています．その計画が,いやむしろその無計画が,我が国に新たな大打撃を与えることになると小生は確信しています．この期に及んで,なぜ貴下は,イング

ランド銀行の側に立とうとなさるのですか」(CW 1980a: 416-7).

これに対してビーヴァーブルックは返信で次のように反論し,自己の立場を弁護している.

「わたくしは戦後の通貨計画の基礎にある原理とは相違した立場にいます.なぜなら,戦後計画は,本質的に国際的であり,自由貿易でありますが,わたくし自らの信念は,前者でも後者でもないからです.わたくしは帝国特恵と国内農業保護に価値を認めます」(CW 1980a: 417-8).

戦時内閣での政策調整が難航するなかで,英連邦諸国との調整も差し迫っていた.ワシントンのオピーからは,米国で通貨問題は第一級の政治問題のひとつになりつつあり,焦燥感をつのらせるホワイトが,回答が遅れている英国で何が起こっているのかと説明を求めている,モーゲンソーにとっても,来週には連邦議会で事態について説明せざるを得ないであろう,彼は事態の早期打開を求めて,ロンドンに親書を送付することになろう,などと現地の動きを伝達してきた(「2月24日付ワシントン(オピー)から外務省への電報」T 247/32).

戦後の通貨計画についての合意形成を主目的とする連邦諸国との会議は,2月24日〜3月31日にかけてロンドンで開催された.会議では,ユニタスの貨幣化,為替相場政策,過渡期問題などが討議された.

興味深いことに,自治領諸国との会議が終了する前に,ケインズはホワイトに書信(3月18日付)を送っている.そこでケインズは次のように心情を吐露していた.「個人的にはユニタスの貨幣化を,基金受け入れの条件とする見通しはほとんどないと思っています.しかしながら,このことを公式に貴下にお伝えする立場にはまだないのです」.これは,彼が執拗に追求してきた,ユニタスの貨幣化論の断念を,事実上表明したに等しいものであった.

自治領諸国との会談は,ケインズにとってユニタスの貨幣化を実現するうえでの最後の望みの綱であった.ケインズは,そこで,参加諸国が貨幣化されたユニタスを選好するものと期待した.だが,会議はケインズの思惑どおりには

進まなかった．会談の結果，ケインズの企図とは反対に，ユニタスの貨幣化提案は，通貨計画の円滑な機能には不可欠ではない，と結論づけられたのである（CW 1980a: 413, 427-9）．

深刻であったのは，この連邦諸国会議の結果のとりまとめについてもケインズとイーディーは対立し，調整に手間取ったことであった．ケインズは，3月29日のイーディー宛の書信で，イーディーによる会議報告案を，受け入れられないと伝えてきた．そのなかでケインズは，現時点で，ホワイトの企図についてのイーディーの解釈について疑問を呈し，さらに英国内で意見が対立するなかでの共同声明の公表は時期尚早として公表を渋るイーディーの姿勢を強く批判した．そうして，もしもイーディーが，ケインズが問題視する線で連邦諸国会議の報告書の全般的結論の部分をとりまとめ，内閣に提出するのであれば，ケインズ自身がこれに対する反対文書を作成し，提出せざるを得ない，とイーディーの動きを強く牽制した（「イーディーによる1944年3月21日付『自治領諸国との通貨討議報告書』草案」T 247/35; CW 1980a: 430-3）[10]．

こうしたやり取りがあって，最終的にイーディーがとりまとめた報告書は，当初の内容が変えられ，何がおこったのかについての平板な内容についての報告書となっていた（CW 1980a: 433）．

(2) 合衆国内の動向
①戦後計画批判勢力

米国ではウェンデル・ウィルキーの「ひとつの世界」論に代表されるような国際協調主義，理想主義が依然として支配的潮流をなしているようにも見えた．だが，第2次世界大戦が大きな山場を超えつつあるとの認識が強まるなかで，戦後構想にかかわる具体的な政策論争が展開され始めるとともに，現実主義や孤立主義が再び台頭するとの観測も強まったのである．

そうして1943年11月24日に国際銀行案が公表されるやこれをめぐる論争

---

10) モグリッジは何故かケインズが強く反発し，イーディーに送付した書信（「I」,「II」からなる）の重要な構成部分である「I」を全文削除して，残りの「II」をケインズ全集に掲載している．「I」の文章が削除されなかったならば，イーディーの報告書文案に同意しないケインズの批判的立場は，より厳しく表現されたに違いない．

が表面化した．ニューヨーク・ファースト・ナショナル銀行前頭取のフレイザーは，銀行構想に反対し，国際決済銀行の再建と英国への借款を代替案として提案した．彼は，戦前に米国金融界を代表しBISの総裁に就任し，銀行間の国際金融協力の実務を経験していた．ナショナル・シティ銀行副頭取のワードも反対を表明した．こうした動きのなかで『ニューヨーク・タイムズ』は12月4日の社説で，次のような国際銀行案批判の論説を掲げた．100億ドルの規模の国際銀行が構想されている．この3倍が貸付可能である．300億や500億ドルの貸付は果たして返済されるのか．なに故に対外金融を民間に委ねないのか．人びとは自分のカネのほうが他人のカネを貸し付けるよりも注意深くなるであろう．第1次世界大戦後，米国の連合国に対する公的貸付は，あたかも贈与のように扱われ，返済されていない．それが健全なものかどうか納税者が判断することなく，税金が外国政府に貸付されようとしている．新しい超政府機関を創設することは喫緊の課題ではない（Oliver 1975: 160-1）．

　こうしたなかで新たな事態が出現した．共和党の下院議員C.S.デューイ（イリノイ州選出）が法案提出の動きをみせたからである．彼は，1943年12月21日，下院で演説し，財務省が進める国際通貨・金融組織に代わる国際復興基金（最大5億ドルの資金規模）の設立を提唱したのである．彼は，基金と銀行が必要以上に高くつき，米国が拠出したドル資金の利用に米国が権限を行使できず，外国為替の安定化と復興目的の実現という目的が達成できるか疑問視したのである．デューイの頭にあったのは，実効性のある比較的小規模で，特定化された通貨安定化貸付であった．復興基金の理事会は，国務省，財務省，連邦準備理事会，復興金融公庫，それに議会の代表で構成されることになっていた．

　法案化を企図したデューイは，ニューヨークの金融界の代表や国際金融の専門家を議会に招き，公聴会を開催する動きに出た．公聴会は，1944年4月25～28日，5月16，17日に開催された．ホワイトはブレトンウッズ会議開催準備に多忙ななか，公聴会に出席し，財務省の通貨戦略を擁護せざるをえないハメとなった．

　デューイは，ニューヨーク州知事で共和党大統領候補のT.E.デューイのいとこであり，1920年代に共和党政権下でメロン財務長官のもとで財務次官補

をつとめた経歴の持ち主でもあった．議会共和党の国際主義勢力の一翼から，民主党政権の戦後計画を批判する動きが代替的構想の提案となって表面化したのである．これは，来る大統領選挙で4選を目ざすローズヴェルト政権にとって，極めて大きな脅威となった（Eckes 1975: 108-10; Oliver 1975: 211-3）．

②戦後計画支持勢力

　戦後の通貨・金融計画を推進する勢力の動きも活発化した．連邦議会では，パットマンが国際金融機関設立の法案を上程する動きを見せ，さらに1944年の1月には『フォーリン・アフェアーズ』にハンセンが「安定と拡大の世界的制度」なる論文を寄稿した．論文は，戦後世界の経済的課題である高水準の雇用を達成し，経済的安定のため主要国が積極的なプログラムを採用し実行するには，通貨の安定化，国際投資の拡大，主要産品の価格の統制にかかわる3つの国際的経済制度が必要となる，と論じたものであった．まず国際通貨制度の創設である．これによる通貨システムの統制によって，拡張主義的プログラムの枠内での柔軟で安定的な為替レートの維持，先進地域の完全雇用，後進地域の生産性向上，そして循環的景気変動の抑制，をめざす．いま1つは国際開発・国際投資銀行（International Development and International Investment Bank）である．ハンセンは，財務省案の国際銀行の役割を，投資保証，民間貸付への参加，銀行独自の貸付，の3つと理解したが，彼の考える銀行も，ほぼこの役割と機能を有していた．彼の構想では，開発資金の供与，投資保証，民間投資への参加による経済的後進地域の農業開発プロジェクトの実施が重視された．ハンセンは，彼の銀行による開発金融を，連邦住宅局の活動に類比させて，その重要性を説いていた．第3の国際組織は国際商品公社である．この国際商品公社が一体どのような方法で反循環的政策に取り組むのか，必ずしも明確ではなかった．だが，この国際組織は一種の緩衝在庫制度を維持する役割を負い，最高価格と最低価格の範囲内での国際商品の購入，備蓄，売却によって国際商品の価格安定化に努めるものとされた．ハンセンは，同論文の締めくくりに，国際経済委員会（International Economic Board）の設立を提唱する．この国際組織は，①3つの経済組織の活動を調整し，②各国の国内政策の調整を行い，反デフレ政策，高水準の雇用政策を追求する．しかしながら，ハンセ

ンの提案では，この国際経済委員会がどのような組織であり，その役割と機能がどのようなものであるのかこれ以上明確ではなかった（Hansen 1944: 248-55; Oliver 1975: 161）．

戦後計画の推進勢力は，財務省を先頭に積極的な攻勢を強めたが，ホワイトは計画の行方を懸念した．11月の大統領選，連邦議会選までの政治日程は詰まっている．5月に法案の議会提出を考えると3月か4月に国際会議を開催しなければ間に合わない．だが，情勢は楽観できない．彼は，マスコミも金融界も敵対的な姿勢を強めていると受け止めた．とくにニューヨーク国際金融界が強い反対の姿勢を打ち出したことに警戒感を強めた．英米共同声明案は，英国の戦時内閣によっていまだ承認されていない．英米の専門委員の間でさえ最終的な合意に達していないからだ．ケインズは引き続き，ホワイトに対して，ユニタスのバンコール化を求めてきていた（ハロッド 1967: 572-3; Oliver 1975: 167）．

(3) 共同声明の公表
①公表に向けた英米の動き

英国では戦後計画に関わる共同声明に関する審議が難航していた．4月3日，ホプキンズが，ケインズの要請をうけ，大蔵大臣に通貨計画を進めるように進言した．この日，ワシントンでもモーゲンソーがハルに国際会議の開催を打診した．その後，モーゲンソーは独自に，会議の開催でローズヴェルト大統領の了承を取りつけた．大統領は，11月の大統領選挙までの政治日程を考慮して，5月の国際会議を希望した．

しかし，可能なかぎり早期の開催を企図する米国にとって，英国での審議の遅れはいかんともし難かった．駐英大使ウィナントの報告では，イングランド銀行の多数の役員が計画に反対していた．それによれば，彼らは，計画が採用されれば，金融の支配権はロンドンから離れ，ポンドに代わってドルがその地位につくであろうと主張していた．閣内で英帝国的利害を代表するインド省のアメリーらが反対の構えを崩さなかった．

かかる勢力による相互援助協定第7条への反対は，それが通商上の差別主義を標的にし，自由主義的国際経済秩序の構築を唱えている点にあるとケインズ

はみた．彼はそこで，通貨問題と通商問題など他の問題とを切り離して，取りあえず通貨交渉を優先させようと企図した．だが，これにビーヴァーブルックやベヴィンが異論を唱えた．彼らは，通貨計画と他の戦後計画との関連性を強調し，それらを切り離すことはできないと主張したのである．

モーゲンソーは，駐英大使の報告をうけて苛立った．財務長官は，来週にも共同声明を公表できないのであれば，今年中の国際会議開催は困難であるとの考えをウィナントに返電した．

ケインズはこの間，内閣や自治領の修正要求を受け，再三，駐米大使館経済顧問オピーに指示し，ホワイトに修正を受け入れるよう求めた．だが，ホワイトはケインズの修正要求になんら応じようとはしなかった．ケインズのフラストレーションも高まった．

こうしたなかでオピーは，4月5日付電信で，概要，次のように伝達している．ホワイトとの協議で，彼は，ユニタスについての英国側回答を今週中に得られるものと期待している，米国側としては，5カ月も経過しているのに何故にこの問題で結論が得られないのか理解できない，共和党の党大会開催中の国際会議を回避しようとすれば，もはや時間的余裕はない，このためモーゲンソーは，大蔵大臣に対し，速やかに事態を打開するように求める親書を送付することを考慮し始めた．

事態を憂慮するホワイトは，オピーに対して，英国が通貨計画の具体化を急がないと大変な事態に陥ると警告し，戦時内閣への圧力を強めたのである．

モーゲンソーは，4月11日付大蔵大臣への私信で共同声明の公表と国際会議開催を要請した．

事態の打開のため，大蔵大臣はようやく4月11日になって戦時内閣に書簡を送り，通貨計画の速やかなる実現を求めた．

4月14日に開催された閣議も紛糾した．しかしながら，戦時内閣は，結局，この日，共同声明の公表に同意した．

この日の閣議後に送付されたと推測される外務省からオピーへの4月14日付電信では，大蔵大臣は，24時間以内に，共同声明の公表に関してモーゲンソー宛に親書を送付する予定である，英国としてはユニタスの貨幣化を最終的に断念した，と記してあった．さらに，電文は，以下の事項について，英米間

で明確な合意が必要であるとも伝達していた．①国際通貨基金は長期の国際金融機関とすべきであり，これを復興と開発を目的とする国際機関により補完することが必要である．②それは戦争終結後に設立すべきで，段階を踏んで業務展開をはかるべきである．とくに基金の資金利用は経験を積んでから実行に移すべきである．③英国としては過渡期に国際通貨基金に規定された義務を遂行することはできない（「4月5日付オピーから外務省への電信」，「4月12日付外務省からオピーへの電信」，「4月14日付外務省からオピーへの電信」T 247/29; Blum 1967: 246; VanDormael 1978: 118-9; Eckes 1975: 108-9; Oliver 1975: 211; Skidelsky 2001: 332-3）．

②共同声明の公表

共同声明は，4月21日ワシントンで，翌22日ロンドンで，それぞれ公表された[11]．

共同声明は全10章で構成されていた．第1章「国際通貨基金の目的および政策」，第2章「基金に対する出資」，第3章「基金との取引」，第4章「加盟国通貨の平価」，第5章「資本取引」，第6章「稀少通貨の割当」，第7章「管理」，第8章「脱退」，第9章「加盟国の義務」，第10章「過渡的措置」．

共同声明の注目すべき特徴の第1は，英米によって設立が合意された国際通貨，金融機関の名称が両国間で正式に「国際通貨基金」と呼ばれるようになったことである．米国側が当初から用いてきた「国際安定基金」の用語はこれをもって以後「国際通貨基金」とされたのである[12]．

11) 岩波の『経済学辞典第3版』で村野孝は，1943年9月に，連合国の専門家が米国に集まり「のちの国際通貨基金協定の基幹的条項のすべてをふくむ〈国際通貨基金設立に関する専門家の共同声明〉を発表した」と事項解説しているが，共同声明の発表の公表は，翌年1944年4月のことである（岩波 1992: 1）．
12) 「国際安定基金」はいつ「国際通貨基金」に変わったのか．
　　この問題では，まずIMFの2つの資料が注目される．そのひとつは，バーナフ文書にある1944年1月31日に開催された財務省と連邦準備制度との会議の議事録である．そこでホワイトが，英国側と国際通貨基金と呼ぶことで合意したいと発言している．さらに，1944年4月17日に開催された省間委員会議事録である．そこで，共同声明を「国際通貨基金についての共同声明（A Joint Statement on an International Monetary Fund）」と変更することが決定されている（International Monetary Fund—Treasury Meating Memoranda, January 31, 1944, FRB memos Ref. 83915; Meating

第5章　英米通貨交渉の進展と共同声明　　　　　　　　　　　　　201

表 5-1　原則声明草案と「共同声明」の構成

原則声明草案	共同声明
1　前文	
2　基金の目的	1　基金の目的および政策
3　基金への拠出	2　基金に対する出資
4　基金の運営	3　基金との取引
5　加盟国通貨の調達可能性と受領可能性	4　加盟国通貨の平価
6　多角的清算	5　資本取引
7　加盟国通貨の平価	6　稀少通貨の割当
8　買い戻し規定	7　管理
9　資本取引	8　脱退
10　稀少通貨の配分	9　加盟国の義務
11　運営	10　過渡期の取り決め
12　脱退	
13　加盟国の義務	
14　基金の業務開始	

　第2に強調すべきは，基金の基本目的が英米両国によって最終的に合意された点である．それらは以下のとおりである．①国際通貨問題の常設機関として国際通貨協力を促進する．②国際貿易の拡張，および均衡ある発展によって雇用，実質所得の高水準な維持をはかる．③資金利用によって加盟国に国際的な繁栄を阻害する手段に打って出ることなく不均衡を是正する時間を与える．④秩序ある為替取り極めを維持し，また競争的切り下げを防止し，為替の安定を促進する．⑤経常取引に関して多角的支払便宜を設けることを援助し，世界貿易の増進を妨げる外国為替制限の撤廃に資する．⑥加盟国の国際収支の不均衡

---

in White's Office, April 17, 1944, BMC Box 31)．
　一方，英国側の動きをモグリッジの『ケインズ全集第25巻』で見ると，どうであろうか．まず，注目されるのは，1943年秋の英米専門家会議に関するロー報告である．そのうちのケインズが執筆した部分に「国際通貨基金に関する提案」とあった（CW 1980a: 399）．このロー報告が回覧されたのは1944年2月9日のことであった（CW 1980a: 408）．
　この後，ケインズは，4月16日付で，大蔵大臣アンダーソン宛に「国際通貨基金に関する白書」の題名で書信を認めている（CW 1980a: 434-6）．
　英米共同声明は，1944年4月22日に公表された．共同声明の正式名称は「国際通貨基金の設立に関する専門家の共同声明」となっている．これによって，「国際通貨基金」が，英米間で正式に国際機関名として採用されたことになったといえるのである（CW 1980a: 469-77）．

の期間を短縮し,かつ,その程度を軽減する.これらによって為替の安定化,経常取引の自由化,国際収支不均衡の是正にかかわる国際金融機関としての目的と役割が明確化されたのである.

この6項目からなる目的は,そこで掲げられた順位には異同があるが,ブレトンウッズ協定にもそのまま受け継がれている.この点から,英米の間で,基金の目的について強固な最終的な合意が得られたと言うことができる.

第3に,過渡期の措置が初めて具体的に条項化された.英米原則声明草案ではただその必要性がうたわれていただけであった.それが共同声明では,①戦時中に実施されていた為替統制の継続が認められ,②基金の効力発生後,3年以内に制限措置の継続を基金と協議しなければならない,と規定された.

最後に英米原則声明草案と共同声明とを比較すると,原則声明草案は14条,共同声明は10条からなり,共同声明では英米原則声明草案の4,5,6,8条が欠落している.草案と声明では構成のうえでも大きな変更があったのである(CW 1980a: 379-87, 469-77).

第6章
国際投資-保証機関の起草と英米合意の形成過程

「これほど大規模で重要な組織がひどくカモフラージュされたまま,進められるのを期待することができるであろうか.私にはそうは考えられなかった」(ケインズ「1944年2月21日付『国際銀行案』についての草案」より,CW 1980a: 419)

　あらかじめ銀行案の起草過程の特徴を明らかにしておこう.初期ホワイト案以降の起草過程は,以下の4段階に画される.
　第1は,1942年12月,1943年1月である.この時期の1942年12月3日付,1943年1月付草案は,ほぼ初期ホワイト案の主要特徴を継承した内容であった.ただ,国際通貨単位の条項が独立に規定され,ユナット,あるいはユニタスと呼称される国際通貨単位が提案された.だが,国際安定基金案の具体化を優先したため,しばらくその詳細な検討は先送りされた.
　第2は,1943年8月から9月の時期である.この時期,銀行案は,初期ホワイト案からの根本的な転換が図られる.米国は,基金の進捗状況を見て銀行案の具体化に着手し,9~10月の英米専門家会議に備えた.とくに9月に入ると精力的に検討が進められた.なかでも重要なのは9月8日付,13日付草案であった.これらの草案で初期ホワイト案の世界中央銀行構想は放棄され,非銀行国際金融機関に転換される.すなわち,銀行の基本目標から世界的不況への対応,通貨・信用機構の強化が,また銀行の基本機能から発券,手形決済,短期貸付,預金業務が削除され,銀行は長期の貸付と保証を主業務とする非銀行国際金融機関として位置づけ直されたのである.

第3は，1943年秋の英米専門家会議を挟んでのさらなる銀行案の修正である．9月13日付草案は，その後，9月16日付，9月24日付草案を経て10月1日付草案となる．この過程で重要なのは，英米専門家会議を受けて，まずは，銀行の保証基金（a surety fund）としての性格が強調され，かかる用語が条文案に用いられるようになった点である．とはいえ，銀行の直接貸付，民間貸付への参加機能が削除された訳ではなかった．さらに，戦時残高の処理に関わる条項が削除された点であった．これによって，銀行は英国をはじめとする戦時債務の処理に直接関与しないことになった．．

第4の段階は，11月24日付草案の起草である．この草案は，国際通貨単位としてのユニタス規定が削除された点で銀行案のさらなる重要な画期となるのであった．この銀行案は，それまでの謄写印刷やタイプ印刷ではなく，はじめて，公刊を目的に，本格的に印刷された冊子として作成されていた点でも注目される．この11月24日付銀行案がこの後の英米協議の基本文書となり，英国側はこれをもとに銀行案に関する基本方針の策定を進めるのであった．

1. 銀行案の修正過程：国際投資-保証機関の案出過程

(1) IMFの文書記録部（当時）による整理

IMFは，1952年12月に作成されたとみられる文書で次の表6-1として国際復興開発銀行案に関する文献の整理を試みている（BMC Box 28）．

なお，この表で [ ] で括られた資料はIMFにブレトンウッズ会議関連文献として所蔵されているが，この文献リストにはリストアップされていない草案である．

(2) ホワイト文書での整理

プリンストン大学にあるホワイト文書Box 6の文書整理の試みも興味深い．そこで銀行案は，6次にわたり改訂がなされたかのように整理されている．それらは第1次草案（日時不明），第2次草案（1943年8月付），第3次草案（1943年9月13日付），第4次草案（1943年9月16日付），第5次草案（1943年9月24日付），第6次草案（1943年10月1日付）である．この整理は，便

第6章　国際投資-保証機関の起草と英米合意の形成過程　　　205

表6-1　国際復興開発銀行案に関する文献整理

日付なし	復興開発銀行の提案	ホワイト	6頁	謄写印刷
1942/12/3	復興開発銀行に関する提案の準備草案	通貨調査局	6頁	謄写印刷
[1943/1	復興開発銀行に関する提案の準備草案	通貨調査局	11頁	謄写印刷]
[1943/8/2	復興開発銀行準備草案の概要	不明	20頁	謄写印刷]
1943/9/8	復興開発銀行準備草案の概要	通貨調査局	11頁	謄写印刷
1943/9/13	復興開発銀行の提案	通貨調査局	11頁	謄写印刷
1943/9/16	同上	通貨調査局	11頁	謄写印刷
1943/9/24	同上	通貨調査局	11頁	謄写印刷
1943/9/27	連合国復興開発銀行の主要条項の要約	通貨調査局	3頁	謄写印刷
1943/10/1	連合国復興開発銀行準備草案の概要	財務省	10頁	謄写印刷
1943/10/4	連合国復興開発銀行の原則概要	財務省	3頁	謄写印刷
1943/11	連合国復興開発銀行についての財務長官の声明	財務省	4頁	謄写印刷
1943/11	財務長官　連合国復興開発銀行	財務省	7頁	謄写印刷
1943/11	復興開発銀行準備草案の概要	財務省	10頁	謄写印刷
1943/11/24	復興開発銀行準備草案の概要	財務省	13頁	冊子
1944/2/24	復興開発銀行に関するQ&A	財務省	77頁	謄写印刷
1944/4	復興開発銀行の設立に関する声明の準備草案	財務省	5頁	謄写印刷
1944/4/17	同上		5頁	カーボンコピー
1944/4/18	同上		4頁	カーボンコピー
[1944/4/28	同上	財務省?	5頁	謄写印刷]
1944/4/2	復興開発銀行の設立に関する声明の準備草案	?	?	?

出所：BMC Box 27, 28.

宜的な試みであろうが，予断を与えかねない．第1に，われわれが基本文書と位置づける重要草案，たとえば1943年9月8日付草案，1943年11月24日付草案などがリストにはいっていない．それに，1942年春の段階での数次の初期ホワイト草案をどう位置づけるのか．第2に，第1次草案とされている文献は，日時が特定化されず，何時の文書か不明である．この文書を第1次草案としたのは，文書の管理者が，この文書の作成された時期を1942年11月と推察するからである．この根拠としては，1942年11月とされる文書に添えられた，「恐らくホワイトの国際銀行についての1次草案である——たぶん1942年11月であろう」との紙片を根拠にしているにすぎない．また，（紙幅が限られているので省くが）内容的にみて，この文書を1942年11月の文書と評価することは困難である．

(3) 銀行草案の起草過程の特徴

1942年12月3日付の文書で国際通貨単位として"Unat(s)"なる用語が登場した。この語は、すぐにユニタスに変えられるが、一時的にせよ、これとは異なる語が用いられた経緯はこれまで明らかにされていなかった点である（「1942年12月3日付財務省通貨調査局『連合国復興・開発銀行準備草案』」BMC Box 51)[1]。

起草過程を特徴づけると、1942年12月草案、1943年1月草案以降1943年8月23日付草案まで草案の案出活動が中断している。この8月2日草案の後に9月8日草案がある。9月はこの草案をきっかけにして13, 16, 24日と連続的に改訂が進められている。こうした9月の盛んな起草活動をへて10月、11月にも草案の改訂は続けられる。そうして11月24日にはそれまでの謄写印刷の草案とは異なり、広報用に冊子として銀行案が印刷され、配布される。

第1に、このような起草過程は、ホワイトを議長に設置された省庁横断的な銀行案にかかわる専門委員会の開催過程と関係していたとみてよいであろう。この銀行案を検討する専門委員会は、1943年8月18日の関係閣僚会議で設立が合意されていた組織で、1943年8月31日、9月9日、9月14日、9月22日と開催されている。1943年9月8日付の草案は8月31日の、16日付草案は同14日の、9月24日付草案は同22日の、会議の議論をうけて修正されたものと考えるのが自然である。

第2に、オリヴァーは、9月中に3つの草案が作成され、9月24日がその集成であり、それらは財務省通貨調査局のタイトルが付けられていた、と説明している（Oliver 1975: 148-9）。オリヴァーがこの点に注目するのは、このタイトルがつけられていたことを以って草案がホワイト個人の手から離れ、ホワイト私案としての性格が失われた証左としたいからである。だが、これは以下の理由から正確ではない。①9月中に作成された草案は3つではなく4つである。②重要性からすれば9月24日付草案ではなく、9月8日付および13日付草案

---

1) ところがオリヴァーは、12月3日付草案を検討した箇所で、この草案の国際通貨単位を「ユニタス」と記している。ホワイト文書をもとに同案を説明している本間も国際通貨単位を「ユニタス」としている。12月3日草案には異種があるのであろうか（Oliver 1975: 139; 本間 1991: 85）。

を指摘しなければならない．③9月の改訂過程の集成版は9月24日付草案ではなく，10月1日付草案と考えるべきである．④財務省通貨調査局のタイトルは，9月草案からではなく，すでに1942年12月3日付草案に付けられている．

第3に，銀行の修正過程からすると，1943年9月中旬から10月中旬にかけてワシントンで開催された英米専門家会議に向けた準備と専門委員会での議論をうけた修正が重要である．9月24日付草案は会議向けに用意された草案であり，10月1日草案は，会議終盤で修正された草案である．会議での英国側の批判的コメントを盛り込んだものが11月24日付銀行案である．なお，この草案は，いままでのタイプで打たれた草案とは異なり，印刷された冊子の体裁となっている．11月24日付銀行草案はこの段階での最終案とみるべきである．

2. 1943年8月2日付草案と発券規定問題

オリヴァーは，1943年8月2日付草案と11月24日付草案を銀行立案過程の重要な文書として評価している．これに対して，われわれは，むしろ1943年9月8，13日付草案と同10月1日付草案を重要な文書として位置づける．

オリヴァーによれば，8月2日付草案は，初期ホワイト案の発券機能が削除されるプロセスで重要な興味深い文書となる．そうであろうか．

8月2日付草案は，ホワイトから1943年8月23日にオピーに提示されたことが記録に残っている．この際，ホワイトは，草案を非公式のものと説明していた．後年，オピーからヒヤリングを行ったオリヴァーによると，オピーはこの文書を本国に送付しなかったという．ハロッドもこの文書についての言及を大蔵省の資料に見いだせなかったようだ（Oliver 1975: 374 note 44）．だが，モグリッジ編のケインズ全集第25巻では，英米専門家会議に向かう英国代表団は，船中でオピーから私的に伝えられた8月4日付の銀行案の検討を行っている．ここで8月4日とされている文書が8月2日付の銀行案のことであろうか．そうであれば，銀行案は非公式にはオピーから本国に伝達されたことになる（CW 1980a: 338）．

こうした事情もあるが，この草案はあくまでホワイト個人のレベルにとどめ

られていた構想であると考えられる．それゆえに，その性格と機能内容が，初期ホワイトの銀行構想に近いものとして打ち出されていたのは当然であろう．

この草案に関してオリヴァーは極めて興味深い2つの評価を提示している．

第1は，この段階でホワイトは事実上銀行の発券機能の削除を決断していたとの評価である．彼は，次のように論ずる．この草案には第3条第4項で，ユニタス表示の銀行券を発券するとの規定があった．それは，「ユニタスの発行と金との兌換の条件については以下の第8条第10項で説明する (set-forth)」と書かれていた．しかしながら同草案には，以下で説明するとの書き込みにもかかわらず，第8条10項は存在しないのである．これをもってオリヴァーは，次のように解釈する．①ホワイトは，この8月2日付草案の時点で，第8条第10項の条項化を断念した．②だが，草案の取りまとめに急いだため，ユニタスの発行規定の削除が間に合わなかった．③①②からホワイトは8月2日付草案の起草段階で，銀行券の発行規定を放棄する考えに転換したことは明らかである．

第2に，オリヴァーによれば，この草案では銀行貸付と返済規定で矛盾した記述がみられるという．一方では，①銀行の貸付はユニタスで表示され，ユニタス，あるいは金，あるいは銀行が受け入れ可能な通貨で返済される（筆者注：第4条第4項h），と規定していながら，他方で，②返済は金，あるいは借り入れられた通貨でなされる（筆者注：第4条第11項，第12項），と規定している．オリヴァーの指摘によると，この対立する条項案の①の文章の横に，鉛筆で削除 out の文字が書き込まれているという．オリヴァーはこの「事実」にもとづき，ホワイトは①の文章を削除する意向であったと解釈する．オリヴァーの主張どおり，ホワイトが①を削除する意図があれば，なるほど，ユニタスの用語を用いた条項が削除されるのであるから，この点からもホワイトは，8月2日の時点でユニタス規定を削除する意図があったことになる（"Outline of Draft Proposal for a United Nations Bank for Reconstruction and Development". White Papers Box 7; Oliver 1975: 141, 374 note 45）．

こうしてオリヴァーは，これら2つの「事実」から，ホワイトは，8月2日付草案の段階で，ユニタスの発行規定とユニタスで貸し付けるとの規定を削除する考えであったと解釈する．

第6章　国際投資-保証機関の起草と英米合意の形成過程

われわれは，こうしたオリヴァーの資料評価を支持しない．

　オリヴァーは，第1の論点で次のように主張する．①「以下の第8条第10項で説明する」とあるが，草案にはその条項がない．②それゆえ，ホワイトは同条項を削除する意図があった．だが，以下で論ずる事情もあって，われわれは，それが存在しなかったことを根拠に，ホワイトはユニタスの発行規定の削除を決めていたと考えるのは，いささか性急であると考える．

　第2の論点である．われわれによるホワイト文書所蔵の8月2日付草案の詳細な検討によってオリヴァーの主張は崩れた．"out"は，彼の主張どおりに記されてはいない．われわれの手にあるホワイト・ペーパーの8月2日付草案には，outの鉛筆での書き込みは，第3条第4項のユニタスの発行規定に関わる箇所にあり，オリヴァーが指摘する第4条第4項の箇所には見当たらない．これは，8月2日付草案でホワイトがユニタスの発行規定を削除したとするオリヴァーの所説に疑問を投げかけるわれわれにとって皮肉な結果ともいえるかもしれない．発行規定の方に"out"の書き込みがあったからである．やはりホワイトは，8月2日付草案でユニタスの発行規定を削除するつもりであったと．そうであろうか．

　オリヴァーは，こうした削除outの書き込みが8月2日付草案の作成直後になされたが，修正する間もなくこの草案をそのまま作成せざるを得なかったと解釈する．しかし，8月2日付草案が作成された後の検討過程で，ホワイトやこのコピーを手にした関係者がこの箇所に鉛筆で削除outと書き込み，そのコピーが残された可能性も排除できない．8月2日付草案に記された削除outが誰によって，何時，書き込まれたのか，明確ではないのである．そうである以上，削除outが記されてあることを理由にして，ホワイトが草案の作成前後に，文案に疑問を抱き，削除を意図したとは，にわかに言い切れないのである．

表6-2　8月2日付草案ユニタス関連条項での"out"の扱い

	オリヴァー	筆者
第3条第4項(発行規定)	ナシ	"out"アリ
第4条第4項(貸付規定)	"out"アリ	ナシ
第4条第11，12項(返済規定)	ナシ	ナシ

後にあらためて触れることになるがオリヴァー自身の研究が彼自身の主張に反する結果となっている．彼は，そこで8月31日の銀行に関する専門委員会で，連邦準備制度のゴールデンワイザーが，草案の発行規定を問題にして，これにホワイトが発行規定は削除したとこたえる経緯を論じている（Oliver 1975: 143）．発行規定を削除すべきであるというゴールデンワイザーの主張は，発行規定が記載されている草案を検討したうえでの行為であるとすれば，8月31日の会議で俎上に載せられた発行規定のある草案は，この日よりも前の，おそらく8月2日付の草案と考えられるのである．ゴールデンワイザーの手にした草案は，発行規定が残されていたと考えるのが自然ではなかろうか[2]．

3. 米国専門委員会の開催と銀行案の修正

ここで何よりも重要であったのは，初期ホワイトの銀行案を国際中央銀行としてではなく，国際投資機関として位置づけ直す作業が進められた点である．この結果が9月8日付，同13日付草案であり，ホワイト案にあった銀行機能のうち，国際中央銀行券の発行規定，預金業務，手形割引業務などが削除されたのであった．そうして銀行草案は，ノン・バンク，すなわち，貸付・保証を主な業務とする非銀行金融機関としての性格が明確となったのである．

(1) 1943年9月13日付草案：非銀行国際投資機関への限定

国務省の外交文書に，1943年8月18日のモーゲンソー財務長官の執務室で行われた関係主要閣僚会議の議事録が残されている．それによると，財務長官は，席上，国際安定基金草案の策定が一段落したのをうけて，基金と密接に関

---

[2] 本間は，ホワイト文書にあるこの8月2日付草案を取りあげ，詳しく解説している．そうしてオリヴァー同様，そこからユニタスの発行規定が削除されたと主張している．「ホワイトがとった戦術は，『ユニタス』銀行券の発行規定を削減し」とか「『ユニタス』を追加資金の獲得のために発行するという規定の削減」（本間 1991: 98）といった具合である．本当であろうか．すでに見たように，われわれが手にした8月2日付草案には，発行規定が残されている．ただ，その横に"out"と書き込みがあり，これをどう解釈するかの問題は残る．だが，草案からは未だユニタスの発行規定は「削減」されてはいないのである．

係している長期投資の問題についても検討を開始したいと表明した．銀行構想のことである．だが，会議では，銀行案の交渉を進める必要はあるものの，国際安定基金構想が実現に向けた軌道にのるまでは，銀行の問題を扱わない方が得策であるとの判断で一致した．そこで，とりあえずはホワイトを議長とする専門委員会を設けることで合意した．ホワイトの委員会は，9月中旬にはこの問題での結論をえることをメドに，問題の検討を進めることにした（USDS 1943: 1082-3）．

8月31日の専門委員会では，まず，ホワイト原案の銀行券にかかわる条項が論点となった．この際に，連邦準備制度理事会のゴールデンワイザーは銀行券の発行規定を問題にして，それに難色を示した．ホワイトはこの削除で応じた．9月8日付草案で発行規定が削除されているのはこれをうけての措置であろう．

また，南部の綿花業者で，復興金融公庫（RFC）の要職にあるクレイトンが，国際商品公社に対する銀行の関与を問題とした．これに対して，ホワイトはこの条項は必ずしも銀行にとって不可欠な規定ではないとこたえた．ホワイトは議会の理解を得られない規定は削除する姿勢を示した．

9月9日の会議では，クレイトンが，草案では銀行が貿易金融を手がけようとしていることを批判して，銀行の業務を復興と開発に限定すべきであると主張した．ゴールデンワイザーがこれに同調した．また，議論のなかで，銀行の加盟国に対する貸付に関して，貸付手取金が費消されることになる加盟国に対して，その貸付を拒否する権限を与えるべきであるとの規定を盛り込むことで合意した．国務省のコラドが，これが明確に規定されなければ，銀行に対する連邦議会の支持を得ることは困難であると主張したのであった．

財務省法律顧問ラクスフォードは，封鎖残高を銀行からの借り入れの担保にできるようにすべきであると提案した．これに対してホワイトは，残高の処理はこれを保有する各国の問題であり，銀行はこれに関与すべきではない，と反対した．彼はさらに，①銀行の機能は保証機能に重点を置き，直接貸付の機能に余り重点を置くべきではないこと，③銀行貸付の返済保証は各国政府と同様に中央銀行にも与えられるべきであること，③外国為替市場での直物，先物為替相場での操作を認めるべきであること，④債務不履行に陥っている国への銀

行の融資を禁止すべきではないこと，⑤ユニタスの金価値は変更されないこと，などを主張した．

このうち①の提案は，銀行の業務に関わる重要な問題提起であった．①の方向性は，ケインズの立場とも一致した．それには以下の事情があったと考えられる．第1に，銀行による加盟国への貸付が民間金融機関の業務をおかすことになるとの金融界の強い批判を意識したものであった．第2に，銀行への資金の拠出が困難でこれを渋る国々の支持を得るうえで，少ない当初資金で出発することが望ましく，このためには銀行の貸付参加や銀行独自の貸付を，できるかぎり抑える必要があったからである．戦後の過渡期に債権国として資金の貸し手になることができる国は米国以外にあり得ず，外貨不足に陥っている戦災国が拠出した資金に対する需要は現実には生じないとの見込みもあった．銀行の機能を保証機能におくべきであるという考えは，やがて大勢を占め，1943年10月1日付草案で打ち出されることになる（Oliver 1975: 142-4）．

1943年8月2日付草案をベースにした米国専門委員会の検討を踏まえてとりまとめられたのが1943年9月8日付，13日付草案であった．これらの草案は，構想された国際機関の性格と機能の点で，国際復興開発銀行構想の起草過程での大きな画期となり，これらの後連続して進められる改訂作業の基礎となった草案である．その重要性は，この草案から，世界中央銀行の機能として重要な預金業務，手形割引・再割引業務，それに発券業務が，除外された点である．これを契機に，銀行は，世界中央銀行ではなく，非銀行投資機関としての性格を明確に打ち出すことになるからである．

(2) 財務省案とヤング案との統合過程

専門委員会での動きとして重要なのは，国務省による国際投資機関（International Investment Agency）に関する構想（ヤング案）の提案であった．国際投資機関に関するヤング案は，1943年9月4日，国務省の国務次官補バールによって専門家会議に提案された．それは，国務省経済調査局のヤングを中心にして立案されたものだ．同案は，その目的で，復旧（rehabilitation）と復興（reconstruction），開発のための短期・長期の貸付をうたっていた．この他，貿易と生産の促進，民間貸付の保証，戦時残高の清算あるいは借り換え，門戸

第6章　国際投資-保証機関の起草と英米合意の形成過程

開放原則の促進, 1次産品への平等なアクセス, 全般的な経済・金融情勢と国際投資の統合, 為替の安定化, 景気変動の回避, 完全雇用の促進をあげていた.

ヤング案を説明する文書では100億ドルの数字が記されていたが, 各条項を要約した文書では数字の欄は空白となっており, 確定された数字は示されていなかった. だが, 拠出額の25%は金, あるいは自由通貨と明記されていた.

ヤング案では, 国際投資機関の権限については貸付と保証業務に中心がおかれていた. これに加えて金, 通貨, 証券, 不動産, その他の資産の売買, 資金獲得のための有利子債券の発行, 復旧ファンドの設立も指摘されていた(「9月4日付『国際投資機関の提案』」White Papers Box 7; Oliver 1975: 103-4, 144-8; Yong 1950).

ヤング案は9月14日の専門委員会で検討された. ヤング案は, 復旧を目的に掲げ復旧基金の設立を強調していた点を除き, 財務省案とでは大きな違いは見られなかった. 起草に当たった国務省のヤングも財務省案との基本的な相違はなかった, と回顧している. 資金は金と加盟国通貨によって構成され, 民間資本と協力し, 競合しないように復興と開発を金融する. 投資機関は資金を借り入れ, 投資ができ, また, 民間貸付を保証する役割をおっていた. この国際機関は, 健全な金融上の原則にもとづき金融の目的が注意深く審査され, 各国政府が貸付の返済保証を行うようになっていた. 同機関は, また, 貸付資金調達のため民間資本市場で債券を発行することができた.

ヤング案との関連で議論となった問題の1つがタイドローンを禁止すべきか容認すべきかであった. (ワシントン輸出入銀行はタイドローンの方針で貸付を実行してきた.) 財務省内では, 計画中の国際金融機関の融資政策との関連で, タイドローン政策の是非について政策評価した際, あらためて輸銀方式を望ましくないとする認識で一致した. 初期ホワイト案から1943年9月, 11月草案, それに最終協定でもこの立場は維持されるのであった (Oliver 1975: 109, 113).

また, 新たに設立される国際投資機関の役割に関連してホワイトは, 銀行の資産を加盟国の通貨システムの健全化のために用いることができると主張した. しかし, 反対意見もあってこの問題で, 決着はつかなかった.

新たな国際投資機関の役割に関わり国務省のコーエンと財務省のバーンスタ

インは自国通貨の払込資金の一部を毎年金で買い戻す義務に反対した．バーンスタインは加盟国の金保有が増大した時に限ってはどうかと提案した．

多岐にわたる問題が討議されたが，結局，会議では以下の点での合意にとどまった．デフォルトに陥っている国に対する貸付禁止の条項を削除する，自由為替によって必要な通貨を購入する権限を銀行に付与する，準備が増大している時期に払込資金を金で買い戻すことができる，封鎖残高を担保に銀行から借り入れができる，金の拠出比率を引き下げる (Oliver 1975: 146-7).

米国の省間専門委員会は，9月22日にも開催されている．英国代表団に対して銀行案を提示するためであった．この日の主要な論点は，金拠出は必要か，であった．ホワイトの初期構想では，国際銀行券の発行にあたり，これを金で保証するために銀行は一定量の金を準備として保有しなければならず，加盟国による金の拠出は必要であった．だが，米国以外に余裕をもって金を保有している国は限られている．ここで銀行が発券業務を行わず，各加盟国通貨を貸し付けるのであれば，金拠出の必要性はなくなる．しかしながら，ホワイトは，金拠出にこだわった．この問題と関連して，加盟国が利用しそうにない通貨を，加盟国が拠出する必要性はどこのあるのか，払い込んでも使用されない通貨国に対して，銀行の利益を配分する必要性はあるのか，等の問題も論議された．また，銀行は，封鎖残高を担保に貸付を行いうるかが，あらためて議論となった (Oliver 1975: 147).

こうしたやりとりを経て専門委員会では，財務省案と国務省のヤング案との統合が図られ，両省間で設立される国際金融機関の基本性格について，合意形成がはかられ，あわせて国際金融機関の具体的，実際的な機能についても検討が深められたのであった．この結果取りまとめられたのが9月24日付銀行案であった．この最新の銀行案は，財務省のホワイト，国務省のバール，パスヴォルスキー，クレイトン，ゴールデンワイザーら専門家が出席した会議で承認された．これによって英国との協議にのぞむ体制が整ったのであった．

4. 英米専門家会議と「銀行」設立の合意形成

(1) 10月1日付銀行草案の特徴：「保証基金」構想の登場

　ケインズ一行は，大西洋の船中でオピーが送付してきた1943年8月2日付の銀行案「連合国および準連合国の復興と開発のための銀行の創設提案」を検討する機会を持った．モグリッジの解説によると，英国側はこれを望ましい計画と評価したが，同時に，いくつかの問題点も認識していた．そこで英国側は，9月の英米専門家会議での本格的な協議が行われない前の段階での銀行案の公表に反対した（CW 1980a: 338; Moggridge 1992: 729）．

　米国はこの間，専門委員会を中心にして引き続き銀行案の改訂作業を行っていた．検討は8月31日，9月9日，9月14日と続けられた．これら一連の会議では，国務省から提出された「ヤング案」もあわせて検討された．専門委員会は9月22日にも開催され，英国代表団に提示する草案の検討が進められた．そうして，この会議後には9月24日付銀行草案が取りまとめられた．これが英米専門家会議の開催中に英国側に提案されたのである（Oliver 1975: 144-8）．

　国際安定基金に関する1943年秋の英米専門家会議は，友好的に進められ，国際安定基金の設立に向けた英米共同声明の文案作成にまでこぎ着けようとしていた．しかし，こうした楽観的な雰囲気が一変する事態が生じる．すでに言及した点だが，それはケインズが欠席した9月30日の会議でのことである．ホワイトが，財務省の銀行案を英国代表団に手渡し，基金案について合意が得られ次第，銀行案についての協議に入りたいと述べた．続けて彼は，200部ほどのコピーが配布されたこと，情報がリークする恐れがあること，すみやかに国際投資銀行案を下院に提出し公表する方針であるなどと説明した．この事態を知ったケインズは猛反発した．彼は，翌日ホワイトと直接会い，ホワイトを強く非難した．そうして，銀行案の公表は，英米間の協議が終了するまで見送るべきであるとホワイトの翻意を促した．ケインズの強硬な抗議を受けたホワイトは，銀行案の公表を見送らざるを得なかった．

　しかし，ロンドンの『フィナンシャル・ニューズ』が銀行案の概要を入手し，

掲載するという予期せぬ事態が生じた．この経緯についてオリヴァーは，モーゲンソーが10月5日，米国議会の秘密会に提出した銀行案が漏洩したのではないかと注記している．これを契機に米国のマスコミは完全な情報公開を要求した．モーゲンソーは結局，1943年10月8日に，銀行案の概要を公開せざるをえなかった．もっとも，完全な銀行草案の全文が公表されたのは，11月24日のことであった (CW 1980a: 360-4; Oliver 1975: 150-1, 376 note 61)．

英米専門家会議で配布された銀行案はいくつかある修正案のうちどれであったのか．IMFやホワイト・ペーパーに収録されている9月の銀行草案は，確認できたもので9月8日，13日，16日，それに24日の4種類である．9月30日に米国側が200部ほどのコピーを配布済みであるとして公表の意向を示した際に準備した銀行案は，24日の銀行草案かこれを要約したものであった．一方で，10月11日に開催された英米協議の場で示された草案は，10月1日の草案の可能性が強かった．

銀行草案の改訂過程で第2の画期をなすのがこの10月1日付草案である．ここで保証基金 a surety fund なる用語が登場するのである．この語は，国際復興開発銀行の規約が正式に採用されるまで用いられ，創設が企図された国際投資-保証機関の基本性格を特徴づけていた．

(2) 10月11日の英米会談：非銀行投資機関の設立で合意

国際銀行案の公表をめぐる英米の対立は，双方に痼りとなって残り，銀行の扱いに微妙な影を落としていた．これが一気に打開されたのは10月11日の英米専門家会談であった．これは，「ホワイトの銀行案についての短時間の討議」でありながら，この英米会談は，ブレトンウッズ会議につながる国際復興開発銀行についての最初の公式の英米会談となったのであった (CW 1980a: 374)．

この10月11日に開催された英米専門家会議は，設立されるべき国際金融機関の基本性格とその役割について英米間で明確な合意が得られた点で重要であった．すなわち国際的な復興開発「銀行」を，本来の銀行機能を備えた金融機関としてではなく，投資-保証を主業務とした非銀行国際投資機関として設立することで合意が得られたのである．

英国は，この時期，国際投資の問題よりも基金案に主たる関心を奪われてい

た．このため，銀行案にかまけているゆとりはなかった．また，英国側は復興に必要な金融は，国際機関よりも米国が担うべきであると考えていた．それも，2国間取決めで実行するほうが手っ取り早いとも考えていた．さらに，戦争で疲弊した英国や欧州諸国にとって，国際銀行が目的とする経済開発は，差し迫った関心ではなかった．まずは復興が優先されるべきであった．それゆえに英国は，この時期，自国の復興に必要な資金の確保を最優先課題として，大規模な拠出を求められる開発を目的とした国際金融機関の設立を望んではいなかったのである．

ケインズ自身は銀行構想を次のように考えていた．第1に，国際銀行への資金拠出の目的は，銀行の貸付保証に対する準備，すなわち保証基金の設立にある．国際銀行の主業務を民間資本の貸付に対する保証におくとすれば，総資本は100億ドルに及ぶような巨額の資本は必要ではない，50億ドルを超えない規模で十分である．また，国際収支が十分に良好でない国は，金で払い込まなくても良いのではないか．こうしたケインズの考えの背景には，長期投資は米国が担うことになるであろうし，米国以外の加盟国が需要の少ない各国の通貨を資金として国際銀行に拠出しても意味がないとの判断があった[3]．

ケインズはそうして，英国が抱いている懸念や不安，戦後の国際投資問題は，設立される国際投資機関の基本的役割を，保証業務におけば打開できる，と考えたのであった．

保証業務を重点に復興開発銀行構想を位置づけ直す動きは，ラクスフォードの提案もあって，米国の財務省通貨調査局でも独自に進められ，それは1943年10月1日付銀行草案として結実していた．この点でケインズの主張は，財務省が考える政策課題の処理の方向性と全く一致したのであった．ケインズを取り込むために米国側が譲歩して，銀行の性格を保証業務に転換した，との評価があるが，これは正確ではない．すでに米国で，英国側の動きに歩調を合わせて，この線での転換が図られていたと解釈するべきであるのだ[4]．

---

3) ケインズが当初銀行草案をどう受け止めたかはミードの日記が興味深い．彼はそこで，ケインズがホワイトの提案を，ベドラムの精神病院のようなものであり，全くもって難解なシュメール語のようなものである，とみていたと記している（Howson and Moggridge 1990: 97）．

4) この英米専門家会議で銀行の設立で基本的合意が得られた事情について本間は次のよ

英米専門家会議ではもちろんこの他にもいくつか論点があった．たとえばケインズは，加盟国から自立した国際銀行として，独自のプロジェクトを立案，実行する国際機関として構想すべきであるとの考えを表明した．しかし，米国は，こうしたアイデアに否定的で，最初から「特定プロジェクト主義」であった．計画を立案し，銀行から借り入れを実行するのは各加盟国の仕事であるとの立場であった（CW 1980a: 339; Harrod 1967: 566-70; Oliver 1975: 150-1）．

米国側に記録された国際銀行案についての10月11日の英米会談の模様は，国務省外交文書にその概要が残されている．会談ではまずケインズが，資本の拠出額の算出方式，金での拠出額の規模について疑問を呈した．このあとケインズは，銀行は，国際収支の均衡にどのように寄与するのか，また，銀行は，債権国と債務国の不均衡の是正に対して，充分な考慮を払っていないのではないか，と問うた．これに対して，ホワイトは，銀行が国際収支を均衡化させるのに充分な仕組みを備えていないことを認めつつも，その活動が民間資本を刺激し，国際収支の均衡化に役立つであろうと応えた．また，ホワイトは，銀行ではなく，安定基金が国際収支の均衡化を促進する機構であるとした．しかしながら，ケインズはかかるホワイトの指摘に同意したようには見受けられなかった．

これに加えてケインズは，さらに貸付手取金は借入国の選択によって，何処

うに論じる．「世銀設立計画を前進させるうえで，ホワイトとケインズとの間には国際投資問題の解決をめぐって際立った方法論上の対立があったことが，明らかとなった」（本間 1991: 112-3）．本間はここで明確に「ケインズとホワイトとの間に国際投資問題の解決をめぐって際だった方法論上の対立があった」と説明している．「際だった方法論上の対立」とは，われわれの耳目を引く．そこで何か深刻な経済政策や経済理論上の対立があったというのであろうか．そうではないのである．なんのことはない．「この点で注意すべきは，両者の世銀計画の進展軌道をめぐる対立は実は手続上の対立にすぎなかった」からだ（本間 1991: 113．下線は筆者．以下同）．「際だった方法論上の対立」というが，「実は手続き上の対立にすぎなかった」というのである．

そうして，「世銀計画の進展軌道をめぐる手続上の対立は，意外な力によって前進することになった」のだという．それは，「ワシントン会議の枠組みの外から，したがってまた，英米の通貨論理とは異なる偶然の力の作用によって揚棄された」からである．「偶然の力の作用によって」対立は「揚棄された」．何のことか．何のことはない．たんに「『ファイナンシャル・ニューズ』に世銀のオリジナル・プランの輪郭が漏洩し，IBRDのしぼんだ芽が蘇るきっかけが与えられた」だけのことである．

ででも自由に支出できるのか，また，市場から借り入れられた資金は，貸し付けられるとき，その利用に際して制限があるのかと問うた．これは，紐付き融資の是非や資金の実際の貸付国の拒否権に関わる問題であった．この国務省文書には，ケインズが銀行の基本的役割を貸付の保証におき，銀行の未払込資金を保証基金として位置づけるべきであると提案したかどうかについては，明確に記録されていない．

これに対してホワイトは，加盟国の拠出資金を原資とする銀行の貸付は，政治的理由からその支出場所は制限されるべきであると答えた．ホワイトは，しかしながら，銀行が金融市場から借り入れた資金については，より自由とすべきであるかもしれない，との考えを付け加えた．

この問題と関連してホワイトは，クレイトンに，連邦議会に外国で自由に使われる資金を要求するのは可能であるのかと質問した．紐付きではない援助を認めるかどうかについてである．これに対して，クレイトンは，議会はそうした使用に難色を示すであろうと答えた．クレイトン自身も貸付手取金の自由な使用を認めることに同意しなかった．彼は，米国の財・サービスの輸出と結びつけた資金の利用が国益につながり，連邦議会の支持も得やすいと考えたからであった．

銀行貸付業務に関してケインズは，その貸付を貿易収支の改善に直接的にも，間接的にも，結びつけようとする考えにも反対した．たとえば中国への貸付は，中国の生活水準を向上させるであろうが，必ずしも貿易収支を均衡化させる財の生産と必ずしも結びつかないことが起こりうる，融資の元利の返済資金として貿易収支の黒字を期待すべきではない，というのである．

紐付き援助の問題について，この会議では英国側は紐付きに反対した．一方で，米国側では，国務省が紐付きとすべきであると主張したが，財務省は反対の立場を堅持して問題への見解が分かれた．

この後，ホワイトが，戦後の対外投資の分野での英国の役割について質問した．ケインズは，これに対して，英国の最初の課題は債務の返済である，と答えた．ケインズは，これらに加えて，新たに次のような問題点も指摘した．①貸付資金利用の規定が厳格すぎる．②銀行は債券投資のみを認めているが，株式投資についても認めるべきである．③返済の確実な案件しか認めないという

貸付の条件を緩和すべきである．

　ホワイトは，貸付の審査に当たっては，銀行の，常設の関係委員会が，貸付は借入国の生産性の向上に資するのか，また，借入国の国際収支の改善に役立つのか検討することになると述べた．これに対してケインズは，非常設関係委員会の方がより有益な結論をえることができると批判した．①については，クレイトンも，ケインズの批判に同調するかのように，銀行の貸付計画に，多くの条件がつけられている点を問題視し，厳格すぎるとの意見を表明した．

　興味深いことであったが銀行の役割と機能について，米国の専門家集団内でも必ずしも意見の一致を見ていたわけではなかった（USDS 1943: 1092-6）．

5. 11月24日付財務省案の公表と主要な修正点

(1) 銀行案の公表

　11月24日，A Preliminary Draft Outline of Bank がモーゲンソーの声明とともに公表された．11月24日付草案はブレトンウッズ会議以前の完全な草案であり，その後の英米協議の基礎文書となった点で重要であった．

　この草案の特徴は，ケインズの主張を取り入れて銀行の基本的性格を貸付ではなく，投資保証に置いたことであった．この後しばらく，財務省はこの線で，英国との基本合意を目ざす姿勢を強めた．

　11月草案は，民間企業との競合への批判をあらかじめ予想してか，前文で次のように述べていた．銀行は適正な条件で民間投資によって確保される貸付や投資を行わない．銀行の主たる機能は，民間投資機関によってなされる貸付と保証への参加であり，銀行資産からの直接的貸付である．銀行のファシリティは，各国政府によって保証され承認された政府プロジェクト，事業プロジェクトに限られる．かかる原則のもとで銀行は，国際投資のための民間資本の供給を促進するための強力な要素となる．

　注目すべき重要な点がある．それは，11月草案から初期ホワイト・プランに特徴的であった多様な機能がほぼ削除されていたことである．短期の貿易金融，通貨・信用機構の強化，反循環的景気政策，必須原材料価格の安定化，稀少重要資源の開発の促進とそれへの平等なアクセス，などであった．また，9

月草案に盛り込まれた封鎖対外残高についての規定も削除されていた.

一方で,この11月草案は,米国の専門委員会とケインズの考えを真正面から受けとめ,銀行を投資-保証基金として性格づけ,打ち出したものとして特徴的であった.そうして,国際通貨を創造する銀行機能をもった世界銀行構想が最終的に放棄され,「銀行」業務の中心に貸付保証を据えようというものであった.それでは銀行を完全に保証基金として位置づけるのかというと,そうではなかった.草案では,銀行資金からの銀行による直接貸付も業務としていたのである.

この11月草案はまもなく財務省から英国側に正式に手渡された(Oliver 1975: 155-9).

(2) 銀行案の修正過程

初期ホワイト案からの草案の複雑で煩瑣な修正過程を跡づけるのは容易ではない.オリヴァーは,1943年11月24日までの間に放棄されたアイデアをその主たる理由とともに列挙している.主要なものをあげてみよう.なお,彼はこのリストを作成するにあたって財務省の法律顧問であったラクスフォードとのインタビューを踏まえていると記している.

①救済(連合国救済復興機関(UNRRA)の役割となった)
②貿易金融(国務省の反対.余りにも野心的すぎる.民間金融機関との競合の危険.短期の国際収支対策は基金の役割)
③金の貸付による通貨・信用制度の強化(銀行界と国務省の反対,議会も反対)
④金融危機の際の短期金融,不況対策のための長期金融(専門委員会は短期金融を基金の役割とした.不況対策のための金融は実施時期が難しい)
⑤1次産品の価格安定化,機会均等の実現(国務省の通商政策理念と対立.余りにも野心的)
⑥金に保証された国際銀行券の発行(実行不可能.議会に売り込めない.各方面から反対された)
⑦50%の当初拠出比率(各国の反対.銀行が直接貸付より貸付保証を重点

とするようになり不要となった）
⑧民間債務不履行国に対する貸付禁止（国務省の反対）
⑨債務国に対する金融制裁（銀行の主要業務ではないとの意見）
⑩民間市場で貸付が行えないことが明確となった際の銀行貸付の拡大の条項化（実際に手続きを条項化できるか疑問）
⑪1カ国の最大票決権数を全体の25％に制限する（米国の票決権比率は全体の1/3になる）
⑫各加盟国の1株を100万ドルとする（小国のために10万ドルとする）
⑬加盟国の票数を50票プラス拠出比率に応じた票数（1,000票プラス拠出額に応じた票数）
⑭封鎖された外国為替残高を保有している加盟国のこれを担保とする銀行からの資金の借り入れ（英国が反対）(Oliver 1975: 157-9)

　オリヴァーのかかる指摘は参考になるが，いくつかの点で不満である．まず，第1に，国際通貨単位の呼称の変化を指摘していない点である．
　この問題では次のようなことが明らかになっている．一般に，ケインズのバンコールに対抗的にホワイトが国際通貨単位を一時 Unitas ユニタスと呼称したとされている．だが，ホワイトは初めにこれを Unat(s) ユナット（ツ）と呼称したことは知られていない．この事実が知られていないのは，国際復興開発銀行の設立過程の研究で知られるオリヴァー（Oliver 1975）や事実上の50年史を著したメイソンら（Mason and Asher 1972）が，何ら言及していないことからすれば，やむを得ないことであるかもしれない．オリヴァーは，8月2日付草案の最も重要な変更は，新国際通貨単位をユニタスと呼称したことにあると論じている．そうであれば，ユニタスの登場は1943年8月になってしまう（Oliver 1975: 141）．これは事実ではない．IMF所蔵の銀行草案を詳しくみると，次のことが分かる．①1942年12月の草案では，新国際通貨単位はユナットと命名された．②この名称は，1943年1月草案でユニタスと変更されている（BWC Box 27, Box 51）．ここで，国際通貨単位の呼称について，国際安定基金草案の修正過程とあわせて考えるとどうであろうか．国際通貨単位は，1942年12月11日付基金草案でユニタスとなっている．12月の銀行草案では

第6章　国際投資-保証機関の起草と英米合意の形成過程　　223

ユナットが用いられている．これらから，それが何時からかは不明であるが，ユナットなる呼称は，12月に短期間用いられていたが，同月中にすぐにユニタスへと変更されたことになる．

　第2に，それでは，ユニタスが削除されるのは何時の草案であろうか．オリヴァーは，この点を明確にしていないが，最終的には1944年4月の（後述する11日の専門委員会以降）ということになるであろうか．ただし，この判断にあたっては以下に留意する必要があろう．①1943年11月24日付草案ですでにユニタスの用語は削除されている．②しかしながら，そこでは国際通貨単位の条項は残され，③その条項（III-1）で，銀行が用いる国際通貨単位は，国際安定基金の国際通貨単位であるとしている．国際安定基金案からユニタスが正式に削除されるのは，1944年4月の共同声明であるとすると，銀行もそれまで国際通貨単位としてユニタスを前提としていたと解釈しなければならないであろう．

　第3に，さらに問題にしなければならないのは，初期ホワイト構想にあった世界中央銀行構想が放棄され，銀行の重要業務である預金，手形割引，そうし

表6-3 「銀行」草案の修正過程

	42/3-4	42/12	43/1	43/8/2	43/9/8	43/9/13	43/10/1	43/11/24	44/4/28
世界的不況対策	アリ	………………………………	削除						
通貨・信用構造の強化	アリ	………………………………	削除						
保証基金	ナシ	………………………………………………	アリ	………	削除				
資本規模	100	………………………………	120	…	100				
国際通貨単位	アリ	………………………………………………………	削除						
通貨単位の呼称	………	Unats	… Unitas	………………………………	削除				
発券規定	アリ	………………	削除						
手形割引	アリ	………………………	削除						
預金業務	アリ	………………………	削除						
証券取引	アリ	………………………	削除						
短期貸付	アリ	………………………	削除						
国際商品公社への貸付	アリ	………………………………………………	削除						
戦時残高	ナシ	………………………………	アリ	…	削除				

注：1）国際通貨単位の呼称「ユニタス」は1943年11月24日付草案で削除されるが，国際通貨単位そのものは1944年4月28日付草案で削除される．
　　2）国際商品公社への貸付は，1943年9月8日付草案で「国際機関」への貸付と修正される．
　　3）戦時残高については1943年9月24日付草案に削除を意味すると思われる斜線あり．

て発券機能が銀行草案の規定から削除され，世界中央銀行は非銀行金融機関，国際投資-保証機関，へと転換が図られた時期についてのオリヴァー理解である．彼は，発券機能の面でこの転換の画期を事実上，8月2日としているが，この解釈に疑問が残る点についてはすでに言及した．

第4に，銀行の性格と機能面での修正で重要であるのは，1943年10月1日の銀行草案で保証基金 a surety fund の用語が導入され（銀行の未払込資本がこれに相当するものとされ），銀行の民間金融機関による貸付を保証する機能がこれまで以上に重視されるようになったことである．オリヴァーの研究にはこの点についての言及がない．

ともあれこうした修正過程をへて「銀行」は，用語の意味では，銀行ではなくなったというべきであろう．それゆえに，世界中央銀行案が放棄され，国際投資-保証機能に重きがおかれた国際金融機関となった「銀行」の名称について，最後まで正式名称の決定に手間取ることになった．結局，国際復興開発銀行の名称が採用されるが，銀行の名称を用いることにブレトンウッズ会議の代表団のなかに最後まで戸惑いが残っていたようだ．会議の最終日の第2分科会の最終報告でも，報告者のベルギー代表から「銀行」の名称を用いることへの率直な違和感が表明されるほどであった（USDS 1948: 1101）．

6. ケインズの方針転換

1943年晩秋から1944年初めにかけて，英国では国際通貨基金の設立に関わる英米共同声明の策定に向けた最終的な調整が進められていた．国際銀行案についても1944年2月頃には意見が集約された．その多くは，戦時内閣経済部を先頭に銀行案の問題点を指摘しつつも，提案を積極的に受けとめようとするものであった．しかし，イングランド銀行は，銀行案についても基金案と同様に否定的な立場であった．

ケインズは体調が思わしくないなか2月21日に，昨秋に彼自身が指摘したのとほぼ同じ論点から銀行の設立に異議を唱えた文書を準備していた．しかしながら，彼は，土壇場でこの文書を書き直した．彼は，文書の最終部分の否定的な記述を削除し，モグリッジによれば，6項目に及ぶ建設的な論点を提示し

第6章　国際投資-保証機関の起草と英米合意の形成過程　　225

たのである（Moggridge 1992: 734-5; CW 1980a: 418-9, 425）．

　それでは彼の最初の銀行案の文書がどのように修正されたのか．ケインズ自身の説明によると，次のようである．「この3月の草案は以下に印刷された通りであるが2月21日の最初の文章とは，以下の点で異なっている．すなわち2月の草案の次のような最終パラグラフが3月の草案では17-22のパラグラフに置き換えられている点で，異なっている」．ここでケインズが，「2月の草案の次のような最終パラグラフ」というのは，米国の『フォーリン・アフェアーズ』（1944年1月号）に掲載されたウィリアムズ教授（ニューヨーク連邦準備銀行副総裁）の論文を引用して銀行の設立に極めて懐疑的になっている次のような旧稿であった．

　「このように巨大な規模で重要な組織を，ごまかしたまま，前に進めることができるであろうか．かかる計画を以下の方法で魔法を用いたかのようにして変容させることができるのか．(a)いかなる市場においても貸付の主たる目的から直接・間接生ずる借手の選択にもとづく自由為替の支出を可能とすること．(b)古い準備，あるいは経常貿易から得られるそうした自由為替を供給する責任．ニューヨーク連邦準備銀行のウィリアムズ教授は，最近の計画について次のように論じている．『私は形式的な，もしくは名目的な意味からならばともかく，一国が大債権国，多数国が債務国というこの世界に，極めて限定された目的をもつ国際銀行が，果たして存在しうるのか理解することができない』」（CW 1980a: 418-9）[5]．

　ケインズは，草案の1から16までをそのまま利用し，あらたに17から22を追加したことになる．それでは，1-16は，どのような内容であるのか．ケ

───────
5）　なお，邦訳ではケインズが文書を修正したとされる箇所が次のように訳されている．「以下のように印刷された3月草案は，一つの，最終のパラグラフを最初の草案の第17-22パラグラフが置き換えている点で最初の草案と異なっている」（CW 1980a; 邦訳475頁）．明らかな誤訳である．なぜなら，「最終のパラグラフを最初の草案の第17-22パラグラフが置き換えている」のであれば改変された草案は，「最初の草案と異なっている」はずがないからである．これでは，ケインズの銀行に対する評価の変化，すなわち銀行の設立に否定的な立場から条件つき支持への政策転換が，正しく伝わらない．

インズの文章は，晦渋で理解するのは容易ではないが，論旨を要約すると以下のようである．米国案は，国際収支の黒字国も赤字国も区別なく貸付を行うものとされている．そうしているのは，合衆国に特別の責任を負わせないように見せかけようとする政治的な理由からだ．銀行は，ほかの方法がとり得ない場合に，資本財の輸出に融資することになる．だが，非資本財輸出に用いられる恐れがあり，また，国際収支の不均衡是正のためには役に立たない．紐付きではないとしているが，紐付きになる可能性がある．貸付手取金を資本財の調達に充てるとしても，労賃の支払いに充てられることになれば消費材の輸入に費消される場合があり得る．貸付は，金または受容性のある外貨でなされる．貸付の返済は，新たな貸付から返済することはできない．本案の基本原理は，国際収支の不均衡是正に無力であり，開発を促進するという限られた有用性があるのみである．新投資は，資本財の支払いにのみ充当される，輸出国は常に自国の輸出を金融しなければならない，という制約を克服しなければならない．銀行に拠出された資金からの貸付，および市場で調達した資金の貸付，の業務によって柔軟な貸付が可能になる．ここには消極的不支持に近い立場から書かれた原文のニュアンスが残されている．

　この後に付け加えられた17-22はどのような内容か．まず，17の冒頭でケインズは，英国は，財務省が非協力的であり，また妨害的であるという批判を差し控えたいと，問題に関わる基本姿勢を打ち出した．そうして，債権国から債務国への貸付は不可欠である，これを欠いては広範な経済的混乱や不必要な人類の苦しみを回避することはできないし，国際通貨計画を軌道にのせることはできない，さらには，貿易障壁の削減，深刻な国際収支不均衡に対処できない，との認識にあることを強調した．そうして，この後，次のような考えを打ち出した．貸付は，自由為替により，紐付きであってはならない，資金の拠出は加盟国通貨当局が国際収支の能力の範囲内にあるとしてそれを認めた場合に限る．また，国際金融機関がその役割を果たすうえでは，①専門家による案件の審査，②拠出された資金による貸付保証，が重要である．貸付の返済は，元本と利子を合体した年賦の形をとるべきである．その手数料は一定とすべきである．銀行は開発と復興に関わるべきである．こうして，ケインズは，英国の基本方針は，原則を提示し，これへの米国の同意を求めることであって，米国

案の修正や細部に立ち入って手を加えたり，代替案を提示することではない，と強調した（CW 1980a: 419-27）．この文章からは，消極的不支持から消極的支持へと転じたケインズの姿勢が読みとれるであろう．

　修正された文書は，3月7日，自治領諸国会議で，参加国の実質的な承認を得ることを目的に配布された．自治領諸国会議でどのような議論がたたかわされたのかは資料的に確認できないが，自治領の代表はケインズの提案を承認した（Moggridge 1992: 735）．

　後述するように，ケインズの銀行に対する立場は，6月の戦時内閣での政策調整過程をへて，ニューヨークに向けたクイーン・メリー号の船中での船中草案（＝ボート・ドラフト）の策定過程をへて，積極支持へと一層その姿勢を転換させてゆくのである．

7. 国際銀行設立に向けた英米での合意形成の進展

　米国財務省はこの時期，銀行の主たる目的を銀行による民間貸付資金の保証に置き，設立にむけ力を傾注し始めた．1944年2月，財務省は銀行案についてのQ&Aをまとめ，11月草案の全体的な特徴を説明している．そこで財務省がとくに強調していたのは，銀行の保証機能であった．銀行の主目的は，銀行の運転資本を貸し付けることよりも，民間資本の保証機能にある．それゆえに，加盟国が当初の拠出比率を20％以上払い込むことは不要であると述べていた．その未払資本分は「保証基金」として銀行が留保し，いざという時の保証に充てられる．こうした保証によって，銀行は100億ドルの応募資本の2～3倍の貸付を保証できるであろう．銀行は当然，払い込まれた資本から直接貸付を行うことができる．銀行による貸付は，小規模プロジェクトや小国に対して，こうした方法で最も有効に，効果的に実施できよう．

　これ以外にQ&Aで注目されたのは，銀行は貸付にあたって，貸付国の景気動向や国際収支動向に充分に配慮するとしていた点である．これは，銀行の金融活動によって，インフレや経済的不均衡が生じかねないとする，銀行の活動の過大評価から生じた銀行業務への批判や，懸念を和らげようとしたものであった．このため，Q&Aでは，好況でインフレ傾向にある国の財に対する追加

的需要が生じないように配慮する，また，民間銀行システムの準備と通貨供給が増大し，インフレや経済的不均衡を生じさせないようにする，このため当該国通貨での銀行貸付や民間市場での起債を認めないこともある，などとして銀行の必要性の説得に努めたのであった（US Treasury, "Questions and Answers on the Bank for Reconstruction and Development," February 24, 1944. BMC Box 27; Oliver 1975: 162-3）．

　国際銀行の保証機能を前面に打ち出し，「保証基金」なる文言を盛り込んだ11月草案には，ニューヨーク国際金融界の銀行案への批判をかわす狙いとともに，英国の支持を確かなものにしようとする思惑もあった，とみることができる．

　4月11日，米国の専門委員会は，来るべき国際会議にむけて銀行草案の検討を行い，1943年11月草案を改訂した最新の銀行草案を起草した．銀行草案は，4月17日に英国に送付された．草案は，同日，ソ連にも送られた．銀行については，国際通貨基金の設立に関する共同声明のような合意文書の必要性がとりざたされたが，結局，文書は作成されなかった．

　オリヴァーの「ホワイト文書」の専門委員会議事録に関する研究によると，4月11日の会議では，11月草案をめぐるいくつかの対立点や未解決点の検討が行われた．貸付や保証業務に関わる利子や手数料の問題，銀行による株式投資の是非，拠出資金の金買い戻し規定の必要性，タイドローンの禁止規定の是非，銀行の債務総額に限度を設けるのか，銀行の資源はもっぱら加盟国にその利用が限定されるべきか，などであった．タイドローンの禁止規定では，国務省がその削除を求めたが，財務省は断固としてこれに応じなかった．この問題の是非については，自国通貨の貸付を輸出の拡大に結びつけようとタイドローンを支持する動きがある一方で，戦後直後の大規模な対外貸付が，国内経済に及ぼす悪影響を懸念する向きがあった．ある種のタイドローンを認めた場合，借入国が貸付国で財・サービスを調達した際に，それがインフレ圧力となって経済に新たな不均衡がもたらされると，タイドローンの容認を，問題視していたのである．

　この他の問題では，加盟国の拠出資金の金での買い戻し規定は，不要であるとして削除された．銀行による株式投資については，これを認める規定が残さ

れた（最終協定では削除される）(Oliver 1975: 167-8).

　こうした専門会議での議論は4月草案に反映された．なお，この草案で注意すべきは，ユニタスの条項が最終的に削除されたことであろう (Oliver 1975: 180).

　国際銀行の設立に向けた英国での動きも一層具体化してきた．1944年4月になると大蔵大臣をはじめとする推進勢力は，銀行の役割をUNRRAと基金のギャップを埋める復興金融におき，設立に向け積極的な姿勢を見せた．プレスネルは，英当局が銀行に真剣に取り組むようになったのは，4月としている (Pressnell 1986: 138).

　英国側は，以下のような基本的立場を固めつつあった．第1に，国際銀行の主要業務を，直接貸付よりも，民間資本の保証に置くべきである．それは，払込資金からの貸付に重きをおかなければ，加盟国による銀行への払込資金は少なくて済むと考えたからである．

　第2に，銀行に払い込んだ資金や銀行が民間市場で調達した資金の貸付にあたって，当該貸付通貨国の承認を得る必要があるとの考えであった．彼らは，自国通貨が貸し付けられ，それが自国内で費消される財・サービスの調達にあてられれば，需給逼迫，物価上昇，そうして国際収支の不均衡が生じかねない，と懸念したからである．これは，資金が用いられる加盟国に自国通貨を貸し付ける承認権（veto-power）を与えるべきであるかの問題として，調整すべき論点となったのである．

　第3に，銀行の発券業務が放棄され，銀行が独自の通貨を必要とはしない事態となったことを踏まえて，ユニタスの貨幣化要求を最終的に断念した．米国側は，独自に，4月草案で，ユニタス規定の削除を決めていた．銀行は加盟国がそれぞれの国民通貨を拠出し，銀行はかかる加盟国通貨を貸し付ける．ここで，双方とも，銀行の定款で，ユニタスの概念にこだわる必要性はないと判断するにいたったのである．英国はかかる立場を4月13日付覚書で4月20日，米国に伝達した．この文書は5月9日の米国専門委員会で検討された (Pressnell 1986: 150-1; Oliver 1975: 171-4).

第 3 編　ブレトンウッズ会議と IMF，世銀の創設

はじめに：本編の課題と論点

　ブレトンウッズ協定に関するわが国の研究のほとんどは，この会議を"ブラックボックス"として扱い，国際通貨基金や世界銀行の研究を行っていた（堀江 1962；本間 1991）．拙著（牧野 1993）の場合も，米国におけるブレトンウッズ協定の批准に焦点を当てた研究であったため，ブレトンウッズ会議については既存の研究を前提に議論を展開するという限界があった．

　これまでのブレトンウッズ協定に関する多くの研究が依拠したのは，ガードナーの業績であった．しかしながら，それは，共同声明からアトランティックシティ準備会議をへてブレトンウッズ会議にいたる過程の考察を省いたまま，ブレトンウッズ協定と国際通貨基金について論じていた．彼の研究で，共同声明からブレトンウッズ協定にいたる過程の考察が欠ける結果となっているのは，彼が，ブレトンウッズ会議では，「きわめてわずかな修正が行われただけ」で，国際通貨基金協定が成立したと認識するからである．彼は，共同声明と国際通貨基金協定を，ほぼ同じ内容との解釈に立っているのである（ガードナー 1973: 262-71）．また，国際通貨基金の設立過程を主題とした研究であるため国際復興開発銀行は研究対象から除外されていた．

　英語圏で国際通貨基金を主対象にブレトンウッズ会議をとりあげた研究としては，ホースフィールドらによる国際通貨基金設立25年を記念して刊行された事実上の正史をはじめとして，イックス（Eckes 1975），ヴァンドーマエル（Van Dormael 1978）の業績がある．一方，国際復興開発銀行についての本格的な研究は，オリヴァー（Oliver 1975），メイソン（Mason and Asher 1973）を嚆矢とする．

　国際通貨基金についてみると，ホースフィールドらの研究は，ブレトンウッズ会議を次のような3つの見出しをたてて論じていた．会議の組織体制，主要条項，協定の批准．この研究の弱点は，第1に，会議についての説明から主要条項の協定としての整備過程が省かれている点である．条項化の過程が分析さ

れていないのである．第2に，会議での審議対象となった第4条第1項「平価の表示」，第3項「平価にもとづく為替取引」，第4項「為替の安定化義務」，第8条では，第2項「経常支払いに対する制限措置の回避」，第3項「差別的通貨措置の回避」，第7条「稀少通貨」，についての説明が省かれている．一方，イックスの研究は，ホースフィールドの研究をIMFの専門的な問題について最も完璧な検討を行っていると評価していることから分かるように，会議での条文の成立過程の詳細な検討を避け，主要な論点についての全般的な記述に終始している．彼自身，各小委員会で扱われた妥協による問題の処理の経緯は，極めて専門的であり，ここで検討する必要はないと述べている．たしかにそれらの過程は込み入っており，検討に堪え難いほど煩瑣である（Eckes 1975: 140, 300 note 11）．ヴァンドーマエルの研究はどうか．彼の場合，その著作のうちの最大の紙幅を割り当てた章「ブレトンウッズ会議」で記している．まず冒頭でブレトンウッズの自然環境，会議場となるホテル，参加者の事情などについて記した後，アトランティックシティ準備会議から引き継がれた課題を指摘する．そうして，次のような小見出しをたて，会議の内容の記述に移る．それらは「会議の開催」，「各専門委員会，各分科会の設置と運営」，「クオーター」，「報道機関の参加」，「フランス」，「ソ連」，「国際復興開発銀行」，「金と米ドル」，「BISの清算」，「基金と銀行の設置場所」，「基金の誕生」，「最後の日々」である．ここから，彼の場合も，協定がどのような経緯で体系的に整備されていったのかが主題ではないことが分かる（Van Dormael 1978: 168-223）．

　国際復興開発銀行の設立過程に関する先行研究においても同様の弱点を指摘しうる．最も優れた業績と評価しうるオリヴァーの研究は，銀行の設立過程を対象としつつも，ブレトンウッズ会議での最終的な起草過程を捨象して論議を進めていた．メイソンらの研究も，国際復興開発銀行について事実上の正史でありながら，設立過程に踏み込んだ研究であるとはいえなかった．

　本編では，これらの先行研究の弱点を補足することを目的に，共同声明発表後からアトランティックシティ準備会議，ブレトンウッズ会議にいたる過程で，最終的にブレトンウッズ協定の主要条項がどのように起草されたのか，その過程を明らかにし，準備会議，ブレトンウッズ本会議の意義を明らかにしたい．

はじめに：本編の課題と論点

　ここでまずわれわれが強調したいのは，ブレトンウッズ協定の締結にいたる過程でのアトランティックシティ準備会議の重要性である．それは，1944年6月末のこの準備会議で，英米間で，国際通貨基金，国際復興開発銀行の基本的性格と主要条項で基本的な合意が得られた点にある．ブレトンウッズ会議に残された課題は，条文の最終的な起草であったともいいうる．国際復興開発銀行についていえば，1944年春の自治領諸国会議を経て設立にむけ積極的な立場に転じたケインズ，英国代表団は，欧州代表団との調整をへたボート・ドラフトを準備会議で修正案として提示，米国側もこれに協調的に応じたのであった．国際通貨基金についても米ドルによる平価規定や一部の条項の修正問題を除き，ブレトンウッズ会議に向けた英米共同修正案の起草にこぎ着けたのである．

　通説への批判的論点を明確にするため，国際通貨基金協定を焦点に，われわれの見地を明らかにすると，それらは以下のとおりである．

　第1に，共同声明とブレトンウッズ協定では，どのような基本的な修正があったであろうか．ここであらかじめ共同声明と協定とを比較し，共同声明から協定への条文の主要な変更点を見よう．

　われわれが重要と見なす共同声明からブレトンウッズ協定との修正点は以下のようであった．

①第1条の条項に順位の変更があった．共同声明との目立った相違は，協定では，為替の安定化，経常取引に関わる為替の自由化と制限措置に関わる条項が繰り上げられた点である．これにより為替の安定化，経常取引の自由化が基本目標としてより明確になった．

②第4条の平価規定で，共同声明にはなかった米ドルが金とならんで加盟国通貨の価値尺度基準とされた点である．共同声明では金のみが平価の基準とされていた．それが，7月1日に提案された会議向け準備草案では，第4条第1項で，金とならんで「金交換可能通貨単位（a gold-convertible currency unit）」の語が急遽挿入されていたのである．そうして，この語がブレトンウッズ会議中に「米ドル」に変更されたのであった．

③共同声明第3条を基礎に会議に提案された英米共同修正草案の全12項もあった雑多な構成が，第5条のもとで全8項に整備された．この過程で，基金

の資金利用，買い戻し，手数料に関わる条項が厳密化に規定され，他方で，多角的清算，情報の提供，稀少通貨に関わる条項は他の条項に組み入れられ，また不要とされた条項は削除された．

④共同声明第9条「加盟国の義務」で規定されていた基金の基本目標に関わる条項が，あらたに第8条として整備され，通貨・為替の自由化は，経常取引に限られる点を，その例外規定とともに，差別的制限措置と複数通貨措置の禁止，外国保有残高の交換性回復とあわせて詳しく規定した．共同声明では，これらを第9条で金の売買規定や平価での為替の売買の義務とともに規定していたのであった．また，共同声明第3条第6項「多角的清算」は最終的に第8条第4項「外国保有残高の交換性」として位置づけ直されたのである．

⑤為替相場調整については国家主権をあくまで保持しようとした英国の思惑通りの結果となった．まず，通貨主権の明確化を図ろうとする英国の主張が容れられ，条文に盛り込まれた．また，相場制度についても，後に調整可能釘付け方式とも呼称される，柔軟な相場調整方式がより具体的に詳しく規定され，そこでは小幅で頻繁な調整が容認される結果となったのである．すなわち，協定では，(a) 10%以内，(b) 10～20%，(c) (a), (b)に該当しない場合，の3段階にわたり通貨の調整が認められたのである．国内均衡を重視する英国は，より柔軟な相場調整を実現すべく最後まで粘り強く交渉に当たっていたことが奏功したのであった．

⑥過渡期問題では，第14条で，英国の要求に一層譲歩した条文に修正された点である．そこでは当初3年後とされた加盟国と基金との協議開始の時期に，新たに5年という時期区分が追加され，過渡期間の事実上の延長がはかられた点である．これも，英国にとっては，交渉で米国から勝ち得た大きな譲歩であった．ブレトンウッズ会議での更なる譲歩によって米国は，運用によっては，5年後先の実現さえ覚束なくなる，何とも曖昧な条項で，妥協したことになる．

アトランティックシティ準備会議とブレトンウッズ会議を扱うことで明確になった点として最後に強調されるべき点は，共同声明ではほとんど手つかずであった国際通貨基金が国際組織として実際的に機能するうえで必要な基金の組織体制とその運営に関わるさまざまな規定が整備された点である．

はじめに：本編の課題と論点

　本編では，第2の課題として，ブレトンウッズ会議を英米の，あるいはケインズとホワイトとの対立によって特徴づける通説は誤りであることを論じたい．例えば，大田は『IMF（国際通貨基金）使命と誤算』の「第2章 IMF設立とブレトンウッズ体制」で「1 ブレトンウッズ会議—実現しなかったイギリス（ケインズ）案」との見出しをたてている（大田 2009: 43-4）．大田は，本文のなかでも，あらためて，「アメリカ案の採用とIMFの成立」の小見出しのもと，「最終的にイギリスも基金方式によるアメリカ案への妥協を迫られ，1944年7月22日にIMF協定は批准された」（大田 2009: 44）と説明している．国際通貨基金協定がブレトンウッズ会議で「批准」されたとする誤解はここでは問うまい．だが，この記述を先の見出しとあわせて読むと，ブレトンウッズ会議でイギリスはアメリカ案の採用を余儀なくされたとの解釈を与えかねない．本編ではこうした理解は誤りであることを明らかにする．ケインズや英国の専門家は，1943年の初夏にワシントンで開催された連合国の非公式協議をふまえて，7月末には国際安定基金案をベースに戦後通貨計画の具体化をはかるという政策案を選択している．英国のケインズ，ロバートソン，ロビンズら政策担当者集団は，ケインズ案を断念し，米国案を基礎に妥協せざるを得ないと判断したのである．

　そうして，英米間での調整は，アトランティックシティ準備会議で整い，ブレトンウッズ会議に提案された基金草案の多くの条項が，英米共同提案となっている．ブレトンウッズで英米が対立していたのでは，条文案を共同で提案することは起こりえない．ブレトンウッズ会議までの英米交渉過程を大田のように「イギリス（ケインズ）案とアメリカ（ホワイト）案との対立」（大田 2009: 41）として描くのは間違いなのである．

　ブレトンウッズ会議に関する最近の研究として注目されるステイルの著書も対立の構図を「売り」にしている（Steil 2013）．それは，『ブレトンウッズの戦い—ケインズとホワイト，新世界秩序の形成』との著書の題名から明らかである．しかしながら，その中身は書名を裏切るものである．ブレトンウッズ会議で，どのような戦いが英米間で繰り広げられたのか．ホワイトとケインズは会議でどのような役割を果たしたのか．新たな世界秩序とはどのようなものか．これらについて一向に明らかにされていないからである．それは国際通貨基金

や国際復興開発銀行の創設過程を扱ってはいるものの,第2次世界大戦期の英米の通貨外交に関わる多くのエピソードを,一部はケインズ,ホワイトに焦点を当てつつ,断片的にあしらったもので,国際金融制度(史)論や機構論からブレトンウッズ会議や協定にアプローチしたものではない.したがって,戦後構想の初期段階からブレトンウッズ会議にいたるまでの政策展開過程を仔細に追求し,ブレトンウッズ協定案が整備され体系化される過程を跡づけ,ケインズとホワイトとの「戦い」の様子を詳らかに論じた研究とは言えない.

　最後に,通俗的な問題意識に立って次のように問いかけることにする.いったい,英米交渉,ブレトンウッズ会議の勝者は誰か.ケインズか,ホワイトか.英国か,米国か.例えば,「ケインズ案」「ホワイト案」から「共同声明」までを扱ったケインズ全集第25巻の邦訳者村野孝は,「訳者あとがき」で次のように記している.「この両案のいわば長い死闘というにふさわしい対決の経緯をここで述べることはやめたい」(ケインズ 1992: 551).また,「訳者注」では,「たしかに,国際通貨基金はイギリス,アメリカの協力の所産であった.しかしそれは,定性的にも定量的にも,アメリカの論理(『ホワイト案』)の圧倒的な勝利,イギリスのそれの見る影も無い敗北であった」と記している(ケインズ 1992: 548).村野によれば英米交渉は「死闘」であり,「アメリカの論理」の「圧倒的な勝利」で終わったのである.ケインズの浩瀚な伝記を著したスキデルスキーも,通説と違わず,協定は英国ではなく,米国の目的を反映している,と評価する (Skidelsky 2001: 357).また,ドスタレールも同様に,新たな国際通貨体制の構築に取り組んだケインズの活動を,「アメリカの勝利」「敗北の教訓」なる小見出しで記述している.ケインズは,大きな妥協を次々に強いられ,彼の譲歩は,次第に協定の中身を空っぽにした,というのである(ドスタレール 2008: 476-500).両者とも,そのケインズ伝で,ブレトンウッズでは,ケインズ,英国の敗北に終わったと評価しているのである.そうであろうか.

　戦後通貨計画で,英国は1943年7月末に米国案を基本に戦後の通貨計画の実現を図らざるを得ないと決断した後,秋の専門家会議で,基金案を基礎とする共同声明原案で合意した.英国は1943年初夏の非公式協議,同年秋の英米交渉を経て米国案を受け入れざるを得なかった.なるほど,これは英国の敗北

であった．しかしながら，この後，英国の交渉団は，基金案の枠内で自国の国家利益を終始，執拗に追求し，自国に有利なように主要条項の修正を求め外交上の努力を重ねた．この英国がブレトンウッズ会議で基本目標としたのは以下の点である．（銀行については英米間で基本的な対立は解消している．）

①為替調整問題での国家主権の保持，調整可能で柔軟な相場制度の確立．
②稀少通貨条項の一層の整備．
③過渡期間の長期化を狙った条項の修正．
④両機関の所在地での米国の譲歩．
⑤受動的，自動的な機能と組織運営．

　米国は，英国が提案した主要条項についての修正案をほぼ丸呑みする形でブレトンウッズ会議の成功を期した．この結果，主要条項の①〜③では，英国の主張がかなり取り入れられた．一方で米国は，大幅な譲歩を，とりわけ過渡期条項で，せざるを得なかった．これによって，米国としては，戦略的に重視していた経常取引にともなう通貨・為替の自由化の早期の実現が覚束なくなった．これは，戦後世界経済秩序の戦略目標として，貿易にともなう通貨・為替の自由化を急ぐ米国にとっては，重大な外交的敗北といっても過言ではない事態であった．英国は，ブレトンウッズ会議閉幕後，ほんの一時ではあったが，会議の成果に満足することができたのであった．

第7章
アトランティックシティ準備会議

「われわれと米国側とでは，どの代替案を捨て，どの代替案を推すかについて舞台裏で高度の合意を得ておく必要があるとの点で，同意しております」(ケインズ「1944年6月25日付ホプキンズへの書信」より，CW 1980b: 61)

　ここではブレトンウッズ会議に向けた準備会議として知られるアトランティックシティ会議に向けた過程をたどった後，準備会議での英米交渉について検討を加える．そうして，英米協議の主要点とその特徴を明らかにし，この会議の意義を明らかにしよう．本論に先立ちあらかじめ結論づければ，われわれは，この準備会議で，英米間の基本的対立はほぼ解消され，本会議での最終的な条文化が残されるのみとなっていた，との解釈に立っている．

1. 国際通貨会議の開催決定

(1) ブレトンウッズ会議の開催決定

　通貨計画に関する連合国の国際会議をいつ開催するのか．モーゲンソーは当初，大統領の意向を受け5月26日から準備会議の開催を計画していた．財務省首脳は，共和党大会が6月後半に開催されるので，これとかち合うのは得策ではないと考えたのである．一方，肝心の民主党大会は共和党大会に数週間遅れて開催される．もしこれに先がけて通貨の国際会議を成功させることができれば，国際通貨計画を民主党の政策に盛り込むことができる．それは4選をめ

ざす大統領への贈り物となり，党大会に花を添えることになる．5月中の開催を期してモーゲンソーは，性急にも，英国の大蔵大臣に電話で出席を要請した．だが，大蔵大臣は，この要請に，訪米は困難と答えた．英国内での合意形成に時間が必要であったのだ．こうした英国の動きにモーゲンソーは落胆した（「4月25日付モーゲンソー財務長官から大蔵大臣への私信」T 247/28; Van Dormael 1978: 142, 151）．

しかしながら，5月末の開催が現実的ではないと判断した財務省首脳は，共和党大会と民主党大会の中間の時期の開催へと動いた．

5月26日，モーゲンソーは国際会議の開催を公表した．ホワイトは，ワシントンの政治的雑音や圧力を避けたいと考えた．心臓を病むケインズからは，ホワイトに，暑いところは困るとの連絡がきていた．そこで準備会議の場所としてアトランティックシティのクラーリッジホテルが，また，本会議の開催地にはブレトンウッズのホテル マウント・ワシントンが選ばれた（Van Dormael 1978: 153-4）[1]．

(2) 米国の準備活動と専門家集団の組織

連合国国際会議に招かれる多くの国は国際金融に無知な国々であった．そうした国々の貢献は期待できない，会議は奇怪な猿小屋となる恐れがある，とケインズは懸念した（CW 1980b: 63）．

時間の切迫したなかで国際会議を成功させなければならない．議題は山積している．対立する利害，矛盾した見地をどのように調整し，最終的な合意を得ることができるのか．

ホワイトはまず，国際会議を乗り切るために十分に訓練された専門家集団を

---

[1] ニューハンプシャー州にあるリゾートホテルが会場に選ばれた事情についてデヴライスが，次のように指摘しているのは興味深い．ひとつは，ブレトンウッズ協定への共和党の支持を得ようとしたローズヴェルト政権が，同州で開催することによって，同州選出の共和党上院議員トービーの協力を得ようとしたこと．いまひとつは，マウント・ワシントンホテルが，ユダヤ人に寛容であったこと．信じられないことであるが，当時，ユダヤ人に対する差別が厳しく，多くのリゾートホテルが彼らの宿泊を拒んでいた．ところがブレトンウッズとその周辺の地には，古くからユダヤ教の信仰に厚い人びとが居住しており，反ユダヤ主義の風潮はなかったからであるという（de Vries 1996: 9）．

あらためて組織した．小規模の専門家集団が，事前に共同声明に関する争点を確認し，またそれらの妥協点を探る．同時にこれを中核にして難航が予想される国際会議の運営にあたるのである．

　専門家は財務省，連邦準備制度，国務省などから集められた．その多くが，それまで戦後通貨計画の立案と具体化に関わってきた人びとであった．財務省からは，ホワイト，バーンスタイン，ラクスフォードらが，国務省からはバール，パスヴォルスキー，コラド，ヤングらが，また，連邦準備制度からはゴールデンワイザー，ガードナー，バーナフらが加わっていた．彼らは，6月15日からホテルに缶詰になり，4つのグループ（①目的，政策，応募資金，②基金の運営，③組織と管理，④基金の設立）に分かれ，対策を練った．各グループはこの後5日間，各国から提案された修正事項を含めて，さまざまな問題点を検討した．それらはホワイトが議長となる全体会で報告され，指摘された問題点を踏まえて国際会議での対処方針が協議された．ホワイトはこれによって共同声明の問題点や修正すべき点を事前に確認し，また，にわかづくりでありながらも，会議の運営にあたる中核集団を育成することができた．

　ホワイトは，国際会議の人的配置の面でも一計を案じた．それはケインズを国際銀行に関する委員会の議長につかせ，ホワイト自身は国際通貨基金に関する委員会の議長につくというものである．この計略は，ケインズを基金に直接関与させると米国の思惑に沿った円滑な議事運営が妨げられるとの懸念から考え出されたのであった．このケインズに対する処遇策は，また，ホワイトが銀行よりも基金にかかわりたいという意欲を表しているともいえるし，戦後計画としては銀行よりも基金を重視する米国の姿勢を示すものでもあった（Van Dormael 1978: 157-8）．

2. 共同声明と英国の対応

　共同声明への英国内の反応についてはガードナーの研究が参考になる．彼は，1944年の中頃，英国では，多角主義に対する英国の世論は硬化しているようである，と評価していた．学界，実業界ともども極端な反対論が有力となってきたのである．学界では，ハンガリー出身の急進主義的経済学者のバローが先

頭となって総合的な国内経済計画に適合した外国貿易政策を唱えていた．穏健派の経済学者が，官界に籍を置いた立場上，明確な意思発表を控えたこともあって，急進主義者の意見が学界の大部分を支配しているかのようであった．彼らは，完全雇用を維持するために，海外の影響を遮断しようとした．とくに，米国の経済変動に左右されるような国際通貨制度に反対した．通商政策では，数量制限の適用，国家による貿易管理を主張した．こうした勢力以上に影響力を行使したのが，実業界内の多角主義反対勢力であった．こうした勢力には，シティの金融業者，海外と激しい競合関係にある産業の指導者たちがいた．これに，昔ながらの帝国主義者がいた．なかでもイングランド銀行は計画に反対であった．ロンドンが国際金融の中心地としての地位を失うことになる，ポンドに代わってドルが主要国際通貨になってしまう，などと批判した．戦時内閣内にあって帝国勢力を代弁したアメリーなどの保守主義者たちは，これに同調した．ガードナーによると，当時の『エコノミスト』と『タイムズ』は，英国独自の貿易・支払制度を打ち立て，ポンド地域を強化し，不安定な米国経済の影響を回避すべきである，とのアプローチを強力に支持していた．そうして，貿易協定，数量制限，米国商品の輸入差別，国内経済の計画化等を支持する論陣を張った（ガードナー 1973: 263-5）．

　戦時内閣の推進勢力は，こうしたなかで，会議に向けた準備を急いだ．英大蔵省は，ロンドン亡命政府の一部との意見交換に着手し，英国のイニシアチブのもとで欧州側の団結をはかろうとした．ケインズ文書に，5月1日から数次にわたって会合が開催されたことを裏づける資料が残されている．この会議には，ケインズ，イーディー，ウェイリーらの大蔵省代表とともにベルギー，チェコスロヴァキア，フランス，ギリシャ，オランダ，ノルウェー，ポーランド，ユーゴスラヴィアの代表が参加している．欧州諸国との会議は，この後も数次にわたって開催され，共同声明の逐条解釈も試みられた（「IMFに関する連合国専門家会議録」T 247/28）．

　英下院での討議は5月10日行われた．労働党のストックス，ストラウス，シンウェル，保守党のブースビー，ロフタス，自由党のシュスターらが登壇し，ほぼ例外なく共同声明に疑問を抱き，批判的な立場を表明した．彼らは次のように主張した．それは，金本位制度への復帰である，国内政策への干渉を許す

ものである，3年間の過渡期間は短すぎる，ポンド地域を損なうことになる等々．通貨問題の討議は時期尚早である，健全な通商政策と投資政策，帝国内貿易とポンド地域の再編こそが必要である，などと批判する議員もいた．登壇した議員の何人かは事前に経済学者バローやカルドアから共同声明について説明を受け，あるいは演説原稿を用意してもらっていた（Skidelsky 2001: 334）．

こうした批判に対して，大蔵大臣は金本位制度への復帰ではない，イギリス政府はポンド地域諸国家間の関係に干渉するような計画を支持しない，通貨計画は他の通商，投資，商品計画など広範な計画の一部である，各国との双務主義的通商協定や通貨協定の締結を阻むものではない，などと答弁し，下院の支持と協力を求めた（Van Dormael 1978: 145; Skidelsky 2001: 334）．

ケインズは下院の審議ぶりに耐えられなかった．友人の下院議員にあてた書簡のなかで「議会の傍聴席で7時間を過ごし，わたしは心身ともに苦しめられました」と記している（CW 1980b: 3）．5月24日付でホワイトに対しては，次のように書き送っている．下院での提案はかなり難航しました，反対勢力が地下でいろいろ画策しており，下院の討議にも大変失望しました，非常に少数ですが極端な双務主義を主張するグループは，この提案が金本位制度の復帰であると金への恐怖を煽り，国民に対して協定に反対するようにしむけています（CW 1980b: 26-8）．

上院では共同声明に対する討議が5月23日に行われた．討論の口火を切ったアジソン卿は専門的知識がないと断りつつ次のような問題点を指摘した．ケインズ・プランとの相違はどのようなものか，英国の割当額は適当であるのか，国内完全雇用政策の自立性を保持することができるのか，誰が平価を決定するのか，誰が国際通貨基金を運営するのか，どのような権力を保持することになるのか．

ケインズはアジソンの後に登壇し，戦後通貨計画への支持を訴えた．米国案では，国際清算同盟の優雅さ，明晰さ，論理的といった特徴は失われた．しかしながら，この計画には英国が期待できる5つの主な利点がある．①過渡期の不確実性への対処．英国はポンド地域との特別な合意を継続できる．②過渡期終了後にポンドの交換性を全面的に回復する必要性．ポンドの交換性が達成されなければシティは必ずやその国際的地位を失い，ポンドは国際場裏で確固た

る地位を占めることができなくなる．また，英国が充分強力になれば世界の自由交換可能な通貨による国際貿易を期待できる．③世界の通貨準備を大幅に増やし，それを合理的に配分することによって国際貿易を拡大することができる．国際通貨基金案の割当額は国際清算同盟案よりも少ないが，今後増やすことができる．④債権国の責任が明確にされている．これにより国際収支の均衡を維持する責任を債権国も公平に負担することになる．⑤定期的に議論を交わす場所を提供し，秩序だった協定を維持してゆくための実質的な権限と義務をもつ国際機関が設立されることになる．

　ケインズの演説は，基金の特徴を的確に把握していた面もあったが，協定への誤解を与え，戦後計画を誇張し，これに過大な期待と誤解を与える結果となった．たとえば，一方でポンド地域との特別な合意を継続できるとしつつ，他方で過渡期の経過後にはポンドの交換性が全面的に回復されるとするのは不確実な将来に対する予断を与えるものであった．世界の準備通貨を大幅に増やし，国際貿易を拡大できるというのは，誇張であり，また，債権国の責任への期待も過大なものであった．ケインズは，役に立つ忠実な雑種犬のメタファーを用いて，基金への支持を訴えた[2]．

　ケインズはまた，次のような利点をも強調した．①為替相場の決定権の保持．ポンドの対外的価値は，われわれの国内政策によって決まるポンドの対内価値に順応させることができる．②金利政策の自立性の保持．われわれは国内金利統制を実施し，長期的資本移動の消長やホット・マネーの跳梁によって妨害されることなく，われわれの目的に合致するように低金利を維持することができる．③国内均衡を維持する政策展開の可能性．対外均衡を維持するため，公定歩合や信用引き締めといった手段に訴え，国内経済の安定化を損なうような政策はとらない．国際資本移動の規制によって，国内経済を隔離し，自立的な通貨・金融政策を展開しうるというのは，経済の計画化と制御可能性へのケイン

---

2) ある論文中で浜田は，ケインズは「彼が考えた純血種の清算同盟案が雑種に取って代わられたと嘆いた」（下線：筆者）とこのメタファーに言及している（浜田 1989: 15）．だが，ケインズの演説を読めば「嘆いた」のではなく，確信を持って断固として基金案への支持を訴えていたことがわかる．ケインズをマネタリストの立場から解釈したメルツァーもケインズはもともと清算同盟案にさほど拘泥していたわけではないとの解釈に立ち，この演説の部分を注記（注35）で引いている（メルツァー 1997: 290）．

ズ特有の経済観と楽観論があった．

　さらにケインズは，一体誰が金の価値を決めるのかとの質問を念頭に，為替相場の調整問題について次のように説明した．

①それを決めるにはわれわれ自身なのであって，そして，その価値はわれわれの発意で変更できる．
②変更幅が10%を超える場合には基金の同意を必要とする．
③為替相場の変更の柔軟性．わが国の国内均衡を維持するうえで必要であれば基金はそれに同意しなければならない．

　ケインズはここでさらに国際通貨としての金に言及し，次のような考えを表明した．戦後通貨計画では，貨幣としての資格を金から完全に奪い去るという提案がなされたのではない．現在の情勢では，国際収支の決済手段として引き続き金を利用することはまったくの常識である．金から貨幣としての資格を奪い去ってしまうことは，金の主要生産国である英連邦とロシアから，また金の主要保有国であるアメリカと西欧同盟国から，強く反対されるのは明白である．他方で英国はすでに価値を計る基準の王座から金を引き下ろしている．この計画はその退位を確認するだけではなく，もし均衡達成上有益であれば，どの通貨についても，その金価値を変更することが基金の義務であることをはっきり規定している．事実この計画は，一国の通貨の対内価値は法律によって定められたその対外価値に順応させるべきであるとの原則に代えて，通貨の対外的価値は，基金も本来批判しえない国内政策から生ずる事実上の対内価値に順応させるよう，必要に応じてこれを変更すべきであるとの立場に立脚している (CW 1980b: 9-21; Skidelsky 2001: 336)．

　さらに，ケインズは，この演説のなかでハルの自由貿易主義への礼賛とも捉えられかねない発言をしていた．ケインズは自由貿易主義者であったのか．自由貿易主義と国際通貨面での保護主義は，国際経済政策のうえで矛盾しないのか．ロビンズはこの点をついて，通貨問題と通商問題の連関を無視し，通商問題を差し置いて通貨問題の決着を急ぐケインズの交渉姿勢を危惧した．極端な国際協調主義に変貌を遂げたケインズにある種の危険性を感じたのであろうか，ロバートソンは次のようなコメントを，ケインズに寄せていた．バローやブースビーが，この通貨計画に悪魔の本性を見て取ったとしても，それはもっとも

なことである．それというのも，彼らは，5年間つづくとされている過渡期間後も通商上の差別主義を継続せざるを得ないと考えているからである．この見解は大蔵省の事務レベルでも非常に有力である．ケインズが通商面と通貨面の区別にこだわっては，「知的泥沼」に陥ることになる（CW 1980b: 23-5）．

3. 移行期の対外金融問題と戦後通貨計画

　この点で，この時期に，ウォール街と頻繁に接触したオピーがもたらした情報が過渡期の金融問題への対応に問題を投げかけた．戦後計画の推進勢力のように基金と銀行の設立をはかっても，それらは過渡期の対外金融危機の解決に，何の助けにならないのではないかという疑念となって広がった．大蔵省内では計画に批判的な姿勢に転じたウェイリーの動きがそうであった．彼は，ニューヨーク金融界と接触したオピーからの書信を読んだ後に，ケインズに，1946年にモーゲンソー＝ホワイトとの協調とニューヨーク金融界との協調と，どちらがわれわれの望む実際的な結果をもたらすのであろうか，と問うていた．これに対してケインズの立場は明快であった．彼は次のように答えたのである．30億ドルとも言われる米国の民間銀行による貸付に多くの信頼を寄せることはできない．その貸付に一体いくつの融資条件が付けられるのか．融資に当たって，たくさんの条件がつけられるに違いない．米国との金融協力での，賢明で思慮深い路線は，米財務省との協調である．ケインズは，オピーからチェースナショナル銀行との話し合いで同銀行から米民間銀行による対英借款の話しが出されたことを知らされた際，これを検討に値しないと一蹴したのであった（「1944年5月4日付オピーからウェイリーへの書信」，「1944年5月9日付オピーからウェイリーへの書信」，「1944年5月16日付ウェイリーからケインズ，ブランド，イーディーへの書信」，「5月16日付ケインズ覚書」T 160/1281/F 18885/11 ; Van Dormael 1978: 151-2）．

　それではケインズは，どのように移行期の対外金融上の諸問題を考えていたのか．この問題でケインズは，1944年1月7日に，大蔵省のホプキンズに覚書の最初の草稿を渡し，彼との意見調整をへて11日に大蔵省とイングランド銀行に回覧し意見を求めたのである．

この1月の文書は，ケインズによってこの後5月16日付「移行期におけるわが国の金融上の諸問題」として改訂され，24, 25日に大蔵省で討議に付される．この改訂草案は，さらに6月12日にあらためて改訂され，その後，数次の閣議で検討される．そうして戦時内閣は，改めて7月20日にこの覚書を討議し，米国との間で第2段階についての交渉を早期に開始すべきこと，その交渉では，対日戦に関する英国の努力と第2段階における英国の対外準備の必要性，輸出促進の準備措置がとられるべきことなどで合意する（CW 1979: 33）．

　ここでは1月11日付の文書にもとづいて，ケインズが英国の対外金融の事情と問題についてどのように認識していたのかをみよう．

　数カ月前に戦時内閣の経済部は，英国の対外赤字を戦後2カ年で総額5.75億ポンドと推計した．ケインズも独自に英国が均衡に達するまでの移行期全体で5～7億ポンドを下らぬ資金不足に陥ると仮定した．

　この赤字，ポンドの累積債務残高を処理するうえで，ポンド地域諸国，非ポンド地域の支払協定国，これら以外の国々とりわけ米国を中心とするドル地域の諸国との関係をどうするのか．ケインズは次のような対応策を提示する（CW 1979: 1-3）．

　①ポンド地域合意の継続，またいくつかの点での強化と統合．
　②欧州の各中央銀行との2国間合意．
　③中立諸国との支払協定，特別勘定枠の設定．
　④ニューヨーク連銀，ないし米国財務省との信用枠の設定．

　こうした困難を乗り切るうえでケインズが紙幅を割いて論じるのがポンド地域の現状とその修正である．ポンド地域システムについては，米国側が，そこではポンド残高が自由に利用できない制度となっており，英当局がこれをポンド地域諸国に強制しているのではないか，と批判する．これに対してケインズは，英国側は，ポンド地域についての評価で米国側に誤解があるとの立場であった．「ポンド地域システムは，イングランド銀行を代理者として，ロンドンがポンド地域内の構成国のために行動するものであって，ロンドンは域内諸国が稼得した圏外通貨を受け入れるが，諸国が保有するポンド残高に対し，必要とするすべての域外通貨を供給するという責務の下にあり，域内諸国の対外銀

行として働くものである」．

　その行動の自由に対する制限は次のことに限られている．①域内諸国が許諾なくポンド残高を，域外からの金の獲得に用いること，あるいは直ちに必要な運転残高を超えて域外通貨を蓄積すること，②為替統制によって域外向け資本取引を阻むこと，③輸入許可制により，輸入を本来必要な財貨の輸入に制限すること．

　ケインズはそうして，「こうした合意の継続がわが国に利益かどうかは，域内各国の国際収支黒字が継続するかにかかっている」と説くのである．

　ここでケインズが懸念するのは次のような事態である．戦後過渡期に復興を急ぐポンド地域諸国の輸入は増大し，貿易収支は悪化しよう．とりわけドル地域との貿易が赤字となる可能性がある．この場合，ロンドンに金，ドルをプールし，これを事実上域内の中央準備としてロンドンが中央銀行の役割を果たすという特有のシステムは維持できなくなろう．そればかりか，国際収支赤字に陥り，金，ドル準備が枯渇した域内諸国のために，ロンドンがかかる通貨を供給する必要が生じてこよう．

　こうしたことを考慮に入れると，ケインズは，ポンド地域システムが，過渡期には，戦時期のようにうまく機能しうるか不確かであると考えざるを得ないのである．ロンドンの中央準備の金，ドル資産の枯渇が懸念されるからである．だが，ケインズは，移行期にポンド地域システムの存続が望ましいと考えていた．彼は，このシステムの継続が望ましくないという結論を導き出すのではなく，むしろシステムを修正して継続することが名誉ある障害の最も少ない処理の仕方であろう，と述べている（CW 1979: 6-7）．

　ケインズは，まず，ポンド諸国に提案すべき3年と予想する過渡期における合意を次のように考えた．①ポンド地域諸国はこれまでと同様にロンドンに強い通貨をプールする．②ポンド地域の構成国間ではポンド残高は自由に交換される．③ロンドンは金ならびに強い通貨の域外への流失を統制し，域内で配給する裁量権を有する．④域内での為替統制，輸入統制を継続する．しかしながら，ケインズは，これらの合意は，過渡期間の終了後に見直されるべきであり，「異常」ポンド残高は漸進的に解放すべきである，とした．また，米国との交渉にもよるが英国は終戦時に3～5億ポンドの外貨準備を保有することが望ま

しい．

　ケインズは，こうした手段とともに，膨大な対外債務を抱える英国の救済策として，米国を中心とする国々からの資金援助が必要となる，とみた．彼は，アメリカとの最終的赤字を埋める手だてとして以下が考えられるとしている．①米国からの5億ポンド（20億ドル）を限度とする援助，②カナダからの信用，③南アメリカ諸国との支払協定．このうちケインズは，米国の援助について，50億ドルは要らない，20億ドル程度でよいとしつつも30億ドルもありうる，とも述べており，確かな援助総額をあげていたわけではなかった．また，②③で1.5～2億ポンドの信用を見込み，この他ポンド地域が欧州から得る金・ドル資金として2億ポンドが期待される，としていた（CW 1979: 12-5）．

　ケインズは，米国の援助がある種の紐付きになることを想定した．米国側は，①過渡期にポンド地域諸国が財・サービスの輸入のためにドルを割り当てるのを望まない，②米国からの輸入に対して差別的な輸入制限措置を適用しないように求めてくるであろう，とみた（CW 1979: 16-7）．

　ケインズは，米国からの援助が得られない場合，実物ストックの食い潰しと貨幣的準備の利用と，封鎖ポンドの蓄積に頼らざるをえない，と考えた．経済的国家主義，保護主義，飢餓の路線である．ケインズはこの選択を望まなかった．それゆえにケインズは，「たとえ若干の危険を冒し，できれば避けたいいくつかの責任を受け入れることになるとしても，わが国の正しい道は，自治領や合衆国との密接な調和を保ちつつ，より拡張的な方向に沿った国際経済政策を案出することである」と結論づけていたのである（CW 1979: 18）．

　これと関連してケインズの覚書で，なによりも注目されるのは，彼が，過渡期間を経てポンド地域をより自由なシステムへと漸次的に発展してゆくべきであるとの考えを明らかにしている点である（CW 1979: 15）．ケインズは，ポンド地域諸国の貿易収支が赤字となり，ロンドンの中央プールの準備を，何らかの手だてによって埋め合わせる必要が生じることを見通していた．しかしながら，英国の外貨事情から，これを実行するのは容易ではないことが明らかであった．ケインズは一方で，戦後通貨計画に関する英米協議の進展で，新しく設立される国際通貨機関のもとでは，過渡期をへたのちに経常取引に関わる通貨の交換性の回復を実施せざるを得ないと見通していた．そうして，ケインズは，

保護主義，経済的孤立主義，飢餓の路線よりも，自由主義，国際主義，拡張主義の路線を志向した．

　このケインズの構想に強い危機感と懸念を抱いたのがイングランド銀行であった．同銀行は，2月9日付の文書で，ケインズの覚書に反発し批判を加えた．

　第1に，ポンド残高の処理にあたって地域の多様性を見落としており，その画一的，一律の処理は無理である，と批判した．

　第2に，ケインズがポンド地域システムの自由化まで言及していることに強く反発した．ポンド地域の維持を死活的課題と位置づけるイングランド銀行は，為替管理を維持しつつ，西欧の中央銀行との相互信用供与の取り決めによってポンド地域の西欧への拡張を企図し，過渡期の困難の克服とポンド残高への対処につなげたいと考えていた．

　第3に，このポンド残高処理では，公的ルールにもとづくポンド残高の処理交渉よりも，相互理解にもとづき具体的処理について非公式の合意をえることが望ましいとの立場であった．これに加えてポンド債権処理で重要であるのは，巨額の債権を保有するインド，エジプトとの交渉であり，問題の処理に集中して取り組むことが必要であると考えた．

　第4に，米国からの金融援助は必要ではなく，現在のポンド地域の拡張によって移行期の問題は解決可能であるとの考えを示した．米国からの金融援助に頼らず，経済的国家主義を強め，拡張主義的ではなく緊縮的な路線によって戦後過渡期の危機を乗り越えるべきなのである．ケインズの路線との決定的な相違は，ここにあったともいえよう．イングランド銀行のこうした立場は，左右両翼の社会的勢力内に支持基盤があった．その中核には，シティの国際金融界の勢力，インド省などで影響力を行使する帝国擁護勢力があった．こうしたイングランド銀行の路線を支持する勢力は，大蔵省内にも無視できぬ影響力を有していた．そうした勢力は省内の高官ヘンダーソン，イーディーらによって代表された（CW 1979: 18）．

4. 戦時内閣の方針決定

　対枢軸戦を至上の課題とする戦時挙国体制下にあった英国の政治状況を反映

していたのであろうか，あるいは，戦争遂行のうえで全面的に依存する米国の戦後通貨計画での主導性を否定し得ない戦時の英米関係を反映していたのであろうか，英国内において，また，大蔵省内において，推進勢力と反対勢力の関係は，深刻な政治的対立として表面化しなかった．戦時内閣もケインズら専門家集団の主導のもと全体としては，戦後計画の実現に舵を切った．

そうして，この時期，英国では下院，上院での審議をへて国際会議に向けた準備が進展をみせた．大蔵省で，一連の会議が開催され，国際通貨基金案，国際銀行案に対する基本方針が決定されたのである．

(1) 国際通貨基金案

6月7日，ケインズは国際通貨基金に関する会議に向けての文書をまとめた．重要問題について英国が取るべき態度の一般方針を前もって決めておく必要を考慮したからであった．そこで彼は3つの主要問題を指摘した（CW 1980b: 43-7）．

(a) 為替調整．条項の修正を主張すべきであるのか．

(b) 英国の過渡期の困難について．これを米国や広く一般に対してどのように説明すべきであるのか．

(c) 計画における過渡期についての合意と計画発効の期日．果たして3年という過渡期間で充分なのか．

翌8日，大蔵大臣はケインズ，ロバートソン，イーディー，ウェイリー，ホプキンズらとともに国際通貨基金に関して代表団に与える訓令について検討した．この結果，およそ次のような点で合意した（「大蔵大臣室での会議録」T 247/28; CW 1980b: 47）．

①為替条項について．現在の草案の規定を受け入れる[3]．

②過渡期困難を克服するための合意が前もって得られることを条件とする[4]．

③交換性条項について．交換性の回復義務はあくまで経常取引に限り，交換

---

3) だが実際の交渉では考えの隔たりが残されていた．加盟国は，通貨価値の決定にかかわる国家主権を保持する，という英国の主張を，どこまで最終条項に盛り込むのかをめぐって，英米の交渉が続けられることになる．

4) ここでいう合意がなんであるのか判然としないが，英米金融協定のような2国間協定を想定していたのであろう．

性回復の対象となる債務については過去の累積残高は含まれないこととする[5]．
④基金は割当額の X％ を代表する国々がそれに同意した 1945 年 8 月 1 日以後に開業すべきこと[6]．
⑤過渡期は欧州戦終結後 5 年に修正すべきである[7]．
⑥英内閣，議会は国際会議の合意の修正を求めることができる．

(2) 国際復興開発銀行案

1943 年 11 月草案を検討しつつ国内での反応を見たうえで英国側は，銀行の役割を復興と開発のいずれに置くのか，英国の貢献をどの程度に抑えるのか，融資の条件をどのようにするのか，などについて判断を迫られていた．

ケインズが改めて銀行案の仕事に取りかかったのは 1944 年の 6 月 9 日のことである．彼は，同日，大蔵大臣秘書官バドモア宛に国際銀行構想についての書信を送付している．そこでケインズは銀行の応募資金，業務について基本線を提示している（CW 1980b: 48-54）．

まず応募資金は次のようであった．
①資本金は約 25 億ポンド（1 ポンド＝4 ドルとすると 100 億ドル）．このうち米国は 33％ を出資，英国は 10％ を超えない額とする．
②このうち設立時に 20％ が払い込まれる．残額で保証基金（a Surety Fund）を設ける．
③金による払い込みは最大限 20％ とする．ある特定国の金による払込額の割合はその国の金準備の多寡を考慮する．英国は 10％ 以上の金拠出に同意すべきではない．

銀行の業務については次のような方針案が示されていた．
①各国の払込自己資本にもとづく直接貸付．
②加盟国債券市場での資金調達と貸付．
③民間貸付の保証．

---
5) ここでいう過去の残高とは，実際には戦時のポンド残高を指すとみてよいであろう．
6) 最終的に X は 60 となる．
7) 3 年とする案や期間を限定しない案がとりざたされていた．

このうち②にもとづき実行される貸付は，基金の全資産によって保証される．この資金調達に際しては，当該市場の通貨当局の許可が必要になろうが，銀行の借り入れによって調達された貸付手取り資金は，紐付き貸付であってはならず，いかなる加盟国でも使用できる．さらに，貸付金利プラス一律手数料とすべきである．

ケインズはこの文書で，資本規模，当初払込比率，銀行の基本業務では，最終案とほぼ同じ考えを打ち出していた．また，未払込資本を保証基金とする構想は依然として堅持されていた．

この後，銀行については次のような注目すべき動きがあった．米国へ旅立つ当日の6月16日，ケインズは，大蔵大臣，ホプキンス（大蔵事務次官），ウェイリーら高官と会い，ケインズの銀行案とそれに関するイングランド銀行のコメントについて協議した．この結果，次のような合意が得られた．それらは，
　①銀行の貸付は紐付きとすべきではないこと，
　②銀行のもつ計画および調整的機能を一層強く主張すべきであること，
　③この計画に基づき英国が負う潜在的な外国為替債務の負担は小さいものであるべきこと，
　④保証資金に対して債務国が出資の分担を担うことは銀行に対する米国の支配を少なくするうえで必要であること，
　⑤銀行は基金と呼んだほうがより適切であること，
などであった（CW 1980b: 54-5）．これらはいずれも，銀行案に対する英国の基本的なスタンスを再確認したものでもあった．

5. 英国代表団と"ボート・ドラフト（船中草案）"

英国代表団は6月16日にクイーン・メリー号でサザンプトンから米国に向け旅立った．一行はケインズ，イーディー，ロビンズ，ロナルド，バルトン（イングランド銀行）らであった．ブランド，リー，オピー，ロバートソンはすでに米国に赴いていた．クイーン・メリー号には，欧州の亡命政権の代表団も乗船していた．

ケインズは，航海中に健康を取り戻したかのようであった．彼は，ブレトン

ウッズ会談の準備にあたるとともに，余暇を見いだして，プラトンの著作などとともにハイエクの最新刊書『隷従への道』を読んだ（Skidelsky 2001: 343）．戦後の国際通貨・金融秩序の構築にあたる国際通貨会議に向けたその船中で，設計主義，計画経済を徹底的に批判しようと試みたハイエクの論争の書を，ケインズは，どのような心境で読んだのであろうか．また，アリストテレスではなく，かのスミスがその思想に国家主義，設計主義を見て取り嫌悪したプラトンの書を手に取ったというのも，経済社会の制御可能性を信奉するケインズらしい無聊の慰め方であったといえるかもしれない．

英国代表団は，航海中にケインズのリーダーシップのもとで国際会議に向けた基本方針の検討を重ねた．英国代表団は独自に内部的討議を深めるとともに，自治領，インド代表団，および欧州の代表団と頻繁に討議を重ねた．その結果，起草準備会議に向けた2つのボート・ドラフトが取りまとめられた．

(1) 国際通貨基金案

第1の草案は国際通貨基金に関するものであった．為替条項，共同声明における「金交換可能為替」の意味，金の拠出比率，特定加盟国通貨による基金との取引，慢性的債務国の脱退規定，過渡期の期間，それに基金の運営上の原則などであった．

最後の運営上の原則に関わる問題というのは，英国側は基金の仕事は大部分が自動的，受動的なものとすべきで，また基金は，「極めて強力な常設の委員会」や「偉大で強力な管理者」を設置する必要はないとの提案であった．

また，モグリッジの注記によると，ボート・ドラフトでは過渡期問題については，①過渡期の期間を限定すべきではないこと，②過渡期間の終了についての協議は5年経過後までは必要とすべきではないこと，などの方針で臨むことにした（CW 1980b: 54-5; Pressnell 1986: 186 note 9）．

われわれの関心にもとづき，ケインズ文書のなかのボート・ドラフトに注目して，いくつか重要と思われる文書をとりあげ，ブレトンウッズ会議に向けた英国代表団の準備活動をみることにしよう．

そこでまず注目される資料は「6月18日付為替調整条項についての代表団提案」（IMC. (44) DEL. (F.) 2）である．このなかで，代表団は，加盟国の為

替に関する究極的な権限を規定しているが，なおこれが完全に確保されるのか疑念が表明されている点にかんがみ，条項のさらなる修正により，通貨主権の保全を実現すべき点を指摘している．また，通貨主権の保全と関連して基金との意見が生じた際の加盟国に対する制裁措置が問題としてあげられ，加盟国は事前の通知なく，あるいは制裁措置なく，基金を脱退できるのか否かを検討すべきであるとしていた．この文書で，われわれがより重視するのは，為替調整方式に関わる修正提案である．そこでは，共同声明の当初10％，さらに10％の為替調整案に，さらに20％を超える場合の為替調整を追加し，三段構えでの通貨調整方式を提案していたのである．これは，国際通貨基金協定の為替調整方式の原型ともなる提案と評価しうるものであった（T 231/362）．

　第2に，過渡条項に関わる「(日付不明) ケインズ『過渡期の期間』」とその付属文書（IMC. (44) DEL. (F.) 3）である．ここで重要なのは，すでに条項化されていた3年の過渡期間に加え，新たに5年を追加している点である．これが最終的に国際通貨基金協定に盛り込まれることになる（同上）．

　第3に，ブレトンウッズ会議開催中に，米ドルが金とならび平価基準となるきっかけとなる共同声明第2条第3項，ならびに第3条第7項(b), (c)——基金が加盟国から金を取得できる規定案——にある gold or gold-convertible exchange の概念規定についての疑問点を指摘した「日付不明ケインズ『金あるいは金交換可能為替の規定について』」（IMC. (44) DEL. (F.) 4），および第3条第7項(b), (c) の問題点を指摘した「6月21日付ケインズ『第3条第7項(b), (c)の不明点について』」，「6月22日付『第3条第7項(b), (c)の更なる検討』」である（同上）．

　米ドルが金とならんで平価基準となる経緯については，後に主要条項の起草過程の箇所で詳しく触れることとして，ここではそのきっかけとなる金交換可能為替の概念について英国側がどのような認識にあったのかをみておこう．とりあげるのは「IMC. (44) DEL. (F.) 4」の「金と金交換可能為替」と題する文書である．この文書は，共同声明第2条第3項，同第3条第7項(b), (c)にある "gold-convertible exchange" をどう解釈すべきかについてまとめたものである．ケインズは，まず始めに，英国上院での国際通貨基金の審議で，大蔵大臣とペリー議員とのやり取りを引き合いに出す．ペリー議員が，大蔵大臣

第7章 アトランティックシティ準備会議

に対して，ポンドと同様に米ドルも交換可能ではないと聞いているが，そうか，と糾した．これに対して，大臣は，知らないと応えた．ケインズは，米国の専門家がドルを交換可能通貨と信じているといってよいものか，私は彼らの見解を厳密に調べていない，と発言した．これをうけて，大臣は，この問題については一層の検討が必要と思うと応じた．

ケインズは次に，共同声明に関するホートレー（大蔵省財政調査局理事）の次のコメントを引用する．

「計画では，金交換可能為替が存在することになっている．しかしながら，通貨システムに関する現在の世界の法律で，金に交換できる通貨は存在しない．米国の金準備法でのドルは，交換性がない．米国による金の売買は，財務長官の管理下におかれ，外国為替市場でのドルの安定化の目的のために為替安定化基金を利用することになっている．しかし，財務長官が金1オンス35ドルに固定しているわけではない．1オンス35ドルというドルの金平価は，大統領が国内の金取引のために設定した平価であるにすぎない」．

ケインズは，こうした議論を紹介した後，次のように述べている．共同声明第9条第3項のもとで，加盟国通貨の交換性が回復された時，こうして交換可能通貨となった通貨は，金交換可能通貨が存在する場合には，間接的に金に交換される（「日付不明ケインズ『金と金交換可能為替』」T 231/362）．

ケインズも含めて英国側は1934年の金準備法の理解で重大な錯誤を犯していたのではないか．そこでは外国の通貨当局の求めがあれば，米国は米ドルと金との交換に応じることをうたっていたのである．これは，ドルが金為替であることを意味していたのである．ケインズら英国側は，米国側が米ドルは金為替であると認識していたのを，見過ごしていたのではなかろうか．

ブレトンウッズ会議での問題のやりとりを待たずに，金交換可能為替の概念規定の問題点を指摘したこれらの文書に，われわれが注目するには，後に触れるように，本会議で次のような事態が生じたからであった．すなわち，ブレトンウッズ会議では，当初問題とされた条文案中の用語の概念をどう理解するの

か，あるいは，第3条の条文案をどう解釈するのか，の問題から飛躍して，字句の修正が平価基準の問題にまで発展し，加盟国の平価を「金，あるいは米ドル」と表示することになる事態であった．

(2) 国際復興開発銀行案

ボート・ドラフトの第2の主要部分は，米国の国際銀行案に関する改善策であった．代表団は，1943年11月草案をもとに検討を進め次のような修正点をとりまとめた．

①銀行は払込資本からの貸付，借入資金からの貸付，民間資本の保証によって，銀行は資金を供与し，また資金供与を援助することができる．

②加盟国は当初払い込む資金を払込総額の20％とする．このうち一部を金で，残余を当該加盟国通貨で払い込む．残りの80％は銀行がその債務を負わなければならなくなった際に払い込むこととする．

③銀行による貸付や保証に際しては一律の手数料が，直接貸付には標準的利子率が，課される．

④銀行は加盟国にその払込資金を金で買い戻すことは求めない．

⑤借り入れられた，あるいは銀行の援助で借り入れることができた資金は，自由に交換できる．すなわち，その使用を制限されない．加盟国が銀行から借り入れた資金で購入する財・サービスは，それらの価格が最も安価な国で調達することができる．

⑥銀行の貸付によって当該国の国際収支が失調した時，銀行はその国に貸付を行うことができる．また，加盟国の通貨・金融システムの復興のために安定化資金を供給することができる．

⑦貸付と保証についての一般的な条項と権限，及び運営についての具体的な条項とを別々に規定する．

⑧銀行が加盟国の通貨や特定国の通貨を過剰に保有した際の対応を条文に盛り込まない．

⑨銀行の勘定はユニタスではなく加盟各国の通貨で管理される (CW 1980b: 55; Oliver 1975: 170-1, 174-8)．

かかる英国の銀行案は，アトランティックシティ準備会議でケインズにより

第 7 章　アトランティックシティ準備会議

提案され，英米協議の基礎文書となった．

(3)　ドル＝ポンド相場問題

　モグリッジ編集によるケインズ全集には収録されていないが，ボート・ドラフトではこの他にも重要な合意があった．すなわち，6 月 20 日の英国代表団の会議で，第 1 に，ドルとポンドの相場を 1 ポンド＝4 ドルではなく，4.03 ドルとすることで，本国の同意を求めることで合意した．さらに，銀行案については，ブレトンウッズ会議では，基金案と同じレベルでの議論を可能にするように，アトランティックシティ準備会議の舞台裏で米国と基本合意に達することが必要であるとの考えで一致した（「1944 年 6 月 20 日英国代表団第 3 回会議議事録」T 231/361）．

　ケインズは後に船中での仕事を評価して，次のような達成感をホプキンズ宛の書信に認めていた．「われわれはきわめて平和で，同時にきわめて忙しい時を船中で過ごしました．これまでにしばしば航行中の船中で是非ひと仕事してみたいと思ったことがありましたが，この度，はじめてその望みを達しました」．ケインズによれば，「われわれはホワイトに提起したいと思ったあらゆる点を書きとめて，そのほとんどすべてについて」同乗した連合国の友人たちと議論したのである．なかでも興味深く重要であるのは銀行案の修正作業であった．ケインズは，とりわけ欧州の代表との会談をへて，各国が戦後復興のための援助を切望していることを痛感した．そこでケインズは，「本国の暫定的訓令の線にそった完全な改定案を準備した」のである．彼は，「その出来栄えはかなり満足のゆくもの」と自負した．こうしてケインズは，銀行案を検討する過程で，銀行への関心とかかわりを強め，その創設に意欲を燃やすようになるのである（CW 1980b: 59-61; Eckes 1975: 122-3）．

6.　アトランティックシティ準備会議

(1)　準備会議の開催

　クイーン・メリー号の英国代表団を中心とする欧州 19 カ国の代表団は，6

月23日にニューヨークに到着した．一行は直ちに，準備会議が開催されるニュージャージー州の観光地アトランティックシティに向かった．当地にはすでに13カ国からおよそ30人の専門家が集まっていた．

準備会議は6月24日から開催された．米国，オーストラリア，ベルギー，ブラジル，カナダ，チリ，中国，キューバ，チェコスロヴァキア，フランス，ギリシャ，インド，メキシコ，オランダ，ノルウェー，ソ連，そして英国からなる17カ国の代表が起草委員会を構成した．また，基金の目的・政策・拠出額，基金の運営，組織・管理，基金の設立にかかわる4つの委員会が設置された．ホースフィールドによると，これらの委員会はブレトンウッズでの主要な政策事項となる21のテーマを扱った（Horsefield 1969: 79-80）.

6月24日の午後の会議は銀行に関するものであった．25日の夕刻にケインズはこれまでの議論を出席の英連邦代表者に報告した．26日には為替条項を中心に英米の非公式会談が開催された（CW 1980b: 55-6, 64）.

アトランティックシティでの準備会議で米国側は，意見交換を主要目的として会談を位置づけ，対立点での合意をブレトンウッズ会議に先送る戦術に出た．

英米非公式協議のおおよその内容は，6月25日の夕刻に行われた自治領ならびにインド代表との第2回非公式会議の議事録からうかがうことができる．そもそもこの会議は，ケインズがホワイトと行ってきた議論について説明するために開催されたものであったからだ（CW 1980b: 56-9; Howson and Moggridge 1990: 159-60）.

ケインズの説明によると，英米間での対立点は次のようであった．
①英国は為替の弾力性が重要であると強調する．だが米国は為替の安定性が重要であるとの立場を変えない．
②権限について英国は，基金よりも加盟国の権利を強調する．これに対して米国は，加盟国よりも基金の権利の重要性を強調する．
③基金の規模について英国はより大きな資金規模を提案するのに対して，米国は基金の資金規模が大きすぎるとして批判する．
④過渡期について，米国側は，できるだけ短かつ限定したものにしようとするのに対して，英国側はこれに反対する．

ケインズ夫妻はクラーリッジホテルの大西洋を望む10階に宿泊していた．

第 7 章　アトランティックシティ準備会議

ケインズはホプキンスに，アトランティックシティでの会議がどのようなものであったのか，その模様を書信に認めている．

そのなかでケインズは，まず始めに 60 名を超える人びとが出席した大規模な会議にもかかわらず，われわれは驚くほど多くの仕事をやりとげました，と満足感を表明している．たしかに，ケインズは，多忙ななかで充実した有意義な時間を過ごせたと実感したようだ．会議では，「基金と銀行に関するすべての提案と修正案とが検討され，十分に議論されました．そしてまた舞台裏でホワイトとの間で多くの会談を行ない，さらに，イギリス代表団と毎日の会議のほか英連邦代表者との数多くの合同会議を開催しました．そのため，われわれは実に多忙で，ほとんどホテルを出ることができなかったことがご想像いただけると思います」．そうして，ケインズは，あらためて「すべてが極めてうまく進展しました」と率直に満足感を披瀝しているのである（CW 1980b: 66-7）．

(2)　国際復興開発銀行案の調整

先の書信で注目されるのは，英米会議で国際銀行案について協議している点である．ケインズは国際銀行案に関して，国際通貨基金案の場合ほど多くの時間を費やさずに調整が進んだ，と以下のように伝えている．

> 「国際銀行についてのわれわれの修正案を米国側はそのまま受け入れる準備があるものと理解しています．実際，米国側の観点からしても，英国案のほうが自国案より優れていると思うと，米国側も率直に認めています．船中でのわれわれが作成した国際銀行についての改正案は，あらゆる方面で心からの賞賛をもって迎えられたということができると思っています」．

ケインズはさらに書信の別の箇所でも「国際銀行案について実質的に非常に多くのものが解決をみており，したがって銀行に関する交渉ではさほどの困難は生じないでしょう」と書いていたのである（CW 1980b: 67, 70）．

アトランティックシティでの銀行案についての交渉を，ブレトンウッズ会議に参加した国務省のヤングも，後年，次のように回想している．アトランティ

ックシティで英国は国際銀行案を提案した．これは，米国を含めた各国の承認を得た．その銀行案では，当初拠出比率は 20% とされ，残りの 80% は，保証基金（guaranty fund）として位置づけられた（Young 1950: 786）．

なるほど 6 月 24 日に再開された英米協議で，銀行案について説明したのはケインズであった．この会議の国務省会議録で注目すべき点がいくつかある．その第 1 は，80% の未払込資本の性格づけである．会議では，これをすべて銀行の貸付保証とすると合意した．第 2 が，ケインズは，銀行による直接貸付と保証に関わる手数料，金利を一律に定めるべきであると主張した点であった．第 3 に，貸付を紐付きとするかで議論が続けられた点である．さらに，ケインズが，米国案に盛り込まれていた経済安定化貸付を銀行の貸付目的に含めるべきであること，民間によって適当な条件でなされる貸付は銀行がこれを実施しないことで英国代表団の意思統一がはかられている，などと説明した点である（「6 月 24 日付『Meeting in Atlantic City』」ACC: Minutes of Meetings, A. F. Luxford Papers）．

ロビンズは，この日の会議について，ケインズの説明がうまくいったとして，銀行案について好スタートを切ったと評価した（Howson and Moggridge 1990: 158-9）．

銀行案については，英米間で 29 日の午後にも会議が開催された．ロビンズは，この日の銀行についての討議は極めて友好的なものであった，銀行については基本的な対立は存在しないといってもよいと，日記に記していた．銀行に関する英米協議は 30 日も行われた（Howson and Moggridge 1990: 165）．

アトランティックシティ会議での銀行案の扱いで，イックスは，ケインズはその立場を変え，積極的に行動し国際銀行の設立に同意した，と述べている．彼によると，それはケインズが UNRRA の救済援助，国際通貨基金による為替安定化のための短期金融とともに国際銀行による復興援助の必要を認めたからであると．だが，ケインズが国際銀行についての基本的立場を転換したのは，イックスのいうアトランティックシティというよりも，まずは自治領諸国会議であり，4 月の戦時内閣の承認を受けた後のクイーン・メリー号の船中であったとみるべきであろう．ケインズはそこで急速に国際銀行案の実現への情熱を強めていた．それが長期的な開発金融よりも英国や欧州の復興金融に役立つの

ではないかと．

　しかしながら，米国代表団内部では，依然としてブレトンウッズ会議での国際銀行案の扱いで明確な合意を欠いていた．このため，銀行についてはほとんど議論されなかった．銀行案の取り扱いは，事実上，国務省のコラドの手に委ねられていたようだ．この点について，スキデルスキーは，彼の動きを，国際通貨基金などの問題への中南米諸国の関心と支持を取りつけようとして，国際銀行案を重視する国務省の立場を受けたものであろうとの解釈を示している（Ekces 1975: 122-3; Skidelsky 2001: 344)[8]．

(3) 国際通貨基金案の調整

　ケインズは自ら国際銀行案については英国主導で大きな進展がみられたと評価していたが，国際通貨基金案については，難しい3つの重要な問題が残されていることを指摘していた（CW 1980b: 68-9)．

　その第1は，為替相場変更の問題である．ケインズのいう英国側の修正提案の要点は，「為替調整問題については基金に従うべき絶対的に義務はなにもないこと，および加盟国は最後の手段として正式に基金を脱退するという重大な行動をとる前に，問題を自らの手で解決する権限を持っているという点」であった．

　英国側がとくにこだわったのは，為替調整の権限が最終的にどこに帰属するのかという通貨主権にかかわる問題である．英下院での論争では，為替変更の権限が基金に委譲されるのではないかとの批判が出され，この問題が大きな争点となっていたのである．

　すでに指摘したようにこの問題での注目すべき動きは，大蔵省顧問のキャトー（ノーマンの後を継ぎ1944年4月にイングランド銀行総裁に就任）による為替相場決定に関わる国家主権についての次のような修正提案（1944年2月16日付覚書）であった．

---

8) ケインズの国際復興開発銀行の創設に向けた熱心な取り組みとは対照的に，当時，バーンスタインは，アトランティックシティでの準備会議の段階では，ブレトンウッズ会議で国際復興開発銀行案を取り上げることができるかどうか，いささか不安があったと回想している（Black 1991: 42)．

「ここに述べるところは,加盟国が必要または得策と考える場合,その為替レートの決定および/または変更を行う当該国の主権を制限するものではない.しかし,かかる為替レートの決定および/または変更は,基金と協議のうえこれを行うものとする.そして,ある加盟国が基金との合意なく,これを行った場合は,もしその行為がその加盟国の利益にとって,および/または全加盟国のために行う基金の固有の活動にとって正当化されないとみなされる場合,基金はその加盟国による出資金を封鎖し,その加盟国による基金の資金利用の便宜を停止しうるものとする」.

キャトーはさらに5月3日の覚書で「基金のための原則」として次のような基本的見地を表明した.

「基金の権限と影響力は徐々に強めるべきものであり,国家の主権を侵害しかねない厳格な規則や決められた制限にこれを求めるよりも,むしろその資金利用を管理する権限に求めるべきであろう.国家の主権を新しい,未だ試みられたことのない国際機関のために,これを放棄してしまうことは,わが国政府にとっても不可能ではないとしても,きわめて困難なことです」(CW 1980b: 46).

キャトー条項として知られる英国の修正提案は,為替相場の安定性の確保を最も肝心な点として考えていた米国との交渉で,引き続き重要なテーマとなっていた.

このような流れの中で6月26日にホワイトとケインズが会談した際,相場調整問題でケインズは,キャトー条項案をもとに,共同声明第4条の修正をホワイトに提示した.それは,①加盟国が為替レートに究極的な権利を有している,②基金との間で合意した相場からの変動を許した国は基金の資金へのアクセスを失う,というものであった.

これに対して,ホワイトは,為替調整条項でわれわれは多くの困難を抱えており,受け入れがたい,修正案を受け入れてしまえば,多くの米国人は,基金が単なるドルを引き出す装置になってしまうと考えるであろう,と応じた

(Horsefield 1969: 82-3; Howson and Moggridge 1990: 163; Van Dormael 1978: 165).

　第2の問題は過渡期の期間であった．英国側としては，過渡期の期間は長いほど望ましく，また，過渡期の期間の数字を具体的にあげて明記することを避けたかった．交渉でまずケインズは，共同声明に過渡期の規定にかかわり3年の文言があるのを問題にした．この3年が過渡期の期間と受け取られかねない．そこで彼は，過渡期間をあらかじめ限定することを回避し，3年後にかわって5年後に為替管理を継続するか否かを協議するよう提案した．これに対して米国は，あくまで過渡期間を限定しようとして，3年間経過した後も過渡的期間を継続する場合は，基金の承認を必要するという修正案の提出で応じた（Horsefield 1969: 84）．

　第3の問題は割当額に関する問題であった．ケインズは，これを英本国よりも英連邦に影響する問題であると捉えていた．ホワイトはケインズに，米国の絶対的条件は次のようであると伝えてきた．

①総額は80億ドルを超えてはならない．
②ロシアは10％を受諾すべきである．
③中国は総額で4番目の拠出国となるべきである．
④英連邦の総票決権は，米国のそれを超えてはならない．

　ケインズはこれに対して，オーストラリアは割当額に不満で，また，インドは割当ての絶対額よりも中国と同等かそれに近い額に関心を寄せている模様であるとしていた．ケインズは英国と英連邦の利害の観点から割当額の問題に対応しようとしていたのである（CW 1980b: 68-9）．

　アトランティックシティではこのほかの問題も取り上げられた．なかでも興味深いのは「金交換可能為替（gold-convertible exchange）」に関する議論であった．（共同声明ではたとえば第2条「基金への拠出」の第3項で，金での拠出額は，割当ての25％，あるいは保有する"gold and gold-convertible exchange"の10％の，いずれか少ない方で拠出することが定められていたのだ．この一方で，第4条「加盟国の平価」では，各国通貨は金で表示することのみを規定していた．）

　gold-convertible exchange の問題で英国側は，いかなる通貨も厳密には金

交換可能為替とはみなされないとの立場であった．ケインズはこれを通貨準備 "monetary reserves" に変えるように提案していた．これに対して米国側はこれを "金と米ドル" としてはどうかと応じた．ヴァンドーマエルの説明によれば，米国代表団は，モーゲンソーに宛てた覚書のなかで，"gold-convertible currency" と "convertible exchange" に言及し，これらを米ドルに替えるべきであると記していた．また，この覚書には，米国の専門家による加盟国の拠出額の決定方法について記されており，その決定については，加盟国の国民所得，金と米ドルの保有高，外国貿易，輸出の動向，国民所得に占める輸出の比率，を考慮して決めるべきであるとの提案があった．加えて，基金への金拠出は，割当額の25％，加盟国の金と米ドル保有額の10％のいずれか少ない方と規定してあった．

米提案にケインズは反対した．他の加盟国の通貨が将来，金との交換性を回復するかもしれない，ドルに特別の地位を与えることになる，などというのがその理由であった．だが，他の問題と同様に最終的な決着はブレトンウッズ会議に持ち越された（Van Dormael 1978: 165; Horsefield 1969: 83）．

稀少通貨条項については進展があった．ロビンズは，6月26日の日記に，この日米国との間で突っ込んだ討議がなされたこと，そうして，稀少通貨条項での戦いで全面的に勝利した，と記していた（Howson and Moggridge 1990: 163）．

準備会議ではこのほか国際組織の性格や組織についても協議された．国際通貨基金の理事を常勤とするのか，非常勤とするのか，本部をどこに置くのかなどの問題である．すでに言及したように，ケインズは強い権限を保持する国際組織の創設に反対し，ルールに基づく運営，管理が望ましいと考えていた．それゆえに，大規模な強い権限を有する管理機構は不必要であった．これに対して国際機関主導の裁量的な運営を重視する米国は，さらに，常務理事は常勤でなければならず，国際通貨基金には常務理事会など常設の執行機関が必要であると主張していた．また，国際通貨基金の本部の設置場所をめぐっては，米国が最大の出資国におくべきであると主張した．これに対して，英国は欧州が望ましいと主張し，ロンドンがだめならアムステルダムを推した（Horsefield 1969: 86-7）．

第 7 章　アトランティックシティ準備会議

　アトランティックシティの準備会議でなお注目されるのは，ブレトンウッズ会議の議事運営について，英米間でおおよその意見の一致をみていることであろう．ケインズは次のように書いていた．「われわれはまず基金に着手します．ホワイトは基金に関する専門委員会の議長で，その委員会には4つの分科会があります．続いて銀行を扱い，私がその専門委員会の議長をつとめます．ここにも4つの分科会があります」(CW 1980b: 70)．

　ブレトンウッズではほぼこのような体制で議事が進められるのである．

　ホースフィールドによれば，アトランティックシティでの準備会議では，提案された修正点は，米国側の修正点を除外しても全部で70項目にのぼったとしている (Horsefield 1969: 87)．

　ロビンズは，6月29日の日記に，国際通貨基金の準備作業は，この日の午後には終了したと記している．英国代表団にとっての朗報は，この日の早朝，バーンスタインがケインズの部屋を訪れ，為替条項に関する英国の修正案を受諾すると伝えていたことであった．「米国側は極めて気前よく対応し，われわれは，賞賛に値するほどうまくやってのけた」と記していた．

　ロビンズはさらに6月30日の日記に，あらゆる面で原則的な合意が得られ，英米間の対立は解消された，英米専門家相互で友好関係が強まり，相互理解が得られた，と締めくくっていた (Howson and Moggridge 1990: 165, 166)．

　しかしながら，あらゆる問題点の最終的な決着は，ブレトンウッズに持ち込まれた．

　アトランティックシティで準備会議を終えた一行は夜行の特別列車でニューハンプシャー州のブレトンウッズに向かった．

第8章
ブレトンウッズ会議

「ともかくわれわれは生き残りました．私の意見では，最終的な作品は明瞭で美的でさえあります」（ケインズ「1944年7月21日付アンダーソン蔵相への書信」から，CW 1980b: 108）

1. ブレトンウッズ

(1) 参加代表団

ブレトンウッズ会議には44カ国の代表に加えて米国政府の招待という形でデンマーク代表が議決権のない個人的資格で参加した．また，米国政府の求めに応じてILO，UNRRA，国際連盟，食料と農業に関わる連合国暫定委員会（UNICFA）の国際組織がオブザーバー参加した（USDS 1948: 101, 933-4）．

第2次世界大戦の帰趨を決する戦局の転換期でもあったこの時期，太平洋では，マリアナ沖会戦後，サイパンを巡る日米の攻防が激しさを増し，欧州戦線では，ドイツ占領下の欧州への連合国軍による進攻作戦の最中であった．戦時下であったのにもかかわらず米国政府の招請に応じ，40数カ国の政府代表が，万難を排し，米国に参集したこと自体，米国の超大国としての威信とパワーをうかがわせるものであった．世界大戦という人類史上の全般的危機，単一の超大国の出現，英国の衰退，国家存亡の危機に発言力を持ち得ないフランスを始めとする欧州各国．ブレトンウッズの代表団をみても会議が，米国のヘゲモニーのもとで開かれた会議であることが明らかであった．

第8章　ブレトンウッズ会議

まず米国代表団である．最大の代表団を送った米国は，総勢44名にのぼった．団長は，モーゲンソー財務長官，副団長は長く下院にあったヴィンソン経済安定局長代理であった．米国はさらに会議事務局を組織した．これには，ダレス（国務省），バーナフ（連邦準備制度），マイクセル（財務省）らが加わっていた（USDS 1948: 294-305）．

会議を主導する米国代表団については，いくつか興味深い特徴を指摘することができる．

第1に，関係主要省庁の代表者とともに，連邦議会の銀行・通貨委員会のワグナー（上院），スペンス（下院）の両委員長や主要メンバーが超党派で参加していたことである．これは下院議員を長く務めたヴィンソンが副団長に就任したこととあわせて，連邦議会での批准をにらんだ布陣であった．彼らは，会期中，ことあるごとに，連邦議会の支持を得ることができるかを問題にした．米国の国内政治と代表団の活動を橋渡ししたのがヴィンソンであった．

第2に，ホワイトをはじめバーンスタイン（財務省），ラクスフォード（同），パスヴォルスキー（国務省），コラド（同），ゴールデンワイザー（連邦準備制度理事会），ハンセン（同）らこれまで戦後計画に関わってきた専門家がこぞって加わっていた点である．

第3に，金融界の代表にはニューヨーク国際金融界が加わらず，シカゴの銀行家ブラウン（シカゴ・ファーストナショナル銀行会長）が名をつらねていた．国際通貨基金案に反対し，国際銀行案に批判的なキーカレンシー・アプローチに立つニューヨーク国際金融界に代表される勢力は，ブレトンウッズでの企図に，反発を強めていたのである．

米国代表団については，これまで指摘されなかったが，興味深い点がある．それは，米国代表団の一員に共産主義者あるいはその同調者と目された財務省のウルマン，軍需生産局（WPB）のシルヴァーマスターが米国代表団事務局に，対外経済局のコーが会議事務局に秘書として加わっていたことである．シルヴァーマスターは，ベントレー証言によって，またヴェノナ計画が明るみになることによって，戦時中のワシントンで，ソ連による対米諜報活動の一端を担っていたシルヴァーマスター・グループの中心人物であり，アメリカ共産党の細胞活動の中心にあったと指摘される人物であった．ソ連の諜報活動を助け

ていた政府職員がブレトンウッズ会議の事務組織の中心に入り込んでいたのは驚きであった．かかる人物が事務局に入るには，ホワイトの同意がなければ不可能であり，何を目論んだのか，この人事には，彼の強い意図がうかがわれるのであった[1]．

米国以外に眼を転じると，英国が控えめな代表団を送ったのに対して，中国が大規模な代表団を送り込んで関係者を驚かせた．英国の正式団員は，ケインズを団長としたブランド，イーディー，ロナルド，ロバートソン，ロビンズ，オピーであった．英国のもっとも優れた経済学者を中心としたベスト・アンド・ブライテストの布陣であった．これにイングランド銀行のバルトンを筆頭とする5名の顧問団，若干の秘書団が加わった．

ケインズは，参加国の多くについて酷評していた．それらの国々は「明らかに何も貢献せず，ただ場所をふさぐといったものにすぎない」からであった．また，ホワイトが選んだ起草委員会についても「ロシア，中国，ブラジル，メキシコ，およびキューバは，国際金融についてほとんど知らないか，またはまったくなにも知りません」とメンバーの力量について疑念を抱き，不信感をあらわにしていた．

ソ連と中国について言えば，国際通貨基金は，ソ連と中国を除外した方がスッキリする，と感じたのはロビンズだけではなかったろう．ロビンズはソ連と中国を重視せざるを得ない政治戦略上のアプローチを「4大国イデオロギー」と特徴づけた．これが経済的困難を招きかねないと懸念した（Howson and Moggridge 1990: 178; CW 1980b: 42-3）．

ソ連は，ステファノフを団長とする11名が参加した．モーゲンソー日記に残された米国代表団の会議録でもっとも多くの頁が割かれているのが，このソ連との交渉についてである．そこには，ソ連との交渉に，いかに多くの時間と

---

1) たとえばブレトンウッズ会議事務局長コーについてみよう．彼は，財務省調査局から1946年にIMF事務局に移った．1952年，彼は，非米活動委員会の召還を拒否し，IMFを辞職する．1956年，彼は，上院司法委員会の証人喚問で，「私はスパイではない，ホワイトもスパイではないと確信する」と証言する．だが，さらなる追求を恐れたコーは，一旦カナダに逃れ，1958年中国に，事実上，亡命した．国営新華社は，彼が，政府要人の見舞いを受けつつも6カ月の闘病後に1980年6月，当地で逝去した，と報じた（Craig 2004: 89, 315 note 28）．

労力を割かなければならなかったかが記されている．事前に予想されたことではあったが，言語の問題が会議進行の大きな障害となっていた．なかでも厄介であったのは，英語が全く話せないソ連代表団と，コミュニケーションがうまくとれないことであった（MD 749: 270）．政治的に重要な代表団の1つであるソ連代表団は，「時間をかけてさんざん骨折ったあげくに，やっと，何が議論されているのかを理解するのが精一杯でした」．ソ連代表団と協力したいと心底願っていたケインズにとっても「言葉の難しさと通訳がきわめてまずいこと」が，彼らとの意思疎通のひどい障害となっていた（ケインズ 1988: 133-4）．

ロビンズは，日記のなかで，ソ連代表団は，分厚いノートを持参して会議に臨む．しばらく寡黙のまま席に着いているが，自国に関わる問題になるとすぐさま例外的措置を要求する．途方もなく自国の利害を追求するソ連の姿勢は道義上問題であり，世界の将来にとって好ましい前兆ではない，と不信感をつのらせた（Howson and Moggridge 1990: 172-3）．

ロシア系アメリカ人のゴールデンワイザーにとっても，ロシア人は興味深い集団であったようだ．彼によれば，ソ連代表団は銃殺隊と英語の双方の間で闘っていた．彼らは本国の反応を過剰に恐れ，本国との電話や電信での協議をへずして一歩も進むことができなかった（Van Dormael 1978: 173-4）．

一方，中華民国は，孔祥熙を団長とするなんと総勢35名とも47名といわれる大代表団を送り込んできた．会議中，米国との間での対中経済・軍事援助交渉を並行して続けていた．ロビンズは，ブレトンウッズでの中国の位置は，米国によって与えられたもので，それは偽物であると記していた．彼はまた，この中国代表団が会期中に催した晩餐会で，厚さ3インチ，6インチ平方の彼にとっても巨大なステーキが振る舞われたことに驚きを隠しきれなかった（Howson and Moggridge 1990: 170-1）．

代表団についてのロビンズの厳しい辛辣な眼は欧州代表団にも向けられた．彼によれば，カナダを除く欧州の代表は，国際通貨問題の要点を把握しうる専門的知識を持ち合わせておらず，会議で何ら寄与し得ないのであった．この厳しい評価はオランダからBISの総裁を務めたバイエンが，ギリシャからはヴァルヴァレッソスが参加していたことをみれば，一面的にも思えたが，的外れ

と批判することはできなかった．北アフリカからやっとの思いで参加したフランスをはじめ，欧州からの参加国の多くは，ドイツの占領下に置かれ，国の経済金融秩序は崩壊し，経済の実務家は国を追われ，誰もが自信を喪失していたからである．ロビンズは日記に次のように記していた．「欧州の伝統に敬意を払わねばならない．だが，その欧州はこの3世紀，問題を内部的に解決できなかった．欧州は危機的であり，西欧文明は危機にある．これは将来も続くであろう」(Howson and Moggridge 1990: 181-2)．

(2) ブレトンウッズ，マウント・ワシントンホテル

代表団は7月1日朝，ブレトンウッズに到着した．会期は7月1日から21日までの予定となっていた．同月の20日からは民主党大会が開催されることになっており，ブレトンウッズ会議はローズヴェルトの4選に花を添える祭事としても位置づけられていた．

会場となるニューハンプシャー州のブレトンウッズは，ホワイトマウンテン国立公園の一角にあり，広大な森と牧場に囲まれた盆地状の地であった．マウント・ワシントンホテルは1902年に鉄道事業で巨額の財を成したステックニーが建造したものであった．建物は建築家ギフォードの設計によるスペイン・ルネッサンス様式をモチーフとしたものでY字形の構造と2つの尖塔に特徴があった．ホテルに滞在しながら株式取引が可能で，室内プールや大きな舞踏場を備えていた．ホテルはステックニー一族が1943年まで夏のリゾートホテルとして営業してきたが，同年ボストンの投資家グループに売却されたばかりであった．新しい経営陣は1944年夏の再開を目ざして一時的にホテルを閉鎖していた．ホテルが急遽国際通貨会議の議場に決まると，突貫工事で会議開催に向け準備が進められた．英国の戦時経済外交史の編纂に当たり，淡々とした簡潔な筆致でその推移を記述したプレスネルも，次のようなロビンズの日記の一部を引用せざるを得ないほど，ホテルは，ひどい状況にあった．軍の協力を得ても，長らく閉鎖されていたホテルの部屋の半分は，利用できる状態にはならなかった．こうしたなかで，取り乱したホテルの支配人は，ウィスキーの箱を抱えて自室に引きこもってしまった……(Howson and Moggridge 1990: 166-8)．

第 8 章　ブレトンウッズ会議

とはいえ，心臓を病むケインズばかりか，戦火をかいくぐってきた各国の参加者にとって，ブレトンウッズは自然環境，気象条件とも申し分のない場所であった．ケインズ夫妻はホテルのスイート 219 号室に宿泊した．部屋からはアモヌーサク（Ammonoosuc）川とニューイングランド地方の最高峰マウント・ワシントン山頂への登山鉄道（アプト式）を望むことができた．ケインズ夫妻の部屋の階下の 119 号のスイートにはモーゲンソー夫妻が宿泊した（Skidelsky 2001: 347; Steil 2013: 11-2）．

ケインズは，ホプキンズへの書信で，ブレトンウッズの気候について，「当地は，丘陵の高みにあって，苦になるほどの暑気はありませんでした．たとえば，今日（7 月 22 日のこと）などはむしろ，うすら寒いイングランドの典型的な 7 月の一日といったところです」と伝えている（CW 1980b: 110）．

国際通貨会議の会場となったホテルは準備不足とともに，宿泊施設の不足も悩みの種であった．そこに当初予想の 3 倍の 700 人を超える人びとが蝟集したのである．ホテルに宿泊できない人びとは近隣の宿屋に宿泊を余儀なくされた．

国際金融史の研究者であるジェイムズは，ニューハンプシャー州のリゾートホテルという隔絶された空間に生まれた魔力は，このような現実のなかで生み出されたと指摘していた．過密で，喧噪のなかでの会議の連続から，極度の疲労が蓄積された参加者は，ある種の興奮状態に陥ったのではないか，というわけである（James 1996: 53）．

だが，ジェイムズの指摘する「興奮状態」は，「猿小屋」でのアルコールの影響もあったかもしれない．ケインズは 5 月 30 日のウェイリー宛の書簡でブレトンウッズ国際会議の開催について米国の新聞が「会議は 7 月 1 日に始まり，数週間続く見込み」であると報じていることについて触れ，次のように書いていた．「もしこれが数日のミスプリントでないとすれば，この猿小屋がどんなになっているのか，見当がつきません．おそらく会議が終了するまでに，急性アルコール中毒患者が生まれると思われます」（CW 1980b: 41）．ケインズはこのメタファーを好んだようだ．後の書簡でも「ブレトンウッズにおいて，巨大な猿小屋をうまく演出する」といった表現が見いだされる（CW 1980b: 63）．

アルコール中毒の件はケインズの予想が的中したともいえる．ケインズはブ

レトンウッズ会議終了時点で次のように書信で伝えている．ブレトンウッズで「ただ1つ実に困惑しているのは，カクテルパーティーがきわめて多く催されていることです」．「それは好ましいことではありません．英国代表団はカクテルパーティーを数回に減らすか，全く行わないことにして，今後によい手本を残すべきです．アルコール飲料の消費は驚くべきものです．カクテルパーティーの費用は1回当たり約30ポンドから50ポンドもかかります，毎晩，6つ前後のパーティーが開催されています．それはよいことではありません．米国側は全く行わず，模範となっています．もっとも会議の主人公としては，もちろん最終の祝宴を準備しております．われわれも米国の例にならうべきです」(CW 1980b: 110-1)．

7月4日，基金に関する各分科会がフルに活動を開始した．ロビンズは，各分科会相互の連携がとれていない状態での会議の進行を懸念した (Howson and Moggridge 1990: 170)．

会議を支えるスタッフは不慣れな人びとが多く，人手不足から多数のボーイスカウトや兵士が動員された．人びとは不眠不休で仕事をこなした．ブレトンウッズ会議終了後に，ケインズは，そこでの激務ぶりを次のように伝えている．

> 「われわれは全員が，実際にここ4週間というものは，休むことなく，起きている間，ずっと働き続けてまいりました．私は付添いの医者の厳命を守り，夕食後はいかなる委員会も，断固出席を断ってきましたため，健康は非常に良好です．（ただ一度だけ指示にそむいたため，立ちどころに心臓発作に見舞われ，そのため肉体的苦痛に劣らず，罪の意識にさいなまれました．）ところが，他の人たちは，午前3時半まで委員会に出席して，翌朝は9時半には再び委員会を開始しました．どうしてそれに耐えることができたかのは，全く奇跡と言うよりほかありません．ある時，ホワイトは，ここ4週間の間，一晩5時間以上寝ておらず，疲労困憊の極みに陥っている，と私に語りました」(CW 1980b, 邦訳 133-4 頁)．

ケインズはアンダーソン卿への書信で英国議会の立法過程と比較して次のようなブレトンウッズ会議での仕事ぶりを伝えている．

「当地での仕事の重圧感は,まったく信じ難いほどでした.3, 4週間のうちに,数多くの各省間委員会や,内閣委員会の準備の仕事や議会への法案起案者の仕事をすませたうえ,2つの込み入った重要法案を上下両院のそれぞれを通過させる仕事をもやり遂げなければならないといった類いのものです.これらはすべて各種段階の委員会で行なわれたのです.音響効果の悪い部屋で200名程にものぼる人たちが,マイクロホンでがなり立て,これら出席者の多くは,しばしば当該委員をもふくめて,英語力が不十分でした.そして各人が自国の新聞に格好よく報道されるような,なにものかを記録に残そうとしていました」(CW 1980b,邦訳133-4頁).

ゴールデンワイザーは,次のように回顧している.それは大変な仕事であった.1日に何回もの会議が開催される.会議の結果は翌朝までにまとめられ,文章化され,配布される.大勢の速記者たちが昼夜分たず,交代で働く.ボーイスカウトの一団が働き,会議を支えている.多数の対立する利害を解決し,協定の条項を確定してゆく.私自身がそうした条項に不慣れであった.それらは複雑で,法律用語で書かれており,私が理解できないと思うテーマに及んでいたのである.多くの人びとが集まり,多様な理解不能な事態が存在した.

ゴールデンワイザーは,この一方で,ケインズについて次のような興味深いスケッチを残している.ブレトンウッズで際立ったパーソナリティを示したのはケインズであった.2つの側面で.すなわち,その思想と表現で輝ける人間である一面と,世界で最悪の議長としての一面である.彼の銀行の専門委員会での司会は堪え難い.彼は,急いで問題を処理しようとして自分で文書を作成する.彼は司会している間,不明瞭に話した.彼が話しているのを聞き取るのは困難であった.一方で,ケインズは意見の相違に我慢ができなかった.彼のブレトンウッズでの役割はむしろホテル2階にあり,彼らが過ごしたスイートで発揮された.誰もが彼のすぐれた発想や示唆,妥協策を求めてそこを尋ねたのである.ところで,このケインズが宿泊した部屋の真下がモーゲンソーの部屋であった.バレリーナであったケインズ夫人が,会期中に決まってレッスンを行うので,その物音が階下に聞こえ,しばしば会議の行方に気を揉むモーゲンソー夫妻の安眠を妨げたのであった (Moggridge 1992: 741; Van Dormael

1978: 174; Steil 2013: 12).

(3) ブレトンウッズ会議の開幕

　各国代表団は，7月1日，早朝，ブレトンウッズに着いた．モーゲンソー長官の挨拶で会議の幕がきって落とされた．だが，本格的に会議が始まるまで時間がかかった．7月1日は，実質的な会議は開催されなかった．夕刻には，英国代表団がケンブリッジのキングズカレッジとオックスフォードのニューカレッジとの友誼 500 年祭を祝う小宴が開かれた．翌日は，日曜日であったため，正式会議は開始されなかった．3 つの専門委員会が開催されたのは，7月3日のことであった．

　第 1 専門委員会は国際通貨基金を扱う．また，第 2 専門委員会は国際復興開発銀行を，第 3 専門委員会は国際金融協力の他の諸問題，をそれぞれ扱うことになる．注目されたのは，第 1 専門委員会の責任者にはホワイトが，第 2 のそれにはケインズがついたことであった．前述したように，ケインズを第 2 専門委員会の議長に据えたのは，米国の計略であった．これに対処しえなかった英国は，この段階ですでに交渉の主導権を失っていたことを露呈させた．第 3 の委員会はメキシコ主席代表のスアーレスが議長についた．また，第 1，第 2 専門委員会には 4 つの分科会が設けられた．各分科会の議長と報告者はすべて非米国人があたり，事務局にはアトランティックシティでホワイトの下で訓練された人びとが入った．彼らは，分科会から委員会に報告する仕事も担当した．これらの専門委員会はまれにしか開催されず，各分科会が実質的な作業を行った．ケインズとホワイトは厄介な論争が起こった際にいつでも対応できるように自室に控えていた（ハロッド 1967: 637）．

　ホースフィールドによれば，第 1 専門委員会は，7 月 3 日に開催された後，5, 10, 13, 14, 15, 18, 19 日に開催された．また，第 2 専門委員会は，7 月 11 日に活動を開始し，13, 16, 19, 20, 21 と開催された（Horsefield 1969: 92）．

　会議の作戦司令部となったのはモーゲンソーの部屋であった．そこに陣取ったホワイトと彼の専門家たちが，会議を実質的に取り仕切ったのである．ホワイトは，特別委員会方式で問題を処理した．彼は，合意形成が困難にみえる問

題の処理では，公の討議や全員一致，あるいは多数決での決定を避けた．問題を処理する特別の委員会を組織し，そこに解決を委ねる方式をとったのである（Van Dormael 1978: 177-8）．

これらはすべてホワイトの思惑どおりに進んだ．だが，彼の思惑どおり捗らなかったこともやがて明らかになった．各分科会の議長や報告者が，十分に英語を話せなかった点である．これが円滑な議事運営の大きな障害となったのである．

英国代表団では心臓を病むケインズの体調への配慮から，ロビンズ，ロバートソン，イーディーらの役割が増した．ケインズは，なかでもロバートソンが最もすぐれた働きをしたとホプキンズに次のように伝えている．

> 「われわれのチームの人びとはみな，立派に力をあわせて働きました．もしもだれかを取り立てて選ぶとすれば，デニスを挙げなければならないと思います．彼の助力は絶対に欠くことのできぬものでした．彼だけがあらゆる細目にいたるまでしっかりと理解して，それらについてバーンスタイン（同氏はデニスを絶賛しています）と渡り合うに足る，知的な鋭さと忍耐心とねばり強い性格を持っていました．そのため，私は他のことに専念しても，彼の関係するところについてはまったく安心していることができたのであります」（CW 1980b，邦訳136頁）．

ケインズは，こうロバートソンを礼賛した．ロビンズもロバートソンを英国代表団の真のヒーローである，彼とバーンスタインとの友好的な相互理解がなければどんな事態が生じていたかわからなかった，と記している（Howson and Moggridge 1990: 180-1）．ケインズはブレトンウッズ会議で，ロバートソンとの良好な関係を保っていた．彼は，ブレトンウッズ会議終了直後に，国際通貨基金第8条の解釈を巡り，ロバートソンと鋭く対立することになるとは夢にも思わなかったに違いない．

2. 第1専門委員会と国際通貨基金

われわれがここで俎上にのせるのは，ガードナーの所説である．すでに言及したが，彼は，「きわめてわずかな修正が行われただけで」ブレトンウッズ協定は成文化されたと論じている．われわれはかかるガードナーの所説を支持しない．共同声明とブレトンウッズ協定を比較すると明らかなように，構成上の大きな変更とともに多くの重要な修正が施されたと解釈するからである[2]．

ブレトンウッズの最初の1週間に人びとの関心は国際通貨基金に集中した．国際復興開発銀行をあつかう第2専門委員会は7月11日まで開催されなかった．国際通貨基金の設立に関する第1専門委員会ではロバートソンとバーンスタインがふたたび親密な協力関係を結び，問題の処理にあたった．会議に参加できず恟悵たる思いのハロッドは，間接的にしか事情を知り得なかったのに，種々雑多な各部会の決議を精査して最終的な協定文にまとめあげたのは，この2人であった，と揺るぎのない筆致で回顧している（ハロッド 1967: 637）．この評価は間違っていない．

(1) 国際通貨基金協定の起草過程

すでに触れたように，会議ではまず国際通貨基金についての議論が優先され

---

[2] ホースフィールドは，ブレトンウッズで配布された文書は，500点を超え，そのうち英語文書だけでも1,000頁にのぼった，としたうえで，ここで完全にこれらを扱うのは不可能であり，われわれがなし得るのは，いくつかの主要な論争点に触れることであると述べている．ホースフィールドにしてもブレトンウッズ会議での込み入った論議を詳細に跡づけることは容易ではないと考えていたのであろうか．そうして彼は，「論争から協定へ」と題するブレトンウッズの箇所では，国務省の編集による全2巻からなるブレトンウッズ会議の『会議録』Proceedings にのみ依拠して，ブレトンウッズ会議を扱っている．彼によれば「わずかな記録が『会議録』に収録されているだけである．これ以外に公式記録は残されていない」（Horsefield 1969: 93）．

ブレトンウッズ会議を回顧したマイクセルも，会議に関しては，概略の，不十分な記録が残されているだけで，多くのより興味深い議論に関しては，参加者の未公開の覚書や回顧録が残されているのみであると書いている（Mikesell 1994: 35）．ブレトンウッズ会議の公式記録が米国国務省の取りまとめた『会議録』以外に存在しないというのは驚くに値しない．会議事務局は，米国代表団によって組織されていたからである．

第8章 ブレトンウッズ会議

た. 基金の目的, 加盟国の条件, 拠出額, 金の拠出額, 拠出の時期, 資金の管理場所, 加盟国と基金との取引, 不足通貨条項, 加盟国の義務, 債務国と債権国の責任, 平価変更の条件, 国際資本移転, 過渡期問題, 基金の金の保管場所, 基金からの脱退, 基金の清算など重要な問題から文章表現, 用語. 細部にいたるまで, 限られた時間内で処理しなければならない (Van Dormael 1978: 178).

ここでは, 国際通貨基金協定が共同声明を骨格とする草案から現行協定に近い骨格へと改変され, 確定されてゆく過程を跡づけよう. 興味深いのは, こうして国際通貨基金協定の条文が整備され, 体系化されていく過程を仔細に検討すると, 最後まで条項化に手間取ったのが国際通貨基金協定第8条であったことが (自然と) 浮かび上がってくる点である.

① 7月1日付国際通貨基金協定案

ブレトンウッズ会議の初日に共同声明をベースに多くの修正提案を盛り込んだ協定案のたたき台が提示された. それは共同声明の第1〜10条編成に新たに「第11条 修正」を追加したもので, そのほとんどが英米共同の修正提案であった. なお, この段階ではさらに, 第12条として協定の解釈なる条項が追加されることが明らかにされていた. すなわち, 第1条「基金の目的と政策」, 第2条「基金への出資」, 第3条「基金との取引」, 第4条「加盟国通貨の平価」, 第5条「資本取引」, 第6条「稀少通貨の割当」, 第7条「基金の管理」, 第8条「基金からの脱退」, 第9条「加盟国の義務」, 第10条「過渡期の取決め」に, あらたに第11条「修正」が新設され, さらに第12条として「協定の解釈」の追加が検討されていたのである.

各条項をやや詳しくみると, いくつか興味深い点が明らかになる.

第1に, 適正な条項の配置に欠け, 未だ課題が残されていた点である. たとえば, 第3条「基金との取引」の第5項で, 本来は稀少通貨条項におかれるべきと考えられる稀少通貨化を阻む措置が規定され, 同第6項で「多角的清算」として, 後の第8条第4項の外国保有残高の交換性回復に関わる条項が規定されていた. また, 第9条で, 加盟国の義務として, 後に第4条に移される平価での外国為替取引が規定されていた.

第2に，第1の点に関連して敷衍すれば，国際通貨基金第8条の条項化に手間取るのは，最終的には第8条となる草案の第9条の範囲が，雑然とした広範な内容から構成されていたからである．すなわち，第1項「目的と追加的理解の範囲」，第2項「平価に基づく金の買入れ」，第3項「平価に基づく外国為替取引」，第4項「経常支払に対する為替制限」，第5項「基金の条項からの免責」，第6項「訴訟からの免責」，第7項「基金に対する課税制限，基金の職員と義務」の7項目編成であった．第9条は国際通貨基金最終協定案の第8条の内容，構成とは著しく異なっていたのである．

第3に，きわめて重要な点であったが，第4条第1項の平価の決定で突然のごとく金交換可能通貨単位 a gold-convertible currency unit の語が挿入されていたことである．この語がどのような事情で突如導入されたのであろうか．ホースフィールドはこの点について，全く関心を払っていない．資料的にもこの経緯は不明である．ともかく，会議中の，この用語が適切か否かの議論の進展から，金と並び新たに米ドルが，加盟国通貨の平価基準となるのであった．

第4に，第4条第2項から第4項の相場調整に関わると思われる規定の条項化が間に合わず，後に追加されることとされていた点である．後年，調整可能釘付け方式と呼ばれた固定相場制の調整方式は，土壇場まで条文案が作成されていなかったのである．

最後に，第7条以下の条文案は，ほとんど新設されたものであった．多くが国際組織の運営にかかわるこれらの規定は，結局，会議中に急ぎ整備されることになるのだった（USDS 1948: 21-68）．

② 7月13日付第1専門委員会起草委員会の報告，同付属文書「国際通貨基金協定案」

この文書は，共同声明から国際通貨基金協定案への進化を示す極めて重要な文書である．ここで共同声明の規定案を根本的に組み替え，最終的な国際通貨基金案の基本的骨格が整えられた．この点で，国際通貨基金をめぐる審議過程の重要な段階を画することになり，協定文の起草活動が大きな前進を遂げたことを示している．

全体で19条編成となっているこの草案の注目すべき特徴のひとつは，共同

声明第9条の規定が国際通貨協定第8条として組み替えられた点である．ただし，この草案では全6項編成の第8条は，最終協定の構成と異なり，第1項「はじめに」，第2項「経常支払に対する為替制限」，第3項「多角的清算」，第4項「基金からの通貨の受取」，第5項「情報の提供」，第6項「既存の国際取決めに関する加盟国間の協議」となっていた．第2から第5項の内容に関しては，「入手できず」と記され，どのような規定であるのかは不明であった（USDS 1948: 527）．

③ 7月16日草案：Working Draft
この文書は，最終協定草案とあるように，事実上の最終文書と見てよい構成と内容になっている．それというのも，国際通貨基金草案の第8条の構成がここにきてようやく最終協定と同じになるからである（USDS 1948: 655-96）．この最終案で第8条とともに重要であったのは，第4条第1項での平価規定の変更である．これまで各国通貨の平価の基準となる通貨単位を金とならんで「金交換可能通貨単位（gold-convertible currency unit）」としていたのを「米ドル」と変更している（USDS 1948: 660）．

④ 7月19日第1専門委員会起草委員会の第2次報告，同付属文書「国際通貨基金協定」
この文書が国際通貨基金の協定案の審議を進めてきた第1専門委員会での最終文書であった．それは7月16日の草案に手をくわえ，最終的に仕上げられたものであった．この文書が7月20日にブレトンウッズの全体会議に提案されるのである（USDS 1948: 768-808）．

(2) 国際通貨基金協定：主要条項の取り扱い
ここではブレトンウッズ会議での条項化の過程を主要な条項を中心に概観しよう．

会議で比較的早くに成文化が終了した条項は，第6条，第7条であった．7月13日には，ほぼ条文案が作成され，翌7月14日には，第1専門委員会で承認されている．この一方で第5条は，18日，第4条，8条，12条，14条は，7

月19日まで条文案の作成がずれ込んでいる．

①目的
国際通貨基金の基本目的については，第1条で以下のように規定していた．
第1項　国際通貨問題に関する協議と協調のための機構を供する恒久的制度を通して国際通貨協力を促進する．
第2項　国際貿易の拡張および均衡のとれた成長を増進し，以て経済政策の基本目標たる全加盟国の雇用，および実質所得の高水準の促進と維持ならびに生産的資源の開発に寄与する．
第3項　為替の安定を促進し，加盟国間の秩序ある為替合意を維持し，競争的為替引き下げを防止する．
第4項　加盟国間の経常取引に関する多角的為替制度の確立を援助し，ならびに世界貿易の増進を阻害する外国為替制限の除去を援助する．
第5項　適切な保全措置を講じたうえで基金の資金を加盟国に利用せしめ，以て各加盟国間に国内または国際的繁栄を阻害する手段に訴えることなく，その国際収支不均衡を是正する機会を与え，加盟国に確信を与える．
第6項　加盟国の国際収支不均衡の期間を短縮し，かつその程度を軽減する．

　7月1日の共同声明を基礎にした当初案から7月16日の作業草案をへて7月19日の第1専門委員会起草委員会第2報告，最終案まで全6項の編成は変わらなかった．だが，項目の順番はさきの作業草案までは共同声明の順番と変わらなかったが，最終案では変更されている．これをやや詳しくみると，第1，2，6項は移動がなかった．だが，新条文案では，旧第3項は第5項に，旧4項は第3項に，また旧5項は4項に，それぞれ順位が変更された．これにより国際貿易の拡大と成長，高水準の雇用と所得，生産的資源の開発，為替の安定化，経常取引に関わる多角的支払制度，為替制限措置の撤廃，を謳ったそれぞれの条項が共同声明の順位から繰り上げられた．
　この結果，旧条文では第3項に位置していた資金供与に関わる規定は，新条文案では第5項へと繰り下げられる結果となった．こうした措置がとられた事

情は，国務省の会議録からは明らかではない．だが，これによって結果的に基金における資金供与の位置づけが低下した印象を与えたことは否めなかった．

第2に，内容的な修正である．全6項のうち，第3項～第6項の規定は，共同声明と同じかほぼ同じであった．だが，第1項には，「協調（collaboration）」が，第2項には「生産的資源の開発（development of productive resources）」が，それぞれ新たに追加された．

目的に関わる第1条については，ブレトンウッズ会議では，2つの重要な問題が提起されていた．ひとつは第2項の修正に関わる問題である．今ひとつは，戦時の異常残高の処理にかかわる修正問題である．これらを順にみよう．

まず，第2項である．この処理に意外に手間取った．この事情は次のようであった．ブレトンウッズ会議の開会早々にインドが，「経済的に開発の遅れた国々の資源の一層の利用を援助する」との内容を盛り込もうと条項の修正を求めてきた．第1分科会がこの求めを受けて検討を開始した（USDS 1948: 23, 118, 135）．それは，インドが，アトランティックシティでも主張していた点であった．経済的低開発地域の国々の資源の完全な利用を求めたもので，エクアドルもこれを支持した．しかし，問題の取り扱いをめぐって，南アフリカと英国が，それは国際復興開発銀行の仕事であるとして反対した．こうしたなかインドは，7月6日になって，新たな修正提案として第2項を以下の条項にかえるように求めてきた．「国際貿易の拡大と均衡成長を促進すること，以て経済的に後進諸国の必要に十分配慮しつつ，すべての加盟国の高水準の雇用の促進と資源と生産力の開発に寄与する」（USDS 1948: 184）．この動きは成功したかのようであった．すなわち，第1分科会の起草委員会で，インドの修正案の趣旨が条文案に盛り込まれる結果となったからである．しかしながら，報告を受けた7月15日の第1専門委員会での審議では，米国代表団がその削除を求めた．この問題は，結局，英国代表団の動議が採られて「特別委員会」に検討が委ねられた．そうして，7月18日の第1専門委員会で，インドの提案を退ける「特別委員会」の提案を受けて，先の修正部分は削除された．そのかわりに，新たに「生産的資源の開発」が盛り込まれたのであった（USDS 1948: 335-7, 518-9, 607-9, 651, 697, 768, 824, 873）．

第1条の目的に関する議論では戦時累積債務の処理も問題となった．インド，

エジプトの代表は，戦時債務の処理を以下の如く基金の目的に盛り込むよう求めてきた．「今次大戦によって生み出された異常債務の解決を促進し，そのために融資を行う」（インド），あるいは「大戦時に累積した対外債務残高の多角的清算を促進する」（エジプト）（USDS 1948: 24, 122）．7月6日の第1専門委員会第1分科会で，インド代表がエジプト提案を支持する意見表明を行った．インドはこの問題でさらに7月8日，新たな代替案を提示し，基金の資産を悪化させないような方式で対外残高の「適切な部分（a reasonable portion）の多角的処理」という文言に修正し，戦時異常残高の処理を求めた（USDS 1948: 278）．これについては，7月10日の第1専門委員会の第3回会議で，英，米，仏が反対し，否決された（USDS 1948: 433）．

②拠出額

米国代表団がブレトンウッズ入りして早々に大きな問題となったのが各国にどう基金の出資額を割り当てるかであった．米国代表団会議の議事録が記載されているモーゲンソー日記には，7月1日の準備会議で始めに取り上げられ，3日には，午後8時30分からの会議で取り上げられ，延々と議論が続けられたことが記録されている．5日の午前9時30分の会議でも主要議題となっている（MD 749: 1-15, 224-65; －750: 77-133）．

この問題を扱うために，ヴィンソンを議長とする特別の委員会が組織された．各国の割り当てについてはホワイトのもとで1943年6月にマイクセルによって作成された財務省文書が基礎となったと考えられている．それは国民所得，国際投資，ドル残高などを勘案したものであったが，ホワイトの指示にもとづき，あらかじめ米国25億ドル，英国はこの半分，ソ連，中国が3位と4位になるように算出されたものであった．算定にあたりマイクセルは，まず8億ドルを調整額として残し，総額の90%を各国に割り当ててみた（Horsefield 1969: 95）．

こうした試算をベースにブレトンウッズで米国は総額を80～83億ドルとみていた．米国の割当額は27.5億ドル．英国が第2位の地位を占め，ソ連が第3位で10%程度の割当比率が想定された．だが，会議で割当額が明らかになると，各国はこぞってより多くの割当額を主張し始めた．

まずソ連である．ソ連は，7月3日，8億ドルではなく英国より幾分少ない額になる12億ドルを主張してきた．さらに，戦災国としての特別扱いをも要求し，金の拠出額の削減を求めてきた．ホワイトは，①12億ドル案，②9億ドルと金拠出額25%の削減を組み合わせた案，のうちから望ましい選択を求めるように提案し，ソ連との合意形成につとめた（Van Dormael 1978: 191-7）．

実のところ財務省は，国際通貨基金へのソ連の参加を想定し，1943年の5，6月の各国協議の間，ソ連とも独自に協議していた．その後，ソ連との間では，1944年1月から5月にかけて再度一連の会議が持たれていた．そこでソ連側は，①金の拠出比率は15%を主張するが非占領地域となった諸国は7.5%とすべきであり，また，新産金は対象から除外すべきである，②ルーブルの為替相場は基金による為替平価の規制から除外すべきである，③基金から引き出されるルーブルはソ連からの財・サービスの購入にのみ充てるべきである，などと主張していた．特別扱いを要求するソ連に対してモーゲンソー，ホワイトは寛容であった．米国側は1943年6月時点でのソ連の拠出額は7.63億ドルと考えていたが，その後の協議で，ホワイトは拠出額全体の10%を考慮している，と伝えていた（Horsefield 1969: 77-8）．

ブレトンウッズ会議を取材していたあるジャーナリストの報ずるところでは，ニューディールの一部勢力がブレトンウッズ会議の正式の代表でないのにもかかわらず，立ち回り，彼らはあらゆる面でソ連を宥和しておかないとソ連は戦後の東欧やアジアの大部分を手中にするであろうと主張していた．ソ連の対外膨張を宥和するためとは考えなかったのであろうが，モーゲンソー，ホワイトはブレトンウッズ会議でソ連の妥協を引き出そうとして，財務省内で検討されていた巨額の対ソ借款をほのめかした（Eckes 1975: 144-5）．

他方で中国は4番目の地位を，フランスは5番目を要求し，インドは中国と等しい割り当てを求めた．会談当初，フランス代表団はフランス解放委員会と呼ばれた．ドゴールに対するローズヴェルトの不信は強く，フランス本国からではなくアルジェリアから空路訪米したM.フランスらの一行は，当初，フランス政府の正当な代表団とはみなされなかった．委員会が代表団と見なされるようになったのは，ブレトンウッズ会議の終了間際になってであった．このよ

うな事情があったのにもかかわらずフランス代表団長の M. フランスは，割当額に不満で，戦後通貨計画に参加しないとの態度に出た．ホワイトはこれに怒り心頭となった．しかしながら，老練な政治家であるヴィンソンは，フランスの動きをブラフであることを見抜き，深刻に受けとめる必要はないとみた．M. フランスが強硬姿勢をみせた背景には，オランダ，ベルギー，ルクセンブルグが三国通貨協定を締結したことがあった．3 国の割当額を総計すると 5.1 億ドルとなり，4.5 億ドルのフランスを上回ることになる．M. フランスは，ベネルクス 3 国が拠出額では第 5 位を占め，この結果，常務理事会の理事ポストを得ることになるのではないか，とも懸念したのである（Van Dormael 1978: 186-8）．

このほかでは強力な代表団を送り込み活発な動きを見せるインドが，5 番目の位置を要求した．インドは 4 億ドルで満足するようであった．オーストラリアや南アフリカも大きな拠出額を求めた．米国は，英連邦の総額が米国を超えないように対処しようとした．一方で，米国自身は，ブラジルやメキシコ，キューバの比率を高めようと企てた．7 月 9 日，モーゲンソーは国務省のコラドと問題を協議した．コラドは中南米諸国と協議していた．中南米地域からはアルゼンチンが枢軸国との深い関係から会議に招聘されず，代わりにメキシコ，ブラジルが中南米地域で比較的大きな役割を与えられることになっていた．

また，米国にとってはまた，キューバ，チリ，コロンビアの処遇も悩みの種であった．それぞれが中南米域内での第 3 の地位を要求したからである．そのうえチリはキューバと，コロンビアはキューバとそれぞれ対等な地位を望むといった次第であった．他方で，ヴェネズエラ，ウルグアイ，ボリビアは少なめの出資を望んでいた．問題を複雑にしていた事情はほかにもあった．米国にとって中南米の割り当てを減らすのは投票数を確保するうえから避けたかった．こうした各国の思惑と利害対立をどう調整するのか．米国の出資比率を下げるのか，ケインズが主張しているように基金の出資総額を増やすのか．

割当問題は結局，①ソ連に 12 億ドルを割り当てる，②出資額の増額はせず，総額 88 億ドルを変更することなくソ連の割当額を差し引いた残余の額の再調整を行う，ことで落着した．7 月 14 日，モーゲンソーはホワイト，ヴィンソン，ウォルコット議員らと各国の拠出比率，額について協議した．そうして，

米国の比率を引き下げ，さらに南ア，オランダ，中国の比率を減らす方針で臨むことで合意した．米国は，このうち，主要国の地位にふさわしい割り当てを求める中国に対しては，国際復興開発銀行での中国の割当額を増やすことで，国際通貨基金の拠出問題での妥協を求めた（Van Dormael 1978: 179-3; MD 754: 20-30; Horsefield 1969: 97）．

割当額は結局，7月15日の割り当てに関する委員会で，次のような合意に至った（USDS 1948: 634）．

米国2,750，英国1,300，ソ連1,200，中国550，フランス450，インド400，カナダ300，オランダ275，ベルギー225，オーストラリア200，ブラジル150，チェコスロヴァキア125，ポーランド125，南アフリカ100といった割当てであった（単位：百万米ドル）．だが，これに中国，ニュージーランド，エチオピア，エジプト，オーストラリアなどが態度を保留し，あるいは再検討を求める動きにでた．これらの国々のうちオーストラリアは最後まで保留の態度を崩さなかった（USDS 1948: 653, 1088-9）．

③第4条「通貨の平価」

為替条項をあつかっていた分科会では，バーンスタインとロバートソンが問題を取り仕切っていた．

国際通貨制度構築の土台をなす第4条の起草は手間取り，条文案が最終的に確定したのは，7月19日になってであった．条文案の基本的骨格は，7月13日の起草草案で全10項からなる条項案が固まっていた．これが7月16日の作業草案で，ほぼ現行案に近い形式と内容に修正されたのである．起草草案にあった第6項「提案された変更に対する基金の行動」が削除されたため，最終的に全9項構成となった（USDS 1948: 520-3, 660-3）．

そして当初案で「加盟国通貨の平価」と題されていたタイトルは，「通貨の平価（Par Values of Currencies）」と変更された．

規定のうえでの重要な変更点に注目すると，まず第1に，第1項「平価表示」で，金，あるいは金交換通貨単位とあったブレトンウッズ会議の当初条文案が，金，あるいは米ドル（United States dollars）に変えられるという重要な変更があった．これによって米ドルが，金と並んで各国通貨価値の基準とされ

たのである．

　第2に，固定相場からの変動幅を定めた．共同声明では平価の変動幅についての言及がなかった．協定ではこの点を明確に規定した．金の売買にあたってのマージン，外国為替の直物取引，その他取引にあたっての外国為替の変動幅を定めたのである．

金と米ドル——価値尺度の問題

　ホースフィールドのIMFの25年史は，第4条第1項「平価の表示」で加盟国通貨が金，あるいは米ドルで表示されると規定し，米ドルが金と同等の位置を占めるにいたった経緯については，不思議なことに，ひとつも触れていない．

　共同声明第4条第1項では，加盟国通貨は金でのみ表示されていた．しかしながら，この規定案は，経緯は不明であるがブレトンウッズ会議に向けた英米共同提案第4条第1項「加盟国通貨の平価」では，金，あるいは金交換可能通貨単位 a gold-convertible currence unit を以って加盟国の通貨価値を表示する，と修正された．初めて金交換可能通貨単位なる語が登場したのである（USDS 1948: 37, 185）．この後，平価規定をめぐっては次のような動きがあった．

　7月5日，エジプト代表団は，国際通貨単位VALを提案した．それは金10グラム，約11.253ドル，約54.013シリングに相当した（USDS 1948: 164-5）．エジプト提案は，受け入れられなかった．

　7月6日，第1専門委員会第1分科会は，英米修正提案を承認した（USDS 1948: 215）．

　7月9日になって第1分科会の提案は，第1専門委員会に報告された．翌10日，第1項は成文化された．しかし，この時点で第4条の第2，3，4，5項はまだ審議中であった（USDS 1948: 451）．

　7月13日，第4条は第1専門委員会「起草委員会」報告として提案された．ここでひとつの修正があった．第1項に従来の条文案を(a)として，新たに(b)を追加する措置であった．(b)は，各国通貨に関する計算はすべてこの平価でなされるとの規定であった（USDS 1948: 520-1）．だが，金交換可能通貨単位の用語は変更されていなかった．

　翌14日，「起草委員会」の提案が第1専門委員会で審議された．ここで，始

めのうちは第4条第1項の用語の問題は提起されていなかった．だが，第4条第1項との関連で注目すべき動きがあった．この場で，第3条「割当と拠出」の第3項「拠出：時期，支払の場所及び形式」(b)の条文にあった「金交換可能為替」を米ドルに変えることが合意されたのである．ここで注意を要するのは，この変更が第4条ではなく第3条の条文であるということである（USDS 1948: 520, 628）．

　この金交換可能為替なる用語は，7月1日付の準備草案第2条第3項，および代替提案A第5項「当初払込」に見いだすことができた．なお，金交換可能為替については，7月7日付以降の草案には，金とともにその定義づけが必要であり，この点で合意が得られ次第，変更されるとの注記があった．

　ここまで第3条第3項の修正の経緯についてみたが，それでは，問題となっている第4条第1項の当該箇所が修正されたのはいったい，何時のことか．それは7月16日の作業草案においてであった．すなわち，そこで「金交換可能通貨単位」が「米ドル」へと変更されたのである（USDS 1948: 660）．

　この問題で注目すべきはヴァンドーマエルの研究である（Van Dormael 1978: 201-3）．彼は「米ドル」の用語は，2段階の過程を経て導入されたと説明する．すなわち，第1の段階は第4条第1項の条文案に盛り込まれた「金交換可能通貨単位」なる用語の導入である．彼によれば，これは7月6日の第1専門委員会第2分科会でのことである．ここにはロバートソンや各国の通貨の専門家が出席していた．会議ではまずメキシコが提起した銀問題について協議し，その問題の検討を先送りした後，稀少通貨問題を討議した．そうこうしているうちに，米国代表が代替案Aを提出した．そこには「平価は，1944年7月1日現在の共通の尺度としての金，あるいは金交換可能通貨単位の重量と純度で表示する」とあった．

　ヴァンドーマエルはこう説明するが，いくつか不明確な点がある．

　第1に，ヴァンドーマエルの説明では，金交換可能通貨単位の用語は，7月6日に初めて提案されたことになる．そうではない．国務省会議録では，7月1日の共同声明第4条第1項に対する英米共同修正提案にこの用語を見いだすことができる．6日ではなく1日に，しかも米提案ではなく英米共同の形で，である（USDS 1948: 37, 185）．金交換可能通貨単位の用語は，ブレトンウッ

ズ会議のはじめから金とならんで加盟国通貨の価値基準として提案されていたのである。

第2に，ヴァンドーマエルは指摘していないが，金交換可能通貨単位の用語は，7月9日の第1専門委員会第2分科会で承認されている。(USDS 1948: 185, 215)。

第1の段階に関するヴァンドーマエルの説明に対する疑問はこの程度にして，彼の第2段階についての説明に移ろう。彼によれば，興味深い第2の動きは7月13日の午後2時半からの第1専門委員会で起こった。当日の討議議題のひとつとして，分科会では加盟国が，「金，及び金交換可能為替」で払い込むのは何時とするか，を話し合っていた。払い込みを何時とするのか自体はマイナーな問題であったが，問題を扱っていた分科会は，検討する時間がないとして，取り扱いを直接第1専門委員会に委ねてきていた。同委員会ではインド代表が，金交換可能通貨とは何かを質問する動きがあった。ヴァンドーマエルによればこの問題は，これまで討議され，ケインズはそれが存在しないとしてきた問題であった。それゆえ会議では，議論の経緯から，通貨の価値基準の問題ではなく，金交換可能通貨の拠出問題としてとらえられるべき問題であった。だが，ここでロバートソンが，ケインズの指示に反して，「金，及び金交換可能通貨 (gold and gold-convertibele currency)」の用語を「金と米ドルの純公的保有 (Official holdings of gold and United States dollars)」に置き換えるべきであると提案した（下線：筆者）。これは，金交換可能通貨は事実上米ドルを指すと考えていたホワイトにとって，絶好の好機であった。ホワイトはすぐさま議長としての権限を発揮して，この問題を特別委員会の検討に委ねた。

ヴァンドーマエルのこの説明も疑問である。この日（7月13日）の第1専門委員会での審議で問題となったのは，ヴァンドマーエル自身も言及するように，第4条「通貨の平価」第Ⅰ項「平価の表示」の用語の問題ではなかった。第3条「割当及び出資」第3項「出資」(b)，第4項「割当額が変更された場合の払い込み」(a)の条文にある「金交換可能為替」をかえるかどうかが問題となっていたのである。すなわち，「金交換可能為替についてもこの文言を『米ドル』にかえることが望ましいとの示唆とともに特別委員会に扱いが委ねられた」というのが実際の経緯である（USDS 1848: 599）。ヴァンドーマエルは，

明らかに，第3条第3項，同第4項の用語変更の問題と第4条第1項の問題とを混同している．

　それにヴァンドーマエルは，ロバートソンが「金交換可能通貨 currency」（下線：筆者）の用語を問題したと記しているが正確ではない．ロバートソンは，「金交換可能為替 exchange」（下線：筆者）を問題にしたのである．

　またヴァンドーマエルは，ロバートソンの動きを「ケインズの指示に反して」と記している．米国連邦準備制度理事会所蔵のブレトンウッズ会議関連資料（バーナフ覚書 Bourneuf notes）に依拠して説いていることを示唆しているが，われわれはこの史料を確認できなかった（Van Dormael 1978: 314 note 46）．

　この経緯については最近，発見された財務省資料では，次のように記されている．7月13日の委員会で，ロバートソンは，この定義を明確にすることがかくも遅延したのは米国の責任ではない，と釈明したうえで，あらためて私が修正提案したいとして，第3条の第3項(b)と第4項(a)の gold and gold-convertible exchange を「金と米ドルの公的保有」に置き換えるべきであると提案した．この財務省資料によると，興味深いことにロバートソンは，何故か，翌日（7月14日）の第5回第1専門委員会で，第3条の当該箇所の，金及び金交換可能為替が金及び米ドルへと修正された点の確認を行っている．これに応じてバーンスタインが，金交換可能為替に相当する通貨は米ドル以外には存在しない，としてこの措置を前進と評価した．このようなロバートソンとバーンスタインの丁々発止のやりとりは，何を物語っているであろうか．ヴァンドーマエルは，この修正の意味とそれがもたらす影響をロバートソンは考えていなかったとでも言うのであろうか（Rosenberg and Schuler 2012: No. 2337-56, 2716）．

　ステイルも，第3条の当該箇所の修正問題の経緯にふれ，ロバートソンは，最初に問題が提案された際，単なる簿記上の問題と把握し，その後の処理過程で，他愛もなくホワイトの罠に落ちた，と評価している．そうであろうか．さらに，このステイルの説明で不明解なのは，ヴァンドーマエルと同様に，第3条の「金交換可能為替」を「米ドル」に修正する経緯と第4条の「金交換可能通貨単位」を「米ドル」に修正する経緯とを明確に区別せず，混同している点

である (Steil 2013: 214-6).

英国代表団は，この問題の重要性に気づかずに同意したのか．問題となる第2分科会には，ケインズが信頼を寄せ，「あらゆる細目にいたるまでしっかりと理解し」「知的な鋭さと忍耐心とねばり強い性格を持って」いるロバートソンが張りついていた．イングランド銀行のバルトンもいた．それでも委員会の議事に関わった英国代表団は，この用語を承認しているのである (USDS 1948: 247). なかでも，的確な判断力を有し，聡明で，職務に忠実なロバートソンは「ホワイトの罠」に気づかなかったのであろうか，あるいは彼は，この修正提案が意味することを，理解していなかったのであろうか．そうではあるまい，彼は7月14日の第1専門委員会で金交換可能為替は米ドル以外には存在しない，と念を入れている．彼は，確信を持って第3条の当該条項の修正を認めたのではなかろうか．

以上は第3条の修正問題であった．それでは第4条第1項の修正はどのように進められたのであろうか．第4条第1項の条項化の経緯は依然として謎である．

平価調整方式等　相場制度に柔軟性を求める英国と安定性を求める米国との最後の調整が進められた．延々1週間にわたる議論が終わって，英国代表団が適当と考える外国為替相場調整条項が第1専門委員会に提出された (CW 1980b: 83). ケインズは7月4日付のイングランド銀行総裁キャトー宛の書簡で「多くの基礎的な仕事を舞台裏ですませて，議題は小委員会（小委員会は50名から200名の人びとが出席する会合です）に付託される段階になりました」と伝えていた．すでに指摘したように，キャトーは外国為替相場調整条項をいかに取り扱うべきかについて，慎重に対処するように代表団に求めているのであった．

当のケインズは，必要以上に問題の扱いを難しくする米国の法律顧問との間で，非常に長々とした闘いを続け，条文案を取りまとめなければならない，と苛立っていた．それでもケインズは，この協議で「少なくともキャトー提案の実質は確保したのはたしかである」と伝えている．ケインズはさらに，新草案の重要部分は次のようなものであるとして引用している．

「国際通貨基金は基礎的不均衡の是正のために必要とされる場合は，提案された変更に同意するものとする．もし国際通貨基金が，その提案が基礎的不均衡を是正するために必要であることが証明されないと考えるならば，そして国際通貨基金の正当な活動方針にかんがみ，それが正当とされないならば，国際通貨基金はその提案された変更に反対するものとする．もし加盟国が，国際通貨基金が反対する権利ありとされている場合において，国際通貨基金の反対にもかかわらず，その平価を変更するならば，その問題は第8条当該条項の規定に従い処理されるものとする」(CW 1980b: 77-9; Van Dormael 1978: 170)．

相場制度をめぐる英米間のやりとりについてのケインズの見方は興味深い．彼は次のように指摘している．「本当の対立は，われわれとホワイトとの間にあるのではなくて，ホワイトと米国代表団との間にあった」．ケインズによれば，それは「米国の連邦議員や銀行家たちが，ホワイトに正反対の方向への修正を強く要求し続けてきたから」であり，「ホワイトはわれわれとの信義を守るため，勇敢に闘ってきた」のであった．こうしたケインズと対照的に，ロビンズは，かかる相場制度の柔軟性を求める英国代表団の基本姿勢に内心では同調せず，憂慮していた．彼は，英国の通貨主権の主張は，国際通貨基金の機能を骨抜きにすることになる，これでは通貨を安易に切り下げがちなラテンアメリカ諸国をコントロールする力を失ってしまう，と懸念したのである（CW 1980b: 79; Skidelsky 2001: 352)．

・金の買い入れ価格，外国為替取引のマージン

現行の第2項「平価を基礎とする金買入れ」，第3項「平価比率を基礎とする外国為替取引」の成文化には意外に手間取っている．7月7日の英米共同提案では，第2項，第3項に相当する条項案にタイトルがなく，前者についての成文化が進んだのは，7月12日であり，第3項については7月13日にいたっても審議は継続され，文書は出来上がっていなかった．第3項が条文案としてまとまるのは，7月16日のことであった．そこで直物とこれ以外の取引のマージンについて定められたのである（USDS 1948: 270-1, 312-4, 501-2, 520-

3, 575, 660-3, 765-808).

・平価の変更

この問題では,結局,第4条の第5項「平価の変更」(c)で,加盟国は基礎的不均衡を是正しようとするかぎり平価の変更を提議できることになった.すなわち,この場合,平価の変更が(i)当初の平価の10%を超えないかぎり基金は異議を唱えてはならない,(ii)10～20%までは基金は同意することも異議を唱えることもできる,(iii)(i)(ii)に該当しない場合であっても,基金は同意することも異議を唱えることもできる,というのである.

第5項(c)の成立過程をやや詳しくみると,この条項案で英米の合意が得られたのは比較的早かった.国務省の会議録によれば,7月7日の第4条第2項～4項にかかわる英米共同提案で,その第4項の条文案にほぼ現行と同じ3つの為替相場調整方式が打ち出されていた(USDS 1948: 270-1).この英米共同提案は7月13日の「起草委員会草案」で,第5項「平価の変更」のなかに盛り込まれ,これが最終条項案に受け継がれたのであった(USDS 1948: 520-3, 660-3).

ついで第5項(f)では,とくに平価の変更を提議した加盟国の「国内の社会的または政治的政策」を理由に,その変更に異議を唱えてはならない,と明記していた.これは,すでに共同声明に盛り込まれていた条項案で,英国の強い求めをうけて,国内均衡を維持するための加盟国の自律的な政策展開の試みを,国際通貨基金は制限することができないことを明記したものであった.

この一方で,第6項「許可なき変更の結果」では,基金の異議があったにもかかわらず加盟国が自国平価の変更を行ったときには,まず,その加盟国は,基金の資金を利用する資格を失う,と規定した.さらに,相当な期間の経過後も,その加盟国と基金との間の意見の相違が継続しているときには,基金は加盟国に第15条第2項をもとに,総務会の過半数の議決で脱退要求を行うことができるとした.この第6項はぎりぎりの局面での妥協の産物といえるかもしれない.この規定の前半でキャトー修正案を取り入れ,後半では総務会の過半数の賛成という米国に有利な票決比率での強制脱退を盛り込んでいたからである[3].

第8章　ブレトンウッズ会議

・平価の一律変更

　平価の一律変更に当たっては，10％以上の票決権を保有する国の意向を重視するべきであるとする考えと，加盟国1票の単純多数決で決定するべきであるとの考えが対立し，取りまとめに手こずった．条文案が最初に取りまとめられるのは7月16日の作業草案で，最終的に条文案が取りまとめられるのは，7月19日のことであった．ただ，条文案が最終的に確定するのは20日にずれ込

---

3)　岩本は自著の第7章のなかで，英米交渉からブレトンウッズ協定にいたる過程での為替レートの変更問題を論じている．そこでは国家主権に基づくもの（裁量）か，あるいは「基礎的不均衡」が生じた場合に限って基金の承認を得たうえでしか変更できないという主権の放棄によるもの（ルール）か，でケインズ案とホワイト案とで対立があったとしたうえで，「この問題は，『共同声明』までには合意に至らず，『共同声明』においては両論併記の形となった（*ibid.*, Appendix 4)」と論じている（岩本1999: 245）．
　そうして岩本は，わざわざケインズ全集の付録4に収録されている共同声明に注意を喚起している．このため，この説明を受けた初学者は，共同声明では対立点が両論併記になっていると信じてしまうのではなかろうか．ところが，実際には，共同声明に両論は併記されてはいないのである．岩本は自分の眼で併記を確かめたのであろうか．岩本の錯誤はこれにとどまらない．彼は，この説明にあたりわざわざ引用しているホースフィールドが，問題となる文章に続けて，次のように記述しているのを見落としている．「しかしながら，英国側はこの問題について再検討した結果，（1943年の）12月にこの主張を取り下げた」(Horsefield 1969: 62)．ホースフィールドは，ここで，はっきりと，岩本がケインズ案としている条文を，英国は取り下げたと言っているのである．12月に取り下げた条項案が翌年4月に両案併記の一方として公式文書に残るはずはない．
　岩本はさらに，ブレトンウッズ会議での為替調整問題の処理にまで言及し，最終的に「キャトー条項」によって「妥協が図られた」と論じている．これにより，英国の主張どおりに条文は，加盟国の通貨主権を認め，「基金の合意なしに加盟国が為替レートを変更した場合には，当該加盟国は基金から強制的に脱退させられるのではなく，基金の資金を利用する権利を剥奪されるという」内容に修正されたと説明する（岩本1999: 246）．そうであろうか．国際通貨基金の協定には，穏やかな表現ではあるものの，強制脱退の規定が盛り込まれている点に注意が必要である．米国は，為替調整に関わるキャトー条項を丸呑みしたわけではない．この問題でも，岩本が論拠とする文献——プレスネルの当該箇所——にあたれば，彼もキャトー条項で「妥協が図られた」とは主張していないことが明らかになる．プレスネルは，次のように記している．「基金の資金を利用することはできなくなるが，<u>自動的には脱退を求められないことになった</u>」．ここでプレスネルは，自動的に脱退できない，といっているだけであって，強制脱退の規定が削除されたとまでは主張してはいないのである．実際，基金の当該箇所の規定は次のようになっている．「（当該加盟国は基金の利用資格を喪失すると規定した後で，）ただし，相当の期間が経過した後，当該加盟国と基金との意見の相違が継続するときには，第15条第2項(ii)が適用される」．この第15条第2項(ii)はすでに指摘したように加盟国の過半数の決議によって基金からの脱退を要求されるというものである．

んだ．土壇場になってオーストラリアが，第5項(f)の文言の修正を求めてきたからであった．すなわち同国は，「貿易の深刻な逆調により深刻な国際収支赤字が続いた時，加盟国の求める相場調整の要求に基金は同意する」との一文を盛り込むように修正を求めてきたのである．これは同日撤回されるが，第4条のとりまとめは予想外に難航したのであった（USDS 1948: 312-4, 501-2, 520-3, 575, 660-3, 765-808, 1045, 1089）．

④第5条「基金との取引」

ホースフィールドは資金利用に関わる条項であるだけに，4つの条項が活発な議論の対象となったとして，比較的多めに紙幅を割いて論じている．第3条の資金の利用，第4条の条件の免除，および第7条の買い戻し規定，第10条の手数料，に関してである（Horsefield 1969: 101-4108）．ガードナー，ヴァンドーマエル，イックス，ステイルは，なぜかこの問題への言及がない．

われわれは，ホースフィールドの議論を踏まえて，とくに第3項と第4項，第10条に絞って，条項化の経緯と特徴を明らかにしよう．

資金利用に関する第5条は，共同声明，ブレトンウッズ会議に提案された7月1日付英米共同草案では，ともに第3条に位置し全12項の構成であった．しかしながら，そこでは，のちに第8条に移されるれる「多角的清算」や「情報の提供」が含められており，第7条稀少通貨条項に組み込まれるものもあった．多くの条項は，内容が精査されず，文章化も遅れていた．

この第3条全12項の草案が，再構築されたのは，7月12日付草案であった．そこでは，資金利用に関わる条項は，第5条に移され，構成も全12項から全8項に整理された．この草案を基礎に第2分科会を中心に起草が進められ，16日付草案を経て18日付草案で最終的に整えられた（USDS 1948: 27-37, 448-50, 516, 523-4, 663-8, 773-7）．

まず，第3項，第4項についてみよう．英米共同草案では，加盟国は，基金から12カ月間に割り当ての25%以内の資金を利用することができた．さらに基金の保有額が割当国の200%を超えないことを条件に，基金の資金を利用できることにもなっていた．この条項案に対して，オーストラリア，フランスが柔軟性を求めるうごきをみせた．フランスの場合，未使用の引出権の次年度へ

の持ち越せるようにすべきであると修正案を提出した．しかしながら，柔軟性を求める修正提案は，英米の反対をうけて第2分科会で退けられた．オーストラリアとフランスは，柔軟性を求め第3条についての態度を留保した．

　第4項の資金利用の条件の免除規定は，柔軟性を求める動きに対応した措置であるとも考えられる．ここで第3項の例外措置が一応規定されたからである．それは，「周期的または例外的需要を考慮する」との一文であった（USDS 1948: 487, 539）．

　次に第8項の手数料の関する規定である．この起草はだいぶ遅れた．7月9日の第2分科会の開催時点で未だ起草されていなかった．一応の条文案が作成されるのは11日付の英米共同再修正案である．淡白で無味乾燥な記述に終始する国務省『会議録』は，めずらしく，この日と翌日に，手数料に関する活発な議論が展開された，と記している．それだけにこの条項を巡る議論はおさまらず，16日付修正草案をへて18日付「第1専門委員会起草委員会第2報告書」で，ようやく条項化が完了する（USDS 1948: 312, 441-2, 464-5, 555-6, 667-8, 776-9）．

　第8項は，第7項の基金保有自国通貨の買い戻し規定，その付表Bともども，一見しては理解できない複雑な規定となっている．この規定の起草過程で，ニュージーランド，イラン，インドは，手数料は，輸出不振国に対するペナルティではないか，と批判する動きがあった（USDS 1948: 556）．

　後年，国際通貨基金の「コンディショナリティ」が整備されるが，ブレトンウッズ会議での『会議録』を見たかぎりでは，この用語は見いだせなかった．また基金からの資金引き出しに関連する用語「トランシュ」が用いられるようになるが，この時点ではこの語が用いられた形跡はなかった．

　最後に，当初提案にあった第3条第6項「多角的清算」は，最終的には第8条第4項「外国保有残高の交換可能性」の条項になる．

⑤第6条「資本移転」

　第6条は，7月13日になって，共同声明第5条「資本取引」1，2の英米共同代替案第1項「資本の移転のための基金の資金の利用」，および第2項「資本移転に関わる基金の資金利用の制限」に，新たに共同声明の第3条第2項

「資本移転に関わる購入の条件」を移し，条文の位置，構造とも変更された．すなわち，当初案の第5条「資本取引」から第6条「資本移転（Capital Transfers）」と条項の位置と表題が変更された．同時に，新条文の構成も次のように大きく変更された．第1項「資本移転のための基金資金の利用」，第2項「資本移転の特別条項」，第3項「資本移転の統制」．これらは，翌14日の第1専門委員会で承認された（USDS 1948: 29, 40-1, 525, 628）．

　この条項は相当誤解されていた．表題から一見すると，資本移動について規定した条項のように見受けられる．しかしながら，よく読むとそうではないのである．ここで規定していることは，実に，①基金の資金は巨額の，持続的な資本流出に用いてはならないこと，すなわち，基礎的不均衡の是正のための短期的な措置としてのみ基金の資金利用を認めるものであること，②また，資本移動を管理してもよいが，それによって経常取引にともなう資金の支払いや，取引決済のための資金の移転（振替）を，制限してはならない，と言っているのである．

　なお，ここで transfer というのは資金の移動，移転，振替をいうのであろう．そうであれば，この第6条の規定は，資本移動と訳すよりは，資金の移転，あるいは資金の振替と訳した方が内容に即していると思われる．条文中に capital transfer の用語以外に capital movements とか transfer of funds の用語が見受けられ，用語法にやや混乱が見られる．なお，第1項に(b)として共同声明や英米共同提案にはなかった規定が付け加えられている．すなわち，基金から加盟国が統制するように求められたにもかかわらず，加盟国が，適当な統制を実行に移さなかった場合，国際通貨基金は，当該加盟国の資金利用資格を無効にすると宣言できる規定である．

⑥第7条「稀少通貨」

　稀少通貨条項の骨格は，共同声明第6条「稀少通貨（Scarce Currencies）の割当」第1項，第2項に対する英米共同の代替案第1項「一般的稀少」，第2項「基金保有資金の稀少」と，共同声明第3条「基金との取引」の英米共同代替案の第3条第5項「通貨の稀少化を防止する目的のための業務」の2つの部門から構成される．

かかる共同声明を基礎とした稀少通貨条項は，いったん，7月7日，全4項からなる以下の条文案としてまとめられる[4]．

第1項「一般的稀少」，第2項「基金保有の稀少」，第3項「稀少通貨に対する制限措置」，第4項「制限に対する他の国際協定の効果」．

この修正で注目されるのは，第2項に，「稀少通貨宣言」の規定が盛り込まれた点である．この草案は，8日の第1専門委員会第2分科会で承認される（USDS 1948: 31, 269-70, 289, 324-5, 449-50）．

だが，稀少通貨条項は，7月13日，第1専門委員会「起草委員会報告」で，あらためて第6条から7条に位置づけ直される（USDS 1948: 449-50）．ここでの主要な修正点は，共同声明の第3条「基金との取引」第5項「通貨の稀少化を防止する目的のための業務」が新たに第7条第2項「基金の稀少通貨保有を維持するための手段」として位置づけ直され盛り込まれた点である．そうして，この稀少通貨条項は，7月14日の第1専門委員会で承認されるのである（USDS 1948: 525-7, 628）．

こうして，共同声明から国際通貨基金協定への修正過程で，①第1項の「一般的な稀少」が新設され，②基金保有の稀少通貨を補充する措置が具体的に規定され，③通貨が稀少となった場合，稀少通貨が宣言され，その通貨を割り当てる措置が講じられることになったのである．

⑦第8条「加盟国の一般的義務」

国際通貨協定第8条「加盟国の一般的義務（General Obligations of the Members）」は，共同声明では第9条に位置し，全3項で加盟国の義務として金価格の維持，及び固定相場の維持を規定し，経常取引のための支払いに制限を課してはならないと，規定していた．これが，国際通貨協定では，第8条全6項の構成で明確に以下を規定することになった．第1に，経常取引の制限措置の撤廃．第2に，差別的通貨措置，多元的通貨措置の禁止．そうして，これらに加えて，外国保有残高の交換性についての規定を新設した．これは，外国が保有していた残高が，①経常取引によって取得されたもの，②経常取引のための

---

[4] ロビンズは戦時日記に，この日（7日），稀少通貨条項の最終決着がはかられたと記しているが，そうであろうか（Howson and Moggridge 1990: 174-5）．

支払いに用いるものである場合，これを当該通貨国政府は買い戻さなければならない，というのである．こうして，この第8条は，これまで以上に明確に経常取引のための支払いの自由化と差別的通貨措置，多元的通貨措置の禁止を打ち出す一方で，さらにこれらとは別に，経常取引に用いるための外国保有残高の交換性の回復につとめる義務を規定したのである[5]．

会議では，第8条の条文案の作成に手間取り，完了するのは，7月19日のことである．もっとも，第2項，第3項のタイトルに「回避する」を書き入れた修正点を無視すれば，条文案の整備は，7月16日の作業草案で，ほぼ達成されていたということができる．

当初案から最終条項案が確定されるまでの流れを見よう．ブレトンウッズ会議に提案された当初案は，7月9日の第1分科会に提案された条文案第9条「加盟国の義務」で一層の定式化が試みられる．それは全4項で構成され，各々は以下の項目であった．

第1項「追加的理解の目的と範囲」．
第2項「平価での金購入」．
第3項「平価での外国為替取引」．
第4項「経常支払に対する為替制限」．

この第9条は，のちに第8条になるが，この時点では全体の輪郭は明確ではなかった．なぜなら，第1項の検討は先送りされ，第2項，第3項は，起草委員会に検討のため送付され，第4項は，翌日（10日）の第1専門委員会で特別委員会に検討をゆだねられることとされ，各項目とも手つかずといってよいほどの状態にあったからだ（USDS 1948: 343-4, 433）．

---

[5] 西川潤は岩波新書『世界経済入門第2版』の「IMF・ガット体制」を説明する箇所で，IMFを次のように説明している．IMFは，「<u>資本の自由化を世界的に促進し</u>（第8条「加盟国の一般的義務」で，経常取引制限や差別的通貨取決め，複数通貨をやめ，外貨残高は交換自由とすることを決めている），そのため為替平価が動揺するときには，基金から短期の貸し付けを行い，為替安定をたすける」（下線：筆者）（西川 1991: 3）．ここで国際通貨基金を「資本の自由化」を世界的に促進する国際機関と説明している．そうであろうか．国際通貨基金は「資本の自由化」を目的とする国際機関ではない．経常取引にかかわる通貨・為替の交換性回復をめざしたのである．資本取引の自由化は目指していない．国際通貨基金は，あくまで経常取引にともなう通貨の自由化を目指した国際機関であった．西川のこうした誤解は第3版（西川 2014）でも正されていない．

第8章 ブレトンウッズ会議

さらに，最終的には第8条第4項となる当初案第3条の第6項「多角的清算」については，7月8, 9日の両日，検討が進められたが，どう位置づけるか，取り扱いに手間取っていた．同条項の処理については，第1専門委員会第2分科会も，11, 12日と連日この問題を検討していたが，結局，第9条第4項とともに，一層の検討のため特別委員会で処理されることになった（USDS 1948: 497, 555）．

ロビンズは7月11日の日記に次のように記していた．

「この2, 3日の間，基金に関しては目立った動きはなかった．だが，そうだからといって何ごとも起きなかったと考えるべきではない．基金の草案は，共同声明を基礎に，次第に姿を現しつつある．だが，その草案は信じられないほど複雑な文言で，共同声明の各パラグラフが意味する内容が半ダースもの条項となって生み出される．ここで最も用心しなければならないことは，わが方と米国側との相違をあらためて表面化させないようにすることである．この作業の重責はロバートソンの双肩にかかっている．彼は，英国代表団ではケインズに次ぐブレトンウッズ会議での真の英雄である．彼とバーンスタインとの友好的な相互理解がなければ一体どんな事態に陥ることになったであろうか．……」（Howson and Moggridge 1990: 180-1）．

ロビンズは，7月12日の日記にも，専門的な問題についての討議がなされている，われわれは，資本移転，多角的清算などの問題の満足のゆく条項化にいたるまで，多大な困難を経験している，と記していた（Howson and Moggridge 1990: 181-2）．

そうして特別委員会から7月13日付で第4項「経常支払に対する為替制限」の報告が出される．そこでの合意内容は，「交換性」と題する議事録中の文書に概要次のようにまとめられていた．

 第4項 経常的に得られ，その残高の転換が経常支払に必要な場合，加盟国は他の加盟国の保有する自国通貨残高を買い入れなければならない．
  ただし，以下の場合はこの例外とする．(a)資本移転，(b)多角的清

算の制限を除去する以前に蓄積された残高，(c)稀少と宣言された通貨，(d)加盟国の為替制限措置に反して保有されている残高．

第5項　加盟国は経常的国際取引の支払いと資金移転を制限しない．

第6項　差別的通貨協定，多元的通貨措置を実施しない．

なお，これら4〜6項には未だ表題がなかった（USDS 1948: 544-6）．

この日（13日）は第1専門委員会「起草委員会」の報告も出された．そこでは，これまで第9条「加盟国の義務」に位置していた条項案は，はじめて第8条「加盟国の一般的義務」として位置づけられていた．一見して明らかなように，ここで初めて「加盟国の一般的義務」という表題が登場する．これが第8条の表題であることから，文字通り受け止めれば，ここに位置づけられる各条項は，加盟国に課すべき「一般的義務」ということになる．それは以下の各条項から構成されていた．第1項「緒言」，第2項「経常支払に対する為替制限」，第3項「多角的清算」，第4項「基金からの通貨の受け入れ」，第5項「情報の提供」．

しかしながら，各条項は，タイトルこそ明記されてはいたが，内容は，依然として「入手できていない」との但し書きのままであった（USDS 1948: 527）．

だが，かかる事態は，翌日14日の第1専門委員会「特別委員会」報告で一気に打開される．そこで次のような勧告がなされたのである．

第1に，共同声明を基礎とした第3条第6項「多角的国際清算」を起草委員会の勧告に従って第8条第3項とする．

第2に，7月13日付の第1専門委員会の特別委員会による第9条第4項「経常支払に対する為替制限」を条項に盛り込む（USDS 1948: 604-5）．

これをうけて，同日の7月14日，第1専門委員会は，先の特別委員会の指摘を，第2項「経常支払に対する為替制限」，第3項「多角的国際清算」として位置づけ直すことで合意した（USDS 1948: 628）[6]．

---

6)　ロビンズは，14日付の日記のなかで次のように記している．基金についての仕事は極めてうまくいっている．昨晩からバーンスタインとロバートソンが14日の午前3時過ぎまで協議を重ね，残された多くの専門的な問題について実質的な合意に達した（Howson and Moggridge 1990: 184-5）．

しかしながら，この第1専門委員会の合意は，最終合意にはならなかった．7月16日の作業草案によって，いったん第8条第3項として条項化されることになっていた旧第3条第6項「多角的国際清算」は，あらためて第8条第4項「外国保有残高の交換性」と変えられ，内容的にも整備されたのである（USDS 1948: 670-3）．そうして，これが実質的に最終条項となった．とはいえ，第8条の条項案が最終的に確定したのは，7月19日の第1専門委員会「起草委員会」第2次報告であった．第2項と第3項の条文に微修正が施されたからであった（USDS 1948: 780-3）[7]．

　こうしてみると，イーディーがケインズに宛てた1945年1月25日の書信での，第8条の第2項と第4項に関するイーディーの事態の認識とこれにもとづいたモグリッジの解釈――7月11日を第8条第4項(b)(v)と第8条第2項(a)についての決定的な日としている点（CW 1980b: 170-1）――は疑問である．第1に，①共同声明の第9条が国際通貨基金協定の第8条として内容的に拡張され，②「外国保有残高の交換性」と「経常取引に対する為替制限」の順番が変更されるのは，モグリッジが主張する7月11日のことではない．さらにモグリッジは，最初に英国側草案があり，そこでは後の第8条4項が先に，同2項が後になっていたと書いているが，これも不正確である．就中，モグリッジ

---

7) このように第8条の整備が長引いた背景のひとつに次のような事情があった．すなわち，英蔵相が，6月14日付イングランド銀行総裁宛書信で指摘し，懸念を表明していた問題であった．すなわち，同行は，協定案の8条第4項「外国保有残高の交換性」として最終的には位置づけられる共同声明修正第3条第6項「多角的清算」の次の条文案に対して強い懸念を抱き，代表団に対して7月9日，対応を求めたのであった．それは，他の加盟国が加盟国に対して買い入れを求めた場合，買い入れを求められた当該加盟国は，その国が保有する自国通貨の残高を買い入れなければならない，という規定であった．その規定案では，(1)買い入れられる残高が経常取引の結果，最近取得されたものであること，「あるいは（or）」，(2)その経常取引のための支払いに必要なこと，となっていた．本国の条文案の解釈では，「あるいは（or）」では，本来交換可能ではないポンドまで交換可能ポンドに変えられ，交換を求められた国は，これらのポンドについても交換性義務を負うことになりかねない危険性があると見たからである．そこで本国としては，「あるいは（or）」を「さらに（and）」と修正することで，二重に交換可能性ポンドの対象を限定すれば，この危険性を幾分回避しうると判断したのである（「7月8日付ウェイリーからバドモア宛書信」「7月9日付英国外務省からブレトンウッズ代表団宛書信」T 231/367）．しかし，この指示は結局実現せず，当初の条文案が協定文となった．

表 8-1　第 8 条の修正過程

共同声明	7.1 準備草案	7.9 草案	7.13 草案	7.16 草案
第 9 条	(同左)	(同左)	第 8 条	(同左)
	第 1 項(追加的理解の範囲)	第 1 項(同左)	第 1 項(序言)	第 1 項(序言)
第 1 項(平価に基づく金の売買)	第 2 項(同左)	第 2 項(同左)	第 2 項(経常取引に対する為替制限)	第 2 項(経常取引に対する為替制限)
第 2 項(平価に基づく為替取引)	第 3 項(同左)	第 3 項(同左)	第 3 項(多角的清算)	第 3 項(差別的通貨措置)
第 3 項(経常取引に対する為替制限)	第 4 項(同左)	第 4 項(同左)	第 4 項(通貨の受け入れ)	第 4 項(外貨保有残高の交換性) (a) i-ii (b) i-v
(ナシ)	第 5 項(基金資産の免責)	(ナシ)	第 5 項(情報の提供)	第 5 項(同左)
(ナシ)	第 6 項(訴訟の免責)	(ナシ)	第 6 項(国際協定に関する協議)	第 6 項(同左)
(ナシ)	第 7 項(基金への課税制限)			

出所：USDS 1948: 54-6, 343-4, 516, 527, 670-3, 1635.

は，ブレトンウッズ会議で最初に英国草案があったというが，7月1日に準備された起草草案は，英米共同提案のかたちをとっており，英国が単独で提案したものではない．ブレトンウッズ会議に関する国務省会議録には英国代表団が独自に提出した草案についての記録は見当たらない．旧第3条6項「多角的国際清算」が第8条の条項に位置づけられるのは7月13日草案であった．そこでは，経常取引に対する為替制限が第2項に，外国保有残高の交換性が第3項に置かれ，順序が入れ替えられるのである．この後，さらに，煩瑣な経緯をたどり，これらの条項は，7月16日草案を経て最終的には，それぞれ，第8条の第2項，第4項となるのである（USDS 1948: 54-6, 152, 217, 231-3, 288-9, 311, 340-1, 343-4, 433, 516, 527, 544-6, 555, 575-6, 598, 605-6, 628, 670-3, 780-3）．

⑧第 12 条　組織及び管理

　基金の組織，管理についての第 12 条は全 8 項で構成される．それらは，第 1 項「基金の機構」，第 2 項「総務会」，第 3 項「理事会」，第 4 項「専務理事，及び職員」，第 5 項「票決」，第 6 項「純収入の配分」，第 7 項「報告の公表」，第 8 項「加盟国に対する見解の通知」，である．かかる第 12 条の起草，条項化の過程を見ると以下が特徴的である．

　第 1 に，7 月 13 日の起草委員会報告でほぼ全 8 項からなる最終条文案の構成が固まったことである．もっとも，この時点で，第 12 条は第 11 条に位置づけられていた．この起草委員会報告は，14 日の第 1 専門委員会での審議で，一部の未決定部分を除き承認された．この 7 月 14 日の第 1 専門委員会で審議未了となっていたのは，第 3 項「理事会」，第 5 項「票決」，であった．それではこの後，これらの問題はどのように処理されたのか．まず第 3 項である．この問題で対立があったのは，常務理事の定数とその配分であった．割当額の多い国順に 5 名を割り当てることでは，早くから合意が得られていた．だが総定員を何名とするのか，中南米，英帝国などの地域に何名を割り当てるのか，意見がまとまらなかった．エジプトは，7 月 12 日に，常務理事 15 名，この内訳として最大国順に 5 名，英帝国 3 名，中南米 3 名，中東 1 名，その他 3 を提案する動きにでた（USDS 1948: 506-7）．

　この問題では，結局，7 月 16 日の作業草案で，総数以外では最終協定文と同じ文案で合意した．だが，総数の問題では，そこでは 12〜14 名，さらに 19 日の第 1 専門委員会起草委員会第 2 次報告でも同様の総数が考慮されていたが，調整の結果，同じ 19 日の特別委員会「第 6 報告」で少なくとも 12 名とすることで合意し，これが最終案になった．ただし，このうち①5 人は最大の割当額を有する 5 加盟国から任命し，②5 人は，理事を任命する資格のない加盟国でアメリカ共和国諸国以外から選挙し，③残る 2 人は，アメリカ共和国諸国が選挙することになった．なお，エジプトはあらためて中東代表を 1 名割り当てるべきであると主張したが認められなかった（USDS 1948: 653, 678, 787, 833, 913-4）．

　一方，票決の問題ではさきの「作業草案」で，最終案に近い条文案がまとめられた．そうして，7 月 19 日の起草委員会第 2 次報告でこれを若干修正した

条文案が最終的に採択された（USDS 1948: 530-3, 676-81, 789-90）．

⑨第14条　過渡期

共同声明第10条「過渡期合意」第1～4項がもとになっている（USDS 1948: 56-7）．注目すべきであるのは，7月1日の条文案には英米の代替案がそえられていなかった．条項化の骨格となる文書は実に7月12日付の文書であって，これが国務省文書に載っている．それは全3項からなり，第1項のみが表題がつけられていただけであり，残りの第2項，第3項には表題がなかった．このことは何を意味するのであろうか．恐らく英米間で最後まで調整に手間取ったからではないであろうか（USDS 1948: 537-8）．これらをやや詳しく見ると，第1項は最終条項の第1項，第2項に，第2項は第3, 4項に，そうして第3項は，第5項に対応していた．しかし各条項の条文案は十分に整備されてはいなかった．過渡期条項について本格的な審議に入ったのは，7月12日であった．まず，第1項である．共同声明第10条の第1項で，すでに明確に基金は救済，復興のための資金供与を行う機関ではないと規定していた．7月12日の英米代替案では，これがより簡潔に冒頭で明記された．第2項は，過渡期の期間について言及しているが，過渡期措置の継続について，①業務開始後3年以内に毎年，基金は制限について報告する，②業務開始後5年後に，継続するかについて毎年協議する，と記していた．これが最終条項案として用いられたのである．

7月14日，この代替案は，第1専門委員会「特別委員会」によって報告された．そうして同日，第1専門委員会で一応，承認された（USDS 1948: 607, 629）．過渡期条項は，このあと7月16日の「作業草案」で，第10条から第14条に移され，条項名も「過渡期（Transitional Period）」と変えられた．この条項案は，7月19日の起草委員会第2次報告で，一部修正が施され最終的な条文になったのである（USDS 1948: 682-3, 791-2）．

こうしてみると共同声明から協定への目立った変更点は以下の通りである．

第1に，共同声明の最終条項第10条から国際通貨基金協定では第14条に位置づけられた．

第2に，共同声明の表題名の「過渡的合意」が協定では「過渡期」に変えら

第8章　ブレトンウッズ会議

表8-2　IMF過渡期条項の修正過程

共同声明	7.12 英米共同修正草案	7.16 草案
第10条「過渡的合意Transitional Arrangement」	第10条（同左）	第14条「過渡期Transitional Period」
第1項「項目名なし」（基金の目的）	第1項「為替制限と通貨合意，留保される通貨措置」	第1項「序言」
第2項「項目名なし」（過渡期の為替制限）	第2項「項目名なし」（過渡期条項の適用）	第2項「為替制限」
第3項「項目名なし」（基金による過渡期の終了通告）	第3項「項目名なし」（過渡期の性質）	第3項「基金への通告」
第4項「項目名なし」（過渡期の性質）		第4項「制限対する基金の行動」
		第5項「過渡期の性質」

出所：USDS 1948: 537-8, 607, 629, 682-3, 791-2.

れている．

　第3に，共同声明の3年以内の「協議（consult）」が，過渡期に実施している制限についての「報告」に変えられた．さらに5年ならびにその後毎年という文言が付け加えられ，5年後以降も過渡期間の継続について加盟国は基金と「協議」することになった．これによって，過渡期間が3年から5年，あるいはその後に延長される余地が生まれたのである．

　この問題でデヴリスは，国際通貨基金25年史の第2巻で過渡期条項について次のように評価している．過渡期条項では過渡期間は決められていなかった．そこでは，過渡期が単に，変化と調整の時期であるとうたっているだけであった．確かに協定は3年と5年と2つの時期について言及しているが，いずれの場合も過渡期がいつまでであるのか，規定していなかった．こうしてモグリッジも評価するように，過渡期条項について，英国は米国から大幅な譲歩をえることができたのである（de Vries 1969: 225; Moggridge 1992: 743）．

　この過渡期条項で意外に見過ごしかねない点に注意を喚起しよう．すでに言及したが，第14条のはじめに，次のように規定しているのである．「基金は，救済，もしくは復興に対し資金を供与し，又は戦争の結果生じた国際債務を処理することを目的とするものではない」．これは国際通貨基金の基本的な性格と役割に関わる重要な規定である．なぜならば，ここで，国際通貨基金が，戦

後過渡期の困難に対処する機関ではないこと，さらには累積ポンド残高の処理には関与しないことを明確に宣言しているのである．もっとも，基金の基本目的に関わるこうした規定が第 1 条にではなく，この条項におかれたことには違和感を抱かざるを得ないのであるが．

なお，1946 年内でエルサルバドル，グアテマラ，メキシコ，パナマ，それに米国を除く加盟国は，第 14 条の適用下にあった．その後も 8 条国はさほど増えず，1961 年以前で第 8 条国は，カナダ，キューバ，ドミニカ共和国，エルサルバドル，グアテマラ，ハイチ，ホンデュラス，メキシコ，パナマ，それに米国にすぎなかった (de Vries 1969: 225, 250)．

⑩ポンド残高問題

この問題での英国の方針はすでに固まっていた．英国はブレトンウッズ会議でポンド残高問題が再燃するのを回避したかった．特に最大の債権国インドが問題を公にしないように腐心した．だが，英国の思惑どおりには進まなかった．まず 7 月 4 日，エジプトがこの問題を提起した．1944 年 4 月の中東金融会議で採択された決議をひっさげて，戦時対外債権の処理を基金の目標と政策に追加するよう求めてきたのである[8]．

インドも 7 月 10 日，声明を発表し，基金は多角的決済に使用できる資金の配分を行うことにより，戦後ポンド残高の問題の解決に関与すべきであると主張した (USDS 1948: 127-8, 185-7, 1171-3)．インドは未だ独立国ではなかったが，会議では後年，「第三世界」と称される地域の国々の利害を代表し活発な活動をみせた点で注目されたのであった．インド代表は，国際組織はすべての問題を先進国の観点からアプローチする傾向がある，とその先進国中心主義を批判した．インドにとって累積ポンドの処理が，戦後のインド経済の発展と英ポンドの交換性を回復するうえでもっとも重要な政策課題であり，この問題に基金が積極的に取り組むべきであると主張したのである．インドは戦時期に膨大な対英戦債を積み上げてきた．戦時のポンド債務はドル換算で 700 億ドルにのぼると推計された．インドにとっては，このポンド債権が，事実上，金や

---

8) ロビンズはエジプトではなくインドとしている．インド代表団のシュロフ（タタ・サンズ）が舌鋒鋭く問題を提起した (Howson and Moggridge 1990: 170-1)．

ドルへの交換が制限されていることに，我慢ならないのであった．さらには，ポンド債権の放棄や縮減が議論に浮上していることに強い警戒心を抱いていたのである．

だが，英国は，フランスや米国などと協調してこの問題を取り上げることに反対した．ケインズは，同日，英国代表団として声明を発表した．そこでは次のような立場が表明されていた．ポンド残高の問題は直接に関係のある国々の問題である，われわれはこの問題について基金から援助を仰ごうとは思っていない，基金は戦債を直接取り扱うことを意図するものではないとする米国代表団が発表した見解と英国代表団はまったく見解を同じくするものである．

ポンド残高問題は，このケインズの声明によって，あらためて基金の業務から除外されることになった（CW 1980b: 85-7）．

⑪基金の所在地をめぐる対立

アトランティックシティでの会議中，ホワイトは国際通貨基金と国際復興開発銀行の本部は最大の拠出国の米国内におかれるべきであるとした．米国代表団のなかでは，本部の所在地をどこにおくべきかの問題は，金の預託場所を米国以外に設置することへの問題としても理解されていた．銀行家のブラウン，連銀議長のエクルス，スペンス議員，リード議員らは，金やその預託場所の国外への移動は，富と権力の源であり，究極の国際通貨である金の移動を招き，国民や議会の批判をうけると，懸念したのである（MD 751: 12-9）．

これに対してケインズは，ロンドンを主張していた．ホワイトは，ブレトンウッズ会議で最終提案を行い，決着を図る意向であった．7月10日，国際通貨基金と国際復興開発銀行の所在地について英米の協議が開始された．米国側は両機関とも最大の出資国に置くべきであると提案した．この提案に対して英国側は，かかる問題は国際通貨基金と国際復興開発銀行の初回の会合で決めるべきであると主張した．両国は譲らず，問題の解決を先送りすることにした．7月13日にこの問題は再度とりあげられたものの，結局，先送された．

3. 第2専門委員会と国際復興開発銀行

(1) 準備草案の構成

　国際復興開発銀行に関わる第2専門委員会は7月3日に初会合を開催した．ケインズが，第2専門委員会の議長として開会の挨拶を行った．はじめに彼は，戦後復興と低開発国の開発のためにも銀行の設立が重要であると説いた．このうえで，銀行は3つの方針に従って活動すると説明した．まずは，払い込まれた資金による直接貸付である．残りの応募資本は，2つの業務を保証するための準備資金にあてられる．そのひとつは，民間資本による貸付の保証である．いまひとつは，加盟国への貸付資金を調達するため銀行が市場から借り入れる際の保証である．ケインズは，保険会社の経営に携わった経験からか，業界用語——uberrima fides——を用いて，銀行の基本性格を鑑みて，保証料としては1%と低く設定した手数料の形で設定することが必要であると強調した（CW 1980b: 76）．このあと，銀行の専門委員会は，基金の審議を優先させるため，休会となった．

　休会中の6日，国際復興開発銀行案のもととなる準備文書が公表された（表8-3）．この準備草案（a Preliminary Draft Outline）は，事実上，1943年11月の米国案とボート・ドラフト，国際通貨基金案の管理，組織に関する条文案によって急遽作成されたものであった．ハロッドやメイソン，オリヴァーは，ブレトンウッズ会議での国際復興開発銀行案は，事実上，国務省のコラドとコロンビア大学教授で対外経済局のエンジェルがマウント・ワシントンホテルの一室に缶詰めになって起草したとしている．彼らは英国側の同意を得る前に国務次官補のアチソン，シカゴ・ファーストナショナル銀行のブラウンらに問題点について助言を求めていたことも指摘されている（USDS 1948: 190；ハロッド1967: 638；Mason and Asher 1973: 21-2；Oliver 1975: 183）．

　第2専門委員会の全体の責任者はケインズであったが，英米間で実際に実務に携わった米国側責任者はアチソン，英国側は親米家のロビンズであった．最高の知的エリートであり，気心知れた両者の協力によって，ケインズの強引な議事運営は助けられた．

起草分科会は，準備草案の提示に当たり，それはあくまで今後の議論のたたき台となるものであり，いかなる特定国の代表団の提案ではないし，また，いかなる代表団もそれに関わってはいないと，わざわざコメントした（USDS 1948: 191）．

　起草分科会から提案された銀行草案は，全体が全11条からなり，最終協定の構成と同じで

表 8-3　「復興開発銀行設立のための準備草案」

第1条	銀行の目的
第2条	銀行への加盟，銀行の資本
第3条	貸付に関する一般規定
第4条	業務
第5条	管理
第6条	脱退，地位の停止，清算
第7条	追加的保証
第8条	（欠落）
第9条	改正
第10条	（表題なし．解釈，承認の擬制の条項案）
第11条	最終規定（仮表題の扱いで，条文なし）

出所：USDS 1948: 192-215.

あった．構成の内容を詳しくみると，第1条から第7条まではほぼ現行協定と同じであったが，第8条は欠落し，第10条も表題がなく，準備に時間がなかったことをうかがわせていた（表8-3）．

　第2専門委員会は，国際通貨基金に関する議論が重要な局面に入った7月11日の午後，ようやく国際復興開発銀行の協定文を取り扱う4つの分科会を設置し，本格的に審議を開始した．そうして，最終案が第2専門委員会に提出されるのは7月19日であった．最終案の起草が，わずか1週間そこそこで成し遂げられたことになる．驚異的な速さであった．

　ブレトンウッズ会議が始まってからホワイトは国際通貨基金にかかりきりであった．この結果，予想されたことではあったが，ケインズが国際復興開発銀行の議事に責任を負う形となった．そのケインズは，第2専門委員会の会議の初日から，ワンマンショーを演じているかのように振る舞った．多くの関係者は，ケインズによって取り仕切られている部会の議事が，拙速に，強引な方法で進められていると感じた．早々に，ケインズの議長ぶりに強い不満が噴出した．なかでも，国際復興開発銀行の設立に関わる第2専門委員会の米国代表団長であったアチソンは，ケインズの議事運営に我慢ならなかったようだ．ケインズの強引で性急な議事進行ぶりについて，彼はモーゲンソーに次のようにこぼしている．

「国際復興開発銀行に関する第1の問題は，ケインズの司会する銀行に関する委員会の議事運営が性急で強引なことです．それはケインズが強い圧力のもとにあるからです．圧力のために事を急いでいたことによるものです．ケインズは銀行草案について熟知しており，だれかが銀行草案の第15項Cと言うと，それがすぐに何んであるのか分かります．だが，委員会の他のひとびとはそれがわからない．それで，参加者が第15項Cを探しあてて，何について話しているかが分かったときに，ケインズは『異議なきものと認めます』と言って，条項案を成立させてしまう．……」(MD 753: 143-4)．

ホワイトの第1専門委員会は，彼の専門家と委員会が一丸となって国際通貨基金のために働いた．しかし，第2専門委員会は違っていた．アチソンによれば，交渉と協定文の起草に関わるすべての仕事が彼の肩にかかっていた．すべての責任をかぶらざるを得ないアチソンは，直面する困難に「楽譜のないままに演奏せざるを得ない」と当惑した．筋書きの読めない状況に直面して，場当たり的に対応せざるを得ないのである．アチソンは，他方でホワイトのやり方にも同調できなかった．ホワイトはアチソンに対して次のように話したという．ロシアは昼に来て為替相場問題のみに関心を払う．だが，公の場では決してそれを問題として提起しない．したがって問題は米ソ間で処理される．なんらかの問題で意見の不一致が生じた場合，それを専門委員会や分科会にかけて処理するよりも，数人の関係者に討議させて，その結果を，その問題の処理のために設置された特別委員会に委ね，その後，専門委員会に持ち寄る．決して専門委員会内の正規の分科会には持ち込まない．ホワイトはかかる議事運営を問題とせず，アチソン君，問題の処理方法はきわめて単純だよ，と自慢した（Van Dormael 1978: 200）．

(2) 主要条項の起草過程

ブレトンウッズ会議の第2専門委員会で国際復興開発銀行の条文がどのように起草されていたのか，順に見てゆくことにしよう．

①名称

国際復興開発銀行については，さまざまな名称が提案されていた．7月10日，英国は International Corporation for Reconstruction and Development, エルサルバドルは International Investment and Guarantee Association, あるいは Investment と Guarantee を入れ替えた名称を提案していた（USDS 1948: 366）．

11日の第2専門委員会での討議で，投資と保証の文言よりは，復興と開発が望ましいとの合意が得られた．しかしながら設立される国際組織を銀行と呼ぶか公社と呼ぶか，あるいはほかの名称にするかについては意見が分かれた（USDS 1948: 496）．

7月13日にフランスとエルサルバドルが International Financial Institution for Reconstruction and Development を提案してきた．だが，設立される国際組織の名称については，7月17日に最終草案が提示されるにいたっても未解決のまま残されていた（USDS 1948: 714）．

最終的に名称がどのように決定されたのか，国務省会議録にはその後の処理過程が記録されていない．しかし，7月21日の第2専門貝会の最終報告では，「国際復興開発銀行」の名称が用いられていた．報告にあたったベルギー代表は，余りにも新奇な国際組織であるため適当な名称を見つけることができなかった，株主の特徴，短期の貸付を行わないこと，預金業務を欠いていること，非営利を基礎としていることなどから，銀行と呼ぶのは適当ではないが，辞書を引いてもこの前例のない組織に適当な語を見いだすことはできなかった，と説明していた（USDS 1948: 1092, 1101, 1105-6）．

②第1条　目的

ハロッドによれば，国際復興開発銀行をめぐる「最大の問題点はいちども完全には議論されなかった」ことであった．何が議論されなかったのかというと，それは「国際復興開発銀行は正常な線に沿った堅実な保守的機関であるべきか，それとも正統派的な慎重さから離れてもっと大胆な方向へ進むべきであろうか，という問題」であった．ハロッドが言うように，「完全に」議論されなかったかは別として，英米両国とも保守的な機関として位置づけていたことは確かで

あろう．この点についてケインズ自身はどのように考えていたのであろうか．彼の第2専門委員会での開会の挨拶に注目しよう．ケインズはそこで銀行の業務を相変わらず投資保証として捉え，さらに，払込資本の大部分，すなわち未払込資本を保証基金とすることを主張していた．ケインズは，ブレトンウッズの国際会議に提出された銀行案を実現できれば，小さな払込資本で済む投資保証を主業務とする堅実すぎるほどの保守的な銀行を設立することになると考えていたのである（ハロッド 1967: 638-9; USDS 1948: 85）．マイクセルも指摘するように，アトランティックシティでの会議で，ボート・ドラフトにもとづき，ケインズは銀行の保証機関としての基本性格を強調した．拠出された各国通貨の貸付よりも，拠出額の80％を未払込資本として留保し，これを銀行の保証基金と見なすべきであるという訳である．米国側もこれに異論を挟まなかった（Mikesell 1994: 32-3）．

銀行の第1条「目的」は7月6日に提案された原案から最終協定文まで全5項で構成されていた．それらは最終条文で次のようになった．

第1項　戦争によって破壊，あるいは瓦解せしめられた経済の回復，平時の必要のための生産設備の再転換，ならびに低開発地域の生産設備と資源の開発の促進を含む，生産目的のための資本投下を容易ならしめ，以て加盟国の復興と開発を援助する．

第2項　民間投資家による貸付，その他投資を保証，あるいはこれらに参加することで民間投資を促進し，そうして民間資本が妥当な条件で資金を入手できない場合，適合的な条件で，自己の銀行資本，銀行が調達した資金，その他の銀行資産から生産的目的のために金融する．

第3項　加盟国の生産的資源の開発のために国際投資を促進することによって，国際貿易の長期の均衡ある成長と国際収支の均衡維持を促進する．これを以て加盟国領土内における生産性，生活水準，労働条件を向上させる．

第4項　より有用で喫緊なプロジェクトが，その大小にかかわらず，優先して取り上げられるように，他の経路による国際的貸付との関連において，銀行による投資と保証を調整する．

第 5 項　加盟国の領土内での経済状態への国際投資の影響について充分配慮しつつ業務を実行する．また，戦後初期において，戦時経済から平和経済への円滑なる移行を実現するよう助力する．

　この条文案で下線部分が起草過程で新たに追加された部分であった．7月1日の米国の修正提案をもとに7月12日，英米が共同で修正提案を行った．この後さらに条文案の修正が図られた．この間に下線部分の修正がなされたのである．そうして，第1条の条文案は7月19日には基本的な修正を終えていた．だが，ソ連が，土壇場で，第1条第4項の削除を求めたため，第1専門委員会での最終的な承認は7月21日にずれ込む結果となった（USDS 1948: 192, 505-6, 593-4, 613, 714-5, 837-8, 918, 1049-50, 1099）．

　「目的」については，9カ国代表から修正提案があった．提案では，復興と開発を二本柱として，銀行の基本目標としていた．だが，開発を重視する国々と戦後の復興を急ぐ国々とでは，条文案の解釈を巡り微妙な対立が生じていた．

　国際復興開発銀行の基本目的について，ソ連やポーランドなどの東欧諸国は復興を，メキシコが主導する南アメリカ諸国やインドは開発を，重視した．この問題は，第3条「貸付及び保証に関する一般規定」の第1項「資金の利用」(a)で次のように規定することで合意した．「本銀行の資金及び便宜は，開発計画及び復興計画の双方に対し公平な考慮の下に，専ら加盟国の利益のために使用されなければならない」．開発と復興の「双方に対し公平な考慮の下に」という一項を挿入することで処理されたのである（下線：筆者）．

　ここで注意を要するのは，ここでいうところの「開発」である．この用語はいかなる意味を含意していたのか．この点で，ブレトンウッズ会議第2専門委員会でのケインズの開会挨拶は，参考になるであろう．そこでケインズは，銀行が基本目的とする開発について to develop the resources and productive capacity of the world with special attention to the less developed countries と述べているのである．ここから develop が，とくに，後進国に言及しつつも，資源と生産力の開発 development という広く世界に関わる意味を含意していたことが明らかであろう（USDS 1948: 85）．

③第 2 条　加盟国の地位および資本

　米国は，国際復興開発銀行と国際通貨基金との同時加盟を重視した．そこで争点となったのは基金を脱退した国は銀行に留まることができるか，であった．結局，問題は，11 月草案の線で処理された．基金を脱退した国は銀行に留まることはできないことになったのである．

　資金規模については，授権資本が 100 億ドルとなった．また，銀行の勘定は 1944 年 7 月 1 日の時点での金価値を有する米国ドルをもって表示することになった．銀行では米ドルが国際計算単位として機能することが決められた．

　割当ての問題は当初の想定以上に厄介な問題の 1 つであった．11 月草案では加盟国の割当ては，国際貿易と国民所得をベースに算出されることになっていた．米国は基金と同様の拠出比率を銀行には求めない方針で，英国もこれに同意していた．しかしながら，国際通貨基金とは異なって，拠出額と資金の利用とが関連していないことから，各国とも拠出額を少なくしようと躍起になった．ラテンアメリカの国々は，彼らが拠出した資金が，欧州の復興資金に使われてはたまらないと考えた．ソ連は基金よりも少ない拠出を要求した．さらにソ連は，戦争での被害を考慮して金での拠出額の削減を求めた（Oliver 1975: 187）．

　結局，多くの弱小加盟国は，基金への拠出額を 1/2，あるいは 2/3 減額することでおおよその合意が得られた．厄介であったのはソ連の対応であった．ソ連には 12 億ドルの拠出が割り当てられていたが，同国代表団は，9 億ドル以上の拠出に反対の姿勢を崩さなかった．この問題を処理するため，米国は自国の拠出分を 27 億 5000 万ドルから 31 億 7500 万ドルに増額する，これとともにカナダ，中国を増額し，ソ連，ラテンアメリカ諸国の減額の埋め合わせをはかる，との妥協案を提案した．しかしながら，拠出額の問題は最後の最後までもつれた．後に言及することになるがソ連の拠出額の問題は，最終日の 23 日にソ連代表団がモスクワからの指令によって 12 億ドルを受

表 8-4　主要加盟国への割当額
（単位：100 万米ドル）

米国	3,175
英国	1,300
ソ連	1,200
中華民国	600
フランス	450
インド	400
オランダ	275
ベルギー	225
豪州	200
チェコ	125
ブラジル	105

け入れることでようやく決着した．これにより銀行の資本規模は91億ドルになった（USDS 1948: 907, 1011; Oliver 1975: 188）．

　第2条の第5項「応募資本の区分と払込催告」と第7項「株式応募資金の支払方法」は，一体の条項であると考えるべきであろう．イギリスやオランダは，①20%の払込資本と残り80%の未払込資本とを明確に区分し，規定すべきと提案した．前者は銀行の金融業務に用いられ，後者は債務に対処する時に払い込みが求められる．ブレトンウッズ会議に提案された英国案を基にした当初案では，この第5項と第7項は，第4項「応募資本の利用可能性」と第5項「応募資本の支払い」に位置づけられていた（USDS 1948: 193-4）．

　当初案に対して英国とオランダが7月10日に修正提案を行った．とくにオランダは，第4項で当初払い込む20%の内訳の厳密化を図り，①金，金交換可能通貨で2%，②残余を自国通貨，に二分する修正提案を行った．これに対して，英国は第5条の規定の修正で，当初の払い込みにおいて10～20%を金で払い込むべきであるとの提案を行った（USDS 1948: 370-1）．

　当初払込分20%の内訳をめぐるオランダと英国の対立は，12日から17日にかけた審議で合意したかにみえた．このうえで，払い込みの時期についての項が新設され，条項案は7月17日承認された（USDS 1948: 549, 552, 627, 716-7）．

　しかしながら，一旦承認されたこれらの条項案は，どういう経緯によってかは明らかでないが，突然，7月19日の第2専門委員会「起草委員会」報告によって，現行の条文と同じ第5項「応募資本の区分と払込催告」，第7項「株式応募資金の支払方法」に変更された．これにともない第7項-1では，第5項-1の規定にもとづく当初払込分20%のうち，2%分は金または米ドルで，残余18%は加盟国通貨で払い込むことになった．ここでオランダ案の金交換可能通貨が米ドルにかえられた点に注意すべきであろう．さらに，先の条項案にあった払い込みの時期に関する条項案は，第8項「応募資本の支払時期」として位置づけ直された（USDS 1948: 839-40）．

　銀行の資本の構成については，銀行の基本的性格づけと絡み，未払込資本をどのように位置づけるかが重要な問題であった．米国側は，英国側の主張も受けて，これを銀行が留保して，銀行の債務に対処する必要が生じた際に，加盟

国に払い込みを求めるようにすべきであると提案した．ブレトンウッズ会議でのかかる米国の対応は，11月草案の「保証基金」案を再論したものともとれた．だが，会議に提出された準備草案にはなぜか「surety fund（保証基金）」の用語がなかった．

この問題でオリヴァーは，第2条5項に基本的な考え方が盛り込まれたと評価する．それは，ケインズが最初に銀行構想に魅力を感じた点である．すなわち，銀行は直接貸付の金融機関であるよりも保証の機関であるという考えである．そうしてケインズによる7月3日の，第2専門委員会での開会挨拶を例示している．なるほど，ケインズは，そこで，銀行の設立の意義を説き，銀行の資本について説明している．銀行の払込資本の一部は拠出された加盟国通貨での銀行による貸付にあてられる．だが，払込資本の大部分は，a reserve fundとして2つのタイプの業務の保証基金として保有される．それらは，①民間貸付の保証，②銀行が債券発行などによって調達した資金貸付に対する保証，である．ケインズは，戦後に資金的な余裕のある国は米国等ほんのわずかであるが，この保証基金を各国が自国資本をもって拠出することで，投資リスクを分散することができ，これによって国際投資の資金供給国ばかりか，そうでない国々も国際投資活動の発展に貢献できることになる，と積極的に賛意を表明していたのであった．このようなオリヴァーの評価からすれば，ブレトンウッズで提案された草案で，銀行の主たる機能は保証基金に置かれていたことになる．こうした解釈で問題が残るのは，それではなぜ11月草案にあった「保証基金」の用語がその後に削除されたのか，である（Oliver 1975: 189; USDS 1948: 85-8）．ただし，当のケインズは，この演説のなかで銀行による直接貸付機能を否定していない．むしろ，ひとつの柱として位置づけていたのである．ケインズは，銀行の機能を文字通り「保証基金」としてのみ捉えていたわけではなかった．

第2条の払い込みの問題で，なお厄介であったのはソ連の交渉姿勢であった．ソ連は，戦争の災禍を被った国は，①復興が完了するまで，金払込分の一部は猶予される，②当初払込資本を最初の年は25%とすべきである，と要求してきたからである．そうして，これらが認められないかぎり，ソ連は第2条について承認できないとの立場を表明した．これを含めてソ連の動きは会議の成否

に影響を及ぼしかねない要因として，最後まで会議の行方を不確定なものにしていた．

この点で興味深いのは，第2条第8項応募額払込の時期(a)の条項化の過程であった．そこでは，最終的に，ソ連や非占領地域諸国への特別措置として，これに該当する原加盟国は，①銀行の業務開始後，60日以内に払い込まなければならない当初払込額の2%の金または米ドルについて，業務開始後5年間0.5%の払い込みを猶予される，②大戦の結果，金準備が十分に回復していないために払い込みができない原加盟国は，銀行の定める期間までこれを延期できる，と規定された．この条項化の過程はやや複雑であった．まず，7月20日の第2専門委員会の第2分科会で第8項に(c)として，非占領地域原加盟国は，業務開始後5年間金拠出額の25%の払い込みを延期できる旨が新たに追加された（USDS 1948: 916-7）．ところが，この修正措置は，同日の第2専門委員会の起草委員会の補足報告という形で第8項(a)に置き換えられ，条文案も修正され，払込猶予額が25%から0.5%に変更される．そうして，この提案が承認され，7月20日にすべての委員会からの最終報告として第2専門委員会に提出された銀行案の最終案に盛り込まれたのである（USDS 1948: 923, 987, 1019）．しかしながら，この条項が最終的に確定したのは7月21日のことであった．更なる修正が施されたからである．すなわち，土壇場になって，第8項(a)が(1), (2)に2区分され，(2)として金準備が十分ではない加盟国への特別措置として，払い込みの延期に関する条文案が新規に盛り込まれたのである．この経緯を示す文書は国務省会議録にはなく，詳らかではない．だが，ソ連の動きへの対処であったことは明らかである．ソ連代表団は，12億ドルの割当額に応じず，また，いくつかの条項で修正，あるいは留保の姿勢を見せ，最後の最後まで妥協を拒んでいたのである（USDS 1948: 1052, 1078-9）．

④第3条　貸付と保証に関する一般的規定

アトランティックシティで英国は，国際復興開発銀行の権限と業務にかかわる部分をボート・ドラフトにそって第3条と第4条とに分けるように提案し，これに米国も同意していた．この結果，ブレトンウッズ会議に提出された準備草案では11月草案の当該箇所がもっぱら第3条と第4条に整理されていた．

第3条第1項の起草についてみよう．ブレトンウッズ会議に提案された準備草案では，銀行は，その資源をもっぱら加盟国の利益のために用いられなければならない，とされた．オリヴァーは，これが予想外の反応を引き起こしたと指摘する．すなわち，東欧諸国，とりわけポーランドは，戦争で破壊された地域の復興のために迅速な対応を，ソ連も復興を重視し利子や手数料を求めてきた．一方，メキシコなどラテンアメリカ諸国は，復興とともに開発に対しても等しく配慮するように求めた．この問題の処理では，すでにみたように，equalに変えてequitableとの用語が採用され，7月13日，2つの目的をともに追求することが銀行の基本目標であることが確認された（USDS 1948: 373-4, 377, 506, 581, 592-3, 594）．

　第3条の国際復興開発銀行の業務については，結局，次のような規定になった．まず，銀行は開発と復興の双方に対して公平な考慮のもと加盟国の利益のために使用される．だが，このすぐ後であらためて復興の促進が銀行の仕事であることを定めていた．これによって銀行の業務の重点が，開発より復興に重点が置かれているとの印象を与えることになった．

　国際復興開発銀行が復興と開発の目的を実現するために保証，貸付の対象とするものは，加盟国内の商業，工業，農業であった．さらに保証，融資上の条件として次の点が指摘されていた．すなわち，①対象は加盟国政府と加盟国政府，ないしは中央銀行の，もしくはこれらに相当する機関のプロジェクトであること，②保証，融資は，現下の市場条件で，借入人が他の方法では資金を借り入れることができないと確認した場合に限ること，③銀行がその手数料，利子，返済計画を妥当であると認めたものであること，④保証，貸付の対象は，一般的な，あるいは使用目的がはっきりしないものは対象外で，「特定プロジェクト」にかぎること，であった．

　この特定プロジェクト主義に対して，アトランティックシティでの準備会議で英国代表団らから異論が出されていた．戦後の復興は全般的なものであって，特定プロジェクト主義では問題を処理できないであろう，と考えたからであった（Mikesell 1994: 33）．しかしながら，審議の結果，米国の主張通りに特定プロジェクト主義が貸付政策の基本方針として貫かれた．

　最終規定第3条第3項銀行の保証，貸付制限の規定に落ち着く銀行の貸付と

第8章　ブレトンウッズ会議

　保証の総額の規模についても議論が及んだ．これはブレトンウッズ会議に向けた準備的協議の過程で具体的に論じられなかった問題であった．1944年4月以前の草案でも総額がどの程度になるのか確かではなかった．ホワイトは当初400～500億ドルの貸付能力を考えていた．だが，彼はこれを協定に盛り込むことは考えていなかった．協定に明記することへの連邦議会の反応を懸念してのことであった．また，総額については米国代表団内部でも意見の対立があった．それゆえにブレトンウッズ草案では，総額にかかわる当該箇所は次のように空欄になっていた．「銀行によってなされる保証，貸付への参加，貸付その他投資は，一度に銀行の応募資本と剰余金の［　］％を超えてはならない」(USDS 1948: 195)．

　この問題ではまずオランダ代表団が次のように提案した．新規に銀行によって保証される証券の発行額と銀行自身による証券発行額は，これらのすでに発行された総額に加えて，銀行の未払込資本の75％を超えてはならない(USDS 1948: 374-5)．議論の過程でポーランド代表団は，民間貸付の保証と民間貸付への参加，銀行の直接貸付の総額の上限として300％を提案した(USDS 1948: 543-4)．ノルウェー代表は銀行が借り入れられる資金の上限を120億ドルとしたが，保証や貸付の限度については言及しなかった(USDS 1948: 381)．英国は正式に数字を提示しなかった．本国は，7月14日付のブレトンウッズ代表団への電信で，限度額を超えた借り入れや保証に反対するように指示していた．この問題でオリヴァーは，総じて銀行からの借り入れを期待しない国々は低い上限を支持したと指摘している（「7月14日付外務省からブレトンウッズ代表団への電信」T 230/45; Oliver 1975: 189-90)．

　実はこの問題では米国代表団のなかでも意見が一致していなかった．ホワイト，バーンスタイン，ハンセンらは200％の上限で解決したいと考えていた．しかし，ブラウン（シカゴ・ファーストナショナル銀行），ピアソン（ワシントン輸出入銀行）らは100％案を主張した．ブラウンは，米国の金融界を代表する立場から，国際復興開発銀行の信用力を抑制しようとしたのであった．これに連邦準備制度理事会のエクルス議長も同調した．コラド，ウォルコット（下院銀行通貨委員会），それにモーゲンソーもブラウンの提案を支持した(MD 752: 3-60; Oliver 1975: 191)．この問題は結局，7月16日，次のような合意が得ら

れた．

> 「本銀行の保証及び貸付に関する制限」で「本銀行の行う保証，貸付参加及び直接貸付の残高総額はいかなるときにおいても，その増加により右総額が本銀行の瑕疵なき応募済資本金，準備金及び剰余金の100％を超えるにいたるときは，これを増加させてはならない」(USDS 1948: 701)．

このようにしてアチソン，ブラウン，エクルスらの主張する100％案が採られたのである．

国際復興開発銀行の実際の貸付能力をどう考えたらよいであろうか．銀行は100億ドルの授権資本の20％が貸付可能資金と考えられた．しかしながらこのうち，金ないしは米ドルでの払込比率はわずか2％で，残り18％は加盟国通貨でよいことになった．戦争直後の国際金融事情を考慮すると，対外支払いに充てることのできる信認された通用力のある国際通貨は，金貨と米ドルに限られていた．したがって，米国の拠出分と各国の割当ての2％相当分が実際に貸付可能な資金であった．

国際復興開発銀行の金融業務の範囲についてはFAO，ILOから相次いで提案があった．まず，創設されたばかりのFAOの代表は，長文のコメントを寄せ，農業部門の開発で銀行とFAOが事前に協議し，貸付を行うべきであると提案していた．この結果，第3条第4項で，銀行の貸付に，農業企業への貸付を含めることになったが，事前協議の条項化は退けられた(USDS 1948: 377, 466-81)．

ILOの代表は，国際復興開発銀行が他の国際機関に対する貸付ができるようにすべきであると提案した．同様の考えは初期ホワイト案にみられたものであった．しかしながら，ブレトンウッズでもかかる提案は退けられた(USDS 1948: 377-8, 841, 1020)．オランダは，加盟国政府の保証を得ずに，銀行が直接企業に貸し付けられるようにすべきであると提案してきた(USDS 1948: 378)．ブラジルは，輸出の不振で国際収支が悪化している国への輸出振興目的の特別貸付を要望した(USDS 1948: 482-4)．ソ連はすでに，貸付条件で優遇を求めていた．しかしながら，これらはすべて退けられた．

銀行による貸付の返済保証で，中央銀行やその他の政府機関も政府とともに国際銀行からの貸付に対する保証を行えるようにすべきかの問題で議論が闘わされた．7月13日の報告で政府以外の機関も認めることになった．さらに翌日には，中央銀行と銀行が認める「これに準ずる機関」と修正された．結局，銀行が承認した政府系機関による返済保証も認められたのである（USDS 1948: 560, 563-4, 630-1, 718-9; Oliver 1975: 192）．

銀行の貸付政策については，ここであらためて，英国がより柔軟な政策的対応が可能となるような条項を条文に盛り込むように求めた．農業協同組合，貸付機関，公益事業，生産に関連する準公的機関などであった．だが，これも，一部条項の修正に留まり受け入れられなかった．英国はまた，例外的な状況のもとで，外国為替市場の確立のために銀行は加盟国に対して，金や外国為替を貸付，または貸付保証することができるという条項を設けるよう主張していた．この問題に対して米国は，①銀行が復興と再建を優先すべき時に，実際には利用されない対外準備のために金や外貨を供与することが得策であるのか，②為替，通貨システムの安定化は基金の役割である，として英国提案に賛成しなかった（USDS 1948: 375-6; Oliver 1975: 193-4）．

1次産品や工業製品の在庫管理のための投資の重要性についてあらためて話し合われた．結局，以下のような新たな条項（III-4-7）が追加された．

「銀行によって貸し付けられ保証される貸付は，特別な状況を除き，復興と開発の特別のプロジェクトの目的のために実施されなければならない」（USDS 1948: 629-31, 718-9; Oliver 1975: 194）．

なお，銀行による貸付，および信用保証は「特定プロジェクト specific projects」に限定される，との規定は，7月15日に条項化された（USDS 1948: 631）．

また，必須物資の調達と緩衝在庫のための貸付を，銀行の金融業務に含めるべきかについても，あらためて討議された．しかし，米国代表は，連邦議会の反応を考慮して，そうした提案に応じなかった．健全なプログラム貸付を決定するうえで，各代表団は国際復興開発銀行に設置される専門家から成る貸付委

員会が報告書を作成する問題も検討された．米代表団は報告書に盛り込む内容として，プロジェクトは生産性の増大に資するものとの条件を挙げた（USDS 1948: 842-3, 1020-1; Oliver 1975: 192-5）．

タイド・ローンに関わる条項は，当初，第3条6項の細目3項目（(a), (b), (c)）の(a)であった．それは次のような条文案であった．

「本銀行は，貸付手取金が費消される加盟国に関していかなる条件も課してはならない」（USDS 1948: 197）．

この条文案は7月17日の銀行草案でも維持されていた．ところが，7月19日の起草委員会報告で以下のように修正された．すなわち，①第3条第6項から同第5項「銀行が保証し，貸付参加し，又は貸し付けた貸付金の使用」に変えられ，(a)の条文案も変更された．(a)は次のような条文案であった．

「本銀行は，貸付手取金が特定の加盟国，または諸加盟国の領土で費消されなければならないとのいかなる条件をも課してはならない」（USDS 1948: 719-20, 1021）．

⑤第4条　業務

国際復興開発銀行の第4条第1項「貸付，あるいは貸付促進の方法」は英国提案の第4条第1項を採用したものである．協定では，第1項(a)でまず銀行の業務を次のように規定している．①払込資本，剰余金，準備金からの直接貸付，②加盟国市場での起債による調達資金からの貸付，または直接貸付への参加，③あるいは民間資本の全部保証，あるいは一部保証．さらに第1項(b)では，②の場合の資金借入，③の場合の貸付保証，はその通貨を調達する加盟国の承認を必要とする，と規定していた．これは「拒否権」の規定であった．この問題の扱いで奇妙なのは，ここで，①の場合の直接貸付について，同様の「拒否権」を規定せず，①についての「拒否権」を次の第2項(a), (b)で規定した点である．

かかる銀行の業務について当初案の7月6日付復興開発銀行提案では，第1

項は,「貸付促進の方法（Methods）と題され,次の(a)～(c)の条項で構成されていた．すなわち,(a)銀行の自己資本からの貸付,(b)加盟国市場での起債による資金からの貸付,(c)通常の経路による民間貸付の全部,一部に対する保証（USDS 1948: 197-8）．当初案では,銀行による民間直接投資への参加については,最終案でのように第4条第1項の(a)-iiで規定せず,同条第5項で,独立に規定する構成になっていた（USDS 1948: 117-8, 200）．

　第4条第1項の条項化は,その後,10,14日と検討が進められ,17日の起草委員会で一旦は,ほぼ原案どおりに承認された（USDS 1948: 380, 384, 624, 720）．

　ところが何故にか,翌日の第2専門委員会第2分科会報告で,第4条第1項は,次のように修正された．

　第1に,その表題が「貸付,あるいは貸付促進の方法」と変えられた．

　第2に,補助条項(a)～(c)に加えて拒否権に関わる条項が新たに付け加えられた．

　第3に,補助条項(a), (b)が修正され,(a)銀行の自己資本,(b)銀行による起債や借り入れをもとにした資金からの銀行による直接貸付,あるいは民間貸付への参加,を規定する条項案となった（USDS 1948: 819）．この修正にともない,それまで別個に銀行の民間貸付への参加を規定した当初案からの第5項が不要になった．

　そうして7月19日の起草委員会報告で,ようやく第4条第1項は(a)-i, ii, iii,それに(b)からなる現行規定と同じ条項案が作成されたのである（USDS 1948: 843）．

　この条項案は,7月19日の第2専門委員会でひとたび承認されるが,この後,微修正され,最終的に承認されるのは翌日のことであった（USDS 1948: 1022）．

　「拒否権」問題でどのような議論が闘わされたのか．国務省会議録からは詳らかではない．この点ではメキシコ代表団の次のような問題提起（7月16日）が参考になろう．①戦後過渡期に資本財不足に見舞われた加盟国の資金が,本銀行から融資され,あるいはかかる加盟国通貨による民間貸付が本銀行によって保証され,これらによる資金が借入国によって当該通貨国の資本財の費消に

あてられる事態が生じた場合，②貸付通貨国の国内経済が完全雇用状態となり，これ以上の輸出が内外均衡の維持の観点から望ましくない事態が生じた場合，それぞれどう対処すべきであるのか．これらの問題への対応とともに，貸し出しが認められた後に，貸出資金の通貨国が完全雇用状態になり，貸付手取り資金を他の国で費消しなければならない場合には，どう対処すべきか．これらへの対処策として，「拒否権」や貸付手取り資金の他の通貨への交換可能性の問題が，あらためて政策課題となったとも考えられる．かかる場合，資本不足や完全雇用状態にいたった通貨国に自国通貨の利用を拒否する権限を付与すべきである．さらには，タイド・ローンを禁じ，「拒否権」を認めた場合，借り手にとって最も有利な市場での資金の費消を保証すること，すなわち，世界市場で貸付手取り資金のもっとも経済的，合理的な費消先を自由に選択できるようにしなければならない．これには，さしあたって，当該通貨の他加盟国通貨への交換性が保証されなければならない．これらに加えて，もしも，借入国が財を販売する国の通貨を入手できず，あるいはその通貨の使用を拒否された場合，銀行は自ら外為市場で金，あるいは他の資産を売却して貸付に必要な通貨を確保することができなければならない．このような政策課題への対応措置が条項案に盛り込まれなければならなかったのである（USDS 1948: 1182-4; Oliver 1975: 197-8）．とはいえ，メキシコ代表団が提起した問題は，戦後世界経済の実情，銀行による比較的小額な復興融資実績，その後の活動の休眠化によって，杞憂に終わったのであった．

　貸付，保証業務にともなう利子，手数料については7月6日の当初の銀行草案では，利子，手数料とも年1％程度を考えていた（USDS 1948: 199-200）．英米間で考え方の相違があり，またノルウェーは貸付に手数料をとることに反対した（USDS 1948: 383, 384）．このようななかで7月14日の条文案では，当初年率で1～1.5％，その後引き下げの可能性あり，との考えが打ち出されていた（USDS 1948: 632-3）．

　金利と手数料については，結局，7月17日に基本合意に至り，19日に最終条文が承認され，第4条（業務）の第4項（直接の貸付の返済に関する規定），第5項（保証）で次のように規定された．まず銀行は，貸付に対して利子と手数料を課すことを義務づけた．利率は貸付に当たって銀行が個別に決めること

第8章 ブレトンウッズ会議

とした．手数料については，貸付，保証とも，以下のようになった．
　①最初の10年間の手数料は1%/年〜1.5%/年以下とする．その後は事情に応じて銀行が決める．
　②貸付，保証とも，残高に対して課すこと（USDS 1948: 845-6）．

　銀行の業務に関わるオリヴァーの解釈で注目すべきは，未払込資本の扱いである．彼によると，銀行の規定は，次のことを明確にしている．銀行は，この80%の部分は，銀行の手数料収入による特別準備金が利用され尽し，その運転資金と利益とが使い尽されるまでは，加盟国にその未払込資金の払い込みを求めない．これは，加盟国の拠出を最小限に抑えたいとする英国の決意の結果であった．なお，規定では払い込みの督促は1年に加盟国の応募総額の1%を超えない限度においてなされることになった（第4条第7項）(Olive 1975: 202-3)．

　残された業務についてはオリヴァーの指摘を引こう．財務省案として起草された1943年9月の財務省草案ですでに削除されたが，初期ホワイト草案にあった遠大で野心的な構想の名残が第4条の「諸業務」に一括された．これは英国の提案によるもので銀行は，①自己の証券と銀行によって保証されまた銀行が投資した証券の売買，②銀行の投資した証券の売却を促す目的で行う保証，③加盟国当局の承認を得ての加盟国通貨の借り入れ，等の業務を行えることになった．これに対して，初期草案の世界中央銀行構想の名残で11月草案にあり，アトランティックシティで英国がその他業務に分類していた業務はブレトンウッズ会議で削除された．それは銀行が，加盟国政府や中央銀行の代理者，あるいはコルレスとしての役割を果たす，というものであった（Oliver 1975: 203）．

　ブレトンウッズ会議に提出された準備草案で銀行は，条件つきで金，加盟国通貨は売買できることになっていた（USDS 1948: 201-2, 385-6）．この条項案は，7月13日の起草委員会報告でも第4項第8項に盛り込まれ，維持されていた．それはまた7月17日の第2専門委員会でも承認されていた（USDS 1948: 569, 723）．しかしながら，この条項案は最終的には銀行の条文に盛り込まれなかった（USDS 1948: 848, 1027）．

　1943年11月草案の興味深い条文案があらためて討議に付され，結局退けら

れた．それは，国際復興開発銀行は国際株式市場で株式投資を認めるか否かの問題であった．会議では，ラテンアメリカ諸国がこの提案を支持していた．だが，米国がこれに反対であった．とりわけ，そうした株式所有によって，銀行は企業経営のさまざまな問題にかかわることになり，望ましいことではないと考えたのである．結局，7月20日の最終報告で第4条第4項(iv)として3/4以上の票決数をもって特別準備金に限って証券投資が認められた（USDS 1948: 1027）．

第4条の最後の第10項では，銀行は加盟国の政治的問題に干渉しないことが規定された．また，その決定をなす際には，関係加盟国，または加盟諸国の政治的性格に左右されてはならないとされた．ただし，原案では，銀行の職員が出身国に限って政治に関与することを認めていた．だが，この条文案は7月10日の準備草案から削除された（USDS 1948: 202, 569-70, 1027）．国際公務員としての政治的中立性を考慮してのことであろう．

国際復興開発銀行の第5条など定款の残りの部分は，主として国際機関の組織とその運営の形式的な問題を扱っているが，これらの多くは，ブレトンウッズ会議で大きな問題とならなかった．組織に関わる規定についての討議は簡単にすんだ．第5条「組織および管理」，第6条「脱退および加盟国の地位停止及び業務停止」は，ほぼ1943年11月草案にもとづくものであるが，その後の条文化の作業では，銀行に先行した基金の協定文が条文作成の参考とされた．実際，起草が進むと国際通貨基金の条文と共通の用語を用い一貫性を保つ点に注意が注がれるようになった．

銀行の組織として，総務会，理事会，総裁が置かれた．総務会は新規加盟国の加盟許可，その他加盟条件の決定，資本金の増減，加盟国の地位停止，などを決定する．出資比率に応じて票決権が割り当てられる．票決権数の過半数で銀行の決定がなされる（USDS 1948: 202-3, 387-8, 388-91, 602-4, 725-6, 849-54, 1027-33, 1062）．

銀行の理事会についてはやや詳しく見よう．その構成は1943年11月草案では，9人とし，そこでは，永久理事国についての言及はなかった．ブレトンウッズ会議に提出された草案では理事会は11名の理事，すなわち5つの最大株式保有国と残りの理事国から構成され，理事会は銀行の総裁を決定することに

なっていた．総裁は理事や各国代表との互選が認められず，賛否同数の場合の他は理事会での票決権をもたなかった．英国やカナダが独自の提案を行ったが，最終的には保有株式数の多い国5カ国を含む12名とすることが決まった（USDS 1948: 204, 553-4, 1063; Oliver 1975: 205）．

最後に，国際復興開発銀行の本部をどこにおくかは，国際通貨基金と同様に，英米の根深い対立から決まらず，先送りされた．ただし，協定では最大の票決数を有する国に置くと規定されていた（USDS 1948: 207, 392, 616, 853, 1032, 1065; Oliver 1975: 207）．

7月19日，国際復興開発銀行案についての最終案が，起草委員会によって第2専門委員会に提案された．だが，ソ連は7月20日の第2専門委員会で7項目にわたり削除，あるいは修正をもとめ，最終的な態度を留保した．第1条第4項の削除，第2条第5, 7項の修正，第4条第4, 5項の修正，第5条第11, 15項の修正であった．さらにソ連は，21日の会議でも，復興融資の利子，手数料を問題にしたうえ，自国が拠出する金の国外持ち出しを渋る姿勢をみせた．しかしながら，委員会ではソ連の要求を退けた．これにソ連が反発を強めるとの観測が流れ，一時，会議の行方に悲観的な見通しが流れた（USDS 1948: 837-57, 918-9, 1078-9, 1099-100; Oliver 1975: 209-10）．

4. 第3専門委員会と国際決済銀行（BIS）

メキシコ代表のスアーレスが委員長を務める第3専門委員会で注目されたのはBIS問題，銀問題などであった．

米国代表団の予期せぬことであったが，ブレトンウッズ会議の最終局面で，BISの問題が米英代表団間，およびそれぞれの代表団内部で，深刻な対立の要因となりかねない状況となるのであった．

戦時中の米国内では，ナチスとBISとの関わりを批判する勢力とBISを中心に国際金融協力を進めてきた国際銀行界との間で対立があった．ブレトンウッズ会議でもBISの責任を追及する動きがあり，また，国際通貨基金との併存の問題も検討課題となっていた．

1930年に設立された国際決済銀行（BIS）への米国の関与は特異であった．

ニューヨーク国際金融界が設立を支持したが，中央銀行である連邦準備制度理事会は出資せず，役員も送り込まなかった．米国の銀行への対応は，ニューヨーク・ナショナルシティ銀行が，出資し，役員を出すという極めて変則的な結果になった．連合国によるドイツからの賠償取り立ての金融機関としての性格は，1933年に連合国がドイツからの賠償取り立てを放棄することで失われるが，BISは，欧州の国際銀行として営業を続け，その後，BISがナチスとの結びつきを強めるなかでも米国国際金融界は同行との関係を維持した．大戦中，BISの総裁には米国人のマッキトリックが就いていた．彼は，ニューヨーク・ナショナルシティ銀行のジェノバ支店勤務を経て第1次世界大戦中は軍務（情報将校）に就いた．復員後はリーヒギンズ商会に入り，BIS総裁に就任する前まではロンドンでリーヒギンズの支店を切り盛りし，当地の国際金融界で知られた人物であった．BISと深い関係を保っていたニューヨーク国際金融界に対して，ローズヴェルト政権，とりわけ財務省はBISとナチスとの特別の関係を問題視していた．

　米国代表団のなかで，財務省はBISの清算を支持し，この問題で明確な立場を打ち出すべきであると考えていた．一方，国務省，連邦準備制度理事会の代表，銀行家のブラウンらは，こうした財務省の立場に反対であった．興味深いことに，BISの清算問題では，英国代表団内部でも，外務省，イングランド銀行の意向を受けたロナルド，バルトンが，財務省の方針に反対であった．財務省主導の国際通貨基金の創設による新たな国際金融協力の道か，BISのような中央銀行を中心とする各国国際金融界の金融協力の道か，の路線対立がこの背景にあった．

　トニオロは，（英国大蔵省文書を引き合いに出して）イングランド銀行が，また同行の強い意向を受けて外務省がノルウェー決議案へ反対したのは，この措置により生じるドイツ等枢軸国のBISへの元利払い停止が，敵国の外貨ポジションを有利にさせ，他方で債権を保有している連合国側が損失を被ることになると考えたからである，としている（Toniolo 2005: 268, 564 note 35）．

　問題が一気に表面化したのは，7月10日であった．この日，ノルウェー代表団がBISの清算を期して勧告案を提案したのである．それは，①BISを"at the earliest possible date"に清算する，②BISの経営，取引について調

査する委員会を設置する，ことが柱となっていた（USDS 1948: 30, 1166）．

これに対する米国代表団の対応は割れた．財務省が支持し，アチソン，ブラウンが強く反対したのである．英国代表団内でもロナルド，バルトンが反対したことは言うまでもない．（ノルウェー決議案にケインズは，反対なのか，賛成なのか，資料的に確認できなかった．）さらには，オランダもノルウェーの提案に反対した．オランダはチェコがBISに保有していた金をナチが横領したときに総裁を出していた事情があった．皮肉にもブレトンウッズ会議のオランダ代表バイエンが当時のBIS総裁であった．

この後，BIS問題は，しばらく放置された．基金，銀行の審議を優先するためであった．問題があらためて表面化するのは7月18日であった．米国代表団の動きを記録した『モーゲンソー日記』によると，米国代表団がBIS問題で会議を開催したのは，7月18日であった．この日，財務長官は，国務長官ハルとの電話での調整をへて，午後の代表団会議にノルウェー勧告案の修正案を提案し，承認を取りつけた．それは，結局，BISの清算に関する最終的な決議案となる文書で，①当初案にあった調査委員会の設置の条文案を削除し，②当初案の"at the earliest possible date"を"at the earliest possible moment"に変更したものであった（但し，『モーゲンソー日記』には，"at the earliest possible moment"の草案と"as soon as"とする2種類の草案が添付・収録されている．日記の会議速記録からは，いずれの草案が採択されたのかは明らかではない）．

ところがBIS問題の処理は，円滑に進まなかった．翌日（19日）の第2分科会で，米国のラクスフォードが，新たな勧告案を提案したからだ．そこでは，BISの清算を促進するため必要な手段を講じない加盟国は国際通貨基金の加盟国としての適格性を欠くことになる，との一項を国際通貨基金協定に追加すると規定していた．分科会は，提案を，英国とオランダの反対を押し切って可決した．

この動きを知ったアチソンとブラウンは，強く反発した．ブラウンは，色をなして，ニューヨークに帰るとまで言い出す始末であった．BIS問題は，予期せぬ形で，大きな政策課題として浮上し会議の行方を左右しかねない様相を帯びてきた．このためモーゲンソーは，ラクスフォードの勧告案の取り扱いを

中止させ，20日朝，米国代表団の会議を開催し対応策を議することにした[9]。

この日，モーゲンソーとケインズの晩餐会が催された．席上，ケインズはBIS勧告案の問題を取りあげた．モーゲンソーは，問題の処理を翌日の早朝に協議することになっているとしてケインズをなだめた．ケインズは，この夜，独自に文書を作成し，財務長官に届けた．そこには，国際通貨基金の総務会が発足した時を清算の時期とするとした提案が記されていた（CW 1980b: 97）．

一体，ケインズは，BIS問題をどう考えていたのであろうか．モグリッジは，『ケインズ全集』第26巻で，この日の分科会でのBIS問題の処理が，ケインズの激しい怒りの行動を惹起した，彼は，晩餐会の席上，英国を欺く行為であると詰問したと記している（CW 1980b: 96）[10]．彼は，BISの速やかなる清算

---

9) ラクスフォード提案が，彼独自の判断で提案されたのかどうか，われわれは資料的に確認できなかった．

10) スキデルスキーは，ラクスフォードの修正提案の審議，ケインズとモーゲンソーとの晩餐の日を7月18日としているが，そうであろうか（Skidelsky 2001: 354）．BISの歴史を記したトニオロの大著も，ブレトンウッズの会議録に直接あたらず，スキデルスキーを有力な典拠として経緯を論じているため，記述上の錯誤が目立つ（Toniolo 2005）．
　彼は，7月18日〜20日の事態について次のように説明している．
　7月18日，ラクスフォードが第3専門委員会小委員会に決議案を提案（ラクスフォード決議案：国際通貨基金への加盟とBISの清算問題を絡めたもの）．（トニオロは，スキデルスキーを典拠に）これにケインズがモーゲンソーの部屋に赴き激しく抗議したとする．
　7月19日，ケインズはモーゲンソーに書信を送付（トニオロは，この内容について触れていない）．この日，ノルウェーとオランダの共同決議案の公表．ケインズ，倒れるとの情報．
　7月20日，朝の英米会議でモーゲンソー，"at the earliest possible moment"の決議案を提案する．
　かかるトニオロの説明は，不十分であり，錯誤も見られる．
　第1に，ラクスフォード決議案の提出日を7月18日としているが，7月19日の間違いである．
　第2に，それ故に，ケインズが激しく抗議したのは18日ではなく，19日のことである．
　また，トニオロは，重要な事態の推移を看過している．
　第1に，7月19日のモーゲンソーとの晩餐会の席上，ケインズがモーゲンソーに手渡した覚書（＝国際通貨基金総務会が発足する日までにBISを清算するとの対抗提案．米国はこれに不同意）について触れていない．
　第2に，米国代表団が，ノルウェー決議案に対する英国等の反対を受けて決議案の修正を行う経緯が説明されていない．それは，(1)7月18日の米国代表団会議で

に賛成であったのか．そうであればバルトン，ロナルドと異なる立場にあったことになる．

翌20日早朝，モーゲンソー，ヴィンソン，ホワイト，ラクスフォードの間で対応協議された．その際，ラクスフォードによって提案された勧告案は，実に18日の米国代表団総会ですでに了承されていた勧告案と同じ文面であった．この勧告案は，その後開催された米国代表団会議で了承された．

続いて10時からケインズ，バルトン，ロナルドとの会談が開催された．ここでモーゲンソーは，さきの会議で承認された勧告案を英国側に提示した．これに対してケインズは，彼が昨晩認めたものと同じかと問うた．財務長官は同じではない，ノルウェー修正案であると応えた．バルトンは，"at the earliest possible moment" とは何時のことか，と質問した．これに対してケインズが「そう早い時期ではない」と応じた．ロナルドは，何時清算されるのか明確にするべきである，総務会が発足した日としてはどうか，と問うた．結局，会議で英国は，押し切られた．さらに，会議では，米国の意向を受けて，オランダに対して，この決議案に賛成するよう働きかけることが合意された（MD 756: 44-5, 119-25, 134-6, 151-3）[11]．

米国代表団会議で了承された修正提案は，米国の思惑どおりにノルウェーとオランダの共同提案としてこの日（20日）の第3専門委員会に報告され，承認された．BISの速やかな清算を主張する勢力と清算に反対する勢力は，"date" を "moment" と変えることで，それぞれ勧告案を，一体，どのように解釈し妥協したのであろうか．ともかく「BISを "at the earliest possible moment" に清算する」が最終的な勧告となったのである（USDS 1948: 915-6, 919-20, 939, 1044, 1084, 1095, 1106, 1166, 1191; CW 1980b: 98）[12]．

 "date" を "moment" に修正した決議案が一旦審議され，継続審議となる，(2)それが7月20日早朝の米国代表団会議で承認され，(3)そうして，この米国決議案が，この後の英米協議で了承された，という一連の経緯である．
11) 英国代表団のなかでBIS問題は，どのような対応策で合意されていたのであろうか．ノルウェー案に反対であったバルトン，ロナルドは，ケインズに同調して期日を限った清算論に賛成したのであろうか．その英国代表団が，7月20日の米国との会談で，ケインズ代替案に固執せず，すんなりと米国の修正提案に同意したのも不可解である．率直にいって，われわれは，モーゲンソー日記から，英国側が米国案に賛成なのか反対なのか，明確に読み取れなかった．

第3専門委員会ではメキシコ，ペルーが貨幣用金属として銀の利用拡大を企てた．この問題は，もともと7月6日に第1専門委員会の第2分科会でメキシコが提起したものであった．ロビンズは日記で，この連携を銀ブロックの組織化の動きとして捉えた．米国もこれを厄介な動きになりかねないと警戒を強めた．連邦議会のなかで銀の利害に関わる勢力が一定の政治力を保持していたからである．さらに，彼の10日の日記には，記者会見の席上，参加ジャーナリストによって，参加資格のないアメリカ精錬会社（ASRC）の社員が，入場許可証を不正に入手して会場に入り込み，2日間にわたり，銀利害の参加国の組織化に暗躍していた実態が暴露されたことが記されている（USDS 1948: 121, 182-3, 227-30, 1157; Howson and Moggridge 1990: 173-4, 179）．

　会議では，結局，第5条「基金との取引」第4項「条件の免除」で，銀を金，有価証券とならんで担保資産として認めることで，銀勢力の動きを封じた（USDS 1948: 327-9, 524, 713, 939, 1043-4, 1187-90, 1206-7）．

　メキシコ，ペルー両国は，また，ブラジル，キューバ，ボリビアなどの国々の支援を受けて連合国の国際経済政策協調を強化する決議案を提出した．世界貿易の拡大にとっての障害の除去，商品作物の秩序ある取引の拡大，戦時経済から平和経済への移行期の諸問題への取り組み，高水準の生活水準の実現などを目指したものだった．こうしたラテンブロックの動きとは別にオーストラリアは，各国が拡張主義的政策を採ることを義務づける国際協定の締結を求めた．しかしながら，委員会はこれらへの対応を見送った（USDS 1948: 279, 330, 332, 481-2, 484; Eckes 1975: 153）．

12）　矢後は，「原案を検討した小委員会では，オランダの修正提案を容れて」「調査委員会に関する文言を削除した」と記している（矢後 2000: 126-7）．ここで「オランダの修正提案」というのは間違いであろう．また，矢後は，この論拠として，自著の注4で，国際通貨基金の資料を参照するよう指摘している．だが，そこでは，ノルウェー案及びその修正案が文書番号 170-280，及び 481-547 のなかにあると記しているだけである．いったい，ノルウェー提案，及びその修正文書は，これら180近くに及ぶ文書番号のどれに該当するのであろうか．実は，7月10日のノルウェー提案は文書番号235，その修正文書は文書番号481（最終文書は510）である．

5. ブレトンウッズ会議の終幕

　会議は7月19日に終了する予定であった．だが，銀行に関するいくつかの重要な問題が残されていた．この時点では，基金案の最終的な修正も続けられ，総会にかける協定案は確定していなかった．協定文や各委員会の議事録，宣言など公文書の作成，審議，承認方法も未定であった．

　こうしたなかでケインズは，ブレトンウッズ協定締結後に勃発したロバートソンとの論争のような事態が生じるのを懸念したのであろうか，7月17日のブレトンウッズ会議運営委員会で，会期の延長を発議した．彼は，基金の協定文について性急に合意したため，後になって解釈上の問題が生じるのは好ましくないとして，参加国が協定案を検討する時間的余裕——最低でも半日——が欲しいと訴えた．彼によれば，各国代表団は，精神的，肉体的に疲労困憊しており，また，最終協定案の起草も完了していないし，したがって誰も協定文を通して読んではいないのが実情であった．

　ケインズの提案をうけたモーゲンソーは，会議を22日まで延長することで参加国の合意をとりつけた（MD 755: 69-71）．

　この後，モーゲンソーとブレトンウッズ会議の専門事務局長コーは，9月19日，午後9時からケインズ欠席のなかで急遽運営委員会を開催し，以下を承認させてしまった．それらは，

　第1に，米国政府に各専門委員会，本会議の議事録，報告，協定文を含む最終文書を作成する権限を付与すること，

　第2に，最終文書の公表の責任を米国政府が負うこと，であった．

　この日の運営委員会には，モーゲンソーの議長のもとでイーディー（英国），ギュット（ベルギー），M. フランス（フランス）らが出席していた．だが，会議の実質的な主役はコーであった．彼がモーゲンソー議長の指示で，先の2点について提案説明する役割を果たしたのである（USDS 1948: 922-3; MD 756: 46-52）[13]．

---

13) なお，この経緯についてはヴァンドーマエルも注目しているが，モーゲンソー日記の引用で適切さを欠いている．彼は，そこで，ケインズが最終文書のチェックを求めたに

マウント・ワシントンのホテルでは，銀行案を巡りソ連代表団との調整が続いていた．7月20日は朝から銀行に関わる第2専門員会の会合が開催され，対応が協議されていた．一方，この日の午後2時には，第3専門委員会の最終会議が開催され，BIS問題や銀問題についての決議案が承認された．

最終局面で，国際通貨基金，および国際復興開発銀行の協定案がどのように処理されたのか．国際通貨協定案については，この日の3時30分から開催された本会議で審議された．会議ではまず，カナダのラスミンスキーが第1専門委員会起草委員会を代表して協定案を報告，ケインズが，この審議をもとめる動議を提出し，ヴィンソンがこれを支持した．国務省会議録ではこの会議で協定案を承認したかどうか，明確な記載がないが，協定案とともに提案された最終文書の起草，その公表を米国にゆだねる提案は承認された．また，オーストラリアやソ連などのいくつかの条項案に対する留保の動きに対しては，それらの主張を第1専門委員会の議事録に記載するにとどめ，総会の議事録と最終文書には記載しないことになった（USDS 1948: 1045）．

銀行案については，なおも調整が続けられた．7月21日は，朝早くから第2専門委員会や特別委員会の会議が断続的に開催された．ソ連代表団は，基金の12億ドルには同意するものの，国際復興開発銀行は9億ドルしか拠出できないとの姿勢を崩さなかった．そこで米国は，やむを得ず，これを受け入れる姿勢をみせた．この不足分の調整のため，基金の場合と同じように，総払込資本を変更せずに，各国の払込資本の増額で埋め合わせる案が考えられた．中国やポーランドはこれに賛成した．カナダ，西半球諸国も増額に応じる構えであった．

この日（21日），ソ連が最終的にどう態度決定したのかわからない時点で，ケインズは次のコメントを認めていた．銀行の拠出額に関する最終的協議でソ

もかかわらず，モーゲンソーとホワイトは，意図的に，ケインズが最終協定案をチェックできないような処理方式を採用した，このためケインズは，事前に協定案を精査できず，結局，米国の思惑どおりにドルを金と同等の位置におくことに成功した，と主張する．こうした指摘は興味深いが，資料の改ざんをしてはいけない．それというのも，彼は，7月19日付モーゲンソー日記の4頁から7頁にわたり多くを引用しているが，6頁のほぼ全部を削除したうえで，5頁と7頁のなかのモーゲンソーの発言部分をつなげて引用文とし，自説の論拠としているからである（Van Dormael 1997: 60-1）．

連は9億ドルに固執し大いに名誉と尊厳を失った．米国はあらゆる点でソ連の要求に応えようと配慮しすぎている．ソ連の議事妨害の戦術はほとんどの要求をかちとるのに成功している．だが，ソ連は自己過信に陥り，ブレトンウッズ会議に参加しているすべての代表団の前でひどく威信を失墜させている（Van Dormael 1978: 216-7）．

　結局，銀行案については，ソ連の最終的な同意を得ぬままに，第1専門委員会からの報告を同日夜7時からの本会議で審議し，これを承認した（USDS 1948: 1100-6）．

　会期を延長したものの時間の経過は早かった．ブレトンウッズ会議が終わりに近づいた．最終日の1944年7月22日夜，7時半から本会議とも最後の晩餐会ともつかぬ集会が開催された．ほぼすべての参加者が着席したのに，ケインズの席が空席となっていた．実は，ケインズの出席は危ぶまれていたのである．それというのも，ケインズは，BISを巡る混乱で7月19日夜に軽い心臓発作を起こしていたからである（CW 1980b: 97-8；ハロッド 1967: 641）．

　動静が注目されていたケインズは，開会時間にやや遅れて会場に姿を現した．英大蔵省の随行記者バローは，次のような光景を記憶にとどめている．やつれた青白い顔のケインズは，長いテーブルを歩いて自席に着いた．すると出席者は沈黙のまま立ち上がった．それはブレトンウッズ会議の長，真の予言者に対する礼賛の所作であった（Van Dormael 1978: 219）．

　ローズヴェルトの挨拶がモーゲンソーによって紹介された．次にケインズが挨拶に立ち，最終案を受諾する動議を提出した．

　挨拶に立ったケインズは，「この記念すべき会議において，最終協定承認の提案を求められ，まことに光栄に存じます」と口火を切った．ケインズは，そうして，実に達成の困難な仕事を成し遂げたこと，モーゲンソーとホワイトの並々ならぬ尽力によって「かくも明快で強固な大建設が成し遂げられた」ことに，賛辞と感謝の念を表明した．この後，あらゆることが法律家の手をかりなければ進められない米国の事情を多少揶揄し，皮肉りつつ，協定の取りまとめにあたった米国の専門家に賛辞を表明した．ケインズは，そうして，次のように挨拶を続けた．われわれは今宵，決定的な地点に達したが，それはほんの始まりにすぎず，世界全体に対して計画を説明しなければなりません．この会議

が，批判的，懐疑的，そしてあら探しの気持ちを持って注目され，歓迎されている事態に身が引き締まる思いです．だが，「われわれの計画が幻滅の状態で終わるよりも，幻滅から始まる方がはるかによいのではないでしょうか」．

そうしてケインズは最後に，国際協力と協調の重要性を次のように訴えた．

> 「われわれはここブレトンウッズにおいて，議定書に具体化されているものよりも一層重要なことを成し遂げました．われわれは，44カ国がここに参集し，力をあわせ，親密に調和を保ちつつ，建設的な仕事をなし得ることを，示したのであります．それが可能と信じた人はほとんどいなかったでありましょう．もしも，われわれがこの限られた仕事において成し遂げたことを，さらに一層大きな事業に継承することができれば，世界の前途に大きな希望をもたらすことができるでしょう．ともかく，今やわれわれは新しい友情と新しい親密さをもって，それぞれの国に帰ろうとしています．われわれは協力することを学びました．もし，われわれがこれを維持することができれば，ここに出席しているわれわれの大部分のものが，その生命の多くを費やしてきた戦争というこの悪夢は消え去るでしょう．そして，人間はみな兄弟である，という言葉は，単なる言葉以上のものとなるでしょう」．

このように述べてケインズは，最終協定の承認を提案した．「最終場面は，熱狂の焰のなかで進行したのである」（CW 1980b: 101-3, 112）．

ロビンズは，このケインズの挨拶について日記で次のように記している．

> 「最後にケインズは，非常に見事な演説で議事を締め括った．各国代表は立ち上がり，拍手して，彼を賞賛した．見方によれば，これはケインズの生涯で，もっとも偉大な勝利の一つであった．自ら考えるところに忠実で，疲労と病弱と闘いながら，彼は完全にこの会議を支配したのである」（Howson and Moggridge 1990: 193）．

ケインズはブレトンウッズ協定を礼賛して次のようにアンダーソン卿に伝え

ている．

　「ともかくわれわれは死なずに生き残りました．私の考えでは，仕上がりの出来栄えは表現が明晰であり，優れて美的なものであると思います」(CW 1980b, 邦訳134頁)．

代表団員のブランドもホプキンス卿にあて次のような書信を認めている．

　「この会議が成功であったとお考えになることを希望します．ケインズはまがうかたなく，まったく傑出した人物であると申しあげなければなりません．たしかに驚異的な人物です．体は虚弱ですが，意志強固，才気煥発，そのうえ申し分のない柔軟性を持ちあわせております．彼の仲間の間にいると，私は愚かな生徒のような気がいたします．ケインズはわれわれのだれよりも，はるかに多く実のある仕事を首尾よく成し遂げたのです」(CW 1980b, 邦訳140頁)．

　この後，モーゲンソーによって，ソ連政府が国際復興開発銀行の拠出額12億ドルを最終的に受諾したことが報告された．報告に歓喜の声がわき上がった．ブレトンウッズ会議の最終盤にふさわしい劇的瞬間が演出された．この後，ソ連，カナダなど各国の代表の挨拶が続いた．
　そして，モーゲンソーによる閉会の挨拶が行われた．モーゲンソーの演説も理想主義的で格調の高いものであった．
　地球に生きる人びとは手を携え団結して働くことを学んでいる．米国代表団は他の代表団と同様に自国の利害を追求することが主要な義務であるが，国の利害にとっての真の自己保証は国際協力にある．過去においてわれわれを分断させた対立，われわれの隣人を敵対させ，ふたたびわれわれに荒廃をもたらす経済的侵略を通してわれわれの目的を達成するのであってはならない．極端なナショナリズムは死んだ過去の時代のもので，今日の啓蒙された形式の国家的自己利害は国際的協調にある．
　モーゲンソーはさらに次のように説いた．各国は慢性化した広範な失業に耐

えることができない．そうして，平和な世界で人びとが人間の理にかなった希望をもたらす完全雇用を達成するためには，国際貿易の回復が不可欠である．このためには，国際取引のための安定的な基準，長期の金融援助が必要である．「ブレトンウッズ協定は，確かに，民間銀行が過去において国際金融で行使してきた支配を制限することにある」．それは銀行がかかわる投資分野での制限ではない．そうではなく，投資分野を著しく拡張する．国際投資を拡大し，投資の効果的な安定者，保証者として行動するのである．過去よりも低金利で必要な資本を供給する．モーゲンソーによれば戦後計画によって「国際金融の神殿から高利貸を駆逐するのである．……資本は商品と同様に独占的支配から自由でなければならない．それは全般的な厚生のために使おうとする人びとに適正な条件で供しうるようにしなければならない」．この通貨協定は自由な未来をつくりあげる人びとのために必要な国際的行動の広範な計画における一歩にすぎない．

最後に"Star-Spangled Banner（『星条旗よ　永遠なれ』）"がバンドによって演奏された．すべての参加者の視線がケインズに注がれた．ケインズは席を立ち，歩み始めた．各国の代表たちは立ち上がり，繰り返し拍手してケインズに敬意を表した．"For He is a Jolly Good Fellow（『彼は陽気で善いやつだ』）"が歌われ，あらためて拍手が起こった．その後，各国代表団の一部は本部に向かい，最終案に署名した．残りの人びとは翌日に署名した（USDS 1948: 1107-26, 1224-8; Van Dormael 1978: 221-3）．

ケインズ夫妻は8月20日，イーディーとともにパンアメリカン航空のクリパーで帰国した．しかしながら，ケインズ夫妻が安穏な生活を取り戻すことはできなかった．ケインズ夫妻は1カ月後に，武器貸与援助の第2段階の対米交渉のため，再度大西洋を横断することになるのであった．

アトランティックシティ準備会議で英米間は原則的合意に達していた．そうして，残された対立点，争点について確認されていた．このため，ブレトンウッズ会議では，英米間では深刻な対立は生じなかった．国際通貨基金は，バーンスタインとロバートソン，国際復興開発銀行は，アチソンとロビンズがそれぞれ親密な協調関係のもとで主導性を発揮し，双方の専門家の協力の下で，驚

くほどのペースで協定文は体系的に整備された．ロビンズは，日記に，信じられないほど複雑な文言で，共同声明の各パラグラフの意味する内容が半ダースほどの条項となって生み出されていると，記していた．銀行の場合は，もっと驚異的なスピードで協定文の作成が進められた．その条項化に着手されたのは7月11日の午後であった．その最終案がまとめあげられたのは7月19日であった．わずか1週間余りで協定文が作成されたことになる．

　ブレトンウッズ会議の交渉結果を閉会直後の時点で評価すると，むしろ英国の通貨外交の勝利と評価できる．それは，過渡期条項に如実に現れている．この条項の運用如何によっては，基金が基本目的とする通貨・為替の安定化，経常取引の自由化は，不特定な長期にわたって先送りすることができる．ブレトンウッズ会議は，戦後世界経済秩序の戦略目標として貿易にともなう通貨・為替の自由化を急ぐ米国にとって，重大な外交的敗北にもなりかねない結果に終わった．トルーマン政権はこの失策を英米金融協定の締結によって挽回することになる．

　国際通貨協力の実現に尽くした人びとのユーフォリアは短かった．大戦末期から戦後過渡期の実際的，現実的問題に対処するうえでもブレトンウッズ協定は役に立たないことが明らかになってきたのである．米国では，キーカレンシー論に立ち，英国問題の処理を戦略的に重視する勢力がブレトンウッズ協定への批判を強めた．共和党保守派も連邦議会でブレトンウッズ批准法案に反対の構えであった．戦後の世界経済金融秩序の行方に関わる必須の課題，ポンドシステム，英連邦特恵制度，戦時累積債務，武器貸与法による援助の処理，過渡期の英国の経済的困難と苦境などに米国はどう対処するのか．こうしたなかで米国はブレトンウッズ協定の批准に手間取り，協定が連邦議会で批准されたのは，約1年後の1945年7月であった．

　英国も新たな現実に直面した．戦時内閣は，速やかにブレトンウッズ協定を批准できず，相互援助協定第7条にもとづく戦後の世界経済の枠組み作りに有効に対処できなかった．結局，第2次世界大戦の終結とともに，武器貸与援助，戦時累積債務の処理，対英金融援助などを一括して協議する英米経済交渉に臨まざるを得ない事態となる．そうして，英国は，1945年12月5日，英米金融協定の締結を余儀なくされ，この協定によって英国は，ブレトンウッズ協定に

盛り込んだ過渡期条項の適用除外を認めざるを得なかった．英国でのブレトンウッズ協定の批准は，この英米金融協定と抱き合わせで，時間切れ直前に批准される．1943年夏以降，苦心惨憺，基金案の大枠のなかで，なんとか国家利益の実現をはかろうと通貨制度設計に取り組んできた英国の努力は，これによって一旦は水泡に帰すのである．

第4編　英米金融交渉と金融協定

第9章
ブレトンウッズ協定への英米の対応

「われわれ全員は,きれいに仕上げられた協定文を読む機会を事前に与えられぬまま協定に署名せざるを得ませんでした.われわれが見たものといえば,それは点線だけでした.この問題でわれわれが唯一弁解できるのは,会議の主催者が,数時間のうちに,最終的な手はずを整えて,われわれに正餐を与えず,失意に陥れ,臨終の聖油も施さず,ホテルから追い出そうとしたのを知っていたことです」(ケインズ「1945年12月29日付覚書」,CW 1980b: 149)[1]

ここでは,ブレトンウッズ会議後の英米の対応を概観する.

第1に,会議直後に英国では,ロバートソンとケインズとの間に,突として論争が生じたこと,この論争は国際通貨協定の主要条項の1つである第8条の解釈をめぐる対立であったこと,事態の重要性はこの論争によってケインズが経常取引の自由化問題で重大な錯誤に陥っていたことが露呈されたこと,が明らかにされる.

第2に,米国における批准論争の特徴を明らかにする.法案批准にあたっては,反ニューディール勢力,保護主義,孤立主義勢力とニューヨークの国際金融界とが反対勢力を形成し,自由主義的国際通商秩序の構築をめざす勢力との対抗が見られたこと,そうして議会審議の過程では,戦後過渡期における英国の経済的苦境の解決が,戦後世界経済を再構築するうえでの戦略的重要性を有

---

1) プレスネルは,この一文について,ハムレットの父の亡霊の台詞(『ハムレット』第1幕第5場 Hamlet, I, v. 77)を想起させると注記している(Pressnell 1986: 189).

することが認識されていったこと,である.

　第3に,英国は金融のダンケルクを如何に回避するのか.戦後過渡期における英国の金融問題,武器貸与援助に関わるケベック会議,ケインズの過渡期経済論,が扱われる.そうして,ケインズの「飢餓の窮地」「誘惑」「公正」の3つの代替策に代表されるような政策対立が英国内で生じたこと,米国から相互援助協定第7条の具体化を求められる労働党政権は,明確な金融戦略と対米交渉戦略を持ち得ないまま,ケインズを代表とする金融交渉団を派遣せざるを得なかったこと,が明らかにされる.

1. ブレトンウッズ協定と英国での論争

(1) 英国とブレトンウッズ協定

　すでに触れたように,英国の金融問題はブレトンウッズ国際会議で表立って議論されなかった.また,国際通貨基金と世界銀行を設立すれば,戦後過渡期は言うに及ばず,戦後の国際通貨と金融問題はすべて解決するかのごとき幻想が,一時的にもブレトンウッズの国際会議場を支配していた.

　米国では,ブレトンウッズ会議とそこで取り決められた協定に関して,ブレトンウッズ・アプローチか,キーカレンシー・アプローチかの政策論争が表面化していた.ブレトンウッズ協定を批判する勢力は,オルドリッチを中心に陣容を整えつつあった.彼らは,①対英金融援助,②これを足がかりとする自由主義的経済秩序の構築,を戦後経済政策の基本目標として追求すべきであると主張し,政権内外での動きを強めつつあった.これに対して,ホワイトは英国の国際金融問題が政策論争の焦点となることを意図的に避けていた.彼はブレトンウッズ会議が行われていた時に,対英援助の必要性を認めようとしなかった.この問題で,当時,ホワイトは,2人の極めて有能な部下であるバーンスタインとラクスフォードと意見があわなかった.彼らは,対英援助の必要性を認め,ホワイトより対英援助に好意的であったからである.この意見の対立から,ホワイトが英国の金融問題を検討する作業部会を設置した時に,彼らはメンバーから外された.この作業部会は,その後の英米交渉の過程で,英国が必要とする金額を低めに見積もった報告書を提出する.そうして,これに慣った

第9章　ブレトンウッズ協定への英米の対応

バーンスタインとラクスフォードが，ヴィンソン財務長官に書信を送り，ホワイトの作業部会の示した金額が余りにも低すぎると訴える事態が表面化することになるのであった（ガードナー 1973: 363; Black 1991: 52-3）．

　一方，英国はどうか．ブレトンウッズでの英国の対応についてプレスネルは，戦時内閣が会議の場で相互援助協定第7条の具体化にかかわる議論を禁じていたとする．

　実際のところケインズはどうであったか．モグリッジは「ブレトンウッズにいた間も，無論ケインズは第2段階の成り行きに関心を持ち続けた」とコメントしている．ケインズはたしかに，ブレトンウッズ会議の最終日に，アンダーソン蔵相に対して，同会議で，英国の現実について米国の高官に啓蒙する，ちょっとした教育的作戦を始めるチャンスを生かすべきであったが，実際には何もなし得なかったと，伝えている（CW 1979: 69-70）．

　戦後の世界経済の安定化と成長を達成するためには，通貨面では，英国の戦後過渡期の困難を克服し，ポンドの信認を高めることが重要な課題であった．基金をめぐる英米交渉の結果，過渡期条項が取り入れられたが，ポンド残高の問題は基金の業務から除外され，英国と関係国との2国間交渉で解決をはかることが選択された．これは英国の債務処理問題の先送りであった．

　国際復興開発銀行と国際通貨基金は，英国の過渡期に，有効な国際通貨・金融機関として機能しうるのか．この問題がブレトンウッズ会議でまともにとりあげられた形跡はうかがえない．

　かかるなかで，英国側ではケインズを中心に，過渡期の深刻な困難に対処するには，武器貸与法による援助をできる限り継続させつつ，これとは別の，2国間協定による金融援助が必要との認識が共有され始めていた．米国側も武器貸与法にもとづく援助の非軍事用への転用を認めるべきか，対英戦債を最終的にどう処理すべきか，新たな対英金融援助を実施すべきであるのか，など重要な政策課題の検討を迫られていた．

　ケインズが，第2段階の武器貸与援助交渉のために，再び母国を留守にしている間，ブレトンウッズ協定は，共同声明のときと同様に，国内各層の集中砲火を浴びていた．何より打撃となったのは，英国の有力な経済団体が，相次いで協定に厳しい姿勢を表明したことであった．まず，英国産業連盟が，ブレト

ンウッズ協定の批准延期を勧告し，また，ロンドン商業会議所も，厳しい批判に満ちたパンフレットを刊行した．共同声明のときと同じように，政界，マスコミもこぞって協定に批判的であった．各界の反対の高まりをうけてアンダーソン蔵相は，難しい局面に追い込まれた．このようななかで戦時内閣は，協定推進勢力の思惑とは異なり，協定批准の先送りを選択した．これにともないアンダーソンは，批准法案の審議入りをできるかぎり遅延させる方針にでた．だが，この作戦は，議会内帝国擁護派の怒りを買った．アメリー，ビーヴァーブルック，ブラッケンらの勢力は，1945年1月，蔵相不在にもかかわらず，急遽行動を起こし，法案の審議入りを試みる始末であった（Van Dormael 1978: 268-9）．

(2) ケインズ゠ロバートソン論争

英国内でブレトンウッズ協定に対する厳しい批判の声が高まるなか，ブレトンウッズ協定の第8条を巡り降ってわいたような論争が，ケインズとロバートソンの間で始まっていた[2]．

問題の発端は7月31日のロバートソンの論文「国際通貨基金に関する覚書——ユダヤの律法学者が用いるヘブライ語のラビニックスで書かれたエッセイ」

---

[2] この問題についてモグリッジは，その著書『ケインズ』で，ロバートソンとケインズの論争を，第8条2項と4項の解釈の対立の発端から一応の終息までを論じている．これに費やした紙幅は実質6頁である．肝心のブレトンウッズ会議には7頁を充てているだけであることから彼が，ロバートソンとケインズの論争に強い関心を払い，ケインズの実像を浮き彫りにしようとしていることがわかる．こうしたモグリッジの力の入れようは，スキデルスキーの力作が——モグリッジの後に刊行された事情（重複を避けたかもしれないという）があるにせよ——この問題への言及をわずか17行で済ましているのと対照的である．もっともプレスネルはおよそ15頁を充てて，詳しく記述しているのであるが．なお，ハロッドの『伝記』は，この論争を完全に無視している．
　わが国では邦訳『ケインズ全集』第26巻の当該箇所の甚だしい誤訳を周到に正しつつ，論争の経緯を跡づけ，論点を究明した米倉の見事な業績がある．米倉はこの論争を次のように特徴づける．ケインズは第8条を巡る論争で同僚のロバートソンにダニ呼ばわりされ，完敗した．協定がはらむ問題を自覚させられたケインズは蔵相に泣きつき，IMF協定の変更を米国に懇願させたが，米国から相手にされず，逆に足下を見られ「ブラック・コメディ」（モグリッジ）の主役を演じてしまう．プレスネルも記しているように，ケインズは第8条の当該条項を根本的に誤解していたのである（米倉 2005; —2006; Moggridge 1992: 753; Pressnell 1986: 168-82; Skidelsky 2001: 357-8）．

であった．彼が問題としたのは，第8条第2項(a)「経常支払に対する制限の回避」と第8条第4項「外国保有残高の交換性」との関係である．これらの規定からロバートソンは次の点を主張した．まず第1に，第2項(a)で規定される交換性の義務は以下の場合生じない．①過渡期の場合，②稀少通貨条項が発動された場合，③基金の承認がえられた場合．第8条第4項の規定は，外国残高の交換性回復を扱う．過渡期に蓄積された残高はこの対象とならないが，残高が経常取引の結果として最近獲得されたものである場合，交換性回復が経常取引のために必要としている場合，その対象となる．

第2に，第2項の経常取引の交換性回復義務は，第4項の規定とは関係なく生じる．

ロバートソンによってこの解釈が明らかにされたとき，ケインズはオタワにいた．彼は，経済学の泰斗としての余裕からか「金融外交という不毛の原野，荒廃した土地を逃れられ，面白いことに気晴らしの一日を過ごす口実ができた」と，表面上はロバートソンの論文を「歓迎」した．そうして「国際通貨基金に関する覚書に関する覚書：高等ラビニックスで書かれたエッセイ」なる文書を認め，ロバートソンに送付する（米倉「ケインズ・ロバートソン論争の現代的波紋―『二匹の犬』のどちらが首尾よく『骨』をくわえ，どちらが尻尾を捲いたのか？」参照のこと）．ここでケインズが主張した重要な論点は，次のようなものであった．第8条第2項は，他の条項に優先する規定として，経常取引の交換性義務を規定しているのではない．経常取引で得たポンドを保有する非居住者が，これを外国為替に交換することを望んだとしても英国の通貨当局は，これを実行する義務を負わない．外国の個人の場合は相手国中央銀行の随意による．だが，個人とは異なり，加盟国の通貨当局は第8条第4項に基づき，他の中央銀行に対してポンドと外国為替との交換を求めることができる．

これに対してロバートソンは，8月29日，人を食った表題の「国際通貨基金に関する覚書に関する覚書に関する覚書―常識語で書かれたエッセイ」で反論を加える．

ロバートソンの反論を受けたケインズは，覚書を作成し9月17日にこれを関係者に送付する．これによって問題は広く知られるようになり，また論争の輪が広がる．

ケインズはそこで10月6日，ホワイト宛に解釈上の問題について，第4条第4項(b)の問題とともにこの問題について書信を送ったことを明らかにしている．だが，彼によると，ホワイトは返事どころか書信を受領したという知らせも送ってはこなかった．

ケインズは結局，第2段階の相互援助問題で渡米した際の11月18日にホワイトと協議している．会議には，バーンスタイン，ラクスフォードが同席した．この席上，ケインズは，10月6日の書信で問うた問題について，あらためて提議した．しかしながら，問題となっていた第4条第4項については双方で解釈が一致したものの，第8条の解釈では対立が明確となった．ケインズによれば，ホワイトはブレトンウッズ会議では，この問題に気づいてはいなかった．それゆえに彼に問題を理解させるために若干の時間が必要であった．他方，バーンスタインとラクスフォードはこの問題を十分承知しており，彼らは，ロバートソンの解釈を強く支持した．ホワイトはやがて問題の所在を理解したが，個人的にはこの問題を重要視せず，それを重要と考えるバーンスタインはショックをうけた．しかしながら，ホワイトはバーンスタインらの助言もあって，ケインズの解釈に直ちに同意しなかった．

この10月6日付ホワイト宛書信で興味深いのは，ケインズが自らブレトンウッズ会議で最終協定の第8条が策定される過程に最後までタッチしておらず，最終協定自体を事前に読んで確認していなかったことを認めていることである．ケインズは次のように自己弁護を繰り返している．会議でわれわれはすべてきれいにできあがった書類のコピーを通読する機会のないうちに署名しなければならなかった．あるいは次のようにも弁解している．会議の主催者は，われわれに正餐を振る舞わず，臨終の聖油も施さず，われわれが死出の旅路の用意も整わぬまま，急いでホテルから追い出そうとして，最終手配を整えていたこと以外，われわれは何も知らなかったと（CW 1980b: 149）．

そうして，ケインズは，ブレトンウッズ会議で，米国側の主張を受諾した事実はなく，問題の責任を負うことはできないと自己を弁護したのである．

帰国したケインズは，引き続き問題の処理にあたらざるを得なかった．

ケインズの12月29日付文書は，この時期の彼の考えをあらためて明らかにしている．彼は，問題を次のように解釈していた．

第1に，第8条第4項(b)が第8条第2項よりも優先するという点である．

「われわれはいま，いくたの公の検討をへて第8条第4項(b)(v)において確保されたものが，第8条第2項(a)によって削除され，無効となったと告げられているのです．私は，（このような解釈とは異なり）第8条第2項(a)は，第8条第4項(b)によって制限され，それに従うものと考えてきました」．

第2に，こうした解釈に立って，次のような実際的な問題を指摘する．英国が国際通貨基金の資金を消尽し，あるいは資金利用を差し止められた場合，英国は経常取引の交換性を維持する義務はない．

「私は，第8条第4項(b)(v)を特別に重要視しています．それというのも，この規定によって英国が基金の引出権を使い果たすか，その利用を拒否された場合，ポンドの交換性を維持しなければならないという義務が直ちに失効することを意味していたからである」．

第3に，こうした解釈をふまえさらに次のように主張するのである．どの程度，英国の外貨準備が減少した場合に，英国が経常取引に対する交換性の制限措置を発動できるか，その自由な裁量権を英国に与えるべきである（CW 1980b: 150-1）．

　ケインズは，新年の1月10日になってあらためて大蔵大臣と会談，善後策を協議する．そこでケインズは，財務長官宛に書信を送付し善処を求める必要を認めさせ，さらに，モーゲンソー宛の書信の作成を委ねられる．
　モーゲンソー宛の書信案と12月29日付の彼の覚書は広範な論争を巻き起こした．ロバートソンやイーディーらとケインズとの間では，第8条の解釈に留まらず，ブレトンウッズ会議での問題の処理の経緯がどうであったのか，記憶をたよりに再確認が試みられた．
　モグリッジの説明では，最初の英国側草案では，第8条第4項に関する条項が先に，第8条2項にかかわる条項がその後になっていた．これだと，前者が

後者より優先されることになる．この英国案に対して，米国代表とカナダ代表が強く反対し，新たな文書を追加し，条文案を変えようとした．ロバートソンはこれに反対した．カナダ代表ラスミンスキーとの激しいやりとりがあった．この対立によって交渉は決裂する可能性もあった．結局，最終協定で英国案での規定の順番を逆にして経常取引に関わる条項を先に，外国保有残高に関わる条項を後にすることで合意した．これによって経常取引に関わる規定が優先され，外国保有残高の条項は別の規定とされた．この妥協が得られた時にロバートソンはケインズの承認をえようとした．後の記憶によると，ロバートソンはケインズに会えず，実際にはイーディーの承認を得ることで問題を処理した（Moggridge 1992: 751）．

モグリッジによるこの論争の記述に，いくつか興味深い疑問を見出すことができる．ここでは彼が引用するロビンズの日記の内容からこの問題に入ってゆこう．

モグリッジは，ケインズとロバートソンとの論争を理解するうえで会議参加者の記憶が役に立たない例として，ロビンズの日記を引用して，そこでの記述はたんに当時の雰囲気を伝えているのみであると論じる（Moggridge 1992: 752）．果たしてそうであろうか．

7月11日から7月14日にいたるロビンズの日記のなかの関連する記述を抜き出すと，それらは次のような内容である．

「[7月11日] この2, 3日の間，基金に関しては目立った動きはなかった．だが，そうだからといって何ごとも起きなかったと考えるべきではない．基金の草案は，共同声明を基礎に，次第に姿を現しつつある．だが，その草案は信じられないほど複雑な文言で，共同声明の各パラグラフの意味する内容が，半ダースもの条項となって生み出されている．ここで最も用心しなければならないことは，わが方と米国側との相違をあらためて表面化させないようにすることである．この作業の重責はロバートソンの双肩にかかっている．彼は，英国代表団ではケインズに次ぐブレトンウッズ会議での真の英雄である．彼とバーンスタインとの友好的な相互理解がなければ一体どんな事態に陥ることになったであろうか．……

第 9 章　ブレトンウッズ協定への英米の対応　　　353

[7月12日] 専門的な問題点についての討議が続いている．われわれは，資本移転や多角的決済……等に関して満足しうる定式化にいたるうえで多大な困難を経験している．

[7月14日] この間，基金についての作業は素晴らしく前進した．昨晩，バーンスタインとロバートソンは，午前3時まで協議し，未解決となっている多くの専門的な問題について実質的な合意に達した」(Howson and Moggridge 1990: 180, 181, 184).

　われわれは，このロビンズの日記を読解することによって，モグリッジとは異なる，いくつか重要な情報を得ることができる．

　第1に，7月11日の日記には，共同声明を基礎に討議を深め，条文を確定してゆく過程で共同声明の各パラグラフが半ダースもの条項として整備され，体系化されていると記している．

　第2に，7月11日以降も条文の検討が進められ，12日の日記には，資本移転と多角的清算の問題で，協議が困難な局面にあることが記されている．これは，最終的には，第8条第4項「外国保有残高の交換性」となる旧第8条第3項「多角的清算」の規定に関わる問題と考えられる．

　第3に，そうして14日の日記では，国際通貨基金の条文の多くの専門的な問題点に関して，英米双方が実質的な合意にいたったことが記されている．

　こうしてロビンズの日記を読み取ると，この7月11日から14日までの間に，共同声明から国際通貨基金の条文案へと大きな進展をみせていたことが分かる．とくに13日夜から14日の午前3時までの協議で，すなわち7月14日未明に，未解決となっている込み入った問題について実質的な合意に達した．かかるロビンズの記述は，第8条の条項化過程についてのわれわれの認識と一致している．

　さらに，ここからイーディーがケインズに宛てた1945年1月25日の書信での，第8条の第2項と第4項に関するイーディーの事態の認識とこれにもとづくモグリッジの解釈に，重大な疑問が生じてくる．すなわち，モグリッジがイーディーの1月25日付書信をもとに，7月11日を第8条第4項(b)(v)と第8条第2項(a)についての決定的な日としている点である (CW 1980b: 170-1).

われわれはすでに英米共同声明から国際通貨基金協定への規定の整備過程を詳細に跡づけた．この結果からすると，①共同声明の第9条が国際通貨基金協定の第8条として内容的に拡張され，②「外国保有残高の交換性」と「経常取引に対する為替制限」の順番が変更されるのは，ブレトンウッズ会議の国務省会議録からすると，モグリッジが主張する7月11日のことではない．また，会議録では14日の第1専門委員会で第8条の条項が基本的に承認されたとある．だが，すでに指摘した点であるが，厳密に言えば，同日の時点では第8条第4項の外国保有残高の交換性に関わる条項は第8条3項「多角的清算」の条項として残されており，これからして14日の時点で国際通貨協定の最終案が確定した訳ではない．

いずれにしても，イーディーが，7月11日を第8条の4項と2項の処理にとって決定的な日とするのは彼のひどい記憶違いであるし，これを踏まえてモグリッジが7月11日に，英米間で妥協が成立したとするのは，妥当な解釈であるとはいえない．さらにモグリッジは，最初に英国側草案があり，そこでは後の第8条4項が先に，同2項が後になっていたと書いているが，これも不正確である．7月1日に準備された起草案は，英米共同提案のかたちを取っており，英国が単独で提案したものではない．ブレトンウッズ会議に関する国務省会議録に英国代表団が独自に提出した件の草案の記録は見当たらない．

われわれの資料解釈によれば，最初にブレトンウッズ協定の第8条第2項と同第4項とがその順番を変更されたのは7月12日から13日にかけてである．7月12日の時点では外国保有残高の交換性に関わる第9条の第4項は，経常支払いに対する為替制限に関わる第5項よりも前に置かれていたのである．これが13日草案では，第8条の第2項，第3項に入れ替えられるのである．もっとも，最終的に経常取引に対する為替制限の項が第2項に，外国保有残高の項が第4項となるのは7月16日草案である．

なお，ケインズが第8条第4項の規定を同第2項の規定よりも上位の規定であると主張するのは，当初の条項の順位についてのケインズの思い込みが最後まで残され，それらが会議中に逆になった事態に彼が迂闊にも気づかなかったことと無関係ではないようにも思える．

このようななかでいたずらに時間が経過する．英国は交渉中であった通商分

野で輸入制限措置を認めさせ，ブレトンウッズでの譲歩を挽回する手もあり得るが，実際には，到底実行しえない．しかしながら，議会で交換性に関わる極めて重大な条項の解釈を取り違えていたとも釈明できない．大蔵省としては，結局，モーゲンソー宛に書信を送付し善処を求めるしか手だてがない．そうして，1945 年 2 月 1 日に大蔵大臣から財務大臣宛に書信が送付されたのである．

モグリッジは，この後，次のようなブラック・コメディが繰り広げられたと書いている（Moggridge 1992: 753）．すなわち，米国は書信の受理を拒否した．そうして，書信の存在自体を押しつぶそうとした．さらには，書信を書き直させ，ブレトンウッズ会議での問題の扱いが拙速になされ，国際通貨基金協定に欠陥を生じさせたのではないことを示そうとした．そうこうするうちに，双方の間で論点は拡大し，結論は得られなかった．

たしかに，英国蔵相の書信を受け取ったホワイトは，書信の日付の変更と書信中の協定文が拙速に作成されたとする箇所の削除を求めてきた．米国連邦議会の公聴会では，英国でブースビー議員が英米間で条文解釈に対立が生じているような協定を批准するとなれば，両国関係を損なうことになると発言していたことを取り上げ，この真偽を問う事態が生じていたのである．結局，この問題では英国側が妥協を余儀なくされた．英蔵相は，5 月 3 日，条文が拙速に作成されたことへの言及を削除し，日付を 2 月 1 日付としたままの書信を送付し，もとの書信に変えるよう要請するという異常な対応をみせたのである（Van Dormael 1978: 238-9）．

そうして，6 月 8 日，モーゲンソーがリライトされた英国側書信——しかしながら，この書信の日付は 2 月 1 日付のままであった——に対して返信を送付した時には，すでに時機を逸していた．それというのも，この日までに，ブレトンウッズ協定は，米国議会下院で批准されていたからである．結局，英国政府は米国から何の譲歩もとりつけることができず，ケインズの解釈に沿った問題の解決を断念した．英国政府はこのやりとりにおよそ 10 カ月を要したのである．

2. 米国におけるブレトンウッズ協定批准論争

ブレトンウッズ協定の批准が政策課題となるのは，1945年の2月のことであった．前年の7月末に協定が締結された後，議会への送付に手間どり，批准の手続きは実に半年以上も遅れたことになる．ブレトンウッズ協定をめぐっては，もっぱら国際通貨基金を巡って論争が展開された．ブレトンウッズ協定の批准を扱う以下の叙述では，実質的には，国際通貨基金の設立の是非が問われた点をあらかじめ明らかにしておこう．そのうえで，ここでは第1に，法案の支持勢力と反対勢力を明らかにし，第2に，かかる法案を巡る政策対立の背景について考察を加え，最後に，ブレトンウッズ協定を巡る国内での論争，とくに議会での論争，の特徴について検討を加えることにしよう[3]．

(1) 協定を巡る対立と連携

まず協定を支持した勢力についてみよう．それはどのような勢力であったか．

第1に，実業界，農業界，および国務省を中心とした自由貿易勢力が協定の批准を求めた．ウッドロー・ウィルソン政権期の通商政策思想を源流としつつ，ニューディール期にはハル国務長官の主導する互恵通商政策によって体現された自由貿易主義は，アメリカ的個人主義，経済的自由主義思想に立脚し，海外市場の拡大，国際貿易の振興を説いた．ローズヴェルト政権は，大西洋憲章，相互援助協定第7条を足がかりに，米国の戦争目的を明確化するとともに，自由・無差別・多角主義を原理とする国際通商秩序の構築を戦略課題としつつ，さしあたっては英国の経済的国家主義の打破を経済外交の基本目的としてきた．

国務省の互恵通商主義の旗印の下で，こうした立場から協定の批准を熱心に求めた勢力には，まず，ファームビュロー，全米綿花協会，小麦輸出協会などの農業団体があった．

実業界は，総じて法案を支持した．孤立主義勢力の強い中西部でもシカゴの輸出業者が積極的に支持を表明した．シアトル，サンフランシスコ，ロチェス

---

3) この問題については，すでに『冷戦の起源とアメリカの覇権』(牧野 1993) で論じたことがある．

ター等の地域の商業会議所も積極的に支持を表明した．

　金融界では，ペンシルバニア，フィラデルフィアの銀行協会，約40州2,000の中小銀行からなる独立銀行協会も協定支持勢力に名を連ねた．

　だが，実業界の動きで注意を要するのは，有力な実業団であるアメリカ銀行協会（ABA），全米製造業者協会（NAM），合衆国商業会議所（USCC）が名を連ねていない点であった．

　第2に，ニューディール擁護勢力が推進勢力を形成した．その中核は，ローズヴェルト政権を担ったニューディール・リベラルと組織労働勢力であった．かかる勢力は，ニューディール国内改革の延長線上に国際経済秩序の構築，あるいはニューディールの輸出，世界ニューディールを構想していた．こうした勢力は，大恐慌→保護主義の台頭→経済戦争→世界大戦という認識に立ち，この反省の上に新たな世界経済秩序を構築する必要を唱えていた．かかる構想の柱となったのは，ニューディール期に展開を遂げたケインズ主義，拡張主義的な金融・経済政策思想によって裏づけられた国際的な不況対策・消費拡大策論，経済計画論，国際商品・緩衝在庫制度論，後進国開発論などがあった．モーゲンソーとホワイトの手になる国際通貨・金融改革構想は，こうしたニューディール期の経済政策思想と密接な関係のもとに案出されたのである．支持勢力を構成したのは，アメリカ労働総同盟（AFL），産別組合（CIO），全国農民組合（NFU），民主行動連盟（UDA）それにニューディールの擁護を目標とする各種の宗教，人種，市民組織等であった．

　財務省によれば，それは，戦後世界経済の課題，すなわち外国為替市場の崩壊の防止，通貨制度崩壊の回避，国際貿易の復興と均衡発展を，国際協調によって達成するための機関であった．アチソン国務次官は，国際通貨基金の機能として，①金による各国通貨の決定，②固定相場制，③通貨取引における差別と制限措置の撤廃，④国際協調による相場調整，をあげていた．推進勢力は，さらに，過渡期の危機を乗り越えるために，安定的な国際通貨制度のもとでの生産，雇用，消費，貿易の拡大が必要であり，とりわけ外国貿易の安定的な拡大が，完全雇用，完全生産にとって不可欠であると強調した．

　それでは国際通貨基金に反対した勢力はどのようなものであったか．

　実業界内ではニューヨークの金融界によって主導されたアメリカ銀行協会が，

また政治勢力としては議会内外の孤立主義勢力が反対勢力の中核を形成した．反対運動の理論的な支柱となったのがアメリカ銀行協会であった．1月に，準備市銀行協会と連盟で協定に関する報告書を公表し，国際通貨基金の設立に反対した．同報告書は，反対の論拠として以下の問題点を指摘していた．信用供与が自動的であり健全な信用原則に反する，債務国によって基金が支配されてしまう，ドルの稀少化にともなう債権国の責任論は本末転倒である，過渡期条項により英国の差別主義が温存されてしまう，金本位制度の放棄につながる，ケインズの唱えるスペンディング政策の国際版であり，インフレ促進的である，等の問題点を指摘していた．アメリカ銀行協会は，ブレトンウッズにかわる代替的アプローチとして，オルドリッチ，ウィリアムズらが唱えるキーカレンシー・アプローチに立っていたのである．彼らにとっては，伝統的な経済的自由主義，均衡財政主義に立ち，金本位制度こそが信認に値する国際通貨制度であった．また，国際均衡を回復するためには，国内均衡を優先的に回復させることが必要とのスタンスに立っていた．その通貨戦略は，ドルとポンドとの通貨関係を基軸にして，国際通貨・金融システムの再構築を図ろうとするものであった．このための具体的な代替案として，ドルとポンドの相場を固定し，安定的な相場制度を構築すること，過渡期の英国の経済的困難に対処するため金融援助を実施すること，を提案していた．

　一方，共和党に結集する議会内外の孤立主義勢力は，その多くが反ニューディール改革，保護主義，反ケインズ主義の保守的経済政策思想の支持勢力と重なっていた．これら勢力は，国内に根強い反英勢力とも連携し，ブレトンウッズ協定の理念は，ニューディール改革路線を継承したものであり，経済政策思想ではケインズ主義に立脚している，それは英帝国の野心を反映したものである，世界共産主義である，などと攻撃したのである．

　国際通貨基金への対応では，しかしながら，これまで述べたような賛成，反対という単純な図式では捉えられない動きがあった．

　まず，実業界の主勢力は，国際通貨基金に対する代替的なアプローチであるオルドリッチのキーカレンシー・アプローチの提唱に対して，ブレトンウッズかキーカレンシーかといった二者択一的な立場にくみしなかった．かかる勢力は，基軸通貨関係の調整や英国問題の重要性について認識しつつも，より実際

的な現実主義の立場から，多様なアプローチによる通貨・通商問題の解決策を模索していた．実業界の中心勢力を網羅した全国外国貿易評議会（NFTC）がそのひとつである．NFTCは，他の主要経済団体と人的に連関し，多様な産業上の利害が複雑に絡み合っていた．このNFTCは，1944年10月の年次総会で戦後の国際通貨・経済問題について包括的な検討を行うが，懸案となっていたブレトンウッズ協定への態度決定を見送ったのであった．NFTC内に設置されていた国際金融委員会が，戦後の国際経済政策に関して行った報告には，かかる事情が反映していて興味深い．そこには，①ブレトンウッズ協定は必要であるが，それへの完全な支持は戦後における国際協力の全体像が明らかになるまで不可能である，②国際復興開発銀行は無条件で支持する，しかし，国際通貨基金については為替安定化機能を支持する，③健全な世界経済の再建のためには英米間の十分な合意とオルドリッチ構想が唱えるような直接援助が必要である，とあった．この立場は，ブレトンウッズ・アプローチかキーカレンシー・アプローチかの択一を迫るものではなかった．それは，双方を生かし，国際協調を基調に通貨為替の安定化，自由化を実現したいとするものであった．

(2) 論争の展開とブレトンウッズ協定の批准
①下院での論争とCED提案

下院公聴会（3月7～23日）での論争は，はじめのうちは，ブレトンウッズかキーカレンシーかの対立的構図が設定され，論争が展開された．アメリカ銀行協会前会長フレイザー（ニューヨーク・ファーストナショナル銀行頭取），グレイツ（ボストン・ファーストナショナル銀行頭取），ヘミングウェイ（セントルイス・マーカンタイルコマース銀行・信託頭取）らが国際通貨基金反対論の論陣を張った．ブレトンウッズ機構は規模が恐ろしく大きくその目的は相互に矛盾さえしている，協定の条項は不明瞭であり，また解釈を巡って英米間で対立が生じている，新しい形での為替管理を企てている，全体主義的である，民間金融機関の機能と変わらない，債務国の資金利用の権利は問題である，解釈の対立から正常な運営は困難である，管理経済の危険がある，資金供与が自動的である，統制経済である．そうして，アメリカ銀行側は，①世界経済の安定化のためになすべきことは，英国問題の優先的な解決であり，英国と2国間協定を締

結しドル＝ポンド関係の安定化を図るべきである，②戦後世界経済の復興を達成するためには自助努力による経済の安定化，すなわち，国内経済の再建，財政と国際収支の均衡化が先決である，などと主張したのである．

　こうした反対論に対して，議会内の推進勢力は，キーカレンシー・アプローチは，ドルとポンド以外の通貨を不平等に扱うものである，それは他の通貨をドルとポンドに従属させる結果となり通貨ブロックの再編となりかねない，通貨の安定化は国際協調によって達成されるものである，などと反論した．また，金本位制と国際通貨基金の関係については，国際通貨基金は金本位制度を採用できない国や採用する意思のない国に対して，以前の金本位制度のような厳格性を強いることなくその利点を生かした安定と秩序がもたらされる，と反論した．そうして，資金供与規定，国際収支調整メカニズム，稀少通貨条項などの厳格な運用に努めると説得にあたったのである．

　注目されたのは，論争の過程で経済発展委員会（CED）が，政策対立の調整をはかるために下院公聴会の終了直前の3月19日，当面する国際経済政策の基本原則とともにブレトンウッズ協定に関する提案を行ったことであった．とくに後者は，戦後過渡期に国際通貨基金の基金が利用不可能な弱小国通貨で占められ機能不全に陥る危険性を回避するため，これを国際復興開発銀行の機能拡充によって打開しようという提案であった．具体的には，第1に，国際復興開発銀行に対して，①復興と開発のほかに「一般的回復」という包括的目的の融資権限を付与する，②戦後過渡期の国際収支困難に対処するため短期融資権限を付与する，第2に，第1のように国際復興開発銀行の役割が強化された後で，国際通貨基金は，その資金を厳密に通貨取引に利用する，第3に，かかる措置が講じられないのであれば，国際通貨基金の一部機能は国際復興開発銀行に移管され，国際通貨基金の設立は延期されるべきである，と提案したのである．CED内部には，戦後の復興と開発，および通貨・為替の安定化のための国際的行動の必要性では意見が一致していた．しかしながら，国際通貨基金については，資金供与が国際収支の一時的な不均衡を超えた長期・一般的な目的に向けられるのではないかとの懸念をもったのである．

　CEDは，全米での第一級の産業——金融的利害に関わる企業家の主導のもとで，改良主義的立場から，多様な業種・地帯的利害を調整し，再転換期の困

難を克服しようとする実業界のパワーエリート的な性格を持つ組織であった．かかる CED の提案は，実業界内の改革的勢力が，条件付きながら国際通貨基金を容認する姿勢を打ち出したものと受け止められた．それゆえに，この CED 提案を契機にブレトンウッズ協定の批准論争は注目すべき展開を遂げた．翌日，NFTC が，声明を発表し，①協定は問題を残しているがこれを支持する，②それは戦後の広範なる問題解決の第一歩にすぎず，通商面からも貿易自由化を追求すべきである，との立場を表明した．一方，CED によって示された国際通貨基金と国際復興基金の役割の明確化→国際通貨基金の容認，という方向性は，公聴会の最終日に，合衆国商業会議所アメリカ支部金融部会，ナショナルグレンジによっても支持され，急速に影響力を増していった．

このようななかで下院の銀行・通貨委員会は，下院法案を大幅に修正した次のようなブレトンウッズ協定の批准にともなう対内措置法案を提案した．

下院の本会議（6月5～7日）では，反対勢力は，反ケインズ主義，反英主義の立場から強硬な反対論を展開した．国際通貨基金は，国際的な権威主義的体制であり，前代未聞のもっとも恐るべき金融上のペテン，食わせ物（スミス議員），英国とケインズの野望を反映したもの（ブフェット議員）であった．反ニューディールの立場から協定を推進するモーゲンソーとホワイトを，非米的な双生児と批判する議員もいた．これに対して推進勢力は，外国貿易の重要性を強調しつつ，国際協調主義，平和主義，理想主義を唱え，支持を求めた．

本会議の論戦では批准法案を支持する議員が多数を占め，反対勢力は少数派に留まった．採決の結果，法案は，賛成345，反対18，棄権68の圧倒的な支持によって下院を通過した．

②上院での論争

下院での法案通過をうけて反対勢力や批判勢力に分化が生じてきた．ブレトンウッズ協定とキーカレンシー・アプローチの併用論の影響力の強まりである．

上院公聴会（6月12～20日）では，アメリカ銀行協会サイドからスプロール（ニューヨーク連銀総裁），ベックハート（チェースナショナル銀行調査部），ディーヘンドルフ（マリーントラスト頭取）らが，国際通貨基金に反対し，英国問題の優先的解決を訴えた．

また，ニューヨーク銀行協会のフィヌケーン（セキュリティトラスト会長）は，世界経済が安定化するまで国際通貨基金の設立を見送るべきであると主張した．
　こうした上院公聴会での論戦は，下院公聴会での論戦の再現を思わせた．だが，論戦が進むにつれ，国際通貨基金反対論は，次第に両アプローチの併用論ともいうべき主張へと論調をかえていった．こうした議論を展開し始めたのは，アメリカ銀行協会会長バージェス（ニューヨーク・ファーストナショナル銀行副頭取），ヘミングウェイ，キーカレンシー論の提唱論者ウィリアムズらである．なかでもウィリアムズは，二者択一論を唱えるのではなく，国際通貨基金の成否は英国問題の解決にかかっており，英国問題の解決こそが戦後過渡期の最重要問題であると強調した．そうして，バージェス，ヘミングウェイらは，下院を通過した法案の支持を表明した．
　上院公聴会では，あらたに，通貨・為替の自由化とならび，とくに，通商面での自由化の重要性が強調され，対内措置法案に新たな条項として通商の自由化措置が国際経済の枠組みとして重要であるとの条項が付け加えられた．
　上院の本会議では，共和党保守派で反ニューディール，孤立主義勢力の重鎮であるタフト議員を中心に執拗な反対論が展開された．彼は，自助努力による経済の安定化，国内経済の再建，財政，国際収支の均衡化を優先させるべきである，経済が安定化しないなか国際通貨基金の発足を急げば基金はいずれ破綻する，ドルの稀少化と稀少通貨条項の発動は必死である，ソ連によって国際通貨基金の資金は目的外の復興と開発に利用されてしまう，などと反対論を展開した．
　興味深いのはユタ州やコロラド州の産銀州選出の議員も法案に反対した．ブレトンウッズ協定による国際金本位制の制度化に反対してのことであった．だが，ブレトンウッズ協定推進勢力の擁護論が反対派を圧倒した．法案は，7月19日，賛成61—反対16—棄権18で上院を通過した．これによってブレトンウッズ協定は批准されたのである．
　米国の議会は，ブレトンウッズ協定の批准にあたって，対内措置法案を成立させた．重要なのは，そこで新たに，「国際通貨金融問題諮問委員会（NAC-IMFP）」を設置したことである．同委員会は，財務長官を議長に，国務，商務，連邦準備制度理事会議長，ワシントン輸出入銀行総裁をもって構成された．同

委員会は，基金，および銀行に対する合衆国代表の政策，および操作，対外貸付の実行，もしくはこれへの参加，または対外金融もしくは通貨取引に従事するすべての政府機関の政策および操作を整合する目的をもっていた．要するに，ブレトンウッズ機関に，米国連邦議会と米国の国家利害を，直接に反映させることを目的とした連邦組織なのであった．このうえで，さらに，第5条「許可なしに行い得ない行為」で，大統領は議会が法的措置を講じないかぎり次の行為をなしえない，と規定していた．その行為とは，①割当額の変更，②米ドルの平価の変更，③株式の増資，④ブレトンウッズ機関の改組，⑤ブレトンウッズ機関への貸付，であった．これらはいずれもIMFとIBRDの活動に重大な影響を与えかねない規定であった．また，ブレトンウッズ機関への米国代表の任命にあたっては，上院の勧告と，同意が必要であるとされた．このようなブレトンウッズ協定の批准のための国内法による法的措置をうけて，米国代表団が，経済，政治の両面にわたってブレトンウッズの2つの機関に対する実質的な決定権を握っていると考えていることを，公然と表明したのである．

3. 移行期における英米間の金融問題

トルーマン政権の通貨・金融政策の戦略的課題は，戦後過渡期の混乱を回避し，自由主義的通商体制に適合的な国際通貨・金融秩序を打ち立てることであった．同政権は，権力主義的，現実主義な政策としてキーカレンシー・アプローチに転換し，英国を目下の同盟者として，それとの通貨関係の再編を目指した．すなわち，同政権は，通商交渉と金融交渉の同時進行によって，一気に大西洋憲章，相互援助協定第7条の実現を企図した．とりわけ，英連邦特恵関税制度の撤廃なしでは金融援助はあり得ない，との立場であった．

米国が相互援助協定第7条の具体化に関わる諸分野の交渉で，厳しい立場で臨んでくるのを予想していたアトリー労働党政権は，通商交渉と通貨交渉の切り離しを策し，金融交渉を先行させる作戦をとる構えであった．

一方，米国側が金融交渉で課題としたのは，武器貸与援助の処理と英国に対する新規の融資であり，これら金融援助の条件としての自由主義的戦後通貨秩序の形成に関わる全般的なポンドの経常所得の交換性実現，「ドル・プール制」

の廃止，戦時ポンド残高の処理，それにブレトンウッズ協定の批准であった．

(1) 武器貸与援助問題

3つの重要な問題があった．第1に，英米間での戦時の相互援助の経済的目標に関わる問題である．これは米国が武器貸与援助の見返りとして自由，無差別，多角主義への協力を英国からとりつけたことから生じた．すなわち，英米両国では大西洋憲章（1941年8月12日）と相互援助協定第7条（1942年2月23日）にもとづき，協力と協調の原則に立った国際経済秩序の構築が合意されたのである．すなわち，適当な国際的および国内的措置によって，すべての人びとの自由と福祉の物質的基礎である生産，雇用および財の交易と消費を拡大すること，国際通商のすべての差別的取り扱いの除去と関税その他の貿易上の障壁を除去すること，などが目標とされた．そうして，これらの目標を達成すべく，また他の同じ意思を有する諸政府の同意する行動を求めるため，最良の手段を決定する意図のもとに，適当な早い時期に両国政府間で具体的な行動を開始すべきこと，がうたわれていたのである（BIS 1944，邦訳179-80頁）．

第2に，戦時債務問題と関連した「武器貸与」の性格である．

武器貸与援助によって戦時中消費された物資の代償として，最終的に支払いを要求できるのか．この問題に関して武器貸与法は明確さを欠いていた．米国は参戦と同時に軍需品の供給に際しては決して支払いの要請はしないと宣言した．大統領は，「武器貸与法運営に関する緊急報告」を議会に提出し，そのなかで，米国は，来るべき平和を脅かすようないかなる新たな戦時負債が生じることも望まない．勝利と平和の確保こそが，かけがえのない報酬である，と述べた．しかし，こうした大統領の発言に世論が反発すると，大統領は記者会見を行い，武器貸与援助の受取国は，できるだけ返済することを期待すると述べ，先の発言を修正した．

武器貸与は，英国では「相互援助」と呼称されたが米国政府の方は，返済を含意する「貸与」という呼称の使用を止めなかった．

1942年中間選挙で保守派が躍進すると，武器貸与援助法に基づく支出に対して一段と厳しい目が注がれるようになっていた．多くの共和党議員は，武器貸与援助が贈与に等しいものと批判を強めていた．これに保守的な南部民主党

議員も同調していた．下院コルマー委員会は，武器貸与の見返りに，原材料，軍事基地，航空権，大使館の敷地並びに建物，その他の有形無形資産の管理権，を請求した．

贈与なのか貸与なのか．武器貸与の性格についての評価が二分されるなかで1944年5月アメリカ大統領は，第15次武器貸与報告において次のように，金銭で評価できない便益の受取りの重要性について強調した．

> 「武器貸与および逆武器貸与は，貸借の制度ではない．それは贈与でも貸付でも，貨幣の譲渡でもない．そうではなくて，戦争の遂行と勝利の手段として有効かつ統合された作戦を可能にすべく，連合国によって形成された相互軍事供給の制度なのである．われわれが，また連合国すべてが，この制度からこれまで相互に受け入れてきた便益は，きわめて貴重で，金銭に換ええないものである」（同181頁）．

ここでローズヴェルトは，武器貸与援助は戦争遂行と援助のための金銭には換えられない援助であり，貸借の制度ではないと言明したのである．貸付でなければ返済を求めることができない．ローズヴェルトの言質は，議会の内外を中心とした貸与にこだわる人びととの強い反発を招くことになったことはいうまでもない．米政権内でも対英援助の性格について共通の理解は存在しなかった．英国にとって都合の悪いことに，アイルランド系で反英主義者と目されたクローリーが，武器貸与援助を管掌する対外経済局長に就任し，辣腕を振るっていた．彼の管轄下での武器貸与援助の執行は，寛大な援助を望む英国との関係を刺々しいものにしていた．

　第3に，武器貸与援助の「第2段階」，「第3段階」での実行に関わる問題である．対独，対日戦勝が時間の問題となるなかで，平時経済の再転換が課題として浮上してくる．武器貸与援助の削減と軍需生産の民需生産への転換を図るうえで，武器貸与援助をどう実施するのかが重要性を帯びてきた．この問題は，すでに英国の金・ドル準備の問題として英米間の政策課題として浮上していた．英国の開戦1年前の外貨準備は，40億ドルを上回っていた．米国政府は，武器貸与援助の開始とともに英国の外貨準備は2.5億ポンド（およそ10億ドル）

が好ましい額で，この額に達しそうな時はいつでも武器貸与援助を削減するべきであるとの考えであった．財務省は，この外貨準備基準に基づき，終戦直前まで外貨準備が2.5億ポンドを大幅に上回らないように，たえず圧力をかけていた．これには，武器貸与援助に厳しい議会への配慮があった．

　武器貸与法にもとづく対英援助の実施にあたっては，英国の輸出を特別の伝統的産品，ウィスキー，ハリス・スウェードなど，に限るべきであるとの動きがあった．ケインズはこうした動きを皮肉って，ハギス料理も追加してはどうかと皮肉ったと伝えられている．米国の製造業者のなかには，英国の貿易を制限することで，南米で英国の輸出市場を奪う絶好の機会とみる者もいた．これに対して，英国はアルゼンチンへの輸出は，同国から食用肉を輸入する唯一の手段であるとして，綿製品，鉄鋼等の輸出を確保しようとした．だが，この要求は通らなかった．結局，英国は，1941年の「輸出白書」で，武器貸与物資に含まれる財・サービスを輸出しないと約束するはめになった．これは，英国側の一方的な動きであったが，米国側も英国の金・ドル水準が一定水準を超えないように調整しようとした．こうした政策的対応によって，英国の外貨準備は1941年の春から夏にかけて減少した．それは，1939年8月の5.03億ドルから1940年12月1.08億ドルに低下し，1941年3月0.7億ドル，6月0.65億ドルと落ち込んだのであった．英国にとって幸いなことに，外貨準備はこの後，秋から回復基調を見せ，次第に増大していった．これは米軍の軍事作戦のグローバルな展開とこれに対応した軍事支出の増大をうけて，その支払代金がドル収入としてロンドンに集中し始めたからである．

　こうしたなかで，さほど表面化しなかったが，1943年から1944年にかけて英国の金・ドル準備の水準をめぐって，英米の利害は鋭く対立した．

　1943年12月，財務省は，英国の準備がかなりの高水準に達したとみて，英国に対し直ちに武器貸与援助の一部を現金で支払うよう強く求めた．これに対して英国は，戦後に備えて相応の外貨準備を確保しておく必要を強調した．モーゲンソーは，後日，特別措置によって，英国の必要を満たす用意があると確約した．だが，英国大蔵省代表ウェイリーは，この申し入れについて懐疑的で，米国政府の約束をあてにしてドル残高を枯渇させるわけにはいかないと考えていた．この後も英国側は，金・ドル残高を10億ドルに抑えるという申し入れ

は，連合国に対する平等な待遇，ならびに犠牲の平等ないしは資源のプールという建前に矛盾するものであると批判し続けた．この問題で米国政府は，1944年秋の第2次ケベック会談でやっと譲歩を見せ，英国の準備が10億ドルを大幅に上回っても差し支えないとの態度に転じるのである（CW 1979: 23; ガードナー 1973: 330-3; Skidelsky 2001: 132-4）．

これまで武器貸与にからむ3つの問題を指摘してきたが，それらはすべて戦時期の問題であった．いうまでもなく大戦終結とともに武器貸与援助の処理が課題となる．だが，世界大戦の行方が依然として見通し難いこの時期には，差し迫った政策課題とはならなかったのである．

(2) 対英金融援助と通貨交換性回復の問題

米国は，貿易の自由・無差別・多角主義の構築を目ざした．このため，金融面では経常取引の自由化が目標とされた．貿易にともなう資金のやりとりは自由にすべきであるというのだ．ローズヴェルト政権は，この目標を達成する第一歩として対英金融援助を位置づけた．

ローズヴェルト政権の課題は，経常取引にともなうポンドの交換性の自由化を，(1)英国を中心とするポンド地域内，(2)米国，(3)(1)(2)以外の国々，との間で実現することであった．

①ポンド地域の経常取引にともなうポンド交換性の自由化問題

戦時に発達したポンド地域内での多様で複雑な為替管理のうち，米国によってもっとも問題視されたのがドル・プール制であった．米国側は，議会や一般国民に対して，この規定は英国から取り付ける約束のうちでもっとも重要なものであると主張した．なぜなら，米国はこの制度を，米国の輸出にとって著しく差別的な制度であると考えたからだ．米政権は，ポンド地域諸国は，そのドル収入をロンドンに預金することを要求され，それを米国からの商品の輸入に使用する場合には，その都度，英国の承認が必要となっていると，かかる制度の全面的な見直しを求めたのである．

一方，英国側は，ドル・プール制の運営にあたって，実際には各国が経常取引で取得したポンドならびにドルを他の通貨地域との取引に自由に使用するの

を妨げたことはない，と再三主張してきた．当局の主張によれば，また，ドル・プール制は米国が主張するような強制的なものではなく，全く自主的な取決めであった．ポンド地域諸国は，ドル支出を自主的に規制し，緊急時に備えて各国の準備をプールし，これを維持することに合意したのである．

英米金融交渉の際の英国の労働党内閣の見解では，ポンド地域は次のように説明されていた．すなわち，それは，貿易と銀行のシステムであり，ポンドを英国内外で共通の国際通貨，準備通貨として使用することを自由に決定できることから，1世紀以上にわたり自発的な成長を遂げて形成されてきたものである．そうして，このポンド地域の自然生成的な発展は現実には3つの結果を生んだ．第1に，取引の過程で域内の銀行に宛てて発生した外国為替はすべてポンドにかえられ，第2に，このことと対応して，全地域の外国為替の保有と取引はロンドンに集中され，第3に，ポンド地域諸国は無制限にポンドそのものを自らの意志にもとづき，喜んで受け取ってきた．第2次世界大戦が勃発した後もこの3つのシステムに変化はなかった．ただ，戦時の必要から為替統制が導入された．しかし，域内の各国はロンドンとは独立に自国で為替を管理していた．このポンドの統制はたしかに多くの困難を生みだしていたが，ポンド残高は，喧伝されるようには封鎖されてはいなかったし，ポンド地域システムの本質的自由を損なうことはなかったのである（CW 1979: 578-9）．

ケインズもすでに1944年の秋の訪米中に，国務省でポンド地域について講義を行っている．彼はその場で，①ポンド地域はできるかぎり多国間清算の利益を維持するための英国の果敢な試みであり，②できるだけ長く，できるだけ現在に近い線を維持することが英国にとってと同様に米国にとっても利益であること，を強調した．米国側は，ドル・プール制を米国の輸出業者の市場を奪う不埒な企みであると非難する．だが，ケインズによれば，むしろ貿易の障害を最小限に減らせる手段であった．これによって，米国の業者が，ポンド地域内で，適当なドル収入を保有しない地域の業者と，商売を続けることができるのであった．また，ケインズは，ポンド地域の任意的，非公式的性格と，さまざまな為替管理の自立的性質をも説明した．ともかくケインズによれば，「戦争中とまさに同じ方向でポンド地域を，移行期の間も続けることよりも適切ですぐれた方策は米国にとってありえないと説明し，他方で，ポンド地域の多様

な為替規制に対して，ドルの割り当ての何らかの手段をとることは避けられないであろう」と説明したのであった（CW 1979: 163）．ドル・プール制の評価はこのように英米間で真っ向から対立したのである．なお，ケインズがここで，ポンド地域システムの維持が，英米にとって望ましい選択であると評価していた点は留意しておく必要があろう．

　ガードナーは，どちらの主張が正しかったのかと問い，ポンド地域のように非公式で定着していない制度の場合，明確なこたえを求めることは困難で，むしろ真実は２つの見解の間に存在していたのである，としている（ガードナー 1973: 388）．

　このうえでガードナーは次のように論ずる．ドル・プールは，公に認められた１つの管理体制で，英国はその体制の下でポンド地域諸国の対外通貨・為替政策を支配している，と言い切ることはできなかった．だが，この協定をわざわざ金融協定に盛り込んだのは全く無意味なことであり，ドル・プールが貿易多角化の原則とは決して矛盾するものではない，という主張もまた，誤解を招くものであった．

　ドル・プール制が国際貿易にどのような影響を及ぼしているのか．ドル・プール制を廃止した場合どうなるのか．ドル・プール制が人為的な制度としてポンド地域の対外貿易を阻害する一方で，ポンド地域内の貿易を促進させることになっているというのが大方の見方であった．他方でこの制度がなくなると，各国はドル準備の改善に関心を持ち，ドル地域からの輸入を減らし，輸出を伸ばそうとするのではないかとの主張もあながち根拠のないものでもなかった．

　ドル・プール制をめぐる論議については，ガードナーの次のような指摘にも傾聴すべきであろう．すなわち，それは結果的に，多くの米国人がポンド地域に対して抱いていた従来からの偏見を強めることになった．そうして，ポンド地域諸国が外貨の深刻な不足に悩んでいた時に，トルーマン政権は，英米間の金融協定という方法によってポンド地域の「解体」や戦時規制の緩和を求めようとしたのである（ガードナー 1973: 388-9）．

②米国の経常取引に対する制限措置とその解除の問題
　英国との貿易でポンドを取得した業者が，これを自由にドルに交換できるよ

うにするのが，米国の目標であった．このため英国は，協定発効と同時に，許可を受けた米国商品の輸入に対する支払い，および米国居住者の保有するポンド残高で，経常取引により取得したものの交換性を制限しないことを約束することになる．ポンド地域，その他地域との交換性回復が協定発効後1年以内とされていたのに比べ，米国との交換性回復の実現が，協定発効と同時に実施することとされていたことは，米国にとって対英貿易の重要性が大きかったからであった．通商の自由化を目標とする米国は，通貨上の差別主義の撤廃によって，英国がドル不足に陥り，輸入制限などの通商上の差別主義に出る怖れへの懸念があった．このため，英米金融協定では，一見すると奇異に見えるが，経常取引に関わる通貨の交換性回復とあわせて，貿易上の数量制限措置の撤廃が追求されることになる．ガードナーが説明するように，協定で1946年12月31日以降，英国が貿易の数量制限の撤廃を約束したことは，交換性回復に義務の補助規定と理解しうる．この規定の目的は，英国が支払制限撤廃の義務を回避するため，米国商品の輸入に対する数量制限をしないように仕向けることにあったからである（ガードナー 1973: 389-90）．

③第三国に対する交換性義務

海外ポンド地域諸国，および米国の居住者が取得したポンドに交換性を付与する義務とは異なり，ここでいう義務は，第三国に対するもので，主として西欧と南米の諸国を対象とするものである．第三国が経常取引で得たポンドに対する制限措置の撤廃も課題であった．BISは，戦時中や戦後過渡期に，優に200を超える双務協定が結ばれたと報告している．ポンド地域と英米間で通貨，通商の差別主義が残るのであれば，世界的規模での貿易の自由化は覚束ない．

ガードナーが指摘するように，これらは2国間の問題ではないため，金融協定の規定では，第三国に対する英米両国の約束というかたちをとって，ポンドの交換性の実現をめざすことになる（ガードナー 1973: 391）．

(3) 累積ポンド残高の問題

①ポンド残高の累積

通商上の多角主義を実現するうえでは，戦時に発生した不良債権を処理し，

国際通貨・金融面での環境を整える必要があった．この点で巨額の累積ポンド残高の処理は大きな課題であった．英国が抱える国際収支赤字の処理如何では，対英借款の規模や効果，相場制度，国際的な資金の需給，通貨の交換性回復などに大きな影響を与えかねないからである．それはまた，戦後のポンド地域の行方，そうして戦後のドルを中心とする国際通貨・金融秩序の行方も左右しかねない問題でもあった．結果的に英国と国際金融界は，ポンド残高の処理に手間取り，最終的に処理は実に1970年代まで持ち越されることになる．

ポンド残高が増加した背景としては，英国の経常勘定収支が他のポンド地域諸国との取引で大幅な赤字に転じたことを指摘しなければならない．ポンド地域から食料や原材料を大量に輸入したこと，さらに，英国軍のインド，エジプトを戦略拠点としたアフリカ戦線，広大なアジア・太平洋戦域での軍事作戦に多額の支出を行ったことが大きかった．なかでも膨大な規模にふくれあがった対インド債務は，英国が広大なアジア戦域での日本との戦いがインドを抜きにしては戦いえなかったこと，またアジアでの日本との戦争が如何に英国を疲弊させたのかを物語っていた．

表9-1　イギリスの対外債務

(単位：100万ポンド)

	1944	1945
対外借入		
米国	73	234
カナダ	140	126
インド	27	27
その他	44	110
合計	284	493
ポンド残高等		
ポンド地域		
自治領		
オーストラリア	156	148
ニュージーランド	43	75
南ア	26	59
アイルランド	165	189
調整	…	+10
自治領計	390	481
インド，中東		
インド	943	1,259
中東	554	643
インド，中東計	1,497	1,902
その他ポンド地域	477	561
ポンド地域合計	2,364	2,944
非ポンド地域		
南米等	89	53
欧州	378	273
その他	56	62
非ポンド地域合計	523	388
ポンド残高合計	2,887	3,332
対外債務総計	3,171	3,825

出所：国際決済銀行（BIS 1947，邦訳274頁）．

英国は，米国の参戦前に負担したコスト，とりわけ米国内で調達した30億ドル相当の財・サービスを，米国が「戦争負担の平等」にもとづき負担すべきであるとの考えを持っていた．英国にすれば，パールハーバー前の米国内での軍事発注が，米国の軍需産業の体制整備に大きく寄与したことをも忘れるべき

ではないとの思いがあった．しかしながら，米国ではこの問題で，世論も政府の立場も一貫しなかった（ガードナー 1973: 326）．

それにしても「戦争負担の平等」という原則が貫かれているならば，ポンド地域諸国のポンド残高の増大が英国にとっての債務の累積となり，戦後に持ち越されることはなかった，との見方もある．とはいえ，米国を別としても英国との歴史的つながりや強いきずなから積極的に参戦した国々とそうでない国々との間では，「戦争負担の平等」についての考え方は異なっていたし，英国に対する保有債権額の多寡から，戦債処理の方法で各国の利害は一様ではなかったのである．

②ポンド残高の処理

ポンド残高をどう処理するのか．まずポンド残高をどの範囲とするのかの問題があった．①ポンド地域諸国のポンド残高のみならず，ポンド地域諸国以外のポンド残高も処理の対象とするのか．②その範囲に，戦時中に蓄積されたポンド残高のみならず，戦後に蓄積されるものをも含むのか．

また，ポンド残高を圧縮し，処理する方式として，どのような方策があり得るのか．有力な考え方として浮上してくるのは，ポンド残高を①直ちに返済されるか，経常取引に使用する目的で，いかなる通貨にも交換可能な残高，②借り換えにより何年かにわたって年賦で返済される残高，③戦争負担の公平性からキャンセルする残高，として区分し，処理するというスキームであった（ガードナー 1973: 393）．

累積ポンドを国際的な枠組みで処理すべきであるとの考えがなかったわけではない．戦時期の累積債務の問題は国際連合諸国間の問題とすべきであった，と英国を批判する論調もあった．事実，当初，ホワイトは戦後通貨計画でポンド残高の処理を構想した．たしかに，国際機関によるポンド残高の処理が進められれば，これによってポンド残高処理の責任の分散がはかられ，英国のみが過重な負担を負わされる事態は避けることができたかもしれない．ケインズも一時的ながらこれに同調する動きを見せた．だが，英国では，ポンド残高の処理は英国と英連邦諸国を中心とした債権国との個別的な問題で，これら諸国の自主的な処理にゆだねるべきであるとの意見が，国際的枠組みでの処理構想を

退けた．イングランド銀行を中心に，ポンドの還流システムが構築されれば，国外に累積したポンドを貿易，投資資金として利用可能であるとの見方があったのである．

しかしながら，国際的枠組みでのポンド残高の処理が，そう簡単ではなかったのも事実であった．ポンド残高の保有者が複雑で，その実態については分からない点が多く，債権の処理がうまく進められるか見通し難かった．また，ポンド残高を圧縮する場合，貧しい債権国と米国のような国を同列に扱うわけにはいかなかった．とくに，インドやエジプトのような低開発国の要求には十分に応える必要があった．英国からの独立問題も絡み，これらの国々はポンド債権の放棄に容易に同意するはずはなかったからである．こうした問題もさることながら，設立が構想されていた国際金融機関の資金力にも疑問があった．両機関には巨額のポンド債務を処理する能力はなかった．国際金融機関による債務処理案が実現しなかったことをうけたホワイトは，後に言及するように，英米金融交渉の過程で，今度は米国によるポンド債務の一部肩代わりを企図する．これとて英国ばかりか米国の財務省や議会の支持を得られる見込みのない構想であった．

国際的な相互投資と金融的連関が今日ほどグローバルではなかったことを反映してか，当時，特定国や地域の累積債務が，その処理に手間取った場合，地球的な規模での金融・経済危機を引き起こしかねないとの危機意識も稀薄であった．

4．第2段階，ケベック会談，ケインズの過渡期経済論

ブレトンウッズ会談後の8月，ケインズは過渡期の相互援助問題で，オタワでカナダ代表団と会談した．この一方で彼は，多忙な中で6月の改訂版を用意した．1944年8月7日付「移行期における連合王国の対外金融上の諸問題に関する諸統計」がそれである．そこでは何らかの救済策が講じられなければ，英国は，戦後最初の3年間におよそ20億ポンドの赤字が生じると推計していた．ケインズの頭のなかには英国の戦後国際金融問題では2つの世界が存在していたように思える．1つはブレトンウッズ機構であり，いま1つは第2段階

論であった．そうして，それら2つは，ケインズの頭では，全く別々に存在するかのようであった．

オタワでの仕事を終えたケインズは，いったん米国に戻った後，8月24日に帰国した．

(1) 第2次ケベック会談と対英援助問題

英米間では，この夏，第2段階に関する協議が始まっていた．7月にはローがワシントンを訪れ，さらに8月にはモーゲンソーとホワイトが訪英した．

第2段階論の前提として対日戦終焉の時期が重要であった．それは，対独戦勝後少なくとも1年続くであろうとの見通しが強かった．チャーチルは，英国の威信回復のためにも，対日戦への意欲を見せた．

戦時内閣は，武器貸与援助の削減率以上に英国が軍需生産を削減し，この分を民生用，輸出用にあてることができれば，英国の再転換を促進し，外貨準備に厚みを持たせるのに，都合がよいと考えた（Skidelsky 2001: 361）．

一方，米国は，対英援助を実施する見返りに，相互援助協定第7条の履行を迫り，なかでも通商上の差別主義の撤廃を約束させようと意気込んでいた．この他，懸案となっている事項として，中東石油利権，英帝国内への民間航空の参入，アルゼンチンからの食肉輸入問題などの通商上の懸案事項が山積していた．

第2段階に関する英米会談は，1944年9月13～16日，カナダのケベックで開催された．この英米会談の参加者は，この会談が，第2次ケベック会談として知られる不可解な，成果に乏しい，徒労に終わった会談として戦時外交史に刻まれることになるとは思い及ばなかった．

不可解という点では，この会談の英米の代表団には国務省，外務省の高官が加わっていなかった異常な事態が指摘される．会談で主役を演じたのは財務省であり，モーゲンソー長官であった．当のモーゲンソーは，会談に臨み，これまでになく寛大な態度をみせ英国側を安堵させた．この雰囲気のもとで，英国のアンダーソン蔵相は，通商上の問題を絡ませないでも米国から金融援助を得ることができるのではないかと期待した．英国側が米国との交渉で，通商問題を金融交渉と絡めず別個に進めることができると考える根拠のない楽観論にと

らわれるのには，このような事情が影響したのかもしれない．

英国代表団にとって意外であったのは，第2次ケベック会談で米国側からドイツの戦後処理が大きな政策課題として提起されたことであった．これには次のような事情があった．ドイツの戦後処理問題が浮上するのは，1944年8月，モーゲンソーの訪英の際のことであった．随行のホワイトは，大西洋上の機内で，財務長官に，国務省の対独賠償政策草案を示し，それはふたたびドイツを世界経済に統合しようとする政策案であると批判した．ホワイトと同様にユダヤ人であり強硬な反独主義者であった財務長官は，報告を聞き，国務省案に激しい怒りを覚えた．そうして，ホワイトに対して，代替的な方針案の策定を指示したのであった．ドイツの戦後処理問題が，にわかに財務長官の優先課題となり，財務省による対外外交の最重要課題として追求されることになるのにはこのような事情があったのである．

この直後に英国のハンプシャー州で開催された米英会談がその場となった．財務長官は，将来にわたってドイツの戦争能力を破壊するための計画の概要を示した．その際，ドイツ工業力の破棄によって英国はドイツ輸出市場を獲得できると示唆した．これに対して駐英大使館の経済顧問ペンローズが，ドイツは農業だけでは食べてゆけないと批判すると，財務長官は，ドイツの過剰な人口は北アフリカに投棄すればよいと応じ，会議参加者を驚かした（Skidelsky 2001: 361-2）．

こうした財務省の動きを国務省は危険視し，警戒を強めた．ウィナント大使の政治顧問モズレーは，財務省の構想は，大陸におけるドイツの覇権をソ連に委ねることになる，とみた．同様の見方が政権内外で強まった．だが，米財務省は9月4日までに「第3次世界大戦の開始を阻むためのドイツ農業国化の計画」を準備した．そうして，財務長官はこの案をケベック会談に先立ちローズヴェルトに具申し，彼の支持を取り付けたのである．

ケインズがモーゲンソー・プランを初めて聞いたのはワシントンを離任する際の8月20日，ホワイトと昼食をともにした時であった．これをうけて，ホワイトはモーゲンソーに，ケインズはドイツの非工業化案に同意したと報告している（MD 764: 90; Skidelsky 2001: 362）．

だが，これはホワイトの誤解であった．ケインズはドイツに対する懲罰的な

非工業化政策に反対であったからだ．実は，第2次世界大戦勃発後，ケインズは，対独政策の立案に当たる戦時内閣の省間委員会のメンバーでもあった．ケインズは，第1次世界大戦後のベルサイユ会議に随員として参加し，ドイツの戦後処理策として戦勝国によるドイツに対する厳しい制裁措置に反対し，欧州の再建と平和のためにドイツの戦後復興を，英国の対独政策の基調としなければならないと論陣を張った経緯があった．ケインズは10月1日のアンダーソンへの書簡で「ブランドはM〔訳注：モーゲンソー〕のドイツについての提案に強く反対しており，私も同様です．またワシントンの使節団の誰もがそうだと信じます」（CW 1979: 130）と伝えていた．

　第2次ケベック会談に前後するこの時期，ソ連に融和的で，ソ連による欧州支配が避けられないと考えた大統領は，モーゲンソー案を対独政策の基調として承認し，ケベックに持ち込んだ．当然，軍部や国務省からこの動きに対して強い反対が起こった．ハルは対英援助の見返りがないことに怒った．国務省は，モーゲンソー・プランに反対なうえに，財務省が国務省に取って代わって外交問題を取り仕切ろうとしていることに我慢がならなかった．また，対日戦に独力で勝利しようと考えていた軍部は，米国の軍事物資の供与をうけた英国軍の，太平洋戦域での軍事行動の拡大を望まなかった．

　しかしながら，大統領は，会談の初日，太平洋戦域での英国軍への軍事援助の増強を求めるチャーチルの要請を，軍部の反対を押し切って，受諾した．

　モーゲンソーは，9月12日の夕食会で対独政策案を説明した．説明を聞いたチャーチルは，愕然とした．そして激しく非難した．しかしながら，翌日になると，チャーウェル卿がプランを首相に売り込んだ．それが英国の輸出市場の拡大につながり好もしいものであると．チャーウェルは，1943年の9月に戦後の対独政策を検討する英国の戦時内閣の会合で，鉄鋼と工作機械の輸出市場をドイツから奪う通商戦略を支持し，ドイツの工業復興を容認する意見を批判していた．チャーウェルは科学者でありながら，チャーチルの私設秘書としてあらゆることに関与し，助言を与えていた人物であった．

　こうした状況でチャーチルは翻意し，モーゲンソー・プランを支持した．チャーチルの方針転換にはチャーウェルの説得とは別にいくつか事情があったと考えられる．そのひとつとして，モーゲンソー・プラン支持の見返りとして，

第 2 次段階での寛大な武器貸与援助を米国に受諾させようとする意図があったと見ることができる．

英国としては第 2 段階での対英援助問題がケベック会談での最重要課題であった．だが，対独政策をめぐり，多くの時間が費やされ，第 2 段階論の論議に十分な時間が充てられなかったが，これがかえって英国にとって幸いなことのように受けとめられた．

9 月 14 日，武器貸与援助の第 2 段階論は英米首脳間で，あいまいなまま合意された．この問題の具体化を図るため，モーゲンソー議長のもとに英米の合同委員会が組織され，英国の援助要求を決定することになった．何よりの重要なことは，戦時から平時への移行を準備するための必要な外貨を得るために，英国は，一定の条件の下で，輸出の再開が認められたことであった．このような財務長官の柔軟で寛大な姿勢を見てとった英国側は，期待を込めて軍事物資 35 億ドル，民生用 30 億ドル，の数字を提示した．

ケベック会談はチャーチルにとって寛大な対英援助をとりつけた点で，外交努力のすばらしい成果であるように思えた．また，モーゲンソーにとっても，英国にモーゲンソー・プランを認めさせた点で，成功であった．だが，そのよろこびは，つかの間であった．米国ではケベック会談の結果に対して政権内外から，強い批判が吹き出したからである．

ハル国務長官は，ケベック会談での対英援助が無条件であることに激しく非難した．米国と英国の間には解決すべき多くの問題があり，信用の供与はその交渉の際の取引手段として必要になると考えたのである．スチムソン陸軍長官は，閣議で，武器貸与援助はあくまで連合国の戦争行為を援助するためのものであり，戦っていない国の復興を目的とするものではない，適用範囲の拡大は多くの障害をともなう，との考えを表明した．さらに，統合参謀本部は，武器貸与法によって供給するものは実際に軍事作戦で使用される軍事物資に限るべきであると主張した（ガードナー 1973: 339-40）．

こうした動きを察知したケインズは，早くも 10 月 1 日，アンダーソン蔵相に対して「多分ご承知のように，モーゲンソーの提案は国務省で，また聞くところではワシントンのほとんどすべての方面で激しい反対に遭っています」と伝えていた．モーゲンソー・プランへの反対の高まりから，同プランと事実上

セットで合意した第2段階の対英援助の行方も怪しくなってきた（CW 1979: 130）．

10月3日，モーゲンソー・プランに対する厳しい批判をうけて，大統領はスチムソンに対して，モーゲンソーはドイツ問題でヘマをやらかしたと語った．これを契機に，ローズヴェルト政権内でのモーゲンソーの影響力は，急速に衰えていった．同時に，モーゲンソー＝ホワイト枢軸と評された財務省主導の通貨外交も，影響力を失っていった．英国の外務省もモーゲンソー・プランに反対であることを訴え始めた（Skidelsky 2001: 361-4）．

(2) 第2段階の交渉とケインズ

戦時内閣は，ケベック会談を受けてケインズを，武器貸与援助問題を検討する英米合同委員会の委員に任命していた．そこでケインズ夫妻は再度訪米し，10月2日，ワシントンに着いた．戦時中4度目の訪米であった．

交渉に当たってケインズは本国から次のような指示をうけていた．①約70億ドルの援助を確保する，②輸出制限の緩和をかちとる．モーゲンソーらとの会談に臨んだケインズは，米国側が依然としてドイツの非工業化に強くこだわっていることを知った．しかし，ケインズは，ドイツ占領政策をめぐるワシントンの政治抗争にかかわることを避けた（Skidelsky 2001: 365）．

英国代表団は，10月3日，会合を開いた．席上ケインズは，米国との交渉で①民需物資の生産のための人的資源の確保，②輸出制限の緩和と輸出の拡大，③金・ドル準備の増大，が必要であるとして，これらの点で米国の説得に努めたいとの考えを表明した．

ケインズは，また，同僚たちと「第2段階初年度における英国の必要」と題する文書を取りまとめた．この文書作成は意外に手間取り，まとめに10日間も要した．10月14日になってケインズとチャーウェルは，軍事物資の要求額を75億ドルから30億ドルに減額することで合意した．しかし，本国から外貨準備が減少しているのを伝達されると，5億ドルの追加援助を求めることにした．10月17日にケインズらは文書を財務省に提出した．

第2段階についての公式会談は，10月19日からモーゲンソーの部屋で開催された．部屋の主は，西海岸での大統領選の遊説から帰ったばかりであった．

財務長官が議事を取り仕切った．だが，ケインズはかかる全体会議では合意形成は困難であるとみた．ケインズの意向をうけてホワイトのもとに下部組織が設置され，問題の検討にあたることになった．会談が進行するなかで英国代表団はモーゲンソー率いる米交渉団が驚くほど誠意を持って対応するのを見出した．財務長官は，なぜか空っぽになった英国の財布にカネを注ぎ込むのに熱心であった．対英軍事援助は米軍部等の反対にもかかわらず，容易に迅速に認められた（Skidelsky 2001: 364-7）．

　交渉の結果，米英双方は，第2段階の対英援助として次の金額で合意した．軍事援助は，英国の要求30億ドルに対して28.38億ドル．非軍事部門援助は，30億ドルに対して25.69億ドル．この他2.5から3億ドル．

　しかしながら，この合意は一時的なものであった．第2次ケベック会談での基本合意とその後の事務レベルでの合意に対して，米国政府内外から強い反発が一斉に吹き出したからである．これには，英国がギリシャの共産主義者の反乱を押さえ込むために軍事介入したことへの世論の反発が大きかった．米国の新聞の一部は，武器貸与援助が英国の帝国主義を支えるために用いられるべきではないとの論陣を張った．米国の世論はふたたび反英的になっていた．こうしたなかでローズヴェルトは，一転してケベック合意を反古にした．これによって，寛大な金融援助と英国の輸出の拡大を認め，対外準備を増加させることを容認するとした合意の履行の保証がなくなった．

　第2段階についての交渉が徒労に終わったケインズは，リディアとともに，11月27日，空路オタワに向かった．カナダ政府とも相互援助問題で話し合うためであった．だが，カナダ政府との交渉も進まず，問題の解決は1945年に先送りされた．夫妻は，12月6日，ニューヨークから冬の大西洋をサザンプトンに向け帰国の途についた．ほぼ3カ月にわたった夫妻の外遊はひとまず終わった（Skidelsky 2001: 371-2）．

(3)　ケインズの過渡期経済論：「第3段階における対外金融政策」

　年が改まった1945年の1月4日，通商面で第7条を具体化するために非公式の通商協議がロンドンで始まった．米国側は，英連邦特恵関税制度，カルテル，農業保護，封鎖ポンド残高などを一括して交渉したいとの交渉方式を提案

してきた．英国側は米国の目的は支持するが貿易自由化は慎重に行いたいとの態度を表明した．

折しも英国に積極的な行動に打って出るように説いたのはカナダであった．カナダ政府は2月23日，相互援助協定にかわる12億ドル，2％，30年の対英借款を提案してきた．それは返済が10年後とされ，国際収支を理由とする返済猶予条項があった．同様の協定を米国と締結し，制限的，差別主義的通商政策を撤廃すべきであるというのがカナダ政府の立場であった．カナダ政府はまた，英国が抱えるポンド債務の一部を肩代わりしてもよいと提案していた．これらを協議するためカナダ政府は訪英を希望し，チャーチルはこれを受け入れた（Skidelsky 2001: 378-0）．

戦争末期から過渡期にかけての国際通貨・金融政策の立案が急がれるなか，英国の金融外交の諸問題について包括的に論じた文書として政府高官や関係省庁に回覧され，大きな影響をあたえたのが，ケインズ「第3段階における対外金融政策」(5月15日付) であった．

この文書はケンブリッジでの休暇中に「第3段階における対外金融政策」として取りまとめられていたものであった．それには3月18日の日付が記載されていた．文書は，この後，広く討議され4月と5月に書き改められるが，5月15日に内閣に提出された文書は，3月のものであった．それはこの年の後半に行われる対米金融交渉の基礎文書となった (CW 1979: 255-95, 267; Clarke 1982: 126)．

この文書はとるべき3つのアプローチを「飢餓の窮地」「誘惑」「公正」という修辞的な表現によって特徴づけていた．

①「飢餓の窮地」

一連の双務的協定と厳しいポンド地域合意を無制限に維持することによって維持された国際システムを選択する路線である．

経済的国家主義と緊縮政策によって特徴づけられたこの路線は，ケインズが，「飢餓の窮地 (Starvation Corner)」とも呼ぶ戦略であった．ケインズが選択すべきではないとするこの代替策は，実行可能なひとつの選択肢ではあるが，決定的な難点を孕んでいた．「それは国内に深刻な政治的社会的混乱をもたら

し」,「ロシアが戦間期にそうであったように, 飢えと再建のために第一級の大国としての地位を退かなければならない」からである.

　ケインズによれば, この経済的孤立主義政策は, 合衆国やカナダ（そして, 世界の他の大部分）との経済的断絶を招くことになる. かかる政策は, われわれが過去に喪失した金融資産をふたたび手にすることができ, 厳しい国内統制と厳しい消費の割当て, さらにはソ連にならった対外貿易の組織によって, 戦後の数ヵ年生きてゆける準備ができたときにのみ, 可能となる路線である.

　ケインズは英国の対外赤字が10億ポンドを超えるのは間違いないとみた. このような状況で, 英国が米国からの完全な金融的独立を選択した場合どうなるか. ①英国はまず戦後3〜5年間, 戦時の配給と統制を現在よりも厳しく実施することを余儀なくされよう. また, 国家による計画と指導を対外貿易に導入し, 経済社会体制をソ連式にせざるを得ないであろう. さらに, 植民地開発と極東の復興の無期延期, そして軍事, 外交等あらゆる対外活動の事実上の放棄, を選択せざるを得ないであろう.

　こうした政策をとった場合, 米国やカナダの激しい反対があろう. ポンド地域諸国内からも米国と激しく対立する政策に反対する動きがでて, ポンド地域の縮小につながるであろう. 問題はこれらに留まらない. ポンド地域の国際的な地位はこうした政策の選択によって著しく低下し, その地位はニューヨークにとって代わられるであろう. ロンドンが国際金融センターとして機能するには, ポンドが自由に交換され使える通貨として機能することが不可欠である. ポンドを限られた地域の商品しか購入できず交換性のない通貨にしてしまえば, ポンド地域は残るとしても, その実体を失い, 加盟国は次々に英国を見捨てるであろう (CW 1979: 256, 274, 275-7).

②「誘惑」

　この「飢餓の窮地」に代わる他の極端な手段は,『誘惑』と呼ばれるべき代替策である. それは次のような政策を柱としていた.

(a) 米国からの50〜80億ドルの資金の借り入れ.
(b) 借り入れの条件は2％程度の低い利子率. 緩やかな元本返済条件. 10年据え置きの30年程度. ウェーバー条項がついている.

この見返りに
(c) ポンド地域における自由な多角的清算を実現する．すなわち，ポンド地域の国々の経常所得を自由にドルと交換できる．
(d) 第2次世界大戦終結時以前のポンド残高についても同じ条件を適用する．
(e) 米国側が理解しているような相互援助協定第7条の理念のかなり完全な履行．特恵，カルテルなどの問題で米国にかなり譲歩する．
(f) すべての武器貸与援助にかかわる残存債務の消却．

ケインズの「飢餓の窮地」に代わりうる戦略としての「誘惑」は，戦費負担の調整という視点に立ちつつ，英国は米国に2つの金融取引を提案すべきである，と論じたところにあった．すなわち有償50～80億ドルの資金援助の見返りに①経常取引で得たポンドの交換性回復．②ポンド地域の国々に対して，彼らが保有するポンド残高の一部の交換性をただちに回復する．残余については償却，及び債務の借り換え協定を取り結ぶ．もしも米国とポンド地域の国々が，戦時に英国が負担した戦費を肩代わりするのであれば，英国はこれによる対外債務の軽減と高い水準の対外準備とによって，多角的通商と決済システムを受け入れる（CW 1979: 275-7; Skidelsky 2001: 379）．

③「公正」

この3月文書の興味深い特徴は，ケインズが，「飢餓の窮地」と「誘惑」という2つの選択とは別に，「公正」と特徴づける選択肢を考えていた点である．それはケインズにすれば，英国にとって最も公正な戦費負担,「戦争費用を適切に負担することを全般的に考え直すという処理方式」であった．ケインズによれば，英国は戦時中に「公正」とは全く不相応な負担を負ってきた．この結果，英国は，歴史上の見地からみれば，むしろ英国の傭兵と考えるべき同盟国や自治領や連合国に対して膨大な金額の負債を負うことになったのである（CW 1979: 280）．

「公正」(the sweat breath of justice)（CW 1979: 279）は，戦争負担の公平な負担を，米国やカナダやポンド地域の国々などに求めようという提案であった．ケインズは，かかる「公正」が，どのような条件で実現されるかについて詳しく述べてはいない．だが，「魅惑」と「公正」との関係については，次のよう

に考えていたようである．米国が封鎖ポンドの自由化を遅らせることを認め，通商交渉で金融上の圧力をかけないことを約束し，また，もし米国が金融援助の返済条件を緩和するのであれば，「誘惑」は「公正」にかえられうる．ケインズは「公正」の具体的条件についてはおおよそ次のように考えていた．

表9-2 ケインズのポンド残高処理策
(単位：100万ポンド)

	自由化	借り換え	償却
インド	250	750	500
エジプト	80	250	170
パレスチナ	25	70	35
イラク	15	25	40
オーストラリア	50	50	50
アイルランド	30	90	—
マレー・香港	100	30	—
その他直轄植民地	200	235	85
総計	750	1,500	880

出所：CW 1979: 287-8.

① 米国は英国が米国の参戦以前に米国内で軍需品調達のために支出した30億ドルを返還する．
② 米国は10年間，実質的に無利子で緩やかな返済条件で50億ドルの貸付枠を設定する．
③ これをうけて英国は戦争終結後1年以内に事実上ポンドの交換性を回復する．
④ カナダは対英債権の相当額を償却し，同時に名目的な利子率で5億ドルを貸し付ける．
⑤ ポンド地域諸国は対英債権を放棄することで，戦費負担の公平化に貢献する．このため，諸国は保有ポンド残高の一定比率を償却する．この際，ケインズは戦時のポンド債務残高を3つに区分した．償却分，借り換え分，自由化し交換性を実現する残余（表9-2）．
⑥ 南アフリカは戦争分担金として金5億ポンドを英国に支払う（CW 1979: 276-92; Skidelsky 2001: 380-2）．

モグリッジ，スキデルスキーのケインズに関する大著では，かかる文書でケインズがどのようなポンド相場を想定していたのかについて触れていない．これを補足すると，ケインズはそこで，1ポンド＝4ドルを妥当な為替相場水準としていた．ケインズは，この水準で英国の競争力が損なわれることはないと考えていたようだ．ケインズの相場観では，ポンド安の相場水準は，英国にとって百害あって一利なし，なのであった．また，ケインズの判断では，英国は1939年に実施した20％の切り下げの恩恵を依然として享受しているのであり，

ポンドはむしろ，ドルを含めた他の主要通貨との関係では過小評価されているというのである．これに対して，ケインズの第3段階の評価と政策課題を疑問視するクラークやサー・リチャードは，英国の国際競争力を維持するうえから，ポンドの切り下げが必要であるとみた．彼らが想定した妥当な相場水準は，1ポンド＝3.5ドルであった（Clarke 1982: 109, 122; CW 1979: 200）．

ケインズは1944年1月の時点で，ポンド地域の強化を柱に戦後過渡期の困難を克服しようと考えていた．しかしながら，この場合，ロンドンからのポンド地域諸国による金・ドル準備の引き出しによって，それらの不足，枯渇が生じるのであれば，ポンドを基軸とするポンド体制の脆弱化，崩壊を招きかねない．ケインズはそこで，ポンド地域システムを維持するためには，米国からのドル資金の援助による中央準備の補強が必須の条件と考えざるを得ないのである．ポンド体制の将来は一に米国からの金融援助にかかっている．このようにポンド地域システムと米国の金融援助とを関連づける考えが，ケインズの過渡期の戦略構想の核心であった．ケインズは，「飢餓の窮地」的なアプローチによるポンド地域の維持，強化の路線を批判し，ポンド地域の開放，自由主義的経済秩序の実現を戦略目的として打ち出したのである．

5. 大戦の終焉と英国の対外金融問題

(1) 金融のダンケルクを如何に乗り切るか：ケインズの戦略と批判論

ケインズは，戦後過渡期の国際金融政策として「緊縮」，「誘惑」「公正」の3つの代替策を提示し，このうち緊縮路線を退けた．この緊縮路線は，米国の援助を不要として，独力で英国の戦後復興を達成しようとする代替案であったが，有力な戦略構想として国内的基盤を有していた．すなわちそれは，ヘンダーソン，ビーヴァーブルック，イングランド銀行，大蔵省の一部に代表される勢力によって支持されていた．なかでも大蔵省高官のイーディーは，次のような考えにあった．第1に，戦後1年以内に交換性を回復するというケインズの提案は，輸出が期待できないなかで困難である．第2に，戦争の負担を再配分するという考えは好ましくない．それは利害の異なるポンド地域の諸国を対立させることになりかねないからである．第3に，相互援助協定第7条の問題で

英国が断固たる立場を堅持しないのであれば金融交渉はうまくいかない．イーディーは，ケインズの覚書では緊縮路線について真剣な検討がなされていないとして，これを遺憾とした．そうして彼は，米国からの金融援助は危険な選択で回避すべきであり，必須な財とサービスの購入のための米国からの一時的な資金の借入れで難局をしのぐべきであるとした．同時に英国はポンド地域との間で国際分業を再編し貿易面での相互依存関係を強めること，が望ましい政策と考えたのである（Skidelsky 2001: 386-7）．

ビーヴァーブルックも，これまでと同様にケインズの構想に反対していた．彼は，ケインズの主張に従えば，英国は①金本位制度に縛られ，②農業保護政策を放棄せざるをえなくなり，③イギリス連邦特恵関税制度を犠牲にし，④ポンド地域の自由化を余儀なくされ，⑤保護主義的な通商政策を続けることができなくなる，などと指摘していたのである（CW 1979: 328）．

ケインズは，ビーヴァーブルックの批判に対しては，①ブレトンウッズ機構はアメリカの銀行家が正しくも肯定しているように金本位制度からほど遠いものである，②農業保護政策を続けることができる，③英連邦特恵関税制度を犠牲にするとかの大きな譲歩が避けられないとは考えない，などと反論した．ケインズは，さらにビーヴァーブルックに対して，次のように批判した．

> 「あなたはバーター貿易，実際にはロシア風の輸出品・輸入品の国家独占に極めて近い体制のようなものを，本当にお好みなのでしょうか．厳重な統制と，今よりも（たぶん）もっと厳しい割当がいつまでも続くのを歓迎なさるのですか．しばらくですが，わが国が外部世界でしかるべき役割を演ずることを可能にする金融資産を全く欠く，第二流国になりさがるのを楽しみになさるのですか」（CW 1979: 328-30）．

ケインズは，断固とした交渉によって，「公正」の交渉目標を達成しようとした．スキデルスキーは，こうしたケインズの立場は，経済学者というより，あるいは金融問題の問題領域からというよりも，モラルの領域からのアプローチであったと批判的にコメントする．つまり，ケインズは「公正」を古典的なアリストテレス的意味合いで構想していた．すなわち，英国は米国や自治領諸

国よりも多大な犠牲を強いられ戦争を戦ったのである．それゆえ米国も自治領も英国と同様の犠牲を払うべきである，と．しかしながら，こうした考えに米国は同意するであろうか．また，膨大なポンド残高を積み上げて，金・ドル準備も豊富な自治領やポンド地域の国々，たとえば，インドはどう対応するであろうか．

肝心の米国側の対応についてケインズは，1945年4～5月にかけたブランドとのやりとりで，彼から「公正」の実現に厳しい米国の国内情勢とその評価を得ることができた．彼は，ケインズの「公正」を支持しつつも，実際にはこれを米国に要求し，目標を達成することは米国の国内事情から厳しいことを伝達していたのである．彼によれば，①ケインズの「公正」の柱となっている武器貸与援助実施以前に英国が米国内で支出した軍事物資調達費を，米国に実質的に負担させようとする目論見は実現性が薄い，②当地では，ブレトンウッズ協定への支持を取り付けるために，同協定が成立すれば一切が解決されるかのような宣伝を行っているので，同協定批准後に，米国から金融援助を得ることは困難である，③「公正」の原則に立って米国から無償援助を獲得することは困難である，というわけであった．モグリッジは，ケインズは対米交渉で「公正」が実現しうるとの極端な楽観主義に立っていた，と評価する．だが，ケインズの思惑とは裏腹に，戦費の「公正」な負担原則について米国側の充分な理解がえられ，寛大な援助を獲得できるのか，厳しい現実が待ち構えていたのである（CW 1979: 309; Skidelsky 2001: 384）．

4月初め，ケインズは特使として訪英中のバルークを迎えてのチャーチルの晩餐会に出席する機会があった．バルークは第1次世界大戦時，米国の産業動員体制を構築するうえで中心的な役割を果たし，その後も連邦政府の内外で影響力を有している人物であった．会議には，チャーウェル，ビーヴァーブルック，キャトーらも招かれていた．晩餐会の目的は実質的にバルークから大統領周辺の考えを読み取り，この一方で，英国の必要とする戦後過渡期の援助額とその条件についてバルークの理解を得ることであった．バルークは，英国側が戦後過渡期の困難を非常に誇張していると疑っていたのである．当のバルークは席上，英国の戦時中の成果からして，過渡期について心配することはないと主張した．バルークは，このうえで，戦後の必要額はどのくらいであるのかを

尋ねた．英国側は70億ドル内外であること，さらに，金額とともに重要なのは返済条件で，無償援助を期待していると説明した．

晩餐会での話題は，戦後解決しなければならない諸問題についても及んだ．バルークは，戦前に英米の競争者であった日，独の工業製品輸出を禁止すべきであると述べた．ケインズは，そうしたバルークの考えが，英国の戦後過渡期の経済問題について米国側が「極端な楽観主義」に陥っている根拠の一部となっているとみた．バルークはさらに，米国の国際経済政策には厳密な優先順位があるとして以下を強調した．①ドイツ問題の処理，②米国経済の再転換問題，③英国の経済再建への支援，④解放された諸国の要求の実現．

会談の席上では，ケインズとビーヴァーブルックとの間でも意見のやりとりがあった．ケインズは，英国の巨額にのぼる債務残高の処理が問題で，これへの米国の寄与が必須であると説いた．これに対して，ビーヴァーブルックは，米国との協調によって英国が満足な結果が得られるのか，疑問視した（Skidelsky 2001: 387-8）．

こうしたなかでケインズは，5月の19, 20日の両日，キングスカレッジでカナダ代表団と会談していた．ケインズは「飢餓の窮地」，「誘惑」，「公正」について説明した．そのなかでケインズは，過渡期の国際金融面での苦境を，米国からの30億ドルの贈与と50億ドルの信用枠，それにポンド残高の約30億ドルのキャンセル，カナダと南アメリカの協力，によって乗り越え，これらによって英国は，経常的な収入と30億ドルの異常残高の交換性を回復できる，と説明したという．そうであればケインズは，米国から総額で80億ドルという途方もない巨額の援助を見込んでいたことになる（Bullen and Pelly 1986: 125; Skidelsky 2001: 394-5）．

果たして寛大で巨額の援助を米国に期待できるのか．ケインズは，カナダ代表との会談後に開催された会議で，ワシントン駐在の担当官やカナダの高等弁務官の補佐官らから，ワシントンの情勢からすると「公正」は，ほとんど不可能と伝えられた．なかでも重要であったのはイングランド銀行のトンプソン＝マッコーズランドによるケインズの楽観的な戦略論に対する批判であった．彼は，6月，イングランド銀行内でケインズ構想を多くの点にわたり攻撃した文書を作成し，回覧に付した．そこで彼は，次のように論じていた．①米国はポ

ンド処理と関連した対英援助を実施しないであろう，また，米国からの援助をポンド地域の問題の処理と絡めるのは危険である，②対英援助の見返りに英国が早期に経常取引の交換性を回復するのは危険である，③緊縮路線か米国からの大規模な援助か，という二分法は誤りである，④米国からの援助は必須物資の輸入に必要な最低限の援助額に抑えるべきである，④最も望ましい代替策は，ポンド地域諸国，とりわけインド，エジプトとの合意であり，ポンド残高問題の一括処理に反対である（Fforde 1992: 68）．

(2) 対独戦の終結と英国内での政策立案の動き
①労働党政権の成立

　1945年4月21日のローズヴェルト逝去の報が世界を駆け巡った．ミズーリ州出身の副大統領トルーマンが新大統領となった．この後，7月にモーゲンソー財務長官が辞任し，後任にはケンタッキー州選出のヴィンソンが就任する．大統領の死をきっかけに米国の政治状況は一変した．在米の英国関係者は戦時期に培われた英米協調関係に隙間風が生じたのを感じた．

　英米関係に大きな変化をもたらしたいま1つの要因は，5月7日のドイツの降伏であった．これをきっかけに人びとの関心は，戦争から戦後過渡期，平時の問題へと急速に変化した．英米の経済政策課題も英米協調のもとでの戦争遂行から，戦後の国際経済秩序の構築と戦後過渡期の国内経済問題へと移っていった．

　対独戦後，英国の政治情勢は激変した．5月20日，戦時内閣から労働党が離脱し，挙国体制が崩壊した．議会は，6月15日に解散し，7月5日，総選挙が実施された．選挙結果は兵士の投票結果が判明するまでの3週間，判明しなかった．この間，戦後秩序の形成に関わる英米ソ首脳会談が開催されていた．会談には，米国からはトルーマンが，英国からはチャーチルとアトリーが出席した．スターリンのみがその地位を保持していた．戦時の3大国の巨頭体制は崩れ，3大国の協調体制の転換を予兆させていた．

　大戦中の選挙という異例の事態から世界各地の戦線に展開した兵士の集票作業に手間取り，総選挙結果が判明したのは7月26日のことであった．労働党の地滑り的勝利であった．この結果をうけて，アトリー（首相），ベヴィン

(外相),ドールトン(蔵相),クリップス(通商相)らからなる労働党政権が成立した.アンダーソンの後任の新蔵相ドールトンは,ケインズの教え子で,ロンドン・スクール・オブ・エコノミックスの教授であり,労働党内におけるケインズ理論の支持者であった(Skidelsky 2001: 397).

②大蔵省,イングランド銀行,ケインズの過渡期政策論

英国の政治状況が大きな転換点にあった1945年6月から7月にかけた時期,イングランド銀行,大蔵省,ケインズらによる対外金融問題に関する評価報告書が相次いでまとめられた.大蔵省ではイーディーがクラークの協力を得て6月25日に,「第3段階における金融政策」と題する調査報告書をとりまとめた.イングランド銀行ではコボルドが7月12日付で,キャトーが同23日付で文書をまとめていた.一方,ケインズは,3月に作成し,その後,再三にわたり修正してきた対外金融ポジションに関する覚書にふたたび手を入れた.このケインズの検討結果は,イングランド銀行の文書とともに7月23日,大蔵省内で検討された(CW 1979: 366, 377-411; Clarke 1982: xviii, 47-65; Moggridge 1992: 791-3).

同行の文書は,どのような戦後過渡期の政策を構想したのか.7月12日付の文書では次のような基本的見地を明らかにしている.①ポンド地域の画一的な解決に反対する,②ポンド地域の債権・債務の清算はポンド残高が最高に達するまで待つべきである,③米国に対する借款の要求は必需品の輸入金融に限る,④拙速なポンドの交換性の回復に反対である.キャトーも,同様の文書で,経常的収入についてのポンドの交換性の急速な回復は疑問であるとし,米国からの借款についても反対していた(CW 1979: 377-98).

これに対して,大蔵省の文書はどのようなものか.当時,ケインズ7月草案がプランIと呼ばれたのに対して,大蔵省文書はプランIIと呼ばれた.この大蔵省の文書は,ケインズ案に対する敵対的提案としてではなく,名目的には1つの代替案として提案された.だが,大蔵省文書のプランIIは,イングランド銀行の見地とほぼ同じ見方に立ち,ケインズ報告への対抗策としての性格を持っていた.そこでは「飢餓の窮地」が基調となっていた.戦後世界についてケインズより悲観的な見通しに立ったもので,国際貿易機構やブレトンウッ

ズ機構に背を向けることまでは考えてはいなかったものの,より保護主義的な貿易と通貨の統制体制の長期化を見込んでいた.また,ポンド地域取り決めのフランス,ドイツへの拡張を志向していた.

一方,ケインズの改定案は,「公正」を前面に押し出した点に特徴があった.ケインズは,まず第1の代替策,シャハト的路線について説明し,これを採るべきではないとして,第2の代替策「公正」の路線を推奨していた.

ケインズはあらためてシャハト的な路線から説明に入る.ポンド地域からの借り入れと,ポンド地域,及び米国との間での双務主義的支払協定の締結がこの代替的政策の柱である.つまり,戦時期に発生したポンド地域諸国との支払協定に支えられて発展してきたポンド地域システムを修正し,より発展させることが政策目的となる.つまり,①(a)ポンド圏内,(b)およびこれら諸国と無制限な支払協定を受け入れるポンド地域諸国との間の経常支払のために,ポンド残高の為替に完全な交換性を持たせる.②域内諸国や域外諸国との貿易収支と,その決済にあたっては金・ドル準備の引出制限や,貿易制限と支払協定が構築されなければならない.支払協定は米国を含むあらゆる国に提案される(CW 1979: 381-2).

だが,ケインズによれば,この代替案は,不自然な貿易関係を強制することになり,また英国が抱える深刻な経済問題の解決を先送りにするだけであり,「現在よりも問題の解決が容易となると想定する何の理由もない」という反対にさらされる.おまけに移行期の終わりには,英国の対外債務はこうした協定下にあっても,「200億ドルかそれ以上に」増加するのは必死であった.

問題はこれに留まらない.「移行期の終わりには,世界のかなりの部分の貿易が突然の無秩序に陥る」ことが想定される.関係諸国のポンド債務は突然凍結され,経常取引で得たポンドや,それ以外のポンド残高が自由に処理できると喧伝されていた各国は,その期待が裏切られ,ポンド準備の有効な使用の道を,突然失うことになるからである(CW 1979: 386).

これに代わりうる通貨・金融戦略は「公正」の路線である.これは次のようなものである.

第1に,英国が戦争終結時に負うことになるおよそ160億ドルの負債を2つの部分に分ける.①償却することになる約40億ドル.②賦払い,あるいは解

放する120億ドルである．この計画は，できる限り早く，たとえば，1946年末には発効させる．

第2に，過渡期の困難に対処するために，総額でおよそ90億ドルの救済資金を獲得する．このうち，①40億ドルまではポンド債権国が，②50億ドルについては米国が供与する．カナダからも期待する．ポンドの債権国が認める救済は一部がポンド残高の償却のかたちをとる．米国の援助は，(a)一部は英国の輸入のために資金にあて，(b)一部はポンド残高の残りの非償却部分の，また戦後の経常取引でのポンドの交換性回復にともない必要となるドル資金にあてる．

第3に，ポンド債権国との交渉は，公正，公平に個別の交渉によって解決をはかる（CW 1979: 387-90）．

英国が第2次世界大戦の戦費として費やした膨大な戦費と犠牲との関係からすれば，米国からの援助金額は僅かであった．だが，ケインズによれば，問題は金額ではない．金額の多寡から彼らの意思決定が影響を受けるとは考えられない．なぜなら，英国は，今次大戦で，多大な戦費を負い，犠牲を払っているからである．すなわち，英国は，①武器貸与が完全に効果を発揮する以前に約30億ドルを米国からの軍需品の購入にあてた，②インドを除くどの地域諸国からも顕著な援助を受けずに，アジアとアフリカにまたがる広範囲，チュニスからエジプト，中東，インドを通ってビルマまで，アフリカ，アジアに広がる広範囲の軍事行動に必要な地方通貨の支出に主たる責任を負ってきた，③外国貿易を放棄し外貨収入の道を断ち，軍需生産と軍隊の動員に全力を傾けてきた，のであった（CW 1979: 394-8）．

③ 7月23日の大蔵省・イングランド銀行会談

この日，大蔵省でケインズ，対米交渉担当の大蔵省高官，これにイングランド銀行の代表が参加した会議が開催された．コボルドによると，会議で大きなテーマとなったのは，ポンド残高問題，交換性回復問題であった．このうちポンド残高問題でケインズは，イングランド銀行等が主張する，①ポンド残高の一括処理は不可能である，②米国はポンド地域の交渉に参加すべきではない，③米国の援助資金をポンド残高処理に使うのは賢明ではない，などの論点に，

理解の姿勢をみせたかのようであった．だがこの一方で彼は，対米交渉においては，全般的なかたちでポンド処理について説明する必要を説いていた．しかしこれでは，一括処理を提案しているとも受け取られかねないとの懸念がイングランド銀行側から出された．一方，ポンドの交換性の問題では，非居住者の交換性実現の問題が焦点となった．コボルドの記録によると議論のなかでケインズが，「米国が援助を実施すると，英国は過渡期の考えを捨て，対日戦争終結の1年後にブレトンウッズ協定に規定された交換性回復条項を履行せざるをえなくなる」との見方を示した．ケインズの米国側の出方についてのこの予想は当たっていた．だが，これに対して参加者から，ブレトンウッズ協定の義務を早い段階で実行に移すことの悪影響を懸念する意見が出された．そうして，会議では，この問題での一層の検討が必要であるとの認識で一致した．この会議の記録は翌日の7月24日に大蔵省に送付された．

　26日にはイングランド銀行のコボルドが，大蔵省のイーディーに対して，「公正」で打ち出されている交換性回復の問題での強い懸念を伝えた．コボルドの懸念は，ケインズが国際通貨基金の第8条の規定をポンド地域に限らず，地域外でも実現しようとしている点にあった．さらに，コボルドは次のように主張した．「経常的取引に対する大規模な非差別的措置は，既存のポンドの為替管理と支払協定の枠組みを生かして実行することで実施できる．私は早期に過渡期を終えるよりも，この方向がはるかに安全にポンドの交換性回復を実行できると考えている」．コボルドは，現行の為替管理を制度的な枠組みとして維持しつつ，徐々に漸進的にポンドの自由化を図るべきであるというのである．さらに彼は，国際通貨基金第14条で規定された過渡期の保護措置の早期の放棄は，イングランド銀行が，英国の過渡期の諸困難の克服には死活的と考える為替管理と支払協定の破棄につながる，と危機感を表明したのであった．コボルドは，「公正」の同調者であるブランドさえ，交換性回復は暗闇のなかで跳躍するようなもので，大きな賭けである，と批判していることを伝え，その拙速な実行の危険性を強調したのである．

　しかしながらケインズは，しゃにむに「公正」につき進んでいるかのようであった．彼にはドル不足問題で楽観論があったとも考えられる．7月9日付のイーディーとクラークへの応答書で，戦後の3年間に英国の金・ドル準備が不

足する深刻な危険は生じないと述べていたからである（Fforde 1992: 69-70）．

④クレイトンとの予備会談

9月に予定されていた米国との金融交渉の事実上の予備会談がクレイトンの訪英で実現した．彼はUNRRAの会合に出席するためにロンドンを訪れたのであった．予備交渉は8月3日，14日の2日間行われた．英国側の主な出席者は，ケインズ，イーディー，ブランドらであった[4]．

ケインズは，席上，ポンド残高の詳細は除外して，来月ワシントンで開催される予定の本交渉に向け，持てる情報をさらけだして，事情を説明する作戦に打って出た．英国は約50，あるいは60億ドルの贈与を期待している．この見返りに，英国はブレトンウッズ協定の批准，通商の自由化，外国為替の自由化を実施する．ケインズは，もし贈与が期待できないならば英国は，ポンド・ブロック，通商の統制，輸出拡大のための国家主義的な政策を維持，強化せざるを得ない，とクレイトンを揺さぶった．

これに対してクレイトンは，確かな内容の助言であるとして，贈与はあり得ないこと，50億ドルを超える資金援助は念頭にないこと，米政権内の意見では30億ドルが可能なところであると見ている，などと表明した．英国にとって重要であったのは，第1に，クレイトンが贈与はあり得ないと明言したことであった．第2に，金融援助の条件を持ち出した点であった．彼は条件として，①米国の輸出業者の呪いの対象となっているドル・プール制度の廃止，②差別主義的通商政策の撤廃，③ポンド残高の規模縮小と借り換え，を要求してきた．第3に，金融交渉と通商交渉とを相互に連関させなければならない点を強調した．これは英国側の交渉戦術への牽制であった．それというのも，英国側が，武器貸与問題の処理→英国の金融問題の処理→通商問題の処理，の順に米国との交渉を進めたいとの考えを打ち出していたからである．これに対してクレイトンは，あくまで，金融問題と通商問題は同時に解決しなければならない，と

---

[4] イングランド銀行はこの会議に招かれなかった．フォーデは，会議が知らされなかった可能性を示唆している．彼は加えて，8月4日に英国側に手渡された国際貿易憲章案の文書をイングランド銀行が入手したのは10月24日のことであったとしている（Fforde 1992: 71）．

の考えであった．米国側は，相互援助協定第7条の履行という基本的立場から交渉に臨んでいることを明確にしたのであった（USDS 1969: 97-101, 103-5；Skidelsky 2001: 398-9）．

(3) 日本の降伏と第3段階の到来
①武器貸与援助の突然の中止

ケインズの訪米は8月15日の日本の降伏によって早められた．ケインズは，訪米後の9月12日の記者会見で「原子爆弾と日本の突然の瓦解は，われわれの予定表を台無しにした．われわれは，回避したいと願ってきたまさにその空白期間が発生しそうな事態に直面している」と述べた．英大蔵省の立場からすれば，ドイツが1944年に降伏し，日本が1945年いっぱい戦い続けることが理想的であった．これによって英国は，戦争経済からの再転換にほぼ1年の時間的余裕が得られ，戦争遂行のために中断していた輸出を再開できるからであった．輸出の再開により英国の外貨事情が好転すれば，英国の経済的復興は促進されよう．だが，ドイツの降伏は遅れ，日本のそれが早まった．第2段階は1945年5月まで延期され，さらに日本が3カ月後に降伏するという英国にとって予想外の事態が生じた．1年とみた第3段階は3分の1に短縮したのである．英国の思惑は完全に外れた．

こうした事態に労働党内閣は当惑した．第2次世界大戦が終結した8月15日，ケインズはベヴィンと面会するが，席上，ベヴィンは，ケインズに金融，通商交渉を遅らせたほうが良いと述べ，早期の対米交渉開始に消極的な姿勢をみせた．新任の外務大臣は，相互援助協定第7条の実現を目指して交渉を急ぐ米国側の外交姿勢を，十分理解できなかったのである．

発足間もない不慣れなアトリー政権にとって，青天の霹靂たる事態が起こるのは2日後のことであった．日本の降伏後の8月17日（金），トルーマン大統領は，クローリーの助言をうけて，突然，武器貸与援助の中止を発表した．この決定が正式に英国政府に伝達されたのは20日であった．武器貸与援助の一方的中止というもっとも親密な友好国の非情とも思える対応は，英内閣を狼狽させた．国会はこの報をうけて騒然となった．チャーチルはこの措置を乱暴で過酷なものであるとして，これが米国の最終通告であることが信じられないと

述べた．アトリー新首相も，これにより英国の財政は深刻な打撃をうけるとして，遺憾の意を表明した（ガードナー 1973: 344）．

かかる事態を，ワシントン駐在のバルフォアは，本国に次のように伝達していた．英国に非友好的なリーヒーとクローリーが強硬な方針を大統領に提案した．ヴィンソン，スナイダー，彼らほどではないもののバーンズが，かかる措置に反対したが，トルーマンは実行に移した．またトルーマンは，中西部のミズーリ州出身者であることから，狭量で経済的見地にこだわる傾向があり，政権も議会にあっても，武器貸与援助の非友好的な突然の打ち切りにみられるような政治状況が改善する見通しはない．英国としては，第2次世界大戦の感情と経験が米国民の心に生きているうちに，早々に英米関係の処理を進めるべきである（Bullen and Pelly 1986: 67-9）．

突然の中止に驚いたのは英国政府ばかりではなかった．訪米中のクレイトンらもこの一報が入るや驚きを隠しえなかった．

武器貸与援助の一方的中止の背景についてはガードナーの解釈が注目される．彼は，『シカゴ・デイリー・ニュース』（1945年9月28日）の記事による1945年晩夏に行われた武器貸与援助に関するギャラップ調査結果の記事を引いている．それによると，インタビューを受けた米国人の83％が，英国はなんらかの方法で，米国に対して武器貸与物資の支払いをすべきであるという意見であった．

さらにガードナーは，10月8日付『ウォール・ストリート・ジャーナル』が，この世論調査に論評を加え，「この調査結果は別に驚くにはあたらない．それは Lend Lease（武器貸与）という用語を言葉どおりに解釈すれば，それは明らかに物資と役務を貸与ないしは賃貸する取り決めをさすものである」と指摘した，と伝えている（ガードナー 1973: 348-9）．

連邦議会は世論の動きに敏感で，すでに1945年3月に武器貸与援助は純粋に戦争のための援助で「救済」，「復興」，「回復」には使えないこと，戦争終了とともに終了すること，などの条件付きで承認していたのである．しかしながら，武器貸与援助の突然の中止の通告で，英国は一層の苦境に陥った．今度は軍事面ではなく金融面で追い込まれたのである．

②金融のダンケルクと労働党政権

　トルーマン政権の武器貸与援助の打ち切りは8月20日，英国に正式に伝達された．英国は否応なく第2段階に移行した．同日，ドールトンはベヴィンに対して対米交渉を急ぐべきであると助言した．翌日，ベヴィンとドールトンはクレイトンと急遽，会談した（Skidelsky 2001: 401）．

　8月22日，ドールトン，ベヴィンら閣僚は，アトリーへの覚書で，米国による援助は高い金利の借款となり，また，米国はブレトンウッズ協定の批准，通商政策への同意，を求めて来ることへの懸念で一致した．しかしながら，閣僚らは米国がどのような動きに出ようが英国には何も対抗的手段がないことを認めざるをえなかった（Bullen and Pelly 1986: 72; Skidelsky 2001: 406）．

　8月23日，英米金融協議にむけた緊急会議がダウニング街の閣議室で開催された．対外金融上のダンケルクを如何に回避するのか．一方の側に労働党内閣のアトリー，モリソン，ドールトン，ベヴィン，クリップス（貿易相），ペシック=ローレンス（インド相）らの政権首脳が，反対側にハリファックス，ケインズ，ブリッジス，ブランド，イーディー，シンクレアらの実務担当者が相対した．奇異なことに会議参加者にイングランド銀行代表の名はなかった．ケインズが主導する紐付き金融援助に反対するイングランド銀行は，金融政策の最高決定会議のメンバーから外されたのである（CW 1979: 420-5）．

　会議の席上，ケインズは次のように提案した．英国は50億ドルの贈与か無償援助を要求し，借款は拒否する．この見返りに第7条の約束を履行する．予備会談での贈与はありえないとのクレイトンの助言は無視された．ケインズの説得が通り，事実上，彼の計画にもとづき対米交渉に入ることが概ね合意された．

　ケインズは金融援助を贈与として得ることができると楽観論を振りまき，返済の必要のある借款，利子付きの借款は問題外である，と力説した．ケインズは，英国に対する米国の援助が紐付きとなる可能性が強いこと，米国は通商問題と絡めて金融交渉に臨んでくること，を明言しなかった．

　ドールトンはこうした出発前のケインズの姿勢に楽観主義をみてとった．まったく夢想的であると．たしかにケインズが楽観主義に陥っていたと回想する向きがある．ケインズに同行し，訪米した金融ジャーナリストのバローは，ケ

インズは全く「公正」が勝ることを確信していた，とする（Skidelsky 2001: 404-5）．これに対してモグリッジは，ドールトンがケインズに対して抱いた楽観主義は根拠のないものであった，と書いている．ケインズは決して楽観主義を振りまいていたわけではない，むしろケインズは交渉が困難なミッションとなることを予測していたのであると（Moggridge 1992: 798）．

　しかしながら，ケインズの状況認識に極端な楽観論と誤認があったことは否めない．第1に，米国の国際通貨・金融をめぐる米国内の力関係と力学を完全に見誤っていた．ケインズは8月15日，ベヴィンとの会談後の覚書で，米国内の国際通貨・金融政策論争に関連してオルドリッチの動きを次のように評価していた．オルドリッチは，米国政府とこの1年間争ってきたが，いまや最終的に敗北した．米国政府は，6カ月間繰り広げた全国的キャンペーンで，オルドリッチの政策構想を誤りであるとの見方に立っていた．ケインズは，オルドリッチの通貨戦略構想が，ブレトンウッズ協定とは異なるアプローチであると認識できた．だが，その実，ケインズは，これから進められようとしている英米経済交渉で焦点となる金融援助とポンドの自由化問題が，オルドリッチの通貨戦略構想の柱であり，これこそが，ブレトンウッズ・アプローチに代替的な政策構想であるということが理解できなかった．

　第2に，ケインズがこのように米国の国際通貨・金融情勢を見誤ったのは，すでに言及したことではあるが，ブレトンウッズ協定をあまりにも恣意的に解釈し，協定を米国の政治状況という文脈において理解することができなかったからである．ケインズはさきに引用したベヴィンとの会談の覚書で，ブレトンウッズ協定には十分なセーフガード措置が盛り込まれていると評価し，満足していた．彼の認識では，米国経済が景気後退に見舞われてもブレトンウッズ協定によって状況を改善できるし，協定のもとで英国は十分な国家の自律性を保持しつつ為替を調整しうるのであった．彼によれば，協定で英国が負うことになる義務と権利は英国に有利に規定されて，何らかの不利な事態が生じても，英国はわずか1時間の事前通告によって，ブレトンウッズ協定から脱退することもできるのであった．彼は，国際通貨基金の協定文，とくに第8条を誤解し，また稀少通貨条項や過渡期条項への過度の期待にとらわれていたのである（Bullen and Pelly 1986: 44-5; Moggridge 1992: 797）．

第3に，ハロッドも指摘する点ではあるが，ケインズは，代表団やアトリー政権との一連の会議で英国としての交渉方針を確立する努力を怠った．本来であれば，ケインズは，準備を重ね，米国側の出方を予想してさまざまな可能性を検討することができたはずであった．その際，先のクレイトンとの会議で得られた情報を分析し，交換性の実現，通商の自由化，ポンド残高の処理などへの対応策で合意を取りつけておくべきであった（ハロッド 1967: 656）．
　労働党内閣はそれでも，ケインズに交渉を委ねることにした．ケインズの「魔法」（ロビンズ）がうまく作用して，再び彼が勝利した．イングランド銀行の代替的アプローチは無視され，敗北した（Fforde 1992: 73）．
　ケインズの訪米は 8 月 24 日に公表された．労働党政権は，通商交渉の早期妥結を回避するため，これと金融交渉のリンケージを嫌った．そこで，通商交渉にあたる正式の交渉団の派遣を遅らせる手にでた．だが，これを米国側は問題視した．結局，クレイトンらの圧力を受けて，労働党内閣は 8 月 31 日に，ヘルモアが代表に随行すると発表した．その際に，正式代表団は可能なかぎり早く派遣するとしたが，それがいつになるのかは明らかでなかった．このため，通商交渉に消極的な労働党政権の姿勢を問題視する交渉担当者の経済部のロビンズと貿易省のリーシングがこれに抗議する始末であった．ロビンズの場合，通商問題でなんらかの合意が得られないのであれば，金融交渉の先行きはおぼつかないとみていたのである（Skidelsky 2001: 406）[5]．

---

5) 対米交渉には 1943 年秋にはトンプソン=マッコーズランドが，またブレトンウッズ国際会議の際にはバルトンがイングランド銀行を代表して代表団に加わり，訪米したが，英米金融交渉には誰も参加していない．フォーデは，これを，いささか奇異に思えるとした．彼は，この点について次のように論じている．イングランド銀行は，通貨，金融取引に精通し，国際金融問題のエキスパートであったにもかかわらず参加を求められなかったのはなぜであろうか．ケインズは単純にイングランド銀行の専門家は必要ないと考えたのかもしれない．彼はまた，米国とポンド地域の将来についての詳細な交渉に入ると期待していなかったかもしれない．だが，こうした事情とは異なる根本的な理由が考えられる．ケインズは政策的に対立するイングランド銀行を厄介者として，交渉団の一員に加わるのを望まなかったのである（Fforde 1992: 32-3）．

第10章
英米金融交渉と金融協定の締結

「日常的な思考や切迫した個々の問題関心ごとが英国と余りにもかけ離れているこの偉大な民主主義の国の，複雑で，極めて強烈な雰囲気のなかで，何が可能で，何が不可能かを決定するに当たり，交錯する流れ，政治的諸勢力の動向，全体的な国民感情を，推し量ることは，外国人には無理であります」(ケインズ「1945年12月18日上院での演説」から，CW 1979: 614)

ケインズが交渉のためにカナダの兵員輸送船に同乗してサザンプトンを立ったのは8月27日，クイーン・エリザベス号で帰国したのは，クリスマスを目前に控えた12月17日のことであった．およそ4カ月間，第2次世界大戦直後の未曾有の動乱期に，母国を離れ，病軀をおして，困難な外交交渉に当たっていたことは尋常なことではなかった．いったい英米金融交渉とは，どのような交渉であったのか．なぜに交渉妥結まで4カ月も要したのか．ケインズはいったいどのように外交交渉を主導したのか．

英米金融協定が締結される背景とその基本的特徴については，ガードナー(Gardner 1969)の研究が，信頼のおける優れた業績であるが，研究の主題との関係や資料的制約から，交渉過程まで分け入ってはいない．わが国における先行研究も，拙著(『冷戦の起源とアメリカの覇権』)を含め，交渉過程まで立ち入った研究は見いだせない．この問題では近年，英国を中心に基礎的文献(CW 1979; Bullen and Pelly 1986; Pressnell 1986)が相次いで刊行され，研究の深化が求められている．ケインズ論のアプローチからの研究も進み，モグ

リッジ (Moggridge 1992), スキデルスキー (Skidelsky 2001) などが紙幅を割いている. わが国でも, ケインズ論の深化をはかる目的から英米金融協定を扱った岩本の研究 (岩本 1999), これを鋭く批判する米倉の一連の労作 (米倉 2005a; —2005b; —2006) が著され, 研究上の進展がみられた[1].

金融交渉は, ケインズ, ハリファックスとヴィンソン, クレイトンとの間で進められた. 米国側は, 国際通貨協定第14条「過渡期条項」の失地回復を狙った. ケインズらの代表団と労働党政権は, 明確な交渉方針をもち得ず, 自由主義的な貿易体制の実現を闇雲に追求する米国側と首尾よく交渉を進めること

---

1) 岩本は, ケインズとポンド残高処理について論じた「第9章 ポンド残高と英米金融協定」の「はじめに」で, 次のように課題を開陳していた.「本章は, 英米金融協定に至るまでの過程で, ケインズがポンド残高をいかに処理しようとしたかについて考察する」(岩本 1999: 279). 岩本はこのように第9章の課題を提示し, 次のように論じる.「IMF協定はポンド残高の処理について何ら規定することはなかった. これに対して, 英米金融協定……には対英援助の見返りとしてこの問題が詳細に規定されていた」(岩本 1999: 277). 岩本の見解で問題なのは, ポンド残高処理が金融協定で「詳細に規定」されているとする一方, 第9章の最終部で次のように記述している点である.「ポンド残高については, 直ちに解除される部分, 長期にわたって返済される借換え部分, スターリング地域が残高を減額する部分の3つのカテゴリーに分類されたが, その時期と金額についての明示は行われなかった」(岩本 1999: 309). ポンド残高処理の時期と金額が決められなかったというのは, ポンド残高の実質的な処理が先送りされたということである. これではポンド残高の処理が「詳細に規定されていた」とは言えない.

岩本は, どうしてこのような結果を招いてしまったのか. その原因の1つは, 岩本が英米金融交渉過程を周到に検討していないからである. 彼は交渉過程を扱った「V 英米金融交渉」の冒頭の注で「この3カ月間の交渉過程をクロニカルに再現したもの」としてケインズ全集第24巻第4章, モグリッジ第30章, プレスネル第10章をあげている (岩本 1999: 300).「クロニカル」と言うのは chronological の誤りであろうが, 仮に先行研究が年代記風に記述された文献であったとしても, ポンド残高の処理を主題とするのであれば, この点から交渉過程を跡づけ, どのように問題が処理されていったのかを論じなければならない. しかしながら, 本論にあたる「V 英米金融交渉」では, 英米交渉でポンド残高が実際にどう処理されていったのか, その検討がなされていない. 表題に即した内容となっていないのである. そうであるから, この章のまとめにあたる「おわりに」で, ポンド残高がどう処理されたのかの課題を受けた結論を提示することができない. そこで「英米金融協定調印後の過程を簡単に振り返っておこう」(岩本 1999: 309) と一気に話題を変えざるを得ないのである. もっともこの「おわりに」の部分も問題である. そこでは「英米金融協定が, 発効後1年足らずで破綻し, 惨憺たる失敗に終わった経緯について考察する」(岩本 1999: 279) ことが課題であった. それを「簡単に振り返っておこう」と逃げるのでは,「考察」にならない.

ができなかった．ケインズは，「公正」を前面に押し立て交渉に臨んだ．それは，①30億ドル分の贈与（英国が米国の参戦前に米国で調達した軍事物資の調達費相当として），②50億ドルの無償借款であった．②は，ポンド残高の処理，過渡期の貿易赤字の埋め合わせ等に充てる資金としても考慮されていた．ケインズは，米国側の出方を誤認し，寛大な援助が期待できるとの楽観論を振りまいた．しかし，ケインズの「公正」路線は，米国から拒否された．交渉が長引くなか，ケインズと本国との意思疎通の欠如，意見の対立，軋轢が生じる．米国側が協定案を提示し，ケインズら代表団と合意を得るが，これに本国が反発し，代表団との間でドタバタ劇が繰り広げられる．金融協定は，ブレトンウッズ協定批准の期限切れ直前になってようやく最終合意が得られる．この結果，37.5億ドルの有償借款が供与されることになった．その資金は，①米国からの輸入の促進，②過渡期の赤字の埋め合わせ，③英国の外貨ポジションの維持，④多角的貿易義務の達成，の目的のためとされた．戦時期に累積したポンド残高処理は，その必要性が協定ではうたわれてはいたが，援助資金の利用は認められず，ポンド残高の実際的な処理は先送りされた．英国は，資金援助の見返りに，期限を限り経常取引に関わる制限措置の撤廃を約束し，事実上国際通貨基金第14条で勝ち得た過渡期条項の英国に対する適用除外を受け入れた．英国通貨外交の完敗であった．

1. 英米金融協定交渉の開始

(1) 英国交渉団の渡米と金融交渉の開始

　ケインズは，8月27日，サザンプトンからケベックに向かった．彼に随行したのはホール=パッチ（外務省），ヘルモア（貿易省）らであった．イングランド銀行の代表者の名はなかった．駐米大使のハリファックスと大蔵省のブランドはすでに渡米していた．

　この年の6月に還暦を迎えたケインズの顔色はさえず，髪とひげには白いものが目立っていた．彼が医者の指示にしたがい減量したことは心臓に良かったが，痩せたことで彼のからだは弱々しくみえた．しかしながら，ケインズは，船上生活で元気を取り戻したかのようであった．今回はブレトンウッズ会議に

向かう船中でのように"ボート・ドラフト"を策定しなかったが,「ポンド地域における金融協定,ならびに武器貸与後の合衆国と連合王国間の金融協定に関する提案」を準備した (Skidelsky 2001: 407).

この文書で彼は,米国の援助を見越して国際収支赤字の見通しを下方に修正した.初年度40億ドルが32億ドル,これをさらに25億ドルに減らすことも可能であるとの見通しを立てた.3年間の国際収支の累積赤字は68億ドルから40～60億ドルに減額された.

重要であるのは米国からの援助の必要性を,「戦時債務の流動化という国際問題を解決するため」であるとして,合計50億ドルを3回の分割払いで実施することを提案した点である.ケインズは,そうして,米国の援助を得て処理しなければならないのは,次の4種の異なった債務処理であるとしていた.

①他の源泉から切り離した英国の経常収支赤字.
②ポンド地域諸国に対するポンド残高を分割,解放する義務.
③ポンド地域外の戦時債務の処理.
④戦争処理や武器貸与の最終処理から生ずる一切の米国に対する債務.

この計画案では米国からの資金援助は,経常収支の赤字の穴埋めばかりか,あらゆる戦時債務の処理に関連づけられていた (CW 1979: 448).

交渉の成否が気がかりであったが,ケインズは航海を楽しみ,彼の楽観主義は強まった.ケインズ夫妻は元気になって9月1日にカナダに到着した (Skidelsky 2001: 407-8).

この後,一行はケベックからオタワに飛んだ.対米交渉に先立ちカナダとの金融,経済交渉が予定されていたのである.飛行機のパイロットは彼のからだをいたわり,低空で飛行した.9月2日にオタワに着いた.

カナダとの交渉では予想以上の成果を収め,3億ドルの援助をえることができた.このためケインズは,米国との交渉に望みを抱いた.ケインズによれば,交渉の際,カナダ政府は,ケインズが考える「公正」の方針案を支持した (Bullen and Pelly 1986: 125).

9月6日,ケインズ夫妻は列車でワシントンに向かった.

ケインズの訪れたワシントンは以前のワシントンではなかった.ワシントンの雰囲気は一変していた.ケインズの「軽々しい楽観主義」は吹き飛んだ.戦

第 10 章　英米金融交渉と金融協定の締結

争はいまや終わった．米国はおびただしい人命の損失を蒙った．帰国した何百万という兵士や軍属の社会への復帰が大問題となっていた．戦争の災禍は去ったが将来への新たな不安が生まれていたのである．インフレーションの危険，重大な労働争議の発生への懸念．深刻な脅威から自由と民主主義を救った国は，今や自分自身を防衛し，秩序を保って国内の安定化に努めなければならない．戦争経済からの再転換を円滑に進めることはできるのか．アメリカは同盟諸国の金融問題に深入りしたり，貿易赤字を支えたり，福祉計画を支援したりするであろうか．米国の高官は英国の事情を知っていたし，それへの多少の同情と理解があった．問題は米国の大衆と議会であった（ハロッド 1967: 657）．

　9月11日には英米のトップ会談が開催された．そうして，金融，武器貸与，余剰物資，通商政策の分科会が設置された（USDS 1969: 122-6）．

　金融部会には英国側からケインズ，ハリファックス，米国側からヴィンソン，クレイトンが加わった．武器貸与部会はケインズとクローリーであった．

　首脳会議のなかで，国務省が通商部会を設置する動きに出たことに英国側は驚き，対応に苦慮した．戦時中に米国との通商交渉に当たってきたミードは，通商問題の正式代表団が到着していないのに交渉に入ろうとするケインズに当惑していた．ケインズは通商問題で誤った考えに陥っている．そこでロンドンは，ケインズに，通商問題の専門家のワシントン到着まで分科会の設置を見送るようにと指示する．だが，英国側の要請は聞き入れられず，結局，米国側に押し切られる結果となった（Moggridge 1992: 802; Skidelsky 2001: 409）．

　交渉での米国側のキープレーヤーは，クレイトンとヴィンソンであった．この2人の他に多士済々の人びとが交渉団に名を連ねていた．モルモン教徒のエクルスは，声高に，英国は破産した会社と同じである，早く債権を回収しないと，といった調子で発言し，英国代表団の神経を逆撫でした．代表団には，前副大統領でニューディール左派の商務長官ウォーレスも加わっていた．ケインズは，その言動からして彼は気が狂っているのではないかとみた．彼は開始早々に委員会を早退するのが常であった．反英的なクローリーは，武器貸与局に依然として"ツァーリ"として君臨していた．ケインズは，非礼にも，彼の容貌からヒヒ（baboon）の尻という渾名をつけていた（Skidelsky 2001: 410）．この BABOON は，英米金融交渉の経過を伝達する際の，ワシントン

代表団から本国へ宛てた電文の暗号名となった．これには，クローリー主導下の武器貸与援助政策への強い不満が，こめられていたことは疑いえない．

ヴィンソン，クレイトンとは対照的に，ホワイトは政治的に深刻な事態に直面していた．1945年8月21日に，エリザベス・ベントレーがFBIに対して，彼がソ連のエージェントであると暴露していたのだった．この一方で，モーゲンソーが去った後の財務省での居場所も狭まりつつあった．彼自身，間もなく財務省の職を辞さざるを得ないと覚悟し，新設されるIMFかIBRDへの転職を考え始めていた．しかしながら，ケインズは，こうした状況にあったホワイトが，いまだ財務省で影響力を有しているものと誤認し，彼の対英交渉での役割を過大に評価していた（Skidelsky 2001: 410）．

9月12日，記者会見に臨んだケインズは，当初の筋書き通りに話した．それは，英国の厳しい実情を訴え，その後，米国から金額の提示を待つ作戦である．凋落しつつある帝国が，あわれにも米国に物乞いに来たのではない，との姿勢を示そうとしたのである．ハロッドは次のように指摘している．ケインズは，交渉を2段階に分けて考えていた．第1は，英国の困難と必要について検討する段階，第2は，金融援助の条件についてツメの交渉を行う段階である（ハロッド 1967: 656）．

この2段階論に立って交渉に臨んだのであろうか，ケインズは，英国の直面する「特有の諸困難や根本的な諸問題」に，米国の目を向けさせようとした．英国は他のどの同盟国よりも高い比率で，長期間にわたって国民を動員した．輸出の3分の2を犠牲にし，それによって余剰化した人的，物的資源を，直接戦争に動員してきた．この結果，英国は，輸出回復への取り組みが遅れ，膨大な対外債務を抱え込み，過渡期の難題の克服が困難となっている．また，ポンド地域で採用された複雑な金融統制の技術が，結果的に，英国と世界の大部分の地域とを金融，経済面で解き難いほど絡み合わせてしまった．……（CW 1979: 460-6）．

ケインズはそうして，以下の2つ代替案を提示する．それは「飢餓の窮地」，すなわち経済的ナショナリズムに立った縮小均衡の道か，米国との協調関係のもとでの拡大均衡の道か，であった（CW 1979: 463）．

このうえでケインズは，経済的ナショナリズムに立った縮小均衡のゼロサ

ム・ゲームを回避し，国際協調による世界貿易の拡大，完全雇用と高賃金の実現，を共通の目標としなければならない，と次のように述べている．

> 「（われわれは）世界の繁栄ばかりでなく，平和と人類の善意——それは簡単には醸成されないが——のために最善の通貨・通商機構を構築しなければなりません．そのために，われわれは社会秩序を震撼させうる諸々の不平に直結する国際通商上の急激な混乱を回避し，全地域で完全雇用と高賃金を維持し，それによって隣人を窮乏させるのではなく，裕福にしなければなりません」(CW 1979: 465).

(2) 英米交渉の本格化

9月13, 14, 17日の会談は，ワシントンの連邦準備制度理事会の一室で開催された．英国代表団にとってそこは「真珠湾」後に，チャーチルが戦争遂行に向けた英米協力体制の構築のため米国首脳と会談した記念すべき部屋であった．

初日の13日は午後3時半から開催された．ケインズは，英国の対外金融ポジションについて長々と説明を行った．それは2時間半にも及んだ．向こう3〜5年間に英国の国際収支の累積赤字を40から60億ドル——60億ドルの可能性が強い——と推定していることに説明の力点が置かれていた．

14日も午後3時半から開催された．ケインズは，この日も3時間に及んだ会議の大半を英国のポンド残高がどのように累積したのかの説明に費やした．前日のケインズの説明に対して，米国側から軍事援助をうけているのにそれでも英国がポンド地域に巨額の債務を負っているのはなぜか，英自治領諸国はなぜに対英債権を削減できないのか，などの質問が出されていたからでもあった(USDS 1969: 126-7; Moggridge 1992: 800)．

9月17日，ケインズは英国の戦争努力について説明を試みた．「公正」の論点を深めようとしたのである．この際，彼は，英米の戦争努力を比較する試みを行った．英国が米国に比べて戦争遂行により多くの犠牲を払っていることを証明するのが狙いであった．だが，この目論見は外れた．

ケインズは19日の合同金融委員会でようやく，国際金融の現状に対する可

能な解決策を説明し始めた．ケインズは，しかし，あくまで慎重に構えて，具体的な数字を挙げずに，まずは2つの代替的解決策を説明した．そのひとつはいうまでもなく「飢餓の窮地」である．そして，いまひとつは「公正」である．このあとでケインズは，「公正」のアプローチに則して，米国からの援助を求めた．説明を受けた米国側は，驚きを持って受けとめたに違いない．彼が次のように述べていたからである．

> 「経常取引に関する限りポンド地域システムにおける差別的要素を完全に除去することを目的としたい．そうした合意のもとでは，ポンド地域諸国が新たに得たポンドは，世界のどの地域でも，経常取引の金融のために，自由に使用される，換言すれば，経常的支払のために自動的に，自由に，ドルや第三国の通貨に，交換することができる．同様のことが，流動化される蓄積されたポンド残高の部分についても，適用されるであろう．ポンド地域のドル・プールはかくして消滅するであろう」(CW 1979: 488)．

金融交渉の行方を作用するうえで重大であったのは，ケインズが，本国の了承を得ずに，米国からの援助に見返りとして，経常取引に関わるポンドの交換性回復とドル・プール制の解体まで言及していた点である．

説明を聞いたヴィンソンは，ケインズが具体的な数字を示さなかったことに深い失望を表明した．会議では途中で居眠りしていたウォーレスが，なぜ英国はインドと取引して，インドの独立のかわりにインド保有の対英ポンド債権を帳消しにしないのか，と質問するハプニングがあった．エクルスは，相変わらず英国を倒産会社になぞらえ，債権者は英国を罰しなければならないと述べ，英国側を閉口させた（Bullen and Pelly 1986: 145-7; Skidelsky 2001: 413-4）．

ケインズは，米国側の求めに応じて翌20日には，結局，数字と融資条件を明らかにせざるをえなかった．この日の第2回合同金融委員会で彼は，「ポンド残高実行可能案」を説明し，次のような数字を公表した．ポンド残高は，1946年末には120億ドルに達する．これを次のように処理する．まず，総額120億ドルの債務残高のうち債権放棄によって40億ドルを償却する．第2に，残りの債権80億ドルのうち，①72億ドルを借り換える，②残りの8億ドルを

直ちに解放し，経常取引の決済に自由に使用できるようにする．

ケインズは，こうしたポンド処理案とともに向こう 3～5 年間で総額 50 億ドルの合衆国からの援助が必要であると説明した．50 億ドルは，①過渡期における英国の貿易赤字の処理に必要な金額，②ポンド残高を処理するのに必要な金額，③武器貸与援助の停止にともなう支払不足額，の総額であった．

この日のケインズの説明と提案は，本国の指示を超えた相当踏み込んだ内容であった．第 1 に，ポンド債務処理の一応の方針案が提示されたこと，第 2 に，かかるポンド債務残高処理のために 50 億ドルの金融援助が必要であると具体的な総額が提示されたこと，第 3 に，この 50 億ドルの援助の交換条件として，①経常取引によって得られたポンドの交換性の回復，②ポンド地域システムでの差別主義の除去，を約束すると表明したこと，である．ケインズのかかる 50 億ドル構想には，期日を限ったものではなかったが，ポンド残高の処理が含まれていたことに注意を促しておこう．ともかくケインズの交渉当初の立場は，金融援助とポンド残高の処理がリンクされていた点が大きな特徴なのである (CW 1979: 492-8)．また，この提案では，「公正」の柱となっていた米国からの 30 億ドルの贈与案がなぜか削除されていた．ケインズのもともとの「公正」案では，武器貸与援助以前に英国が米国内で軍需品の調達に要した費用を 30 億ドルと見積もり，対英贈与の形でこの分の返却を求める資金援助案が含まれていたのである．

ヴィンソンは提案を検討するとして，会議は数日中断した．この間，米国側が，ポンド残高の詳細な説明がなかったことに苛だっていることに気づいたケインズは，9 月 21 日，本国に対して，米国との間で，債務の処理の問題で突っ込んだ検討に入ってよいかと許可を求めた．ケインズの要請にロンドンは，米国に強いられたとの体裁をとれれば別であるが，進んで自ら公表することはないと，これを慇懃に拒んだ．対英ポンド債権の削減案を一方的に公表しては，インドやエジプトなどの強い反発を招きかねないと考えたからである (CW 1979: 508; Bullen and Pelly 1986: 145-7, 148-50)．

ケインズは，英米金融交渉の開始早々，英国の戦争努力と戦後の苦境についての詳しい説明から始めた．公正の原則，平等の戦費負担を前面に押し立て，交渉の主導権をとろうとした．なかでも，援助の必要性を雄弁に説得すること

で，米国から寛大な援助の申し出を得ることができると期待した．だが，ケインズは，間もなく，米国の関心は過去にではなく，将来にあり，軍功と勲章を見せびらかす兵士のふるまいによっては，米国側を十分に説得できないことに気づいた（Clarke 1982: 61）．

ここにいたって英国の当初の交渉戦略は行き詰まった．米国は，過去の良い行いのご褒美としてではなく，経常取引に関わるポンドの交換性回復，輸入ライセンス制や双務主義的協定の撤廃を，金融援助の条件にしてきたのである．

英国側にとっては，さらに，交渉団に通商問題の正式代表団を加えていなかったことが裏目にでた．米国側は，通貨上の差別主義の撤廃などとともに，国際貿易機構（ITO）の創設にかかわる通商問題の本格的な協議に取り組もうとしていたからである．金融交渉にあたってケインズは，通商問題では原則で合意すればよいと考えていた．だが，本国政府は，ケインズに，交渉権限を与えた場合，資金の贈与と引き換えに，重大な通商上の譲歩を勝手に行ってしまうのではないかと恐れた．ケインズに通商交渉をも任せるわけにはいかない．幸いにもリーシング，およびロビンズ教授が相互援助協定第7条の通商の自由化に関わる通商政策委員会の英国側交渉担当者であった．結局，この2人を中心とする交渉団が，急遽，9月21日，米国に派遣された．一行は27日に到着した（Moggridge 1992: 802）．

10月1日から始まった通商交渉は，金融交渉とは対照的に，予想以上に円滑に進んだ．この問題では1943年秋のワシントン交渉で，かなりの進展をみていたことが大きかった．順調な通商交渉の進展は，難航が予想される金融交渉を，軌道に乗せたいとの英国交渉団の思惑も働いていた．英米両国は，米国案を基礎に，ITO憲章草案として知られる草案の作成にこぎ着けた．そこでは，英連邦特恵関税制度，補助金，国家貿易，輸出関税，カルテル，為替統制措置などが取り上げられていた．11日間の交渉のあとに残された大きな問題は，英連邦特恵関税制度の扱いであった．米国は，英国が単独でこれを撤廃することが，金融援助の条件であると考えた．これに対して英国は，英連邦特恵関税制度の撤廃と金融交渉とのリンケージに反対する姿勢をみせた．

対米交渉の間に，ケインズは，それまでの保護主義的，国家主義的路線から，自由主義的，国際主義的路線へと，一層の転換を図ったとの評価がある．ハロ

ッドは，英米交渉の間に，ケインズは通商問題の討議に耳を傾けるなかで考えを変化させたと次のように指摘している．われわれはもはやある程度の自給自足を意味するケインズ経済学における国家主義的な実験に満足している必要はなく，世界的規模におけるケインズ経済学実験のよりよい道を選び，国際貿易から生まれる完全な利益を捨てないようにすることができる．彼の心はいまやアダム・スミスに帰り，彼が説いた偉大な真理に戻った（ハロッド 1967: 668）．ケインズは，一連の交渉で，反デフレ政策についての基本合意も得られているように思えた．もし事態がかくのごときであれば，開放経済体制の構築こそが望ましい選択なのである（ハロッド 1967: 669）[2]．

(3) ケインズ「誘惑」への後退
① 9月24日クレイトン文書でのケインズの非公式提案
　英米交渉の進捗状況についてトルーマン大統領に報告した9月24日付のクレイトンの覚書がある．そのなかでクレイトンは，この間の交渉で英国側が今後の検討の基礎として非公式に次のような提案をしてきていると記している．
(a) 経常取引に関する為替規制を1947年1月1日に撤廃する．すべての経常ポンド残高の交換性を回復し，ドル・プール制を清算する．これに伴い，ブレトンウッズ協定の過渡期条項の英国への適用を除外する．
(b) 諸外国との為替合意や協定は，発効後15カ月までの間に撤廃する．
(c) 封鎖ポンド制度は，1946年12月31日に終わらせる．ポンド地域諸国に対する推定総額120億ドルの債務は次のように処理される．①40億ドルは償却する，②10％，8億ドルは経常支払いのために交換性を実現する，③残りの72億ドルは無利子，5年の支払猶予，50年の債務に借り換える．
(d) 南アメリカ諸国に対する債務は英国の保有する投資債権の売却で清算する．

---

2) だが，ハロッドのようにケインズの路線転換の契機を1945年秋からの英米金融交渉におくのはいささか遅すぎるのではないか．ケインズは1943年の9月から10月にかけて，第3段階論への対応過程ですでにそのような立場への転換をはかっていたとみるべきではなかろうか．

(e) 3〜5年の貿易収支の赤字を埋めるために英国は米国に50億ドルの信用枠の設定を求める．この他，カナダから5〜10億ドルの援助を期待している（USDS 1969: 132-43）．

このクレイトン覚書で注目すべき点は，非公式ではあるが英国代表団が経常取引に関わるポンドの交換性回復，英国が各国との為替合意や締結している為替協定の撤廃，ポンド残高の処理，について時期を画したその実行を米国側に提案している，と記されている点である．交換性の実現は，1946年末まで，ポンド残高処理は1946年末，そうして為替合意や協定は協定発効後15カ月後には撤廃する，というのである[3]．

②米国による「公正」路線の拒絶とケインズ再提案

ヴィンソン，クレイトンとケインズ，ハリファックスとの9月26日の非公式会談は，金融交渉過程でのひとつの重要な画期となった．それは，非公式ではあったものの，米国がケインズのいう公正の考え方には立たないことを言明し，そのうえで贈与，あるいは無利子借款は，いずれも無理であるとの考えを明確にしたからである．

会談でクレイトン，ヴィンソンは，議会の承認を得るうえからも，「公正」のアプローチともいうべき方法，すなわち過去の犠牲，英国と米国がどれだけ犠牲を払ったかといった比較にもとづくのではなく，あくまで国際貿易の自由化，通貨・為替の経常取引の自由化の問題でどのような合意が得られたのか，の観点に立つべきであることを強調したのである．

かかる交渉の結果は，ケインズに対して「公正」路線からの後退を強いるものであり，戦争負担の公正，平等の原則に立った対米交渉が，早くも暗礁に乗

---

3) このクレイトン覚書に関連して興味深いのは，ケインズ全集第24巻に収録されている9月20日の会議記録には，ケインズの説明によるポンド残高の処理策案についての記載があるのみで，クレイトンが報告するような英国側の非公式提案についての言及はない．ところが，ケインズ全集第24巻の注記でモグリッジは，次のように記している．9月26日，ケインズとハリファックスがクレイトン，ヴィンソンと会談している．討議の中で米国側は，ポンド地域の自由化とポンド残高の縮減に関する英国提案を受諾すると言及した（CW 1979: 484-9, 502）．米外交文書とこのモグリッジの注記から，英国側が9月20日になんらかの非公式提案を行ったことは明らかで，この内容が米国側にクレイトン覚書で言及された提案として受け止められたとみてよいであろう．

り上げたことを物語っていた（Bullen and Pelly 1986: 153-5, 156)[4]．

　米国代表団首脳は，議会の承認を得る必要から有利子の借款となる，贈与や無利子借款は検討していない，と表明した．クレイトンらは，過去の犠牲，あるいは戦争努力の比較にもとづくべきではなく，あくまで国際貿易を促進し，自由化することによって実現される米国の利益が重要であると強調した．

　これに対して，英国側は，米国から有利子の借款は受け入れることはできない，と反論した．英国側の強い姿勢に米国側は，可能な限り低水準の利子とするが，負担軽減のために免責条項を考慮してもよいと述べ，譲歩の姿勢を示したかのようであった．

　ポンド残高でも動きがあった．

　第1に，会議で米国側は，ケインズのポンド地域の自由化と累積ポンド残高の縮減策について，これらを受諾しうるとしたことが記されている．9月24日付クレイトン文書にあるような提案が，非公式ながら，英国代表団からなされたことは間違いなかった．

　第2に，ポンド残高の処理問題では，当事者の問題として処理されるべきであることが確認された．これは，実質的に，戦時に累積したポンド残高の処理の，棚上げをはかるということを意味していた．

　これらに加えて会談では，対英金融援助では，米議会の同意が肝要であり，それは国際貿易の自由化とその発展にかかっているというのが，米国代表団の断固たる立場であることが確認された．

　最後に，援助総額である．この問題では双方とも50億ドル前後を想定しているかのようであった（Bullen and Pelly 1986: 153-4)．

　この非公式会議をふまえてケインズは9月26日付で，ドールトンに，「金融援助の条件」とする覚書を送付し，援助の見返りとして次のような条件を指摘していた．米国が十分な援助を供するのであれば，英国は①ポンド地域に関する諸合意を可能な限り自由化する，②ブレトンウッズ計画を受け入れる，③ポ

---

4) この時期，武器貸与局長として英国側の不評を一身に集めていたクローリーが突然失脚するという事件（9月28日）が起こった．ケインズを始め英国側ではかかる事態に驚くと同時にこれを歓迎した．クローリーは，ケインズがバブーンの渾名をつけ，露骨な嫌悪感を抱いていたその人であった（CW 1979: 509, 513)．

ンド地域の主要債権国との間で対英債権を減額し,ポンド残高の全般的な解決を図り,④軍事基地の要求があれば,これがかなえられるように努力する.これら①②③は,米国に対してポンド地域の自由化,経常取引の自由化,ポンド残高の処理を約束することを意味していたと考えてよいであろう.そうして,ケインズは,覚書のなかで,援助額とその条件について具体的に言及し,米国側は40億ドルを提案すると予想したうえで,英国側の当初要求を,50億ドルプラス武器貸与援助の精算額,とした.さらに,借款条件は不透明であるとしつつも,5年ないし10年据え置き,40ないし50回払いの無利子借款を期待したのであった.

興味深いことに,その意図は不明であったが,ケインズはここで50億ドルの援助について贈与プラス無利子借款,贈与プラス有利子借款,全額有利子借款からなる6種のパターンを提示していた.

かかるケインズの提案は,本国の関係者から,彼自身の楽観主義,「公正」の路線からの後退と受け止められた.ロビンズはこうしたなか,9月29日の日記に,およそ,次のように記していた.金融交渉で米国から完全な贈与をうるのは全く絶望的となった.しかし,ケインズのマジックにかかり催眠状態にあるロンドンを覚醒させることは困難であろう.だが,大蔵省にかけた魔法を解くことができるのはケインズ自身である.これまでのプロセスを巻き戻すことが彼の責任である(CW 1979: 502-8; Bullen and Pelly 1986: 155, 157-9; Moggridge 1992: 802-3; Howson and Moggridge 1990: 224; Skidelsky 2001: 415-7).

2. 交渉の進展と対立の表面化

(1) ドールトン提案

ケインズによる9月26日付提案を受けた労働党内閣は政策の見直しを進め,閣内の意見調整をせまられた.

こうしたなか大蔵省のイーディーは,9月26日のケインズの覚書を検討したうえで,10月1日,英国による無償援助の要求は生きているのかと尋ねた.これに対してケインズは全額贈与に期待することは困難であることをあらため

て伝えた．また，ドールトンに，本国政府が代替案を提示できないのであれば交渉の裁量権を委譲するように求めた．

10月3日，イーディーは，ケインズに対して，5日までにアトリー政権として適当な方向性を提示するのは困難で，せいぜい準備的な段階の見解を伝えることができるだけであると断りつつ，次のような考えを伝達した．

①低金利であったとしても，コマーシャルベースでの借款は受け入れ難い．（ポンド問題の解決に借款を充てるとして）ポンド地域の実情は，その原理を受け入れるものではない．

②1年で1億ドルの元利返済は，英国にとって容易ではない．この点で，紐なし無利子借款であっても，総額50億ドルの場合，返済が大変になるとのコメント付きで閣僚たちの検討に付さなければならないであろう．

③ケインズも考える2分割方式で(i)贈与，あるいは英国による軍事物資調達費の返済としての20億ドル，(ii)金利1％の紐付きでない借款40億ドル相当，が検討に値する．

④連邦特恵関税制度の撤廃，あるいは，これを金融支援の条件とするのであれば，英国内でどのような反発が生じるのか理解すべきである．

本国の実務方の最高責任者の1人であるイーディーのこの文書から，金融交渉開始後も，本国では合意形成に手間取り，交渉に当たっての方向性すら打ち出せない状況であったのが分かるであろう（Bullen and Pelly 1986: 185-7）．

これをうけてケインズは，10月4日夜，大蔵大臣に対して，9月26日提案を再考したうえで，新たな代替案を提示し，検討を求めてきた．それらは次のようなものであった．①50億ドルの無利子借款（50年賦，年返済額1億ドル）が最善の条件である，②-(a)20億ドルの贈与プラス30〜40億ドルの有利子借款（金利1％），②-(b)事態が明確になるまで解決を延期し，当面1年を限度とする一時的な金融援助での合意をえる．この場合，武器貸与援助の清算のため3(c)条項に基づく3億ドルの援助，ワシントン輸出入銀行からの10億ドルの融資，を検討する．②-(c)米国以外のポンド地域からの借り入れ（Bullen and Pelly 1986: 188-9）．

10月5日の閣議で，ドールトンは，利子付き借款は受け入れ難いとしつつもケインズが9月26日の文書のなかで提案していた2案を示した．それは贈

与と借款とを組み合わせたもので，総額はともに50億ドル，返済が年1億ドルの計画であった．閣議では金融問題の他にも内外の重要議題が山積していた．閣議に出席した各大臣は，戦時の緊張と激務によって疲労困憊し，ベヴィンはロンドン外相会談の結果に煩わされた．外交問題で英国が米，ソに翻弄され，英国の威信と国家利益が冒されていることに対する閣僚のいらだちも高じていた．ようやく英米間での金融交渉の問題に話題が移ると，出席した各大臣は，今度は金融交渉につきもののさまざまな数値を読み込むのに手間どり，代替案の政策評価に当惑した．ベヴィンは援助の条件が気に入らなかった．彼は，紐付きでない小規模な額の商業ベースでの借り入れを構想した．時間が経つにつれ，主要閣僚たちは，ドールトンの提案した方針案の支持に傾いていった．結局，閣議では次のような方針で合意が得られた．総額50億ドル（贈与＋信用枠），55年賦，年1億ドルを超えぬ返済額．これの条件として，輸入統制措置を継続する必要性と，世界的なドル不足やデフレが発生した場合の債務返済の免除が，金融援助の条件として重要視された．さらに，閣議では，米国側が金融援助を英連邦特恵関税制度の問題と絡めないように米国側に申し入れることでも合意したのであった（Pressnell 1986: 284-5; CW 1979: 536-7）．

　10月8日，ケインズはドールトンから新たな指示（No. 10094）をうける．文面は，10月5日の戦時閣議での議論を踏まえたものであった．だが，それは，次のような断りのついた具体的な内容を欠いた電文となっていた．「われわれは，最終的結論を与えることはできないが，『一般的な方向性（general guidance）』を提示したい」．

　その骨子は次のような内容であった．

①米国の提案がよくて2％の利付借款であるのならば，われわれは受け入れることはできない．

②20億ドルの贈与，プラス30～40億ドルの融資枠（金利1％）．20億ドルは，武器貸与援助実施以前の英国による発注額に相当するものと考える．この20億ドルによって英国は，直ちにポンド地域の再編に着手する．

③②が失敗した場合，元利込みで年間1億ドルを上限とする借款であれば受け入れることができる．

④50億ドルの無利子借款を受け入れるかどうかは条件次第である．条件と

第10章　英米金融交渉と金融協定の締結

しては，たとえば，英国の経済的自立のための輸入制限を実施しうる権利の付与が考えられる．

この他，注目すべき点として，電文では，金融援助の決着に関してのイニシアチブは米国がとるべきであり，交渉の場で，ケインズはいかなる示唆をも与えるべきではないとの考えが強調されていた．ポンド残高の処理でも，ポンド地域諸国との合意で，債務の減額についての合意形成に，米国を関わらせるべきではない，との指示があった（Bullen and Pelly 1986: 196-9; Skidelsky 2001: 803）．

かかるドールトンによるあいまいな方針案の提示は，本国の閣議で明確な方針案で合意が得られなかったことの反映であった．こうした本国の姿勢は，一方で，ケインズや交渉団に，対米交渉での裁量性を強める結果を招き，その後の本国と代表団との対立を生み出す大きな原因となった．

10月9日，ケインズ，ハリファックスは，クレイトン，ヴィンソンとの会談で，ドールトンから指示があったNo. 10094の電文を基礎にした50億ドルの英国案を提示した．それは20億ドルの贈与案を柱とした金融援助策であった．だが，ケインズの提案は米国から，政治的に不可能であると拒否された．米国側は，連邦議会への配慮からも，すべて有利子にならざるをえないと主張したのである．

この日の会談は，英国側にとって，「公正」を拒否する米国側の姿勢を改めて確認する場となった．だが，交渉の行方に一途の希望を見いだしたいケインズは，この交渉での不確かなクレイトンの発言に飛びついた．ケインズがこれに固執したことが，その後の交渉に混乱を生み出す結果となった．ケインズは，会談の模様についてドールトンに次のように記していた．

「米国がわれわれに何を用意しているのか，より明確に提示する時期が来ている，というあなたの気持ちに応えてわれわれはクレイトンから1つの提案を引き出した．それは詳細において完全に明確ではないが，次のパラグラフにほぼ要約できると考える．それはクレイトンが先週の金曜日に示唆したものを敷衍したものである」．

ケインズがここでクレイトンが示唆したとするのは50億ドル，金利2％の借款案であった．「公正」の実現を断念せざるをえなかったケインズは，これに飛びつき，新たな状況での最も良い条件の「提案」と受けとめてしまった．そうして，ケインズは，これをもとに，ロンドンに対して，対米交渉を進める許可を求める動きに出たのである．しかしながら，ケインズが正式の提案と見なした50億ドルのクレイトン提案が，間もなくして，ケインズの過大な期待と思い込みの産物であることが判明する（Bullen and Pelly 1986: 211; CW 1979: 537-8; Fforde 1992: 78）[5]．

金融交渉ではまた元本の返済猶予条件，利子の免除の条件も，ウェーバー条項として，大きな争点となりはじめた．そうして「ロンドン・ウェーバー」として知られる付帯条件がケインズによって案出され，また，米国側からは「ワシントン・ウェーバー」が提示される事態となった．返済猶予に関わるロンドン・ウェーバーの条件は，①多角的清算が崩壊したとき，②国際的不況に見舞われたとき，③国際通貨基金協定の稀少通貨条項の発動にいたったとき，であった．ケインズの発案によるこれらの条件は，いずれも曖昧なもので，運用上解釈の分かれるものであった．一方，米国代表団は，英国の外貨準備，対外支払能力に注目した基準を，元本の返済繰り延べや利子免除の条件とする条項案を提案する動きに出たのである（CW 1979: 538; Bullen and Pelly 1986: 214-6, 253-4）．

(2) 通商交渉の進展と金融交渉

本章は，英米金融交渉を考察の対象としているため，ワシントンでの通商交渉を考察から除外してきた．だが，金融交渉で重要であるのは通商交渉の進捗状況であった．これが金融交渉の成否の鍵を握っているとも言えたのである．クレイトンらは，世論や議会の支持を取り付けるためには，英連邦特恵関税制度の廃止が欠かせないと主張していたからである．これを英国側は，米国側が，金融援助を梃に英連邦特恵関税制度の撤廃を迫っていると捉えたのである（Bellen and Pelly 1986: 216）．たしかに米国側は，金融交渉の成否は通商交渉

---

[5] この経緯について触れたバレンとペリーまでもが，これをクレイトンによる初めての提案と位置づけているが，果たしてそうであろうか（Bullen and Pelly 1986: xiii）．

の行方にかかっているとの立場をあらわにし，英国側も交渉の行方を注視してきたのであった．その英国は，当初，ケインズの見通しの甘さから，通商交渉を重視せず，交渉にあたる専門の担当者を代表団に同行させず，米国側の批判を浴びた．だが，米国は通商交渉を重視し，金融交渉と並行して進める交渉方針を打ち出してきた．ケインズの目論みは外れ，英国政府は，急遽，リーシングとロビンズ教授を中心とする交渉団の派遣を決定せざるを得なかった．交渉団は，9月27日にワシントンに着いていた[6]．

　その通商交渉は，10月1日から始まり，驚くほど順調に進展した．そうして，交渉開始後11日目で，交渉はヤマを越えたのである．交渉が予想以上に進んだのは，元々，通商交渉は金融交渉の露払いの役割を負わされていたことから合意が急がれた面があったし，また，通商交渉の場合，原則的，一般的な予備的合意でとりあえず処理し，問題は将来設立される国際貿易機関に委ねられることになったからでもある．通商交渉の進展が，金融交渉の進展を促すことになったことは明らかで，後に記すような米国金融委員会の会議の開催と，そこでの基本合意内容の策定にいたるのであった．通商面での予備的合意は，「雇用に関する提案」「国際貿易機関に関する提案」という2部からなる「国際貿易・雇用会議による考察に関する提案」に体現されていた．米国側が重視した英連邦特恵関税制度の廃止に関しては「国際貿易機関に関する提案」で，次のように規定していた．

　「相互援助協定の第7条に示されている諸原則にかんがみ，加盟国は大幅な関税引き下げならびに特恵関税の廃止に関する取決めを結ぶべきである．なお特恵関税を廃止する措置は，世界貿易の障壁を大幅に低減するための適正な措置とともに，本提案で意図した相互に有用な取決めの一環として実施するものとする」．

---

[6] 交渉団の派遣にケインズは不満であったようだ．ロビンズは休む暇もなくケインズに英米金融会議に引っ張りだされ，29日の日記に，ケインズ「公正」路線の破綻を見抜き，ケインズによってかけられた「公正」の魔法を解くのは容易ではない，と早くも優れた観察眼を見せたのであった．

この条項を以て米国は，英国に特恵関税の廃止を認めさせたと解釈したのであった（Bullen and Pelly 1986; Pressnell 1986: 276-9; ガードナー 1973: 307）．

(3) 米国交渉団での基本方針の策定

通商交渉の行方を注視してきた米国は，交渉が順調に進展しているのを見定めつつ，金融援助の具体的な内容の検討に着手した．そうして，10月6日，11日と相次いで会議が開催され，金融交渉にあたっての全体的な方針案が検討された．この一連の会議で，援助総額やその条件が初めて本格的に論議されたのである．

まず6日の最高会議では情勢の分析と英国の対外ポジションの見通しを踏まえて，援助の総額について議論が進められた．席上，ホワイトが財務省の作業部会の作成した見通しについて報告した．それはほぼ次のような内容であった．

①英国は50〜60億ドルの国際収支赤字を見込んでいるが，これはあまりにも悲観的な数字である．財務省は英国の国際収支赤字は33億ドル±10億ドルと見込んでいる．

②ポンド残高は現在130億ドル．1946年末には150〜155億ドルに達しよう．英国側はポンド残高を次のように処理する方針である．130億ドルのうち，(i)30億ドルは南ア，オーストラリア，ギリシャ，ノルウェーなどとの間で処理する．(ii)20億ドルは通常の利用可能な残高とする．(iii)残余の90億ドルは40億を削減し，50億ドルを債務残高として残す．

ホワイトによる英国の国際収支赤字についての推計は，英国代表団よりも，かなり楽観的な見方に立ったものであった．このうえで，ホワイトは，40億ドルあれば，英国の収支赤字とポンド赤字処理に対処できると述べた．会議では，この後，必要援助額についての議論が進められ，このなかで，40億ドル案に代わり50億ドルが必要であるとの意見も出された．このため，この日の会議では，結局，総額については合意がえられなかった．

米国側は，翌10月11日の金融委員会で，次のような方針案で合意した．

①全額貸付か貸付枠（credit line）の設定のどちらかといえば，後者の方式とする．

②無利子借款では国民の支持が得られない．有利子借款（2％，50年）とす

第10章　英米金融交渉と金融協定の締結　　　　　　　　　　419

べきである．
③ 5年の返済猶予期間を認める．
④ ウェーバー条項については利子免除と元本の支払延期を認める．
⑤ 対米債務の処理を他の債務に優先させることとする．

　援助資金は一括して貸し付ける方式はとらず，あらかじめ資金枠を決め，必要に応じて引き出す方式がとられた．英国に対する配慮から，いくつかの優遇措置が考えられた．ひとつは，英国の返済負担を軽減するため5年間の返済猶予期間が設けられた点である．また，英国が元利の返済困難に直面する事態を想定し，利子の免除と返済の延期を認める規定を用意した．この一方で，対米返済を優先させる条項は，債権取り立てに対する米国の厳格な姿勢を示したものであった．ただ，この段階では，米国への資金返済や英国の対外債務処理を急がせる方針と，英国に対する優遇措置が，時には，対立することに気がつかなかった．たとえば，ウェーバー条項にもとづき金利免除，あるいは返済延期を認めた場合，本来支払わなければならなかった金利や元本が，第三国の債務返済に充てられる事態をどう防ぐのか，また，対米返済を優先させた場合，ポンド残高処理が遅れる事態が生じかねないが，これにどう対処するのか，などの問題であった．

　米国の動きでさらに注目されるのは，この金融委員会でも援助総額について，具体的な合意が得られていない点であった．この問題を記した国務省文書では，ホワイトが33億ドルの数字をあげていたことと，これに対してクレイトンが，ケインズは50～60億ドルの赤字を想定している，と注意を促したことが記録されていただけであった．米国側では英国側に提示する数字について財務省と国務省との間でいまだ合意にいたっていなかったのである（USDS 1969: 145-9）．しかしながら，これらの一連の会議は，長期にわたる英米金融交渉で，米国側が初めて対英金融援助の総額や条件を具体的に検討した点で，交渉の段階を画す重要な会議であったと評価しうるであろう．

(4)　ホワイトのポンド残高処理案

　対英借款問題でのホワイトの立場には少々不可解な点がある．最初，対英借款の必要性を否定していたのに間もなくこれを容認するという一貫性を欠く対

応がその1つである．ホワイトは1945年7月のブレトンウッズ協定批准に関わる上院銀行委員会で，次のように戦後過渡期における対英援助の必要性を否定していた．英国は速やかに生産力を回復する．そうなると，ポンド残高を保有する諸国への輸出で英国の外貨準備は好転する，こうした局面での対英援助を行うことは英国に不当な優位性を与えることになる．彼はまた，世界市場における英国の輸出競争力を強めることになる点でポンドの切り下げを懸念していた．当時，ホワイトはこの問題で，2人の極めて有能な財務省高官バーンスタインとラクスフォードと意見があわず，彼らとはギクシャクとした関係にあった．彼らはホワイトより対英援助に前向きであったのである（ガードナー1973: 363; Skidelsky 2001: 424; Gardner 1969: 195; Rees 1973: 363-4）．

ホワイトの動きでいま1つ不可解なのは，ポンド地域の自由化と英国のポンド債務の削減のために，特有な仕掛けを提案した点である．

このホワイト案の特徴は，英国のポンド債務を米国に対するドル債務に転換するという点であった．その骨子は次のようなものであった．

①英国のポンド債務のうちの借り換えた部分の一部50億ドル相当のポンド債務を25億ドルの現金で購入する．50億ドル相当分は3%/50年の現在割引価値25億ドルに相当する．

②この措置によって英国は米国に総額55億ドルの債務を負うことになる．すなわち，30億ドルの新規借款とポンド債務をドル債務に転換した25億ドル，合計55億ドルである．

興味深いのは，ケインズがこのホワイト案を，10月5日，きわめて寛大で魅力的な新案と考えてしまったことである．もちろんホワイト提案がスターリング地域の解体を企図したものであると考えてのうえであった．ホワイトの処理案ではポンド残高は次のように処理される．

①英国の総額130億ドルのポンド債務を95億ドルに圧縮する．
②このうち40億ドルはポンド地域諸国への債務となる．
③55億ドルは対米債務である．

これをケインズ案に比べると，①対ポンド地域への債務負担は50億ドル軽減され，②債務総額では45億ドル軽減されている（Pressnell 1986: 290; Skidelsky 2001: 424; CW 1979: 531-5）．

ホワイト案に対して英国の反応は厳しいものがあった．ドールトン蔵相は，すぐさま，10月8日の電報でホワイト案を拒絶した．かかる事態はまた，交渉者としてのケインズに対する労働党政権の信頼を損ねることになった．ホワイト案はケインズ案と同様に包括的なポンド残高の処理を構想していた．しかしながら，インドを含めた主要国の債権国会議なるものの開催は非現実的であった．ポンド地域諸国がポンド債務処理の主たる交渉相手国であり，各国との合意によらなければならないからである．さらにシティを中心に，海外ポンド残高の一部のポンド債務からドル債務へ転換することへの懸念もあった．ドル借款への転換は，ニューヨークへの金融的従属を意味すると考えるからである．米国側でもホワイト案を支持する動きはなかった．ヴィンソンはホワイト提案を余りにも夢想的であると拒絶した（Pressnell 1986: 292; Skidelsky 2001: 424-5）．

厳しい反応をうけて当のケインズは10月23日になって，ホワイト案はもはや生き延びることはない，本国は今後ホワイト案に頭を悩ます必要はない，と本国に伝達してきた（CW 1979: 568）．

(5) 英国側の対応

このようななかでケインズが10月12日付で大蔵省のイーディー，イングランド銀行のコボルドに送付した書信は，いささか奇妙な内容であった．第1に，彼はここにいたっても，英米交渉が英国の主導で有利に進んでいると次のように伝えていた．

> 「われわれは，ほぼあらゆる点で全くもって米国を圧倒しています．街中でライオンがユニコーンを駆逐しました．老練なホワイトは英国代表団の勝利を称賛しつつ，皮肉な笑いを浮かべながら会議場に座っています．」

ケインズが，大蔵省とイングランド銀行の当事者に対して，英米交渉で米国を圧倒していると描いている点は，あまりにも事態を誤認しているといわざるを得なかった（CW 1979: 540）．

第2に奇妙であったのは，この書信でのホワイトに関する記述である．ケイ

ンズはホワイトとのやり取りでクレイトンの50億ドル（金利2%）案を，すぐに獲得できる数字であるとして評価した．これに対して，ホワイトは，ケインズに，財務省がこの数字を米国代表団内部で主張しているが，支持されていないと述べた．だが，これは嘘であった．財務省でホワイトは50億ドルではなく33億ドルを主張し，50億ドルを主張しているのはクレイトンであったからである．だが，ケインズはクレイトン，ヴィンソンが50億ドル案にさほど熱意を持っていないとするホワイトの話をまともに受け取ってしまう（CW 1979: 543）．

本国もケインズの唱える50億ドル案に冷淡であった．ドールトンは，10月13日になって，50億ドル借款構想は受け入れることはできないとケインズに伝達してきた．彼によれば，提案は2つの条件を満たしていないからであった．すなわち，①戦争の重荷を公平に負担する精神を欠いている．②英国自身，巨額の債務を返済できるか確実ではない．戦時の犠牲に加えて英国がさらなる借金を背負い込む事態は回避すべきである．

ドールトンはまた，米国側が主張するワシントン・ウェーバーについて，それがデフォルト（債務不履行）を意味する，との理由から反対した．そうして彼は，次のような指示を改めて交渉団に伝達した．①20億ドルの贈与，30億ドル/2%のクレジットライン，5年間の支払猶予，②これが不可能であれば，50年の無利子借款，年間で1億ドルを超えない返済，を検討したい．それは，基本的には，10月8日に英本国が指示した方針案であった．

ケインズとハリファックスは，本国に指示をうけて，10月15，16日とクレイトン，ヴィンソンと交渉した．しかしながら，具体的な進展はなかった（Skidelsky 2001: 418-22; Bullen and Pelly 1986: 219-23, 223-4; USDS 1969: 155）．

(6) 米国の35億ドル提案とケインズ「公正」アプローチの敗北

ホワイトは10月12日にケインズに対して予想しえない動きのあることを伝えていた．それは10月18日の会談で起こった．ヴィンソンが最高の提案として，①35億ドル/2%/50年，②武器貸与援助残高の2.375%/30年での清算，を提案してきたのである．クレイトンは，過渡期の終了時点で，英国の金・ド

ル準備は 10 億ドル程度に仮定していると説明した．いずれもケインズの想定を下回る厳しい数字であった．到底受け入れられるものではない．ケインズは，そこで，本国の指示を得るために，交渉を中断して本国に帰国すべきかロンドンから助言を得たいと述べた．これをうけて，会議の雰囲気は険悪となった．ヴィンソンは，ケンタッキーでは客人に対して帰るようには求めないものですとジョークを飛ばした．帰国をほのめかすケインズをなんとかなだめ会議の空気を和らげようとしたのであった（Bullen and Pelly 1986: 227-33, 243-8; Skidelsky 2001: 425; Fforde 1992: 79）．

　ケインズは米国から贈与や無利子借款をえることの困難を認めざるをえなかった．交渉はすでに 3 週間も経過し，交渉の行方は見通し難かった．ケインズはこの事態を「詩」から「散文」への転換と特徴づけた．この現実に直面してケインズは，ヴィンソンの 35 億ドル提案ではなく，クレイトンが提案したと考える 50 億ドルの対英援助案を交渉の出発点にすることができないのかとの焦燥にかられた．

　代表団は 10 月 18 日着電の文書（NABOB 177）で次のように伝達した．広範で寛大な解決を受け入れるよう米国を説得できると期待して交渉に臨んだ．望ましくは贈与，最悪の場合でも無利子借款を考えていた．だが，ヴィンソンとクレイトンはこれを拒否した．拒否の理由として議会と国民が支持しないからであるとしている．そこで英国代表団としては次の 2 つの代替案を考えている．

　① 20 億ドルの贈与，30 億ドルの借款（金利 2%/5 年後に支払開始），
　② 40 億ドルの借款（年賦 1 億ドル/5 年後/支払期間 55 年），10 億ドルの銀
　　行借入れ（金利 2%）．

　この文書のなかで英米代表団は，ウェーバー条項についてあらためて次のような立場で交渉に臨んでいると伝達した．①多角的決済が崩壊した場合（ドルに自由に交換される保有外国為替が全体の 75% を下回った場合），②貿易の国際的不振，③ドルが稀少通貨となった場合（Bullen and Pelly 1986: 227-33, 243-8; CW 1979: 547-55, 557-63; Skidelsky 2001: 425）．

　この間，NABOB[7] と BABOON は，ワシントンとロンドンとの間を頻繁に往復した．だが，ロンドンとワシントンの代表団との間では相互不信と軋みが

目立つようになった．米国に対する姿勢も分裂した．問題を単純化すると，金融交渉ではワシントンの交渉団は親米的であり，本国は反米的であった．

いたずらに時間が経過するなかで，英米の代表団は焦燥にかられた．1945年末までに金融協定について合意し，その後，速やかに批准しなければならない．それに英国の場合は，ブレトンウッズ協定の批准すらなされていない．

ケインズは，局面をロンドンからの指示なしではこれ以上交渉を進められない段階にいたっている，と評価した．だが，彼は心臓病から飛行機に乗ることが困難で，ロンドンに帰国して事情を説明し，新たな指示を得ることもままならぬ状態が続いた．ケインズは，局面打開のため，本国にブリッジスの派遣を乞うた．ブリッジスは，この間，ホプキンズの後任として大蔵事務次官に就任していた．だが，これはアトリーによって拒否された．彼は，ブリッジスの派遣により金融交渉が複雑化するのではないかと懸念したのである（CW 1979: 564; Skidelsky 2001: 427）．

英国代表団にとって，交渉の遅れとともにケインズの体調も心配の種となっていた．ケインズの身体は，極度の緊張と過労から弱っていた．リディアは，ケインズの健康を維持するために鉄の規律を強いた．ダイエット，氷嚢，休息と睡眠．リディアはしばしば食事に出されたサラダの氷をケインズの胸の氷嚢に詰めた．彼は10月に入って間もなく，軽い心臓発作をおこしていた[8]．

3. 英米の対立と交渉決裂の危機

(1) 英国の対抗提案：10月27日英内閣提案

バレンらは，10月18日の米国提案に対する対抗提案としての性格を有する10月27日の英国提案を新たな章の初めに位置づける．われわれもこの日の交渉を画期とみる．

イングランド銀行のコボルドと大蔵省のイーディーらは，米国との金融協定の締結交渉に依然として非妥協的な姿勢をとり続けた．労働党政権は，米国か

---

7) NABOB は，大金持ちの意味．
8) これをモグリッジは10月6日，スキデルスキーは10月7日のこととしている（Moggridge 1992: 803; Skidelsky 2001: 426-7）．

らの紐付き借款が，政権の目標とする島国社会主義の制約となることを恐れ，反対の姿勢を崩さなかった．ポンド地域を維持しようとする彼らは，交換性の回復とあわせ米国からの援助資金の借り入れそのものに反対した．この路線を追求すると「飢餓の窮地」にいたる．だが，一部の社会主義勢力と帝国擁護勢力がこうした路線を支持した（Moggridge 1992: 805; Skidelsky 2001: 427-8）．

約1週間の交渉中断後，10月27日，ようやく英国政府は，代表団に，次のような内閣案を送付（BABOON 155）してきた．

代替案A．①25億ドル/50年/1%/5年の猶予期間，②ポンド地域内と同様にポンド地域以外でもポンドを経常的支出のために自由に提供できるようにするための20億ドルの無利子借款のオプション．この場合，英国は，ポンド債権者との合意を追求し全体的状況の改善のために適切に寄与する，ブレトンウッズ協定と国際貿易会議を支持する，との条件がついていた．

代替案B．Aが失敗した場合の代替策．商業ベースでの25億ドル（2%/50年/5年の支払猶予期間）と武器貸与援助の清算に必要な資金の供与（およそ5億ドルを想定）．ただし，この場合は，米国との間ではいかなる政策上の約束を取り交わさない（CW 1979: 568; Bullen and Pelly 1986: 255-6, 271-2）．

この方針案ではA案がまず米国に提案されることになる．だが，そこでは金融援助の見返り措置としてポンド債務処理や国際通貨基金協定に言及しつつも，ポンド債権をどのように何時までに処理するのか，また，ポンド地域外でのポンドの自由使用に言及しつつも国際通貨基金第8条にそくした経常取引に関わるポンドの交換性をいつ実現するのか，などについて，具体的な言及を欠いていた．

ドールトンの新交渉方針案をうけた代表団の反応は厳しいものがあった．なかでもケインズは，強く反発した．彼は，顔を蒼白にして怒り，辞任を口にした．代表団が問題としたのは，仮に代替案Aが失敗したとき，果たしてB案が代替策になりうるか，という点であった．ケインズは，Bの代替策が，全く現実的でない提案であるばかりか，英米関係にとって危険な企てであるとも考えた．この方式では，ワシントン輸出入銀行と武器貸与局から，二重に資金の供与を受けることになる．その返済は重い負担になることは間違いなく，1946年の年間支払額は2.28億ドルにのぼることが推計された．さらに，B案には，

国際貿易憲章，ブレトンウッズ協定の批准の約束が盛り込まれていなかった．これでは英国は，経済的なブロックを政策的に追求しようとしていると米国に受けとめられかねない危険性があった（CW 1979: 568-9; Bullen and Pelly 1986; Moggridge 1992: 806-7; Skidelsky 2001: 428-9）．

A案，B案をめぐる本国との対立が激化するなかで，いまひとつの対立がケインズの独断的な動きによって生じていた．ポンド残高の処理をめぐってである．それはケインズが10月23日，ロンドンに「ポンド地域合意（Sterling Area Arrangements）」（NABOB 215）と題するポンド地域合意の評価と提案を送付したことがきっかけであった．そこでは，ポンド残高のキャンセル分，借り換え分，それに解放分の内訳と，債権国との間で残高をいつまでに処理するのか，その計画表がつけられていた．英米交渉との関連で重大であったのは，この文書の第8，第9，第10項目であった．ケインズは，まず第8項目で，①将来の貿易拡大のために経常取引の自由化を実現すること，②通商の自由化を回復するために蓄積されたポンド残高の十分な部分の自由化，残された残高の段階的な自由化，を政策課題としていた．第9項目では，1946年末までに，戦時の残高と軍事支出によってもたらされた残高を除外したポンド地域諸国の経常収入の自由化を実現することが挙げられていた．さらに第10項目では，この結果，いわゆるドル・プール制から生じるいかなる差別的措置も除去される，ポンド地域諸国は経常収入と利用可能なポンド残高をいかなる経常取引のためにも自由に処分される，という内容が記されていた．ケインズは，ポンド残高の処理が，米国からの援助の必須の条件であり，米国はこの問題で一貫していると強調した．このケインズの電報が届くとイーディーらは立腹した．ポンド債権の圧縮額やドルに転換するために解放するポンド残高額を，ポンド債権者との合意を抜きにして，第三国である米国にあらかじめ約束することなどできない，などと考えたからであった．

イーディーらの怒りは，ポンド地域システムについてケインズと異なった評価に立っていたからでもあった．ロンドンのイーディーやコボルドらは，ポンド地域が差別的となったのはポンド地域システムによるものではなく，戦時の為替管理にあり，ケインズの文書中にあったポンド地域システムの差別的性格についての評価を弱めるべきであると主張したのである．これに対してケイン

第 10 章　英米金融交渉と金融協定の締結　　427

ズは，ロンドンからの指示を，不正確であり，不当なものであると反発した．
　ケインズの動きでさらに本国との関係をこじらせる結果となったのは，ケインズが，この文書を本国の同意を得ずに，11月5日，ホワイトに対してポンド問題の打開策として提案するという独断的な動きに出たからであった．ホワイトに渡された文書からは，さすがに第 9, 10 項は削除されていたが，本国の強い不信をまねく結果となったのである（CW 1979: 571-7, 577 note 24; Moggridge 1992: 806-7; Skidelsky 2001: 429; 米倉 2006: 184-6）．
　このようななかでアトリー政権は，本国に一時帰国したロビンズとホール＝パッチによってもたらされた情報をもとに，新たな対応をみせた．11月6日，ドールトンは代表団に，以下をあらためて指示した．交渉団は A 案を押し出す．だが，これが失敗した場合，交渉団は新しい代替案 B を提案する．ここで新代替案 B というのは，
　①40億ドル/2%/50年の返済期間，これに同じ条件で10億ドルのオプションをつける，
　②ワシントン・ウェーバーを基礎とする，
というものであった．なお，新 B 案では旧 B 案に比べて金利が 2% に引き上げられていた．代表団によって米国側に A 案が英国の協定草案として提示された．ただし，この際に，A 案も金利が当初の 1% から 2% に変更された．すなわち，①20億ドルに武器貸与援助の清算のための5億ドルの資金，ともに 2% の金利付き．②ポンドの交換性回復とポンド残高の一部を解放するための 20 億ドルまでの無利子の資金供与．だが，この提案に確信をもてないハリファックスとケインズは，修正案を米国代表団に提示するのを躊躇するほどであった（CW 1979: 584-5; Bullen and Pelly 1986: 289-92; USDS 1969: 156-7; Skidelsky 2001: 431）．
　英国案は 11 月 6 日に伝達され，英米会議での検討に付された．だが，ヴィンソンとクレイトンは A 案を即座に拒否した．彼らはまた，対英援助をポンド地域の解決に結びつけることを支持しない，総額については 35 億ドルを超える提案をしたことはないと強調した．この日の会議は，対英援助の目的として，援助資金がポンド残高の処理に充ててはならない，との基本的立場が確認された点で重要な会議となった．代表団は，本国に宛てた 11 月 7 日の電信

(NABOB 295) で次のように伝えている．第1に，英国側は，クレイトン，ヴィンソンがホワイトのポンド処理案そのものと米国の対英借款とポンド地域合意の放棄とを明確に関連づけているホワイト案の「哲学」に対して，強く反対であるのを知った．第2に，第1から自ずと明らかのように，米国側は，対英借款がポンド地域の救済の目的に，いかなる部分であっても，使われることに反対である（Bullen & Pelly 1986: 300-4; Moggridge 1992: 809）．

(2) 11月7日の米国代表団首脳会議の開催

A案の提示をうけた米国代表団は11月7日に代表団の首脳会議を開催した．この会議には，クレイトン，ヴィンソン，ウォーレス，エクルス，マッケイブ，コラド，ホワイトらの高官が出席した．会議では向こう3～4年間の赤字幅を英国が50億ドルと推計するのに対して，米国の専門家は23～43億ドル，なかでも33億ドルを最も妥当な数字と考えた．そうしてカナダからの援助をも期待して，委員会としては35億ドル案を勧告することとした．会議では，クレイトンら一部の委員が，40億ドル案を提案したが多数の支持はえられなかった．そうして，米国の最高会議は，さらに融資の条件として以下で合意した．

①有利子とする．
②猶予期間について英国は10年を求めるが米国は5年とする．
③国際収支が悪化した場合の資金返済の猶予を認める．
④ロンドン・ウェーバーを拒否する．

注目されたのは，会議のなかでクレイトンが，総額について，最後まで40億ドル案にこだわった点であった．しかし，エクルスは30億ドル案を支持し，ヴィンソンとともに40億ドル案に反対した．

会議ではまた，援助総額と関連して英連邦特恵関税制度の廃止，国際商品カルテルの処理が焦点となった．エクルスは，議会や世論に受け入れられる協定でなければならず，援助総額は30億ドルで十分であると主張した．ホワイトは，何故か，英国は交換性回復に向けた長い道のりを歩んでおり，各国との双務主義的協定を廃止しないであろうとの見方を示した．これに対してクレイトンが，ドル・プール制度は，米国の輸出業者にすれば英連邦特恵関税制度の廃止よりも重要である，双務主義的協定の差別主義的特徴は除去され，ドル・プ

ール制度は撤廃されなければならないと主張した．さらにクレイトンは，さきに最高会議で対英援助の総額35億ドルと決めたのは物事を進めるための妥協的対応であったとして，あらためて40億ドルに増額するように求めた．これをうけて会議ではあらためて総額については議論がなされたが，合意にいたらなかった．総額の問題はあらためて翌日の委員会で取り上げられ，採決の結果35億ドルに決定された．

　交換性の問題でも新たな問題が生まれた．交換性回復をポンド地域以外にも拡張するか否かの問題であった．これまでのポンドの交換性をめぐる論議はポンド地域の経常収入に限られていた．だが，英国がいくつかの国々との双務的支払協定を戦後も継続することになればポンド圏外でも差別主義が継続されることになる．この点を米国側は問題にしはじめたのである (USDS 1969: 157-62; Bullen and Pelly 1986: 304 note 3, 309 note 3)．

　11月9日，米国代表団は，最終的に英国が提案したA案を拒否した．この事態が本国に伝達されたのは，11月11日午後6時37分の電信によってであった．この間，ケインズは，本国を無視して，独自の判断で，交渉を進展させようとした．11月10日の朝，彼は，交渉を妥結させる必要性について語り，記者会見まで設定する動きをみせた．

　ケインズは，イーディーに宛てて次のように心情を吐露していた．米国側がさまざまな支払いの性質や種類，特別の勘定や協定について何も知らず，長所も短所も知らないということが問題なのです．彼らの態度ははなはだ空論的で，したがって退屈で非現実的です．私は今日のわれわれのもとにある約束事は，すべて非現実的で，われわれはあらゆる種類の困難を招きかねないことを示す良い事例であるとして片づけることができます．

　金融交渉は，11月10日，12日，13日と続けられた．米国側はA案を拒否するとともに，経常取引によって取得したポンドの交換性回復を，支払協定地域にまで拡大するように迫ってきた．クレイトンとケインズの間で，激しい言い合いが繰り広げられた．米国の交渉姿勢に失望し交渉の行方を危ぶむ英国代表団に対して，米国代表団は，11月15日(木)までに何らかの打開策を提示することを約束し，事態の収拾をはかった．11月14日のNABOB 339でケインズは，イーディーに宛てて，米国代表団は，金融協定の起草委員会と一緒に密

室に籠ってしまったと，伝達している．だが，ケインズは米国の動きを楽観視しなかった．このなかで，新たに厄介で詳細な提案が策定される可能性があるとの見通しを添えていた（Bullen and Pelly 1986: 314-6; CW 1979: 588-9; Pressnell 1986: 361-2; Skidelsky 2001: 432-3）．

(3) 米代表団による協定案の策定と英国の反発

11月15日，英国代表団は米国代表団が作成した金融協定草案を受け取る（Bullen and Pelly 1986: 321 note 3）．

この事情については興味深い記述がある．米国側が約束していた提案は11月15日，朝9時にスタットラーホテル（Statler Hotel）にとどいた．大蔵省の事務官ハーマーが部屋に行くと，ケインズはベッドにいて，顔面は蒼白であった．大変なショックを受けた様子がうかがえた．彼は米国の回答に落胆し，荷物をまとめて帰国したほうが良いと言うのがやっとのようであった．10時に大使館で代表団の会合がもたれた．ハリファックスが司会をして，米国提案を検討せずにそのまま本国に送付することが決まった．ケインズは興奮し，感情を抑えることができなかった．ホワイトが電話でケインズに面会を求めてきた．ケインズは，電話でのやりとりで，ホワイトに対する感情のいらだちを隠すことができなかった（CW 1979: 590; Moggridge 1992: 809; Skidelsky 2001: 433-4）．

英国側は，米国提案には，受け入れ難いいくつかの条項が盛り込まれていたため，本国への送付を見送った．

午後3時に交渉が再開された．英国からはハリファックス，ケインズ，ブランド，ロビンズらが出席した．米国からはヴィンソン，クレイトン，エクルス，マッケイブ，ホワイト，コラドらが出席した．プレスネルによると，珍しくも，会議はハリファックスが主導した．彼は，ポンドの交換性実現，輸入差別の撤廃，返済の猶予規定，利子の免除規定，ポンド残高処理など主要な論点について反論した．そうして，これらに関する米国提案は受け入れ難く，米国の提案が最終的な提案であれば代表団としては帰国せざるを得ないと述べた．ハリファックスの堂々たる言動に米国側は，珍しく圧倒された．ヴィンソンとクレイトンは，提案があくまでたたき台であり，最終案ではないことを強調して駐米

第 10 章　英米金融交渉と金融協定の締結

大使の逆襲をしのいだ．

　この後，ケインズが，各条項を順にコメントして反論した．彼は，とりわけ金額が具体的に提示されていないことを問題視した．さらに，経常取引の全般的な交換性の回復，通商の差別的措置の撤廃，ウェーバー条項の支払延期措置やポンド残高処理も，英国にとっては賛成しがたい条件であると主張した．とくに英国の外貨準備が輸入額を 15％ 上回った場合にウェーバーの適用を除外している点を問題視した．ケインズは，これでは英国を飢餓状態におくものであると非難した．ハリファックスも，英国に経済的奴隷状態を強いるものであると不快感を示した．

　英米代表団は，米国からの債務の返済を優先させる条項の取り扱いでも対立した．この条項をケインズが拒否した際に，エクルスは，例のごとく英国を破産した企業になぞらえた．米国では破産企業に再融資をする場合，返済の優先順位を主張することは債権者のひとつの権利であるというのである．これに対してケインズは，偉大なイギリス国家を破産企業のように扱っていると怒りを爆発させた（Bullen and Pelly 1986: 321 note 3; USDS 1969: 164 note 16; Pressnell 1986: 304-5; Skidelsky 2001: 434）．

　11 月 16 日（金）と 17 日（土）の会議でも進展はみられなかった．むしろ状況は悪化していた．ケインズの健康はこの緊張とストレスに耐えられそうもなかった．ロビンズも 11 月 19 日の日記に，ケインズがロビンズに疲労を訴えていたと記している．ロビンズは前日の日記に，「就寝―頭痛」，20 日には「ひどく憂鬱」と記し，彼自身の体調も容易ではなかったことがうかがわれる（Howson and Moggeride 1990: 239; Skidelsky 2001: 434-5）．

　ケインズは 11 月 21 日のイーディー宛書信で，ご推察のように当地でのこれまでの 3 週間余りの生活は，全くの地獄でした．どこまでひどいものであったか，ご想像になれるかどうか疑いますけれども……，と認めていた．

　さらに 11 月 23 日にはカーンへの書信に，最も厳しく，疲れさせる交渉である，われわれのすべてが生気を失い，消耗している，と苦境を訴えていた．

　リディアはケインズの健康が損なわれてゆくのを深刻に懸念した．後日，ケインズ自身が健康悪化の事情を説明している．私の感情がアドレナリンを放出するが，それは私のくたびれた心臓にとって耐えられないものであった．そこ

で氷嚢に頼るのを止めて，1日のできるだけ多くの時間を横になろうとした．なんとか切り抜けることができたのは，心臓病の薬のおかげであった．

交渉が困難な局面に移行するとともに，英国代表団内部での軋みも深刻化した．スキデルスキーが引用する 11 月 18 日の大使館の日誌は，英国代表団のなかでの，ケインズと他の代表団員との対立について言及するほどである．

「ケインズは交渉団の重要な一員であるが，天才にありがちな多くの欠点を持っている．私は彼とうまくやっており，誰もが彼の資質に対しておおいに賞賛している．だが，ケインズほどに考えが素早く働かない多くの人びとは，彼の新しい指示を考え出す能力に，それを充分に考える時間的余裕がないなかで，少々不安を抱いている．ブランドはとてもまじめで私は彼の判断に頼っている」．

大蔵省随行ジャーナリスト，バローは，18 日に"バウンティ号の反乱"が起こったと証言する．月曜日の会議の準備に当たって，英国の代表団は，米国との協議の内容は可能なかぎりハリッファクスに集中し，ケインズに知らせないようにした．技術的な問題は大蔵省のブランドに委ねられた（Skidelsky 2001: 434-5）．

だが，交渉が行き詰まるなか事態を懸念した英代表団は，18 日が土曜日であるのにもかかわらず，交渉後の時間を，からだにむち打って，本国への大量の電文作成に費やさざるを得なかった．電報は全部で 7 通にのぼった．電文の冒頭で交渉が極めて困難な局面にあることに注意を喚起し，交渉上の問題点を指摘し，本国に対応を求めていた（Bullen and Pelly 1986: 324-35; CW 1979: 588-91; Moggridge 1992: 809-10; Skidelsky 2001: 437-8）．

4. 英国の屈服：英米金融協定の調印

（1） 米国による修正提案

バレンらは，1945 年 11 月 18 日を英米金融交渉の新しい局面と位置づけている（Bullen and Pelly 1986: xviii）．われわれも 2 つの重要な動きからその後

の過程を特徴づけた重要な局面と捉える．それらは，第1に，交渉の行き詰まりに直面した代表団から現状評価，交渉の見通しと対処方針などに関する大量の電信が送付され，本国政府は新たな対応を迫られたこと，第2に，米国代表団がそれまでの交渉を踏まえ，事態を打開するため英米金融協定協定草案を策定したこと，である．

米国代表団は，再開された11月19日の合同金融部会で金融協定草案 (draft memorandum of understanding on financial matters) を提案した．この11月18日付提案はその後の英米交渉の基本的文書となり，この文書の修正のかたちをとって交渉が詰められて行くことになった．

この文書の概要は次のような内容であった．
(1) 貸付枠．（注：数字は記入されていなかった．）
(2) 借款の目的：①英国による米国からの財・サービスの購入の促進，英国の過渡期の経常的赤字への対処，英国の外貨準備を適正に保つこと．②借款は英国による第三国に対する債務の返済に充てることはできない．
(3) 元利返済について：50年賦，2％などとする．
(4) 利子支払免除のウェーバー条項：貿易収支と貿易外収支の平均が①戦前の1936-38年の平均額を下回る場合，②(a)過去5ヵ年の輸入額の平均を15％を下回る場合，(b)対外短期債務の25％を下回る場合．
(5) 支払いの繰り上げ実施規定．
(6) ポンド地域合意：遅くとも1946年末にポンド地域諸国間の経常取引を自由化する．
(7) その他の合意，取り決め：両国は以下で合意する．1946年末以後，あるいはそれよりも早く，経常取引に関する支払い，資金の移転を制限しない．
(8) 為替制限と輸入規制：国際収支の均衡を回復させるために輸入管理を目的とする為替制限を行わない．輸入制限措置を実施する場合は，互いに相手国の輸入を制限するようには実施しない．為替制限と輸入規制の撤廃の実施時期は1946年末とする．
(9) ポンド残高の処理：英国政府はさまざまな各々の事例の状況に応じ，以下の区分にしたがい早期の解決を図る．①直ちに解除され，いかなる通

貨にも交換される残高，②1951年を開始として借り換えによって順次解除される残高，③戦争への寄与として償却される残高．

11月18日付文書は，ポンド残高処理の問題でも重要であった．戦時に累積したポンド残高の処理を借款の目的から除外したからである．そうして，金融援助の目的は，米国製品の購入，国際収支赤字の埋め合わせ，適正な外貨準備の維持，多角的貿易義務の履行，とされた．借款の目的では，ポンド処理にあててはならないとは規定していないが，金融援助の資金は，第三国からの借金の返済に充ててはならないと明記していた．ケインズは，当初，金融援助とポンド残高の処理を直接関連づけ，援助資金の一部をその処理に充てるものと考えてきた．こうした考えは，英米両国の関係者のなかにもあった．これが11月18日文書で最終的に放棄されたのである．

この結果，11月18日協定草案からは，ポンド残高処理の問題は，①英国政府が個別事例に則して相手国と速やかに対処することとされ，②処理額，処理の完了期限は明記されず，③ただ3つのカテゴリーに区別することだけが盛り込まれた．これによって，ポンド残高の処理という対英金融援助の当初の主目的が，目的の条項から除外されたのである．これは英国にとって好ましい選択と考えられた．英政府は，ポンド残高の処理を，英国と関係国との間の問題として，米国の介入や国際的枠組みのもとでの解決を望まなかった．他方で米国側は，ポンド残高の処理が必要であると認めつつも，大規模な資金援助をともなうため，これに慎重にならざるをえなかった．また，対英援助に批判的な米国の国内政治情況からも，ポンド残高処理に充てる資金の手当ては困難とみられたのである (Bullen and Pelly 1986: 341-4; CW 1979: 629-33; Skidelsky 2001: 435; Pressnell 1986: 306; USDS 1969: 162-7)．

11月19日の交渉で提案された米国の協定草案を巡る対立点，合意点，コメントが，21日の午前2時19分，代表団から本国に送付された (NABOB 370, NABOB 372)．

それは，われわれの理解によると，次のようなものであった．

(a) 貸付額：英国案は40億ドルの新規マネーと武器貸与援助処理費用6億ドル．ともに2％．米国案は，35億ドル，武器貸与援助7.5億ドル．ともに2.75％の金利．

(b) ウェーバー問題：長い交渉の後に英国側はロンドン・ウェーバーを取り下げた．ワシントン・ウェーバーについて代表団は次の米国提案を受け入れる用意がある．それは①経常所得は，単年度ではなく過去5年間の移動平均とする，②対外準備の基準額を米国の主張する総額分ではなく純増分とする，である．

(c) 交換性回復問題：ポンド地域については1946年末までに経常取引を自由化する．かかる措置によって，ポンド地域の国々の経常取引から得たポンドの受取りを，差別することなく，いかなる国との経常取引にも使用できる．これによって，米国が目的とするいわゆるドル・プール制に起因する差別主義は除去される．残された問題は，これ以外の地域の交換性回復をどうするかである．

(d) 支払協定：米国は，ポンド地域と同様に，英国と支払協定を結んでいる諸国の経常取引の交換性回復を求めている．代表団としては，1946年末以降の経常取引の交換性の回復を求める．

(e) 差別主義：米国は輸入差別の撤廃を求めている．

(f) 対米債務の優先：英国は受け入れられない．

(g) 戦時累積ポンド残高の処理：英国は，ケインズのポンド残高の3区分に従い，日時を限定せずに，その処理を約束する（Bullen and Pelly 1986: 323-7, 328-9, 335-8, 338-41, 341-4; Pressnell 1986: 308-9; Skidelsky 2001: 435-6）．

(2) アトリー内閣の対抗提案

プレスネルによれば，協定案に対する本国の対応は，穏やかさを欠き，軽蔑や侮蔑の混じったものであった．危機感を募らせたイングランド銀行のコボルドは，同行総裁に対して協定案を受け入れるのは「狂気の沙汰」と評価した．ポンドの交換性問題とこれに関連した輸入制限措置に対して，柔軟な対応を求める代表団の要請に，大蔵省もイングランド銀行も強く反対した．彼らは，全般的な交換性の回復や英国の一方的な譲歩による交換性の回復ではなく相互主義的な基礎の上に立った問題の処理が必要と主張した．また，ポンドの交換性回復の時期設定に対しても反対し，過渡期間を短期に終了させるのも考えられ

ない行為であると批判した（Pressnell 1986: 309-10; Fforde 1992: 83）．

　米国案にどう対応すべきか．英本国では11月22，23日と連日閣僚会議が開催された．アトリーは，席上，陰鬱な表情で，けんか腰に，米国案は，枢軸国と戦った国際的友誼の精神からではなく，金貸しの立場からの協定であると強い不快感を表明した．このうえで首相は，ウェーバー条項，ポンドの自由化，過渡期の短縮に対して反論し，このような条件は受け入れられないこと，そうして対米交渉では，次のような方針で望むべきであるとの方針案を明らかにした．

　①援助額を40億ドルに削減する．これには6億ドルの武器貸与援助の処理費が含まれる．
　②ウェーバー条項に英国の外貨準備を基準とする条項を盛り込むことに反対する．
　③輸入制限措置の早期撤廃に反対する．
　④ポンド地域，非ポンド地域の全般的なポンドの早期の経常取引の撤廃に反対する．
　⑤国際通貨基金の協定の過渡期条項で規定された過渡期の期間短縮に反対する．

　これに続く11月23日の閣議は，ドールトンとベヴィンの間で，金融交渉の進め方について意見が対立し，開始早々に紛糾した．ドールトンは，強い口調で，交渉決裂の危険を冒してでも強硬な姿勢を貫くべきであると主張した．彼は，ウェーバー条項の対外準備規定，ポンド地域合意を1946年末に撤廃し経済取引に関わるポンドの交換性を実現する規定，非ポンド地域の経常取引の自由化を1946年末に実現するとの規定，などを槍玉に挙げた．これに対して，ベヴィンが意外な動きに出た．ソ連との対抗上，米国との協調外交路線を重視し始めていたからか彼は，交渉の決裂は英米両国間，さらには英帝国や世界に対して，誤解を生み出しかねないと主張したのである．ベヴィンは，この打開策として，アトリーとトルーマンの首脳会談による調整を提案した．外務大臣と大蔵大臣との意見対立によって，深刻な閣内不一致が表面化したかたちとなった．また，閣議では，枢密院議長モリソンがケインズに交渉の自由裁量権を与えるべきではないと強硬に主張する一幕もあった．こうした発言は，また，

内閣と交渉団やケインズとの間に深刻な亀裂が生じていることを物語っていた．
　しかしながら，米国案への対応を迫られた労働党内閣は，11月24日，次の新提案をもって交渉に当たるように代表団に指示した．
(1) 40億ドルを超えぬ額を受け入れる．これには武器貸与が含まれる．金利2％，返済期間50年．5年後に返済を開始する．この見返りの条件として，1946年末までのポンド地域との経常取引の自由化，議会に対するブレトンウッズ協定批准の勧告，11月6日に原則的に合意した通商政策での共同歩調，を承認する．
(2) 以下は受諾できない．
　①債権国との1946年末までの交渉の完了．
　②ブレトンウッズ協定過渡期条項の権利の1946年末の放棄．
　③他の国の債務に優先しての対米債務の取り扱い．
(3) 英国の支払能力を基準にしたウェーバー条項を支持するが，外貨準備を基準とする方式には反対する．

こうした本国の方針は，1946年を以てポンド地域諸国と交換性を回復するとの方針を除いた他の重要事項，すなわち，援助総額，ポンド地域以外の諸国との交換性回復問題，ウェーバー条項，差別主義，対米債務の優先取り扱いなどで，米国側の主張と対立するものであった．

　この英代表団に対する指示では，いくつか注意しなければならない興味深い点があった．

　第1に，非ポンド地域におけるポンドの交換性制限問題についての対応が明確に示されていない点である．11月18日付米国提案では，「7 その他の合意」として，英米両国は遅くとも1946年末までに非ポンド地域の経常取引にともなうポンドの支払い，移転を制限してはならないことが規定されていた．だが，11月24日の本国政府の対抗提案では，この条項への言及はなかった．これでは，米国を除く非ポンド地域の経常取引にともなうポンドの交換性を制限し続けることが本国政府の立場であるということになってしまう．

　第2に，この訓示には，米国提案の「8 為替制限と輸入統制」についての対応も何故か盛り込まれていなかった点である．これでは，英国政府が引き続き差別主義に拘泥しているとの印象を，米国代表団に与えかねなかった．

第3に，ポンド残高処理問題で英国側がある種の錯覚に陥っていたとみられる点である．それというのも，代表団に対して，債権国との交渉を1946年末までに終了させることに反対するよう指示しているからである．しかしながら，この問題で米国側は，11月18日の提案では，ポンド残高問題の実質的な処理は協定の枠外とし，3つの区分による残高処理を求めるものの，それぞれの内訳，時期を含めた具体的な処理方法を曖昧なままにし，実際には，ポンド残高の処理を英国の自主的対応にゆだねる，との方針を見せていたのである．

　11月25日の午前，ケインズとハリファックスは，本国からの指示の"substance"——それは要旨とも実質ともつかぬ——をヴィンソン，クレイトンに手渡した．うっかりすると気づかずに見過ごしてしまいかねないが，英国代表団が米国側に本国政府の回答として渡した文書には，本国には無断で，いくつかの重要事項について独自の修正が施されていた．これが，ケインズらが，本国に送付した電文のなかで，本国の指示を米国に伝達した，と言わずに，本国からの指示の"substance"（実質，要旨）を伝えた，とすることの意味であったのであろうか．

　第1に，どういうわけか，金融援助総額40億ドルの数字が削除されていた．
　第2に，ポンド地域諸国との合意を修正（modify）すると変えていた．これは本国の指示に忠実ではない．本国は，この問題で，米国の要求に従い，ポンド地域の経常取引に関わるポンド収入を1946年末までに自由化すると約束するように指示していたからである（Bullen and Pelly 1986: 352-6, 356-61; CW 1979: 595-7, 633-6; Moggridge 1992: 811; Pressnell 1986: 310-1; Skidelsky 2001: 438-9）．

　この間，11月25日にクレイトンがインフルエンザにかかるという突発的な事態が生じた．だが，どうしたことか11月26日のヴィンソンとケインズの会談は，一転して今までなかったような友好的は雰囲気に終始した．ヴィンソンは相互信頼の重要性を説いたうえで，英国側が強く求める外貨準備の基準を免責条項から除外してもよいとの妥協案を提案してきた．さらに，武器貸与援助の清算のための5億ドルの資金供与を認めた．両国代表団はこれら2点について合意した．

　ケインズは，これを機に，更なる譲歩をひき出そうと試みた．彼は，そこで

第 10 章　英米金融交渉と金融協定の締結　　　439

11月27日，本国政府に，45億ドル（金利2％）の援助の見返りに，過渡期条項の英国への適用除外を受諾するように要請した．彼は，さらに，最後の機会を生かすため，交渉権限を代表団に付与するよう求めたのである（CW 1979: 599-600; Moggridge 1992: 812)．

　この間の11月18日協定草案をベースにした英米協議では，興味深い対立があった．それは，対米債務の第三国の債務に対する優先的取り扱い，繰り上げ返済，ウェーバー免除の条項案を巡る論争として展開された．米国側は，対英金融援助の目的を，自由主義的な通商システムの構築を目指したうえでの経常取引にともなう通貨の交換性実現，英国の過渡期困難の緩和とした．貿易に必要な国際通貨の交換性の制限を禁じ，その自由化を目指すのである．議会や世論に配慮して，援助法案の成立のためには，この目的にそぐわない資金の利用は許されないことを，明確に協定に規定しなければならない．また貸し倒れのような事態は回避すべきであり，返済の余裕が生じた場合には，できるだけ早く，繰り上げ返済されるべきである．さらに，米国の英国に対する資金援助が，寛大な条件で実施されたとの印象を議会や国民に与えてはならない．

　このため，米国代表団としては，第1に，目的にそぐわない資金利用を認めないことを明確に規定しなければならなかった．そこで，米国から借り入れた資金は，第三国への返済に充てることはできないとの規定の条項化が目論まれた．

　第2に，対英援助が必要以上に英国を優遇するものでないことを明確にする必要がある．そこで，英国は米国よりも厳しい条件で資金を借り入れてはならないとの規定が，最終的には盛り込まれる結果となった（協定第6条第2項）．

　第3に，米国代表団は，米国への返済を第三国への返済よりも優先するように強く主張した．非ドル債務の返済を早めることで米国への返済が遅れることのないよう十全な措置を講じようとした．さらに，利子の免除にあたっては，免除した分がポンド残高の処理や他の債務の返済に充てられることのないような措置も条項に盛り込もうとした．英国が主張するロンドン・ウェーバーによる返済猶予を拒否したのも発動の基準と発動メカニズムの曖昧さからだけではなかった．返済猶予規定を厳密化して規定すると，ポンド残高の処理の費用との関連がどうしても浮上してくるからであった．なぜなら対外準備不足を基準

に返済猶予規定の発動条件を検討してゆくと，どうしても並行的にポンド残高処理に充てる資金も削減せざるを得なくなり，この結果，ポンド残高の縮減に影響を及ぼす事態が予想されたのである．

(3) アトリー政権と交渉団との対立

こうしたなかで，本国と在米交渉団との更なる混乱は11月26日のドールトンからのバブーン303から始まった．大蔵大臣は，英国代表団が本国の指示をうけて米国代表団に手渡した文書 (NABOB 396) のパラグラフ3(1)に平静さを失った．そこでは，「米国案のパラグラフ6に記されているようにポンド地域合意を修正すること」と記されてあった．文中で言うパラグラフ6は，次のような規定であった．

> 「英国政府は可能な限り早期に，遅くとも1946年末までに，ポンド地域合意を終了すること．すなわち，合意を終了した後には，戦争によって累積した残高と同じ扱いとなる1948年12月31日以前に支出された戦費からの受け取りを除外したすべてのポンド地域諸国の経常取引によるポンド受け取りを，いかなる通貨地域においても，差別されることなく，経常取引のために自由に利用可能とすること．これにともない，所謂ドル-ポンド・プールによるいかなる差別も完全に除去され，ポンド地域の諸国は，経常的ドルとポンドの受け取りを，いかなる地域の経常取引のためにも自由に利用することができる」．

ドールトンは，この規定は，本国からの指示である，① 1945年11月24日付電文 (No. 11790) の3(c)項，② 11月21日付NABOB 372のパラグラフ6の規定に反する，と解釈したのである．本国政府は，①では，債権国との交渉完了の期限を1946年末とすることに反対である，②では，ポンド地域の交渉完了の期限は受け入れられない，と指示していた．

このうえでドールトンは，ポンド地域全域で，すべての経常的収入に関わるポンド取引を1946年末までに自由化することに反対であると，米国側に伝達するよう指示してきたのである．

「貴下が全ポンド地域のすべての経常収入を 1946 年末までに自由化することを約束しているのかどうかは不確かであるが，本国としては，かかる約束を法的形式に基づき，公式に約束すべきではないと望んでいる」．

　この新たな指示は，それまでのアトリー政権のポンド交換性問題についての基本方針と異なるものであった．すでにみたように，11 月 23 日の閣議で，代表団への指示として，ポンド地域での経常取引にともなうポンドの交換性回復を，1946 年末までには実施するとの方針案が決定されていたからである．

　ドールトンはかかる指示に留まらず，経常取引による得られたポンド債権と大戦中に累積したポンド債権とを，各々の債権国との全般的な交渉（general negotiations）の一部として扱わなければならない，とも指示してきたのである（Bullen and Pelly 1986: 341-4, 358-61, 371-2）．それは，経常取引にともない得られたポンドと戦時に累積したポンドとを切り離して取り扱うという，米国の基本方針，これを受け入れてきた代表団の立場に，真っ向から対立する交渉方針案の指示であった．

　ドールトンによるかかる指示は，英国代表団を狼狽させた．代表団は直ちにドールトンに対して強い調子の電文を送付する．11 月 27 日，午前 1 時 19 分発の NABOB 400 がワシントンから急送されてきた．そこで代表団は，次のように反論し，本国の指示に応じられないとの立場を伝達した．第 1 に，本国の完全な許可を得て米国に提案してきたもの，すなわち，ポンド地域の経常取引のポンド受け取りを 1946 年末までに自由化すること，を取り下げることは不可能であると考えている．第 2 に，もちろん，このことは，累積されたポンド残高の処理を 1946 年末に完了することとは全く別問題である．この問題で代表団は，常々それに反対であるとの本国の立場を米国側に伝達してきている．

　代表団は，さらに，ドールトンに対して，交渉の経緯に注意を促し，ケインズが出発する前の合同会議でも，経常取引によって得られたポンドの自由化は合意していたことであり，代表団はその後も，この基本方針で対応してきたと強調した．このうえで，かかる事実に反するドールトンの指示は，米国側代表団に対する不信感を生じさせるばかりか，交渉の決裂につながりかねない怖れがあるとの重大な懸念を表明した．そうして，代表団は，全員一致で，1946

年末までの経常取引の自由化を拒否するよう指示してきた本国の交渉方針に反対したのである (Bullen and Pelly 1986: 372-375).

こうした本国と代表団とのやり取りをきっかけに,双方で「サボタージュ」とか「破滅」とか「裏切り」だとかの言葉が飛び交う深刻な事態となった.なるほど,これまで本国政府と代表団との間で意思の疎通を欠くことが頻繁に起きた.ロビンズ教授が口頭での説明のため2週間帰国するようなこともあった.金融交渉のなかで,ロンドンの人びとに交渉内容を完全に伝えることが困難であることがわかった.「ロンドンとワシントンでは語られている言葉が違ったことを意味しているように見えた」(ハロッド 1967: 671).だが,今回は意思疎通の問題では済まされなかった.

代表団内部でのアトリー政権に対する不信感はつのり,代表団と本国との関係は険悪となった.ケインズと本国との関係も最悪となった.ハリファックスはブリッジスとの次のような会話を記している.

> 「ロンドンは米国に辟易している.ケインズに対しても甚だしく辟易している.ケインズの言うようにロンドンでは米国よりもケインズと交渉していると感じている」(Moggridge 1992: 813).

通商交渉にあたっていたロビンズは,ブリッジスへの電信で,英米交渉は頓挫しかねないと懸念を強め,ケインズが辞任するのであれば彼も同調するとの強い決意を伝えていた (Bullen & Pelly 1986: 375; Pressnell 1986: 313).

長期におよぶ金融交渉で両国の代表団は,経常取引によって生じたポンドの交換性の回復で実質的に合意していた.また,ポンド残高の処理では,債権国との交渉の期限を限定せずに,事実上,ポンドの残高問題を先送りしていた.労働党内閣は,ケインズが米国からの融資の付随条件として,経常取引にともなう交換性の回復を約束したことを知らないはずはなかった.ロンドンがこのような動きにでた背景になにがあったのか.ロンドンは,援助総額が50億ドルを下回ることになり,したがって,これの見返りに提供するものは,これまでのもの以下でなければならない,と考え始めたのであろうか.ドールトンは,イーディーらとともに,英国が経常取引に用いられるポンドの交換性回復を実

行せざるをえないことに怯えて累積ポンド残高処理の話を持ち出し,交渉を混乱させようとしたのであろうか（Skidelsky 2001: 439 note 174, 440-1）．

この問題でバレンらが補足資料として指摘する興味深い資料がある．それによると,イングランド銀行のトンプソン=マッコーズランドによって準備されたポンド残高問題に関する11月25日付文書に添付された12月1日付の覚書で,イーディーは,次のような見解を述べていたのである．

> 「われわれは内閣と英国代表団との論争に驚きはしない．われわれは,ポンド地域との交渉では,古い残高と新しい残高とを,同時に扱わなければならないと主張してきた．また,ポンド自由化の実施期限の問題は,それをいかに曖昧なものにごまかすかの問題であった」（Bullen and Pelly 1986: 375）．

ここでイーディーは,経常取引にともなうポンド受け取りの期限を限っての自由化に反対であることに加えて,戦後の経常取引によるポンドと戦時に累積したポンドを,同時に扱わなければならないと主張しているのである．ここでのイーディーの指摘を,経常取引によるポンド債権と戦時に累積したポンド債権とを区別して,前者の交換性のみを回復しうるのか,の問題として考えてみると,どうであろうか．ケインズや米国代表団は,両者の区別を簡単に考え,別途の処理が可能との前提に立っているかのようである．だが,通貨・為替取引に精通し,日常的に取引を管理している通貨当局者からすれば,両者の区別と別々の処理は,そう簡単ではないはずである．ポンド残高の相当部分は民間が保有している．これを容易には統制できない．ポンド債権保有者が,戦時のポンド債権を経常取引で得たポンドに見せかけて,交換性可能ポンドに仕立てることは不可能なことではない．凍結され交換性を制限されている戦時残高が経常取引で得られたポンドに偽装され,大量に外国為替市場に持ち込まれる．交換性回復措置の実施とともにこれらは速やかにドルに転換され,英国のドル準備はあっという間に底をつく．まさに1947年の夏に起こったことである．ドールトンやイーディーは,かかる事態を見通して,戦後に経常取引によって得られたポンドと戦時ポンド残高との一体的扱いを主張したのであろうか

(Pressnell 1986: 316).

(4) 英国の11月29日再提案と英交渉団の反発

こうした混乱した状況のもとで，英国では11月29日に閣議が開催された．この会議では，シンウェル（燃料・動力相），ウィルキンソン（教育相），ビーヴァン（保健相），ペシック＝ローレンス（インド相）とベヴィンが，ドールトンに同調して，米国草案の受け入れを求める代表団を批判した．激しいやりとりの後，閣議で合意された協定草案は，午前4時40分，ワシントンに送付された．そこでの指示には，いくつか注目すべき点があった．

第1に，ケインズのさきの提案を入れて信用総額が45億ドルに増大されていた．11月23日草案では総額40億ドルを限度とするとしていたのである．これはこの新たな方針案が，以下に触れるような事項で米国に譲歩する見返りに，援助総額を増大させることで，閣内の妥協を拒む勢力の宥和をはかった措置であるとも考えられる．

第2に，この段に至っても，ポンド地域の経常取引にともなう交換性の回復とその実施時期について米国に明確な形で約束することを回避しようとしていた．これは「6 ポンド地域の為替合意」の条文の記述からうかがうことができた．この条項の第1項は，次のような文章になっていた．

> 「(I) The Government of the United Kingdom will _proceed_ not later than the end of 1946 to make arrangements under which the sterling receipts from current transactions of all sterling area countries（省略）will be freely available for current transactions in any currency area without discrimination.」(Bullen and Pelly 1986: 396)
> 「英国政府は，1946年末までに，すべてのポンド地域諸国の経常取引からのポンド受け取りを，いかなる地域でも差別されることなく経常取引のために自由に利用できるように合意を得るよう<u>着手する</u>」（下線：筆者）．

これは，新たな合意に向けて「着手する」ことを約束しているだけであって，差別主義の1946年末までの撤廃を約束するものではなかった．このことは，

11月18日付米国提案と比較すれば明らかであった．米国提案では次のような記述となっていた．

> 「6 Sterling Area Exchange Arrangements
> The Governmnt of the United Kingdom will *complete* arrangements as early as practicable and in any case not later than the end of 1946 under which, immediately after the completion of such arrangements the sterling receipts from current transactions of all sterling area countries ［省略］ will be freely available for current transactions in any currency area without discrimination...」(Bullen and Pelly 1986: 343)

ここではポンド地域諸国との間で「合意が終了 *complete* arrengements」となっていることが分かるであろう．この合意とはいうまでもなく経常取引にともなうポンド受け取り代金の自由化，交換性回復のことである．あくまで経常取引の自由化を回避しようとする英国政府は，complete を proceed にかえて，その場を凌ごうと試みたのではなかろうか[9]（下線：筆者）．

第3に，経常取引のともなうポンドの交換性回復と戦時に累積したポンド残高との一体的処理を放棄したことである．「6 ポンド地域為替合意」の(I)で，ポンド地域において経常取引によって得られたポンドの受け取りの交換性の回復について約束する一方で，(II)で，(I)と切り離して，ポンド残高の処理策について規定していることがこれである．

第4に，米国案の「7 その他為替合意」への対応策が盛り込まれた．米国は，かねてから，英国と非ポンド地域との間で締結されていた双務協定での差別主義を問題にし，非ポンド地域の間の経常取引で得られたポンドの交換性回復を強く迫っていた．「7 その他為替合意」がそれであった．この問題への英国政府の取り組みが注目されるなかで，11月29日付再提案では，米国案の当該条

---

9) 本国が proceed と complete とを使い分けていたことは，11月29日文書の6-III が次のような文章となっていたことからも明白である．「... when the arrangements contemplated above are *completed* any discriminations arising from the so-called dollar sterling pool will be entirely removed and ...」(Bullen and Pelly 1986: 397)．

項への対応として「7 米国と英国との間の為替合意」がもうけられていた。そこでは，表題が示すように，米国との間での経常取引にともなうポンドの交換性回復が約束されていた。だが，米国を除く非ポンド地域でのポンドの交換性制限措置の除去は，不問にされていたのである。これでは米国側は満足するはずがなかった。

ワシントンの代表団は，あらたな本国の指示に，困惑を深め，不信を募らせる。代表団は，急遽会議を開き対応を協議した。そうして，11月30日午前3時17分，NABOB 419 を本国に送付した。電文のなかで代表団は，一致して，本国からの指示は悲惨な結果をもたらすと評価し，その撤回を求めていた。だが，アトリーとドールトンは，代表団に対する指示の撤回を拒んだ。そうして，彼らは，あらためて，ハリファックスに対して，本国の指示どおり速やかに交渉にあたるようにと，素っ気ない短い電文を送付してきたのである (CW 1979: 600-4; Bullen and Pelly 1986: 405-11; Pressnell 1986: 313-4, 316-7; Skidelsky 2001: 439-40)。

英国代表団は追い込まれていた。大蔵省のハーマーは次のように記録している。

「M（筆者注：メイナード）は極端に神経質になっており，肉体的な限界にあった。リディア夫人は涙にくれ，われわれ皆は心理的または精神的に極めて好ましくない極度の消耗状態に陥った。本国と代表団との間で電報が交錯し，M はいっそう悲観的になり，一度ならず辞任を口にした。ロンドンはいっそう不愛想になり，全く情報提供を抑えるようになった」(CW 1979: 598; Moggridge 1992: 812)。

ケインズの焦り，精神的な緊張を高進させた原因に，時間の問題があった。12月末までに協定を通過させ，ブレトンウッズの決議を批准させるためには，この交渉を成功させて早くイギリス議会に提案することが必要であったのだ。実際，協定を年内に批准するためには，クリスマス休暇を考慮に入れると，12月12日までに議会の審議を開始しなければならない。このためには交渉を12月の4，5日までに終わらせる必要があった。

第10章 英米金融交渉と金融協定の締結

(5) ブリッジスの派遣と12月2日英米合同会議

①ブリッジスの到着

代表団の反乱に直面したドールトンは，内閣の指示を実行に移すためにブリッジスをワシントンに急派した．

ブリッジスの派遣を提言したとされる当のロビンズは，これについて日記に「ケインズの顔面を殴打する行為で，……ケインズは辞めるかもしれない」と記していた（Howson and Moggridge 1990: 241）．

本国の対応に反発した代表団は，慇懃に，ブリッジスが到着し彼との協議が終了するまで，本国の指示は米国側に提示するのを控えたいと応じ，事実上，本国の指示に抵抗した．

ブリッジスは12月1日にワシントンに到着し，直ちに代表団と協議に入った．彼はそこで，心臓の病におかされ疲労困憊のケインズの背後に，ハリファックスらの代表団が一致結束しているのを見出した．

翌12月2日は日曜日ではあったが，ヴィンソンの執務室で合同金融委員会の会談が開催された．米国側から再度協定草案の修正案が提出された．一方，英国側は，ブリッジスが本国から持ち帰った修正提案を提示した．

米国側の提案には金融援助額について初めて具体的な数字が明記されていた．それは，①37.5億ドルの新規融資，②武器貸与清算のための6.5億ドルの援助となっていた．総額44億ドルにのぼる資金の援助である．なお②の内訳は，(a)対日戦の勝利以後に供給した米国の武器援助額と英国の逆武器貸与援助の差額を決済するための1.18億ドルの援助，(b)その他武器貸与援助，および相互援助品目，米国余剰資産処分，ならびに米国の在英施設の所有権を決済するための5.32億ドルの援助となっていた（Bullen and Pelly 1986: 411-2, 414-9, 422-3; CW 1979: 636-40; USDS 1969: 173-7; Pressnell 1986: 300; Skidelsky 2001: 441）．

この日，英米両国代表は終日，精力的に討議した．ヴィンソンは，会議が進行するとともに，英国側で何が起こっているのかを悟った．ブリッジス派遣が何を意味するのか．アトリー政権と代表団との間に内訌が生じていることを．そうして，交渉におけるケインズのふるまいを賞賛した．

一方で，英国代表団は，本国政府が受け入れ易いように米国草案の修正を試

みた．だが，英国代表団の試みは成功しなかった．米国側は，元本の支払いや利子の猶予に関わる英国側の修正案を拒否したのであった（Skidelsky 2001: 442; Moggridge 1992: 813）．

とはいえ米国が全く譲歩を拒んだわけではない．彼らは，12月2日協定案でひとつの重要な譲歩を提示した．それはポンド地域，およびその他地域での経常所得の交換性を自由にする時期についてであった．ケインズ自身はすでに1946年末と約束していたのであったが，労働党内閣はこれを認めなかった．かかるなかで米国代表団は，11月18日の米国協定草案に記された1946年末ではなく，金融協定批准の1年後とする妥協案を提示してきた．ただし，こうした譲歩の一方で，米国側は，英米間の経常取引にともなう通貨の交換性の自由化を，11月18日草案の1946年12月末から協定発効後とすることとし，自国に有利な規定の修正を行っていたことには注意すべきである．さらに量的輸入制限措置の撤廃についても，その期限を1946年末とする11月18日提案の規定を修正しなかった．

②最終局面での攻防：12月2日の英米交渉

最終局面での英米の攻防は，複雑で，これを記述するのは煩瑣で容易ではない．双方の対立点と米国側の対処策を理解するには，12月3日，バーンズ国務長官が駐英大使のウィナントに送付した文書が手っ取り早い資料であろう．これをもとに，主要な対立点と米国の対応をみることにしよう．

【英米で合意したおもな修正事項】

第6条「ポンド地域合意」：

ポンド地域の経常取引にともなうポンドの交換可能性実施時期の「おそくとも1946年末までに」を「発効後1年以内」に変更する．

第7条「その他為替合意」第1項：

「本協定の日から after the date of this Agreement」を「協定発効日から after effective date of this Agreement」に変更する．

第7条第3項：

本条項の履行義務は，各自の植民地，海外領土，保護下にある地域，宗主権のある地域，委任統治圏を行使する地域に及ぶとした規定の全文を削除．

第 8 条「輸入合意」：
「本協定の発効後少なくとも 1 年以内」を「できるだけ早く，少なくとも 1946 年 12 月 31 日までに」と修正．英提案に基づき以前の文に替えた．

第 9 条「累積ポンド残高」：
(a) 第 1 項　若干の変更．[第 1 項は，基本的には，英国文書（11 月 7 日付「ポンド地域合意」を用いている．）]

(b) 完全に別の文書に変更．もとの文章は，11 月 28 日の第 11 回米国金融委員会での国務省によって提出された文書に基づく規定案であった．そこでは，限定抜きで，累積されたポンド残高は協定発効後 1 年以内に，無差別に，経常取引に用いられることになっていた．これが解放された，および経常取引に用いられるポンドに限定されると再修正された．

【米国側が拒否した事項】
米国代表団は英国から出された以下の修正提案を拒否した．
元本の返済延期条項案の堅持．
利子免除に関わるウェーバーの発動基準を，過去 5 年平均ではなく 1 年とする提案．
第 5 条を以下の簡潔な文に差し替える．「すべての他の債務間で平等な取り扱いの原則に配慮する」
第 6 条，第 7 条第 2 項，第 9 条第 2 項に記されている「発効 effective」の語を削除する．

この文書のなかでバーンズは，会議の席上，英国側は 45 億ドルを改めて要求してきた，しかしながら，米国側は，新規借款 37.5 万ドル，これと別枠の武器貸与援助処理分 6.5 億ドルを提案した．英国側は，この数字にとても満足している，と伝えていた．総額については財務省と国務省との対立が続いていたが，トルーマン大統領の妥協提案で 40 億ドルと 35 億ドルの間を米国の最終提案とすることが決まったのであった．

米国による援助総額は，総額で 44 億ドルとなり，英国の求めた数字に 1 億ドル足りなかった．5 年の猶予期間，金利 2％，返済期間 50 年で，金利は実際には 1.6％，毎年の元利返済額は，1.4 億ドルと見込まれた．

元本の支払延期規定や金融協定の債務と非ドル債務の返済を関連づけている

問題で英国側は，改めてロンドン・ウェーバーの採用と，対米債務の優先的取り扱い，非ドル債務返済への米国からの援助資金の流用を禁止する規定，の撤廃を迫った．米国は，これらの問題でも妥協の姿勢を見せなかった．

たとえば，ウェーバー条項について英国代表団は1年を発動の基準とするように求めた．5年の平均をとる方式であると，実際に数値が得られるのは1951年になってしまう．これでは過渡期が終わってしまうのではないか，景況不振が続いた後，景気好転したときに発動するという皮肉な事態になりかねない．だが，米国側は5年平均に最後まで固執し，英国側の修正要求を拒否した．

米国側は，また，ポンドの交換性の実現と輸入規制措置の撤廃の問題でも，できる限り実施時期を先送りしようとする英国の抵抗に対して，部分的に譲歩する姿勢を見せつつも，早期の自由化を追求する立場を変えようとはしなかった（USDS 1969: 185-8; Pressnell 1986: 320-1）．

(6) 英国の屈服：アトリー政権の降伏

ブリッジスは，アトリー政権の意を受けて派遣されてきた．だが，彼はワシントンの雰囲気を嗅ぎ分け，その立場を全面的に転換した．そうして，本国に対して慇懃に代表団への指示を撤回するように求めた．彼は本国から新しいBABOONがとどいたことを知らされたときに，それを送り返すようにと述べた．バローの観察によれば，ブリッジスは完全に転向した．アトリー政権は追いつめられた（Skidelsky 2001: 442-3）[10]．

このような状況に直面したアトリー首相は，自ら最後の譲歩をかちとろうと懸命な外交工作を試み，英国の過渡期の権利を執拗に主張し始めた．駐英大使ウィナントから12月3日に国務省宛に送付してきた電文には，アトリーの切羽詰まった動きが報告されていた．ウィナントによれば，朝，アトリーから面会の申し入れがあった．ウィナントが官邸に赴くと，首相は金融協定と通商協定について協議したいとの意向を表明した．首相がとくに問題にしたのはブレ

---

10) ロビンズは12月2日の日記に次のように記されている．解釈不能な表現も見いだされるが，いくつかの語句は，当日の様子を的確に記している．「過酷な1日．カナダからの電話？．朝の会議．まさに予想通りの辱め．米国案の検討．グラント〔訳注＝大蔵省高官〕の怒り爆発．4時間の攻防．流儀の変更．電話．われわれは運命を待つ」（Howson and Moggridge 1990: 241）．

トンウッズ協定の過渡期条項の問題であった．彼は，英米金融協定案に，過渡期条項の英国への適用が除外されることになっていることにあくまで反対である，というのであった．アトリーは，かかる措置が講じられなければ，議会はブレトンウッズ協定を批准しないであろうとも明言した．

また，労働党政権は，英米金融協定を締結することによって，法的拘束を受け，元利の支払期間の猶予（5年）とその後の返済期間（50年）を合計した55年の長期にわたりブレトンウッズ協定の規定によって保証された行動の自由，例えば脱退することの権利，が侵害されるという新しい論点を提起したのである．

ウィナントはこうしたアトリーの申し出をうけて困惑した．彼は，協定の最終合意案のコピーを持ってはいないし，その内容を知りえなかったからである．それでもウィナントは，やむなく英国議会がブレトンウッズ協定を批准しないのであれば，米国議会は英米金融協定を承認しないとの意見を表明した．このうえで大使は，アトリーに，米国の提案のうちで英国政府が同意できない点を書面で示すように求めた．しばらくしてアトリーは，文書をウィナントに提出してきた．そこでは，金融協定がブレトンウッズ協定と対立する3つの問題点を指摘していた．それらは，①ブレトンウッズ協定が規定している5年間の過渡期を奪われる，②稀少通貨条項の恩恵を奪われる，③金融協定によって向こう50年間，ブレトンウッズ協定が規定している権利・義務を剥奪されてしまう，というものであった（USDS 1969: 188-9）．

こうしたなかで英国代表団は，余儀なく，12月4日の英米合同金融委員会で，本国の指示にしたがい，ブレトンウッズ協定の過渡期条項の適用除外措置の撤回はあくまで譲れないと主張したのである（USDS 1969: 190-3）．しかしながら，英国代表団の情勢分析では，これ以上英国が頑強に妥協を拒めば，交渉が決裂することは目に見えていた．英国代表団はウィラードホテルに集まり，アトリー首相からトルーマン大統領に宛てた書簡を待った．

12月5日午前1時56分にワシントンに送付されたアトリーの電文は，過渡期の保護について，あらためて要求していた．アトリーは，この段におよんでも，過渡期問題で新たな提案を行うという動きを見せたのである．それは，①英国が自発的に1948年12月31日まで国際通貨基金協定第14条の過渡期規定

の適用を放棄する．そうして，その時点で，国際貿易会議の結果とポンド残高の処理の進捗状況とをかんがみて，また，米国の輸出が依存している欧州の経済状況について問題を評価する．②①が受け入れられないのであれば，協定発効後1年以内に，米国と英国は過渡期措置を，全般的，あるいは例外的な事例として，継続すべきかどうかを決めるため協議する（Bullen and Pelly 1986: 424-30；ハロッド 1967: 663；Moggridge 1992: 813-4）．

ハリファックスは，アトリー首相からの指示を伝達するためトルーマン大統領に電話をかけた．だが，大統領は就寝したあとであった．そこで，ブリッジスは，ヴィンソンを探して，彼にロンドンからの指示を伝達しようとした．財務長官はどこにいるのか．各所に電話をかけた結果，彼が実にウィラードホテルのナイトクラブにいることがわかった．間もなく，飲酒で顔を赤らめたヴィンソンがブランドの部屋を訪れた．ブランドによって伝えられたアトリーの提案を，ヴィンソンは一蹴した．

東部時間の12月5日，5時41分．ブリッジスからのNABOB 463が本国に送付された．米国側の譲歩を得ることは困難で，受託せざるを得ないという内容であった．10時，本国政府は降伏した．

ハリファックスはチャーチルとイーデンに次のような電文をおくった．

「われわれは英国の要求を実現するように全力を尽くしたが，申し訳ないことに，交渉に失敗した」（Bullen and Pelly 1986: 430, 432-7; Van Dormael 1978: 275）．

ドールトン蔵相は12月5日付でケインズに次のような書信を送った．

「親愛なるメイナード様
　　拝啓
　この長い厳しい闘いを――大きな困難に立ち向かって――やり遂げられたことに衷心から感謝します．神経的にも肉体的にもぎりぎりの極限まで懸命に努力されたことを，私は存じております．そうしてあなたは一度ならず交渉の頓挫を覚悟したのですが，結局はわが国にドルをもたらしたの

です．そのドルなしには英国の先行きは真っ暗になったでしょう．あなたに深く感謝します．わが同僚も同様です．この協定の詳細のいくつかに満足しないものでも，あなたの手腕と才略と忍耐とには賞賛を惜しまないでしょう．お帰りになってご休息ください．あなたに再会し，握手することをこころから待ち望んでおります． 敬具

H. ドールトン」(CW 1979: 604)

　両国政府は 12 月 6 日午前 10 時 30 分に署名調印した．3 カ月にわたる精力的な，しかし，時に苦難に満ちた交渉は終わった．「交渉の 2，3 週間は，関係者全員にとって悪夢のようであった」．交渉締結の期限が刻刻と近づいたのである．英国は，12 月 31 日までに，ブレトンウッズ協定を批准しなければならなかった．議会がブレトンウッズ協定と英米金融協定協定について審議を行うのに，数週間はみておかなければならなかった．米国側も厳しい日程に追われていた．クレイトン，ヴィンソンも，連邦議会が休会に入る 12 月中旬までに，金融協定を批准しなければならなかったからである．12 月の第 1 週に交渉はついに時間切れに追い込まれたのである．「最後の 2，3 日間，交渉はサスペンスとドラマに満ちた雰囲気の中で行われた」(ガードナー 1973: 376)．

　ケインズは疲れ果てていた．だが，十分な休息を取ることはできなかった．この日，ケインズは，多忙な 1 日を送らざるを得なかったからであった．記者会見，カクテル・パーティー，そうしてケインズによる全代表団を迎えての夕食会がスタットラーホテルで開催された．12 月 7 日，ケインズは大統領を訪問した．その後ニューヨークに向かい，金融界の要人らと会った．12 月 11 日，ケインズ夫妻は，クイーン・エリザベス号でカナダを発ち，帰国の途についた(Skidelsky 2001: 444)．

　9 月 11 日に始まった交渉は長引き，妥結したのは 12 月 5 日であった．大戦直後の大動乱期の，慌ただしく，切羽詰まった時期に，金融交渉は続けられ，合意におよそ 4 カ月を要したのである．なぜこのような交渉となったのか．
　まず留意しなければならないのは，この交渉が 1942 年に締結された相互援助協定第 7 条の履行に関わる通商交渉，武器貸与援助の清算などの交渉と一括

して進められた点である．多くの交渉に関わる分科会が組織され，それぞれの連携と調整とが必要であったこと，とりわけ，英連邦特恵関税制度の解体を戦略的に重視する米国は，通商交渉の進捗状況を重視し，これと関連させながら金融交渉を進めようとしたことが重要であった．金融交渉の行方は，ひとつには通商交渉で英国が，英連邦特恵関税制度の問題で，どれだけ妥協するかにかかっていたのである．この通商交渉には，有能なロビンズとリーシングとが交渉に当たったが，当初は，難航が予想されたのである．

　金融交渉はどのような経過をたどったのか，振り返ってみよう．当初，ケインズは「公正」路線に期待を込め，待ちの姿勢で交渉に臨んだ．ケインズは，交渉戦術として，英国の窮状を説明し，米国の同情を買い，寛大な援助を引き出す作戦をとった．米国が交渉で主導性を発揮するものと期待したのである．しかし，米国側はケインズの交渉戦術に乗らず，この作戦は裏目にでた．しびれを切らしたケインズが「公正」からの融資条件を提示したのが9月20日のことであった．問題であったのは，ケインズが本国で「公正」への過大な期待を振りまき，「公正」が実現できると，アトリー政権を「魔法」（ロビンズ）にかけてしまったことであった．

　ケインズの「公正」路線が米国の拒否にあって頓挫するのが9月26日である．だが，本国は依然として「公正」に拘泥し，有利子借款に反対する．英政権は，事態の推移を把握できず，基本方針すら打ち出すことができない．

　交渉がもたつくなかで，米国はようやく重い腰をあげる．10月11日，米国の代表団は，有利子借款を原則とする基本方針案の検討を行うのである．もっとも，米国が金融交渉の進展に向け一歩踏み出したのは，この間，米国が注視してきた通商交渉での進展を確認してのことであった．通商交渉では，国際貿易機関の設立で英米は合意し，「国際貿易機関の設立に関する提案」のなかに英連邦特恵関税制度を廃止すると解釈しうる一項が盛り込まれることになったのであった．かかるなか米国代表団は，10月18日，35億ドルの有利子借款案を提示する．具体的な金額とともに援助が有利子とならざるを得ないとの原則的立場を米国代表団が打ち出すまでに，1カ月が経過していた．

　ケインズは，これを受けて，「詩」から「散文」への転換を図らなければならないと自らようやく事態を深刻に受け止める．そうして，本国に対して，最

第10章　英米金融交渉と金融協定の締結　　　　　455

終的に「公正」路線からの撤退を求める．これを受けたアトリー政権は，ようやく，具体的な対抗提案（A案，B案）を策定する．だが，代表団がこれに難色を示し，援助額や援助の条件を巡って，本国と代表団との間で，軋みが生じる．この後，米国側は，修正された英国案を拒否，交渉は再び行き詰まる．これをきっかけに代表団のなかでのケインズと他の団員との内訌，代表団と本国との亀裂が深刻化するのである．

　こう着状態が続くなかで，原則的な立場の提示に留まっていた米国代表団は，ようやく協定草案の作成に取りかかる．金融援助の条件を明確に規定する作業に着手，経常取引に関わるポンドの交換性の実現，ウェーバー条項，返済猶予規定，他の債務との関連，輸入制限措置の撤廃，そして累積ポンド残高の清算等に関する条項案の策定を試みる．最初の協定草案は，11月14日前後には作成され，11月15日に一旦英国側に提示される．しかし，この草案に対して，英国側が強く反発する．このため，米代表団は，あらためて11月18日付修正協定草案を英国代表団に提示し，検討を求めることになる．米国側が協定草案の起草に着手するのに実に2カ月を要したのである．

　米提案をうけて英内閣での政策協議が11月23日，24日と続けられる．11月25日，ポンドの自由化に反対する対抗提案が本国から代表団に送付されるや，これに反発する代表団と本国との間で深刻な対立が生じる．本国は，11月29日，改めて英国提案を示し，交渉に臨むよう指示するが，代表団の拒否にあう．本国はやむを得ず事態打開のため大蔵省高官ブリッジスを米国に急派する．

　交渉妥結の期限が差し迫るなか，ブリッジスの到着をうけて，英米両国代表団は，12月2日，米国が提示した11月30日付修正協定草案をもとに，改めて協議にはいる．驚くべきことであったが，米国政府は，この段階で初めて，具体的な援助総額を決定し，これが協定草案に盛り込まれる．最終期限がさし迫るなかで，ワシントンでは，米国代表団と英国代表団がブリッジスともども「団結」し，協定の締結を強く求める．アトリー政権は追いつめられ，12月5日に英米金融協定は締結される．英米金融協定の交渉過程はおおよそこのようなものであった．

　以上の交渉過程を踏まえ，冒頭で触れたいくつかの問題に触れておこう．

まず岩本の研究に関わる批判点である．岩本は英米金融交渉の主題としてポンド残高処理を挙げ，実際の交渉においてそれが中心的な課題であったかのような印象を与えている．そうであろうか．ポンド残高の処理に焦点を当てて交渉経過を振り返ると，当初ケインズは，ポンド残高処理を資金援助の目的に含め，その処理に必要な資金を援助総額に含めていた．だが，米国代表団は，9月26日という金融交渉の比較的早い段階で，累積ポンド残高の処理を棚上げし，その処理を事実上協定の枠外として，その清算を英国にゆだねる方針を示唆していた（Bellen and Pelly 1986: 153-4）．
　さらに10月に入ると，米国資金を用いて累積ポンドの救済策を講じるというホワイト構想に対して，英国やヴィンソンも反対し，累積ポンド残高の清算を，事実上，協定の枠外とすることがあらためて確認された（Pressnell 1986: 288-92; Skideksky 2001: 424-5）．そうして，11月中旬に英米金融協定草案が起草されると，11月18日協定草案に明らかなように，対英援助の目的から累積ポンドの処理が除外され，さらに第三国の債務処理に資金を用いてはならないことも規定され，累積ポンドの清算は，英国とその債権国間の間で処理されるべき案件とされたのである．英米金融協定の「第2条　本借款の目的」では，次のように記されている．

　　「本借款の目的は，英国が米国から財・サービスを購入するのを促進し，英国が戦後過渡期の経常収支赤字を埋め合わせるのを助け，英国が適正な金・ドル準備を維持するのを助け，本協定や他の協定が定めた多角的貿易の義務を履行するように支援することである」．

この目的から以下も明らかである．すなわち，金融協定が多様な目的を掲げつつも，その基本目的が，多角的貿易の実現，すなわち貿易の自由化に置かれていることが分かる．ガードナーは，岩本のように，ポンド残高処理を主題として英米金融交渉を理解してはいない．同協定が目的としたのは貿易多角化であるとする彼は，その義務は次の4つの分野にわたっていると指摘する．すなわち，ポンド地域の経常取引，米国の経常取引，第三国の経常取引，それに累積されたポンド残高，である（ガードナー 1973: 387）．なるほど，ガードナーは，

累積ポンド残高の処理を，貿易多角化義務を履行する手だてのひとつにあげている．だが，すでにみたように，協定は英国にその義務を果たすように一般的に求めているだけで，その具体的処理まで定めているわけではない．

米国の代表もケインズも，平和的で協調的な世界経済を再構築するにあたって，財・サービス貿易の自由化が必須の課題であり，そのためには経常取引にかかわる自由，無差別な国際通貨体制を実現することが不可欠の課題であると考えていたのである．彼らは，戦後世界経済の再建にあたって，貿易を中心とする世界経済をイメージし，今日のような発達した通貨，資本取引を想定していなかった．ケインズの場合は，通貨，資本取引の世界経済への影響を過小に評価し，かかる経済にあって，資本移動の制御が必要で，それは可能であると考えていた．

英米金融交渉を英国側に焦点を当てて評価すると，英国側の，交渉過程での対応の拙さが目立った．本国では，もともと，大蔵省内とイングランド銀行にはケインズの過渡期の通貨・金融戦略と対米交渉方針に対する強い反対論があった．しかし，成立したばかりのアトリー政権は，全面的にケインズに交渉の行方を託し，彼からは，寛大な金融協力が米国から得られるものとの楽観的な期待を植え付けられていた．交渉が難航し，同政権は，まもなくケインズの当初方針が誤りであったことに気づく．だが，すでに，かなりの時間が経過していた．ワシントンとロンドンは遠くはなれており，代表団と本国との意思疎通は滞り，相互不信とともに誤解が増幅されていった．そうして，ケインズに対する失望は抜き差しならないものになった．ケインズとともに戦時中の通貨，金融交渉に関わっていロビンズは，ケインズは交渉で英国に有利な援助が期待できると本国を「魔法」にかけていた，「魔法」をかけられ恍惚となっている本国の幻想を解くのはケインズしかいない．だが，早くからケインズの通貨外交の交渉能力を疑っていたロビンズは，それが容易ではないと見通していた．この点は，ハロッドも次のように指摘している．本国の当事者たちは，土壇場まで有利子借款とならざるを得ないことに納得しなかった．ケインズのはじめの楽観が彼らの心に危険な錯覚を植えつけたのである（Howson and Moggridge 1990: 224; Pressnell 1986: 319; ハロッド 1967: 663）．

米国代表団は，当初，交渉のイニシアチブをとらなかった．援助国としては，

まずは，非援助国側がどのような条件で，どの程度の援助額を希望するのか，聴取したいとの考えがあったのだろうか．もちろん，これだけではないであろう．米国側は，相互援助協定第 7 条を英国側にどう履行させるのかを課題に交渉に臨んでいた．交渉は多分野に及び，なかでも通商分野での交渉の進捗状況を見定めながら，金融交渉を進めていたのである．結局，その米国代表団が，対英援助の基本方針の検討を行うのは，通商交渉での原則的合意をうけた 10 月 11 日のことである．そうして，ようやく 10 月 18 日に有利子借款という原則的立場を打ち出すのである．だが，米国側は英国側からの具体的な提案を待つという姿勢は変えなかった．米国側も，交渉の基本目標と協定文に盛り込む条項の起草に，手間取ったことは否めない．英国代表団との交渉にあたったのは，財務省と国務省をそれぞれ代表したヴィンソンとクレイトンの 2 人である．新任の両者の間では，大戦直後の多忙な課題に忙殺されるなかで，当初，借款供与の目的，具体的条件について明確な合意がなかった．

　交渉が遅々として進まないなか，英国側では，本国と代表団との軋み，代表国の内訌も表面化し始める．米国側は，こうした状況をうけ，11 月中旬になってようやく膠着状況を打開する必要に迫られる．そうして，一連の交渉では最初となる，協定草案の起草に着手する．米国側は，これを 11 月 18 日付草案として英国側に正式に提示する．10 月の原則的立場の表明からふたたびひと月が経過していた．交渉が難航し，思わぬ遅延をみた背景には，このような米国側の消極的・受動的な外交姿勢があった．そうして，長期に及んだ交渉の最終局面では，英本国と代表団との対立は深刻化し，タイム・リミットを目前にして協定締結の行方が危ぶまれたのであった．

第11章
英米における金融協定の批准

「英語という共通の言語という利点があっても，諸国が相互に理解しあうことはどんなに困難なことか．ワシントンとロンドンでは，如何に物事が違って現れるものか．そうして，いとも容易く，相互の困難と，それらを解決する方法の背後にある真の目的について，誤解しあうものか」（ケインズ 1945 年 12 月 18 日上院での演説から，CW 1979: 606）

ここでは，あらためて英米金融協定の骨格とポンドの自由化問題でどのような合意が得られたのかをあらためて確認し，この後，英米の議会での批准論争を概観しよう．

1. 英米金融協定の骨格

英米金融協定の骨格を確認する前に，英米金融交渉と並行して進められた武器貸与援助の清算問題でどのような合意が得られたのかをみておこう．

相互援助協定に基づく戦時の軍需品の援助に関わる債務処理では，多角的貿易体制の構築に向けた合意形成をはかり金融協定の締結交渉を成功させるうえから，米国は極めて寛大な処理方式を提案し，英国がこれを受け入れた．膨大な戦時債務を抱えていた英国にとって，この処理策は満足のいくものであった．ガードナーも「前例のない寛大なものであった．またこの条件は，議会や一般国民が期待していたものよりけたはずれに緩やかなものだった」と評価している．すなわち，

① 200 億ドル以上の対英純債権を全額棚上げする．
② 戦争終結時に英国が保有していた約 60 億ドル相当の余剰物資と武器貸与物資は，これを 5.32 億ドルで英国に譲渡する．
③ 受注したものの終戦前に納入されなかった武器貸与物資について米国政府は英国に対して 1.18 億ドルの支払いを要求する．（ガードナー 1973: 381-2）

このような相互援助協定にかかわる戦時債務の寛大な清算と抱き合わせで合意した英米金融協定の内容はおおよそ次のようなものであった．

(1) 発効日：米国議会が協定で合意された資金を供すると英国政府に通告した日に発効する．（結局，協定の発効日は 1946 年 7 月 15 日となる．）
(2) 37.5 億ドルの資金を供与する．資金は 1946 年 7 月 15 日から 1951 年 12 月 31 日の期間にいつでも引き出せる．
(3) 資金供与の目的：
　　① 英国による米国内での財・サービスの購入の促進．
　　② 戦後過渡期の経常収支赤字に英国が対応するのを援助する．
　　③ 英国が適切な金・ドル準備を維持することを援助する．
　　④ 英国が多角的貿易の義務を果たすのを援助する．
(4) 償還と利子：1951 年 12 月 31 日に始まる 50 年賦/年利 2％．10 億ドルの信用供与につき約 3182 万ドル．
(5) 利払い猶予：いかなる年においても英国政府は米国政府に利払いの猶予を求めることができる．それは，
　　(a) 英国政府が現在及び将来の国際為替と金・ドル準備の状態のもとで猶予が必要と認め，
　　(b) IMF が，英国の国内で生産された財・サービスの輸出による所得と貿易外所得の純所得の合計が，戦後 5 年間の移動平均で，1936 年から 1938 年にいたる間の英国の年平均輸出額 8.66 億ドル（それは戦後の価格水準に調整される）を下回ったことを証明した場合，である．
(6) 借款と他の債務との関係（省略）．
(7) 英国政府は協定発効後 1 年以内にポンド地域諸国との協定締結により経常的取引の自由化をはかる．

(8) その他の為替取極
　　①本協定発効後，以下 (a) (b) に対して為替取引を制限しない．
　　(a) 英国への輸入を認められた米国産品に対する支払いと資金の振替，あるいは両国間での経常取引の決済．
　　(b) 経常取引によって生じる米国の居住者への貸付に対するポンド残高の使用．
　　②両国政府は協定発効後1カ年内に経常取引にともなう資金の支払いや振替を制限しない．
(9) 量的輸出規制を行わない．これを1946年12月31日までに，できるだけ速やかに実行に移す．
(10) 累積ポンド残高の処理
　　①英政府はポンド残高を早期に清算するため関係国と協定を結ぶ用意がある．ポンド残高は次の3つに区分される．
　　(a) 経常取引のため直ちに解放され，どの通貨にも転換される残高
　　(b) 1951年以降に借り換えによって解放される残高
　　(c) 戦時及び戦後の債務の清算への寄与に応じ，そうした清算によって得られる恩恵を認めつつ調整されるべき残高．
　　②多角的貿易を発展させるという協定の重要な目的からして英政府は解放される残高，あるいは経常取引のためのポンド残高は，協定発効日から1年後に自由に使用される．

2. 英米金融協定とポンドの自由化

(1) 経常取引に対する制限措置の解除

　英国は協定発効と同時に，許可を受けた米国商品の輸入に対する支払いおよび米国居住者の保有するポンド残高で，経常取引により取得したものの使用を制限しないことを約束した．
　第9条の輸入についての規定は，米国との貿易に関わる交換性の実現に関する補足規定で，英国は貿易の数量制限を行う場合，米国を差別してはならないとした．この目的は，英国が支払制限撤廃の義務を回避するため，米国商品の

輸入に対する数量制限を導入しないように仕向けることにあった．

　ポンドの交換性の問題で両代表団の間で意見があわなかったのは，その究極的な目標というよりは，その実施時期であった．ポンドの交換性の実施時期をあらかじめ限定したのは妥当であったのか．英国代表団は，期限を決めること，それも1年後とすることに強く反対した．この期限内に英国経済の回復は見込めないと考えていたからである．また，他の国々が経常取引の自由化を実施するのに先がけて英国が，ポンドの交換性を回復すると，外国の保有者が一方的に英国に対して金・ドルとの交換を求めて殺到しかねない．これでは英国の国際収支に悪影響が生じる．そこで英国代表団は，期日を決めずに，出来るだけ早く撤廃するという妥協案を提示した．しかし，米国はこれを受け入れようとしなかった．結局，次のようになった．

　①米国居住者が経常取引によって取得したポンドの交換性は，金融協定の発効日に実施する．

　②英国は貿易の数量制限をするにあたって1946年12月31日以降米国を差別しない．

　③ポンド地域とその他地域諸国の居住者が経常取引によって取得したポンドの交換性は，協定発効日から1年以内に実施する．

　協定の発効にともない，英国は，過渡期の困難に対処する防御的措置として，苦労してかちえたとして安堵したブレトンウッズ協定の過渡期条項の実質を，英米金融協定によってみすみす失う羽目になったのである（ガードナー1973: 373-4）．

　その後の経過が示しているように，ポンドの交換性の回復の実施時期を限定するのは戦後過渡期の経済情勢が不安定で困難な時期には無理であった．それは，あらかじめ確信をもって，実施時期を宣言できるような事柄でもなかった．ガードナーは，戦後過渡期という不安定な時期に，また，通貨の交換性が一般化していない時期に，特定の通貨に交換性回復の時期をあらかじめ決めるなどということは，無分別のそしりを免れない，と酷評している（ガードナー1973: 396-7）．

(2) ポンド残高処理の合意について

　米国代表団は，協定草案の起草過程で，金融協定の目的から累積ポンド処理を除外し，その資金が残高処理に用いられることも禁じた．協定の第10条でポンド残高の清算を規定しながらも，第2条の協定の目的から外されるという，なんともおかしな扱いとなった．米国側は，ポンド債務の清算には巨額の資金が必要であり，他国の債務処理に米国民の莫大な税金を投入することに，世論や議会の理解を得られないと考え，金融協定に具体的な救済策を盛り込むことができなかったのであろう．

　ポンド残高の処理にかかわる第10条の曖昧で妥協的な性格は，次のような規定にもうかがえた．ひとつは，この第1項の規定では，累積ポンド残高には，戦時中に限らず，戦後の英国の軍事支出も含まれるとしているが，関係国との協定により戦時のものと同じ扱いをするものとしているだけで，何時までにどのような軍事支出が，関係国とどのような協定を取り結べば累積残高に組み込まれるか，明確ではなかった．

　同様なことはこの条項の第2項についても言えた．そこでは「解除ないし経常取引の支払いに使用できるポンド残高を，本協定発効1年以内に，例外を除いて，通貨地域の如何を問わず，無差別，自由に，経常取引の決済に使用される」としていた．しかしながら，第1項の(a)で，経常取引に使用される残高がどれだけ清算されるのかが明らかでない以上，この規定も実効性に乏しい曖昧なものであった，と言わざるを得なかった．

　戦時債務の処理は，国際連合諸国間の問題とすべきであった，と主張する向きがある．これによってポンド残高処理の責任を分散することができたであろう，と考えるからである．しかしながら，これは英国の強い反対にあい，実現しなかった．英国は，戦後の通貨計画をめぐる英米交渉の過程やブレトンウッズ会議で，国際機関によるポンド残高の処理を拒み，自力で解決をはかろうとしてきたのであった．

3. 英国議会における論争と批准

　ブレトンウッズ協定と一括された英米金融協定の批准法案が，英国議会の下

院（1945 年 12 月 12，13 日），上院（同 17，18 日）でそれぞれ審議された（417 H.C. Deb. 422-558, 666-747; 138 H.L. Deb. 677-775, 777-898）．

(1) 下院での審議

　アトリーは，金融協定締結の翌日，議会下院で早期審議を訴えた．金融協定を巡る議論が論壇をにぎわし始めたが，反対の論調が全般的な傾向であった．

　左翼と右翼はともに，アトリー政権が推進する政策は，米国の経済政策に追従し，自由・多角主義を実現しようとする危険な選択であるとして，強く反対した．「マックス・ビーヴァーブルックに率いられるチャーチルに極めて近い者達によって支持された保守党内の一派は，提起された通商政策が英連邦特恵関税制度を廃止させ，帝国経済ブロックの理念を破滅に導くと確信したのです」（ケインズ）．

　右翼は，英帝国を米国に明け渡し，国内産業と経済体制を脅かすものであるとみた．左翼は，完全雇用と福祉国家に対する脅威であると見なした．「ドルの横暴」（保守党党首ウールトン卿）「戦争の結果生じたわが国の経済的困難を利用してわが国政府が国際貿易に社会主義的な原則を適用するのを防止しようとしている」（オックスフォード大学コール）と非難した．「ワシントン交渉で諸君の受けた印象，すなわち米国人が，われわれをあたかもあらゆる不正な策略を用いた国民であるかのように見下げ，実力を用いてこれをよい子に仕立てあげようとするような印象は，事実を考えると，誠に堪え難いことであった」（リンゼー卿）（CW 1979: 627; ガードナー 1973: 408-9, 415-6; Skidelsky 2001: 444）．

　ケインズが帰国の船中にあるとき，下院は，12 月 12，13 日の両日，金融協定とブレトンウッズ協定，武器貸与援助の清算，それに国際貿易機関の設立等に関する文書の承認が一括された法案の審議に入った．下院では，先の総選挙で大躍進した労働党が圧倒的な多数を占めていた．労働党が，法案成立を期して，党議拘束をかければ，法案の下院通過は確実とみられた．

　下院での審議は，12 日の午後 3 時過ぎに開始された．まず，ドールトンが米国から借款を得るためにはブレトンウッズ協定の批准が必要である，米国の援助が得られないのであれば，英国は生活水準の甚だしい切り下げを余儀なく

され，また，英国の再転換と復興は覚束なくなる，あるいはブレトンウッズ協定の拒否は，米国との緊密な関係に深刻な打撃を与えることになり，他分野での経済協力の進展を妨げる結果になろう，などと法案への支持を訴えた．彼は，政府が，極めて短期間のうちに為替制限措置を除去する義務を受諾したが，これは，交渉の決裂を回避するためには，やむを得ない対応であった，と弁明した．

下院では，シャハト主義者で金本位制度を敵視する保守党のブースビーが，もっとも辛辣な反対者であると目されていた．登壇した彼は，ブレトンウッズ協定の審議を過去10カ月にわたって政府に求めてきたが，いっこうに政府は応じなかった，政府はわれわれに拳銃を突きつけ，わずか数日のうちに法案を採決するよう求めてきている，と非難した．これに対して，下院議長は，下院が一括法案の審議に入った以上，ブレトンウッズ協定についての個別審議はできない，と突っぱねた．帝国の擁護に立つマックス・アトキンは，借款の条件が厳しすぎる，英連邦特恵関税体制を崩壊させるものである，と批判した．こうした帝国擁護勢力の批判に対して，帝国からの輸入は1938年の33％から1944年には27％にその全体に占める比率を低下させていると，反論するものもいた．

翌13日，午後の3時を大分回ってから審議が再開された．反対派のムーア議員が長饒舌をふるい，これに続いて，議員の間で賛否両論が繰り返され，時間が消費された．保守党の事実上のリーダーであるチャーチルが登壇したのは夜の7時50分過ぎになってであった．

チャーチルの演説は，若干の質疑を交えて，およそ50分に及んだ．彼は，ポンドの交換性を15カ月後に実現することを受け入れたのは認めがたい，英米金融協定，通商合意，ブレトンウッズ協定が一括して性急に提案され，審議を求められているのに反対である，しかし，英国がおかれている現下の厳しい状況下にあって，保守党の指導者としては，法案に棄権することが望ましく，賢明であると主張した．彼は，台頭するソ連・共産主義勢力との戦いが，戦後世界秩序の構築のうえで死活的重要性を持ち，このために米国との協調関係を維持することを英国の基本戦略と位置づけていた．そうであれば，率先してブレトンウッズ協定，英米金融協定に反対し，これらの成立や批准を阻み，英米

関係に深刻な亀裂を生じさせることは回避すべきであった．彼は，法案に反対の姿勢を示す一方で，戦時中の武器貸与援助による米国の寛大な援助と助力は，人間の美徳と将来の世界の希望の金字塔であると，礼賛した．さらに彼は，英米金融協定に厳しい条件がついているからといって米国を非難するのは当たらない，戦争の犠牲を払わずにナチスとイタリアの略奪から救われたエジプトは，戦争負担を英国に負わせ，ポンドを溜め込んでいるではないか，インドも然りである，と単純な反米論を牽制し，米国ばかりを批判するのはあたらないと説いた．また，チャーチルは，豊かな生活を約束して政権を奪取した労働党に対し米国が厳しい姿勢を示しているのであると，非難の矛先を米国に向けるのではなく，労働党政権に向けるべきであると主張した．

チャーチルの演説に対して，ベヴィンが反論し，これにチャーチル，ブースビーが応戦する一幕が続いた．この後，金融協定，ブレトンウッズ協定，武器貸与の清算，それに通商上の英米合意に関する一括法案を承認するように動議が出され，採決に付された．結局，第1読会で法案は，賛成345，反対98で可決された．この時，時計の針は，すでに午後9時を回っていた．

採決では，チャーチルをはじめ保守党の大多数は棄権し，多くの保守党員は上層部の意向を無視して反対票を投じた．政府も部内の反乱に直面した．労働党の閣僚の多くが反対し，保守党の帝国擁護派も反対した．労働党内の法案賛成者でさえ，法案を積極的に支持したわけではなかった．

午後9時27分から第2読会に入った．ブースビーが，登壇し，再度，ブレトンウッズ協定について何ら実質的な審議がなされていないと非難した．だが，彼の審議要求は議長により却下された．採決の結果，法案は，賛成314，反対50で可決された．第1読会を上回る棄権者がでた[1]．

12月14日，下院で法案に関する第3読会が午前11時17分から開始された．ブレトンウッズ協定に強い懸念を抱くブースビーは，そこで，今度は，英国が基礎的不均衡に陥った際に，国際通貨基金が権限を不当に行使して英国のポンド切り下げを拒否するような事態に対処するための条項を法案に盛り込むよう

---

1) 下院の票決結果についてガードナーは，賛成343票，反対100票，棄権169票で，スキデルスキーもなぜかガードナーと同じ賛否で，可決されたとしている（ガードナー 1973: 415; Skidelsky 2001: 444）．

要求してきた．この際，彼は，国際通貨基金協定の規定にある「基礎的不均衡」の概念が明確さを欠いている点についても批判を加えた．これに対して，ドールトンが，その概念が不明確であることを認め，国際通貨基金の設立後早々に，米国と協力してその明確化につとめると約束した．こうしたこともあって，ブースビーは修正提案を取り下げる動きに出た．だが，彼は，ブレトンウッズ協定に対する別の疑問をあらためて提起した．彼の解釈では，国際通貨基金によって固定相場を維持する義務が加盟国に課せられると，世界の金を独占している米国のニューヨークのみが，公定為替レートから乖離した相場で，自由に外国為替が取引される市場となる．そうして，そこに，公定相場からはなれた為替が取引される巨大なヤミ市場が形成されることになる．彼は，これによって戦後通貨計画のすべての目論みは崩壊しよう，との見方を示した．次に彼は，質問の趣旨や内容が明確ではなかったが，ブレトンウッズ協定第5条，第6条，第8条の関係についても疑問を呈した．これに対して議長は，現在審議中の法案のどこに第8条の規定があるのかと問い，ブースビーの質問が，議事進行に適合的でないとして却下した．そうして，議長は第3読会の採決に移ることを宣言する．これに対して一部議員が，不満と不同意を表明する．ブースビーは，最後まで抵抗を試み，発言を議事録の残すように求め，次のような所信を表明することになる．この法案は，歴史的にみて，先々英国にもっとも苛烈な債務を負わせるものであるのにもかかわらず，下院は，ブレトンウッズ協定の原理を何ら討議することもなく，その成立をはかろうとしている．

　だが，ブースビーらの反対勢力の抵抗も及ばなかった．成立を急ぐ支持勢力の意向をうけて法案は，第3読会を通過した．

(2) 上院での審議

　上院では，保守党が多数派であった．ビーヴァーブルックをはじめとする勢力は，すべての法案の内容に反対していた．このため上院での法案成立は不透明であった．英国の議会には特有の決まりがあった．すなわち，上下両院で意思決定が異なった場合，連続2会期（つまり足掛け2年）下院で可決した法案は，上院が否決，あるいは修正しても，下院を通過した法案が法律となるというルールである．ここから，上院は，最大で13カ月，下院を通過した法案の

成立を引き延ばせることができる．ただし，法案を財政（金銭）法案（money bill）とすると，その法案は，上院で1カ月しか成立を遅らせることはできない．この規定に従い，法案を財政法案として扱えば，1カ月後に成立させることができる．だが，それでは1945年12月31日までのブレトンウッズ協定の批准は覚束ない．米国に次ぐ最大の出資国である英国が，ブレトンウッズ協定の批准を済まさなければ，ブレトンウッズ協定を発効させることができない．

ケインズは12月17日に帰国すると，直ちにサザンプトンからゴードン・スクウェアの自宅に向かい，そこで小休止したあと，議事堂に入った．彼は，ワシントンでようやく締結にこぎ着けた金融協定に対して，世論，議会に敵意がみなぎっているのを感じた．この間のケインズについて，ロビンズは次のように回想している．ケインズは船中で議会審議の行方に懸念を強めていた．船室で本国から入電した，彼の努力の結晶，彼がまとめた借款についての議会の誤った意見表明に怒りと恥辱を覚えた（Skidelsky 2001: 444）．

上院ではすでにペシック=ローレンスによる法案の趣旨説明をうけて賛否が戦わされていた．金融協定の支持層でさえ，不承不承，協定を受け入れざるを得ないようであった．米国に直接憤怒をぶつける議員もいた．ケインズは，疲労の蓄積にもかかわらず，5時間，熱心に質疑に耳を傾けた．ケインズは上院での討議を聞いて，一般に広まっている誤解に肝をつぶした．船中で準備した演説は役に立たないことがわかった．時間がなく，差し迫ったなかで，彼は，演説原稿をはじめから書き直した．

2日目に登壇したケインズは，討議の口火を切った．

彼は，金融協定を次のように擁護した．米国との交渉，それは金融協定，ブレトンウッズ協定，通商政策での合意によって具体化されたが，それらは統一された全体的な計画のうちの一部なのである．それは米国の力を示すものではなく，むしろ，2つの大国の間の共通の目的に向けての妥協なのである．英国にとって屈辱的なものでは決してないのだ．そこから実質的に得るものがあるのだ．それに英国は，さほど悪くはない条件で借款を得ることができたのである．ケインズにすれば，英米の不釣り合いな交渉力と国益の衝突とを，うまく処理したのである．米国と英国は異なる方法で共通の目標を追求しているのである．

第 11 章　英米における金融協定の批准　　　　　　　　469

　ケインズは，米英の交渉方式の違いについて触れる．米国は交渉で完璧さを求める．これに対して英国は一層の曖昧さを求める．交渉での一連の合意は米国が求めるところの確実性と英国が求める融通性との可能な妥協なのである．米国との交渉で英国は，戦功を見せびらかして，多くのものを引き出すべきではない．米国は，われわれの回復に関心を抱いているのであって，共通の大義によって負った傷に関心を持っているのではない．彼らは，われわれができるだけ早く包帯なしで歩き始めるのを，過去の犠牲にではなく将来の見通しに，期待しているのである．
　スキデルスキーによれば，演説のなかでケインズは，ただ 1 点だけ感情的になった．利子に関して言及した時である（Skidelsky 2001: 446）．彼は借款が無利子でないことについて遺憾に思うと心情を吐露している．利子をとるのは，現実を無視したものである．それは間違ったアナロジーに基づく．それは英国の特異な貢献に合致したものではない．だが，有利子を主張した米国は，実質的な援助条件の緩和策を受け入れている．分割払いの期間が長く，われわれの初期の最低限の負担は，実質的には無利子の資金供与と変わりがない．ケインズは，このように有償の借款を擁護した．
　ケインズはまた，一連の措置によって，英国が得ることができるメリットについても語った．前例のない寛大な扱いとなった武器貸与援助の清算処理のことである．
　交換性の回復問題では，それが 1947 年春以前の残高には適用されないこと強調した．インドと南アフリカは，ドルと金の余剰国である．それらの国々と英国は，おそらく自ら協定を締結することになろうが，その結果，英国に対してドル・プール制を残すことになるとの見通しを示した．ポンド債務の 2/3 はインド，エジプト，アイルランドである．しかしながら，英国は，これらの国々に，英国から財やサービスを購入するように強いることはできない．また，米国に対して交換性を約束しないことには借款を得ることはできない．ケインズはさらに，ポンド残高と借款との関係や，ロンドンの国際金融上の地位などについて触れた．ドル借款の半分は，ほんとうはポンド地域の国々のためである．ポンド地域の中央準備として英国の外貨準備を厚くするというわけである．そうして，英国が，国際銀行家としてとどまる方法は，小切手の引出しを認め

ることである．だが，ポンド地域を破壊する方法はそれを餌食にして，そのうえで生き続けることである．批判者は，カナダを除いた経済ブロックの再構築を，代替的戦略として推進しようとしている．だが，それらの国々は，英国がすでに債務を負っている国々である．それに，英国は，彼らが購入したいものを，供給することができないのである．

英米金融協定のもとで押し進める政策は自由放任への回帰である，との批判に対しては，次のように応じた．

「この通貨と通商の提案は，均衡の維持が必要な場合，多様な保護主義的方策を認め，また，必要な場合には，それらを禁ずることによって，均衡を維持しようというものであります．提案は，英米関係の維持のうえで，極めて重要であり，また，この計画の際立った特徴は，通商の自由の利点を，自由放任制度の悲惨な結果に対するセーフガードと結合しようとする，はじめての，よく考え練られた包括的な試みなのであります」．

それは，

「1つの試行であり，我々が現代の経験から学んだものであり，アダム・スミスの英知を否定するものではなく，むしろそれを補完するものであります．あえていえば，国際的な議論において，正しい道を指し示す明確な最終目標に向け，新たに開拓された道に沿って，共通の合意によって，歩みを進めるというものです．我々は，各国の多様な政策のなかにあって，この国際経済秩序の目標に向かって偉大な一歩を踏み出しつつあるのであります」（CW 1979: 621）．

上院では，ケインズとならびビーヴァーブルックの言動が注目された．だが，その彼は，初日には登壇せず，また政府提案法案に対する修正動議も提出しなかった．彼は，同僚議員の，明日（18日）ビーヴァーブルックが修正提案を行うものと期待している，との発言に対して，修正提案を行うつもりはない，法案を審議し，投票するつもりであると応えたのであった．2日目のケインズの

演説後，これをうけて論戦が戦わされたが，ビーヴァーブルックはこれに絡もうとはしなかった．彼が登壇したのは，午後5時過ぎであった．

　ビーヴァーブルックは，まず，あらためて，政府提出法案を採決によって決めるべきであるとし，修正提案を行う企図のないことを表明した．このあと，現政権はすべての銀行家を味方につけたので勝利するであろうと述べた．彼の評価では，これは社会主義政党の運動において1つの新しい局面であった．社会主義者と銀行家は，われわれに反対するうえで団結しているのである．この後，彼は，英米金融協定の条件について米国を指弾し，あるいは米国がそれを押しつけたとも批判するつもりはないと述べた．だが，彼によれば，金融協定とブレトンウッズ協定は英国に適合的ではない．とくに金融協定は不要である．彼の考えでは，食料，タバコ，石油，綿花など重要物資の輸入は，米国に依存しなくともまかなえるのである．また，彼は，英国の対外ポジションにも言及し，ケインズがいうほどの絶望的水準にはないと反論した．これにはケインズが，強く反発し，ビーヴァーブルックの指摘する数字を，これほど馬鹿げた統計数字を聞いたことがないと反論した．

　ケインズの感情的な言葉に刺激されてか，ビーヴァーブルックはようやく本格的な反論を試みた．米国による借款の供与は不要であり，望ましくない，ブレトンウッズ協定と英米間での通商合意は，借款よりも深刻である，ブレトンウッズ協定は金本位制度であり反対である，法案の英連邦特恵関税への攻撃もより深刻である．こうした譲歩を行っていったい何が得られたのか，われわれは米国に英帝国市場を与えてしまうことになる．ビーヴァーブルックは，私は保護主義者である，英国には保護主義が必要である，帝国には保護関税は必要である，英連邦特恵関税とポンド・ブロックとドル・プールに結びつけられた，統一された帝国こそが，英国に残された道である，と訴え演説を終えた．この後，ビーヴァーブルックを交えた論戦が，しばらく繰り広げられた．しかし，論戦は，深まりを見せることなく続いた．結局，午後7時40分過ぎに法案採決に入った．上院は，この日，5時間をあまりの審議を経て金融法案を90対8で認めた．およそ100の上院議員が棄権したとみられた．

　上院では保守党の反乱の脅威が最後の決定的瞬間まで懸念された．しかしケインズの切々たる演説，ビーヴァーブルックの寛容な反対によって，そのよう

な不安は消失した．とりわけケインズの演説によって，金融協定を支持していた人びとは息を吹き返し，大いに元気づけられた．ガードナーによると，「政府の金融協定ならびに貿易多角化計画を擁護する主張は，説得力が弱くかつ不十分であった．しかし，たった一人ではあったが，英米二国間の緊密な経済協力によって健全，自由かつ開放的な貿易体制のビジョンを抱いた人がいた．それはケインズであった」．

ケインズは「弁舌さわやかに金融協定を支持し，多角主義に反対する議員を激しく非難した」（ガードナー 1973: 414-6; Skidelsky 2001: 448）．

彼はなによりも議場に蔓延している無知と不信を一掃しようとした．彼は全力を傾けて協定を擁護した．ケインズの演説は，代替案として取り沙汰されている別の政策が如何に不適当で，また実に馬鹿げたものであるか，わずかな言葉できわめて効果的に明らかにした．ハロッドは，演説がこのうえもなく才気に満ちたものであったという証言をあらゆる政党の人から聞いた．「演説は，透徹した分析，如才なさおよび明敏さを含んで，実にすぐれたものであった」（ハロッド 1967: 675-7; Skidelsky 2001: 444-5）．

ケインズは1946年1月1日付のハリファックスへの書信で，議会審議を次のように酷評している．

「与野党とも無知と全くの党利党略でした．無知はすべてに及んでいました．……大蔵大臣，イングランド銀行総裁のような人びともわれわれが何を失い，何を得たのかはっきり分かっておりません．大蔵大臣はポンド地域について大慌てでした．それは（私見によれば）われわれ代表団が交渉してきたことについての完全な誤解にもとづくものです．……」

「社会主義者の一派は，国際問題への米国の考え方に余りにも決定的な自由放任，いずれにしても反計画の匂いを嗅ぎつけたと考えました．これは反面の真実にすぎません．それというのも，非差別主義の教義によってシャハト主義的方法を捨て去ったのです．シャハト主義は社会主義者のユダヤ人経済顧問（彼らは多くのユダヤ人と同様に心からナチか共産主義者であって，いかにして英連邦が形成され維持されてきたかについて何の考えをも持ち合わせていないのです）が渇望してきたものなのです」（CW

1979: 626)[2].

4. 米国議会における論争と批准

ソ連の脅威，その封じ込めが，米国のあらたな世界戦略と位置づけられる過程で，対英金融援助が位置づけられ，法案の議会での成立にこの新しい国際的要因が決定的な契機となるのである[3]．

米連邦議会での論戦については，ガードナーの研究（第12章第2節）に勝るものはない．そこでは，議会での審議過程とその特徴が，新たに付け足すことがないほど見事に活写されている．まずは，彼の研究に依拠して，連邦議会における論争と法案成立の過程を，跡づけることにしよう（ガードナー 1973: 416-44）．

トルーマン大統領は1月20日，金融協定に関する決議案を議会に上程し，速やかに承認するよう求めた．大多数の新聞と企業は法案を支持した．

トルーマン政権は，対英借款の目的を英国が貿易多角化に参画できるようこれを促進するためである，とした．

政府高官は，金融協定が批准されれば，貿易は多角化されよう（クレイトン），借款が与えられれば，英国は公平かつ無差別な通貨，貿易上の原則を受け入れるであろう（ヴィンソン）などと説明した．ヴィンソンは，次のように述べた．英国は貿易上の障壁を低減し，差別待遇をなくすための国際貿易機構設立に関する米国の提案を支持すると約束した．英国の支持によって，今年開催される予定の国際貿易会議は間違いなく成功する．この線にそって，バーンズも，借款が承認された暁には，米国はかなりの確信をもって，特恵関税の撤廃が期待できると述べた．

タフト議員は，こうした考えを次のように批判した．1年前にブレトンウッズ協定を審議していた時，対英問題を処理するにあたって，ブレトンウッズ機

---

2) スキデルスキーはここでユダヤ人の経済学者として念頭においているのはカルドア，バローのことであるとしている（Skidelsky 2001: 445）．
3) 英米両国が金融協定を締結して間もない1945年12月29日，ソ連のモロトフ外相は，ブレトンウッズ機構への参加の見送りを表明した．これについてジェイムズはソ連の参加の延期は冷戦が始まったことを示す指標であると指摘している（James 1996: 70）．

構を通してではなく，直接英国に借款を供与するという提案がなされた．そのとき財務省のホワイトは，委員会の秘密会に出席し，英国は問題ない，借款は必要としない，と述べたのを記憶している．ホワイトは対英借款がブレトンウッズ協定の妨げとなることを危惧していたのだ．

タフト議員にとって，対英借款の目的はブレトンウッズ協定とまったく同じものに映った．彼は，なぜ世界銀行が対英借款を行わないのか，と質問した．これに対して政府は，世界銀行はこの種の特殊な要請を満たす金融機関ではないと答えた．しかし，英国への借款が世銀の運営や目的にあわないものであるという説明は，国際開発とともに戦後復興を目的とする世界銀行に過大な期待を抱かされた人びとにとっては，充分納得いくものではなかった．

アーサー・バンデンバーグは，日記に「対英借款は，私だけでなく共和党の同僚議員にとって非常な難問だ．……われわれはこの借款に『賛成』すべきであると考えている．しかし一方では，選挙で私を支持してくれた人のおよそ90％は，この考えを納得してくれまい．……私自身どうしてよいかたいへん当惑している」などと記していた．

世論調査では，法案に米国民が厳しい反応を示していた．だが，本当は，この問題に対する大多数の国民は関心がなかったと言う方が実情を正しく捉えていた．

一般国民は税金や生活費の高騰や大規模なストライキに関心が奪われていた．なぜ復員軍人の住宅資金貸付より低い金利で英国に貸し付けるのかわからない，なぜ国内でやらなければならないことがあるのに英国に借款を供与するのか，というわけである．

アイルランド系やユダヤ人やさまざまな反英勢力は，退廃した英帝国主義を救済することになると非難した．自由主義者は，国有化政策を推進する労働党内閣，英国の社会主義を支援するのか，と批判した．

このため米国政府は金融協定の利点を過大に強調し，説得に努めた．すなわち，英国は，これまで強制的にポンド地域諸国の貿易を制限してきた，金融協定によってこのような貿易制限は非合法化され，米国の輸出拡大に大いに貢献するであろう．クレイトンは，協定の調印のあたって次のように語った．

「この借款のおかげで英国は，協定発効の日から1年以内に，ポンド地域のドル・プールを廃止することができる．だから英国から取得したポンドは，それがどんな取引にもとづくものであっても，英国やポンド地域からの物資買付けにのみ使用できる封鎖された残高ということはなくなり，世界のどこの国からの買付けにも使用できることになる．これは，対英借款からえられる利益のうち第1に指摘されなくてはならない明確かつ具体的なものである」．

ガードナーによれば，このような発言は，現実の状態とははなはだ食い違っていた．ポンド地域諸国が取得したポンドは「封鎖」されたのではなかった．「ドル・プールは自主的な取決めであって，ポンド地域諸国が限られたドル資金源を，必需品の輸入に充てるために，プールすることにしただけである」．だが，推進勢力は，議会内外で，相変わらず，現実とは異なった証言を続けた．

下院で過半数を占めていた民主党の指導者マコーマックも，あらためて次のように説得した．

「金融協定の主要目的の1つは，堅固な英国のポンド地域ブロックを解体することである．……同協定の諸規定が発効すれば，英国はポンド地域を構成している諸国の貿易を制限することはできなくなる．これら諸国はどこの国からでも自由に，商品を輸入できるようになる」．

しかしながら，こうした政府や支持勢力のキャンペーンは，協定への大衆の共感を呼び起こすまでにはいたらなかったのである．

こうしたなか，国際情勢の変化をうけて新たな論点が浮上した．米ソ関係の悪化である．そうして，ケネディ前大使のように，英国民とその生活様式とは，共産主義の浸透に対する欧州最後の砦である，われわれは，対英援助によって，この砦を守るべきである，といった発言が影響力を増し始めたのである．このようななかで，永らく議会孤立主義勢力の中心にあったバンデンバーグ議員による対英借款支持発言の影響は大きかった．これを契機に，上院の論戦は大きく転換することになったからである．そうして，上院は，9つを数える修正提

案を退け，5月10日，協定を承認したのである．

　上院以上に困難が予想された下院でも，ソ連の動向が決定的な影響を及ぼした．法案に対する強硬な反対論者とされていたデューイも，下院で，対英借款をソ連の勢力下に陥りそうな国々のなかで，友好的な諸国をわが方に引き戻す手段であり，今がその最後の機会である，と力説した．マコーマック，ウォルコットら有力議員もソ連の脅威という新たな政治的要因を法案支持に結びつけようとした．ガードナーは，ソ連を巡る要因が如何に決定的であったか，として『ニューヨーク・タイムズ』(1946年7月14日付)の次のような論評を引用している．昨日，議会多数派の指導者マコーマックが，対抗するイデオロギーの脅威から英米の結束の緊急性を強調してからというもの，登壇する議員は，異口同音に，金融協定法案に，賛成投票するのは，協定の技術的な面を評価してのことではなく，英米結束の政治的重要性を認識したからであると主張するようになった．

　金融協定は上院では46対34，下院では219対155で承認された．ガードナーはきわめて適切に，議会の票決結果は金融協定に対する議会の厳しい反応を示しているとも解釈することができた，と指摘していた．それというのも次のような事情があったからである．上院の票決ではマクファーランド議員が西半球にある英国の基地をそっくり米国に譲渡するよう求める修正案を提出した．修正案は，実際には45対40で否決された．この修正案が採択されると金融協定の再交渉が必要となり，英国側の同意をとりつけるのは容易ではなく，12月中の英国議会の承認を得る見通しはほとんどなくなるはずであった．わずか3票の変化で重大な結果が生じ得たのである．

　ガードナーは，概要次のように論じている．結局は，政府が以前から展開していた主張は，対英借款成立の決め手にはならなかった．新しいロジックは，ソ連・共産主義勢力の封じ込めであった．英米金融協定の批准によって英国を援助することは，深刻な脅威をうけていた西側諸国の政治的，経済的安定をはかるための重要な投資であるという新しい認識であった．

　英米金融協定の締結はオルドリッチ，ウィリアムズらニューヨーク金融界の主張してきたブレトンウッズ協定に代替するキーカレンシー・アプローチが，自由・無差別・多角主義を目的とする米国の通貨・金融外交戦略の柱となった

ことを意味した．それはたしかにニューヨーク金融界の勝利であった．だが，戦後過渡期の現実を無視して性急に追求しようとした自由・無差別・多角主義を目標とする政策が，米国の国際通貨・金融政策として妥当ではなかったことは，その後の事態の推移によって明らかになった．米国にとって相互援助協定第 7 条を基礎にブレトンウッズ協定，英米金融協定の締結に費やされてきた外交的努力，すなわち，自由，無差別，多角主義の国際経済システムの構築という戦略目標の追求は，通貨面では，1947 年のポンドの交換性回復の失敗を契機に，本来の目標とは正反対の，1957 年まで続くことになるポンド地域の差別主義体制を生み出すという，皮肉な結果をもたらしたのである．これは米国にとって大きな誤算であった．この問題でストレンジの研究に注目すべきであろう．ストレンジは，そこで，ポンドの衰退過程の局面として 1947 年のポンド交換性の失敗から 1957, 58 年の時期を，「対ドル差別クラブ」と特徴づけていた．ポンド地域諸国が対米差別主義的な貿易政策，為替政策を追求した点に基本的な特徴があるからだ．これら諸国では，輸入割当制度による対ドル地域輸入制限措置，域外への資本移動の制限，ドル節約のための域内貿易の促進などの政策がとられた．それは，米国がその実現を求めた戦後の経済秩序とはかけ離れた，再版差別主義的ポンド地域の出現であった．これは二重の意味で皮肉な結果であった．なぜなら，第 1 に，ストレンジが指摘するように，それは，イギリス帝国の解体を真剣に目論んだ米国の政策によって生み出されたものであるからだ．第 2 に，自由，無差別，多角主義を目ざした米国は一転してこの差別主義的なポンド地域の結合を容認し，それを長期化させる結果を招くことになったからである（ストレンジ 1989: 86-7）．

おわりに
サヴァナ会議，ケインズの死

「誠にロンドンが明確に悟るべき要点は，この2つの国際機関は，われわれがブレトンウッズから帰国したときに期待していたものとは別のものになってしまったということです」（ケインズ「1946年3月29日付サヴァナ会議報告」より，CW 1980b: 232）

ブレトンウッズ協定は，1945年12月，英国での英米金融協定と抱き合わせにした法案の成立にようやく成立の条件が整う．これをうけて1945年12月27日，国務省において，ささやかな協定発効の式典が開催された．これには，この段階で協定を批准した英，米をはじめとする29カ国が参加した[1]．

この後，ブレトンウッズ協定は，1946年3月のサヴァナ会議で業務開始[2]

---

1) ソ連はこれに参加しなかった．式典に出席しなかったソ連以外のブレトンウッズ会議参加国の動きを見ると，同年中に加盟したのは，ドミニカ，イラン，ヴェネズエラ，チリ，キューバ，メキシコ，ペルーの諸国であった．1946年3月のサヴァナ会議開催中にエルサルバドル，ニカラグア，パナマが，3月30日にはブレトンウッズ会議にオブザーバー参加したデンマークが，加わった．このほかでは，オーストラリアは1947年8月，ハイチは1953年9月，ニュージーランドは1961年8月，リベリアは1962年3月に，それぞれ加盟した．これによって，ブレトンウッズ協定加盟国は45カ国となった（Horsefield 1969: 116-8）．
2) なお，国際通貨基金の設立と業務開始の時期を確定するのは意外に難しい．総務会の開催時，常務理事会の開催時，平価の決定時，最初の資金利用の時，などのうちどれをとるかで業務開始の時期は異なってくる．以下でこれらの時期を年代記風に記しておこう．
  1946年3月8～18日，サヴァナ会議（ジョージア州）で最初の総務会が開催され，基金の本部の所在地がワシントンと決められ，細則が採択され，最初の理事が選出された．

に向けた実際的な基礎が築かれる．

　ハロッドの『ケインズ伝』の最終章に位置するサヴァナ会議でのケインズは，同情を寄せざるを得ない悲劇的主人公としてみごとに描かれている．われわれもケインズを主人公として物語を紡ぐと，やはり彼を悲劇の主人公として描かざるを得ない．しかしながら，われわれは，ハロッド以上にケインズの悲劇としてこの最終章を記述することは困難である．ハロッドの物語に耳を傾けるとしよう．

　壮大な樹木とスペイン苔とをもった温暖なジョージア州の美観がケインズの会議への期待をふくらませていた．サヴァナという言葉自体が魅力を持っていた．おそらくリディアは滞在を延ばし，ケインズにしばしの休養を与えることを考えていたであろう[3]．

　ケインズと同じようにヴィンソンも，かなりうまく事が運ぶものと予想していたに違いない．もちろん，両者の思いは同じではなかった．ケインズは楽しい集まりとなることを期待していたであろうし，ヴィンソンは事務的でよどみのない会議を予想していたに違いないからである（ハロッド 1967: 688）．

　　「しかし万事は全く違った結果となった．意見の激しい衝突と苦々しい挫
　　折が起こった」（ハロッド 1967: 685）．

　会議の開会に際して，ヴィンソンとケインズは，それぞれ演説を行った．最初に登壇したヴィンソンは，威厳のある演説で開会を宣言した．演説は通貨問題に関する人間の進歩について触れ，その現状に説き及んだ．ケインズは，も

　　1946年5月6日，12名からなる理事会の初会合が開催された．ギュットが初代専務理事に選出された．
　　1946年9月27日，第1回年次総会が開催された．
　　1946年12月8日，多くの加盟国の為替相場が設定された．
　　1947年3月1日，資金利用（financial operations）業務開始の準備が整った．
　　1947年5月8日，フランスによって基金から初めて資金（2500万ドル）が引き出された（Humphreys 1993: xiii）．
　3) ケインズ自身次のように考えていた．「……私は，国際通貨基金および国際復興開発銀行のイギリス側理事としてそこに向かう．しかしこれは大げさな言い方で，実際には休日の遠足だ」（「1946年2月20日付シェパード宛の書簡」，ドスタレール 2008: 503）．

う少し明るい演説が適当であると思った．彼が思い浮かべたのは，わずか1週間前のコヴェント・ガーデンでの光景であった．開演の第一夜に催されたバレエ劇『眠れる美女』．劇では，マーゴット・フォンティーンが主役，ロバート・ヘルプマンがカラボスと王子を演じた．やさしい妖精たちが縁起のいいさまざまな贈り物を持ってくる命名式．これとともにヘルプマンの不気味な姿が彼の心に浮かんだ．そうだ，自分はカラボスのことについても何かいわなければならない．カラボスなしでは演説はあまりにも感傷的になってしまう．カラボスを使って必要な教訓を指摘することもできる．

そこでケインズは，ブレトンウッズの2つの機関を双生児にたとえたうえで妖精たちを登場させ，ひとつの寓話を物語った．第1の妖精がジョセフの上着を，第2の妖精がアルファベット全部の名のつく総合ビタミンを，そして年長者の第3の妖精が祈りを捧げ，妖精たちは，2つの機関が疑り深い世界からえこひいきがなくなり，絶対に客観的で普遍的でなければならないばかりか，外面的にもそうであることがはっきり現れなければならないように導いてくれる．ケインズはさらに，パーティーに招かれなかった悪意のある妖精カラボスが会場に現れていないことを希望します，と述べた．万一招かれていようものならカラボスは，呪文を唱えて次のようにいうに違いありません．2人の餓鬼どもよ，大きくなったらきっと政治屋にしてみせるぞ．お前たちの考えも行いもことごとく腹黒いものにしてやるぞ，と．

ケインズの物語る寓話は，予期せぬ語りの効果をもたらした．演説を聴いたヴィンソンは，カラボスとは自分のことを言っているのではないかと憶測し，憤った．ケインズの開会の挨拶は，ヴィンソンとの感情的な軋轢を生み出し，会議の行方を暗示する結果となったのであった（ハロッド 1967: 691-3）．

サヴァナ会議では，ケインズとならび主役あるいは主賓の役回りを果たすべきであると目されていた人物がいた．ホワイトである．ホワイトはブレトンウッズ会議後，一時，国際通貨基金の専務理事への就任を真剣に考えていた．ケインズも，ホワイトが専務理事になるものと考えていた．だが，米国側には，ホワイトの個人的疑惑とは別に，ウォール街やそれに近い人物を世界銀行の総裁に据えざるを得ない事情があった．なぜならば，世界銀行は，不足が予想される貸付資金米ドルを世界銀行債の売却によって調達しなければならなかった．

ウォール街の協力がなければ，この世銀債を資本市場で消化することはできないのである．もし，世界銀行の最高責任者にウォール街に関係の深い米国人をあてるのであれば，ホワイトは国際通貨基金の専務理事候補から除外せざるをえないのである．

そのホワイトは，ソ連の在米諜報活動の協力者として1945年11月からFBIの監視下におかれていた．1946年1月23日，トルーマン大統領はホワイトを国際通貨基金の総務理事に指名した．2月4日，トルーマンはFBIからホワイトに関する報告書の提出をうけた．大統領は，すぐさま，このコピーをヴィンソンに送付した．当のヴィンソンは別ルートですでに報告書を入手していた．大統領とヴィンソンはこの問題で協議する予定であった．この協議が実現する前に上院はホワイトの総務理事の人事を承認してしまった．大統領は結局これを追認せざるをえなかった．この人事によって，ホワイトの専務理事就任の線は消えた．ベルギーのギュットが初代専務理事となった（ハロッド 1967: 690; CW 1980b: 211-3; Moggridge 1992: 830; Rees 1974: ch. 23）．

英国は，ブレトンウッズ会議で2つの国際機関の所在地を米国とする提案に対して態度を保留していた．その後，ハロッドが引用するケインズの覚書によれば，この問題は次のように処理された．ケインズは，ニューヨークを2つの国際機関の所在地として考えた．ケインズはサヴァナへの途中，ニューヨーク連邦準備銀行でこの問題を討議し，彼らが完全に英国と同意見であることを知った．所在地をニューヨーク以外とするような話を彼らは聞いていなかった．ところがイギリス代表団が，ワシントンを発つ直前にヴィンソンは，ケインズに，米国代表団は両機関の所在地をワシントンにすると決定した，と伝えた．彼は，米国政府は何処を所在地とするかの決定権を持っている，とも言明した（CW 1980: 221-2; ハロッド 1967: 690）．ケインズの所在地の問題での懸命な闘いは，結局，成功しなかった．

サヴァナ会議ではまた，2つの国際機関の性格について英米両国の重大な意見の相違が表面化した．英国側は，基金と銀行は純粋な金融機関で，その運営は主として諸国の公務員の手でなされるという考えであった．一方，ヴィンソンをはじめ米国側は2つの国際機関は加盟国政府の厳重な管理下におかれるべきであるとの考えで一致していた（ガードナー 1973: 458-9）．これはケインズ

の考えと全く対立した．彼はこの問題でも激しく闘ったけれどもムダであった．
　ガードナーは，『マンチェスター・ガーデン』の次のような論評を引用している．

「サヴァナ会議は，戦後金融協力の分野における最も不幸な経験であったように思われる．米国の財務省は，現在金融協力問題で国務省をリードしているようにみえるが，その実，投票権を集めて，きわめて横暴なやり方で会議を牛耳ったのである．米代表団が出した提案は，すべてしゃにむに反対を押し切って成立した．また同代表団は，米国は，笛吹きに金を払う者は曲を注文する権利がある，と公然といいはなった．事実，米国のいう国際経済協力とはこのことをさすのだ，とわれわれに警告した人びとが最も恐れていたことが，サヴァナでは起こってしまった」(ガードナー 1973: 459)．

　英国代表団にとってはビーヴァーブルックらがこれまで批判していたとおりに事が運んでいるように思えたのかもしれない．命をかけて，あらん限りの力を傾けて戦ったケインズにとって「サヴァナではすべては暗黒のように思われた．その場所は彼には嫌悪すべきものになった」(ハロッド 1967: 697)．
　療養をかねて滞在を延ばそうというような考えはすべて消え去った．3月13日，彼はワシントン行きの夜行列車に乗った．ケインズの乗った寝台車は列車の前のほうにあった．翌朝，空腹を感じた彼は，列車の一番後ろにある食堂のほうに歩み出した．このように移動していると，いつものケインズには，若い頃のことや地中海やイタリアを旅行したことが思い出されたであろう．だが，このとき，彼は不幸にして，長い車中を，動く床の上を，いくたびも列車から列車へと，いくつもの寝台車や1等車を通り過ぎなければならなかった．列車の動揺にもて遊ばれたケインズは，すっかり疲れはててしまった．もはや歩くのが苦痛になった．彼はいちばんうしろまでたどり着けるであろうか．一歩一歩，彼は苦悶しながら進んだ．ケインズはようやくにして食堂車へついた．
　朝食をとったケインズは一時的に元気を回復した．気分も良くなった．そこでケインズは自分の車両に向かって，揺れる車中のなかを，ふたたび歩み始め

た．しかし，それは，拷問の苦しみの復活であった．彼はあちらこちらで弄ばれた．それは地球の内部を，動く通路を通って，永久に歩き続ける，地獄に落とされたものに対する懲罰であった．疲労困憊したケインズは，一番近くの社交車に運ばれ，長椅子の上に寝かされた．彼はそこに2時間ほど横たわっていた．このときのケインズの心臓発作は，彼がこれまで経験したもののなかで最も激しいものであった．最悪の結果が予想された．リディアが，ブランドが，彼のそばにいた．ホワイトも悲しい不安を一杯にして，彼の親友の傍らに夜を徹して付き添っていた．彼は後になって，この列車のなかを歩いたことが，彼の人生において彼の耐えた最大の苦悶であった，と語っていた．（ハロッド 1967: 697-8）．

最晩年のケインズの，心身の疲れと苦悩を，見事な筆致で描いている．揺れ動く長い「夜行列車」は，ケインズが奮闘した「同時代」であり，最後尾に連結された「食堂車」は，彼が生涯をかけて目ざしたものであった．彼を疲れさせた列車の動揺は彼の生きた激動の時代を意味したのであった[4]．

ケインズは帰国後，リディアおよび両親とともに復活祭の休暇を過ごすためにティルトンに滞在した．それは彼の人生のうちでもとりわけ心休まる楽しい休暇であった．ケインズが突然の永遠の眠りについたのは4月21日の復活祭の朝であった．

クラークは，ケインズの逝去の報に接して，日記に次のように書き記した．悲しむべきことにケインズは対米金融交渉にかかわり，それによって殺された．……私は次のように考える．ケインズは誤った考えにとらわれ，それを実行に移すことになり，彼自身の好ましい判断に対して自らの誤った考えを擁護せざるをえなくなっていた．私はケインズが1946-48年にドル不足は生じない，交

---

4) ドスタレールは，サヴァナ会議を後にしたケインズの活動について，次のように記述している．「ヨーロッパに向かう船のなかで，彼は，アメリカの政策を激しく非難するとともにイギリス政府に協定を批准しないように助言する文書を書きはじめたと言われている．そしてイングランド銀行の顧問であるジョージ・ボルトンと大蔵次官補のアーネスト・ロウ=ダットンが，その文書を破棄するように彼を説得したとも言われている」（ドスタレール 2008: 497）．しかしながら，ブレトンウッズ協定が英米ですでに批准された段階でケインズが「協定を批准しないように助言する」といった行為にでることは，実際にはあり得ないのではないか．

換性回復は迅速に円滑に実施しうると信じていたことにショックをうけた．私は事態がどのように推移するか実際は分からないうえに，ポンド残高を処理することを好ましいとは考えなかった．また，私は米国の意図に関するケインズの非現実的な楽観主義をケインズと共有しはしなかった（Clarke 1982: 71）．

引用・参考文献

引用文献は著者名を基本としているが，略記して表示されている場合がある．とくに，①CW とあるのは，モグリッジ編の Collected Writings of John Maynard Keynes『ケインズ全集』を，②MD は，The Morgenthau Diaries『モーゲンソー日記』を，③T は Treasury Papers 英国大蔵省文書を，④FO は，Foreign Office 英国外務省文書を，⑤BMC は，International Monetary Fund Archives のブレトンウッズ関連文書を，表している．

Manuscript Collections

International Monetary Fund Archives, Washington, D.C.
　Edward Bernstein Papers
　Ansel Luxford Papers
　Alice Bourneuf Papers
Public Record Office, Kew.
　Lord Keynes Files : T 247
　Foreign Office Papers : FO 371
　Treasury Papers : T 160, T 230, T 231, T 236
State Department Records, National Archives, Record Group 59, Washington, D.C.
Treasury Department Records, National Archives, Record Group 56, Washington, D.C.

Winthrop Aldrich Papers. Harvard Graduate School of Public Administration, Boston, Massachusetts.
The Morgenthau Diaries. Franklin D. Roosevelt Library. New York : Hyde Park.
Harry Dexter White Papers, Firestone Library, Princeton, New Jersey.

Official Documents

Bank for International Settlements. 1944. *14th Annual Report*.［『国際決済銀行第14次年次報告書』（西村閑也監修/石塚昭彦・佐々木隆男訳『国際決済銀行年次報告書 第10巻』日本経済評論社，1980年)］
―――. 1947. *17th Annual Report*.［時事通信社刊『国際決済銀行第17次年次報告書』（『国際決済銀行年次報告書 第12巻』日本経済評論社，1979年)］
Bullen, Roger, and M.E. Pelly (eds.). 1986. *Documents on British Policy Overseas*. London : H.M.S.O..
UK Parliament, House of Commons. 1945. Anglo-American Financial and Economic Discussions. 417 H.D. Deb. 422-558, 661-747 (12, 13 Dec. 1945).

―――. House of Lords. 1945. Anglo-American Financial Agreements. 138 H.l. Deb. 677-775, 777-898 (17, 18 Dec. 1945).

USDS. 1940. *US Department of State Bulletin* 2 : 512-4.

―――. 1948. *Proceedings and Documents of the United Nations Monetary and Financial Conference : Bretton Woods. New Hamphare, 1-22 July 1944, Vol. 1-2*. Washington, D.C. : GPO.

―――. 1960. *Foreign Relations of United States Diplomatic Papers 1942 Vol. 1*. Washington, D.C. : GPO.

―――. 1963. *Foreign Relations of United States Diplomatic Papers 1943. Vol. III*. Washington, D.C. : GPO.

―――. 1969. *Foreign Relations of United States Diplomatic Papers 1945. Vol. VI*. Washington, D.C. : GPO.

John Maynard Keynes Papers

Moggridge, Donald (ed.). 1979. *The Collected Writings of J.M. Keynes. Vol. XXIV. Activities 1644-1946 : The Transition to Peace*. London : The Macmillan Press. ［堀塚文吉郎・柴沼武・森映男訳『ケインズ全集第24巻「平和への移行―1944～46年の活動」』東洋経済新報社，2002年］

―――. 1980a. *Vol. XXV. Activities 1940-1944 : Shaping the Post-war World, Clearing Union*. London : The Macmillan Press. ［村野孝訳『ケインズ全集第25巻「戦後世界の形成―清算同盟―1940～44年の活動」』東洋経済新報社，1992年］

―――. 1980b. *Vol. XXVI. Activities 1941-1946 : Shaping the Post-war World, Bretton Woods and Reparations*. London : The Macmillan Press. ［石川健一・島村高嘉訳『ケインズ全集第26巻「戦後世界の形成―ブレトン・ウッズと賠償―1941～46年の活動」』東洋経済新報社，1988年］

Books and Articles

Aldrich, Winthrop W. 1943. "The Problem of Postwar Monetary Stabilization." Chase National Bank Publication. [pamphlet]

―――. 1944. "Some Aspects of American Foreign Economic Policy." Chase National Bank Publication. [pamphlet]

Allison, Graham T. 1979. *Essence of Decision : Explaining the Cuban Missile Crisis :* Boston : Little, Brown. ［宮里政玄『決定の本質』中央公論社，1977年］

Bentley, A.F. 1908. *The Process of Government : A Study of Social Pressures*. Chicago : University of Chicago.

Black, W. Stanley. 1991. *A Levite among Priests : Edward M. Bernstein and the Origins of the Bretton Woods System*. Boulder : Westview Press.

Blum, John Morton. 1967. *From the Morgenthau Diaries : Years of War 1941-1645*. Boston : Houghton, Mifflin.

Boughton, James M. 2002. *Why White, Not Keynes? Inventing the Postwar Interna-

tional Monetary System. IMF Working Paper. IMF.
Braybrooke, D. and C.E. Lindblom. 1963. *A Strategy of Decision : Policy Evaluation as a Social Process*. London : The Free Press of Glencoe.
Brewer, Thomas L. 1986. *American Foreign Policy : A Contemporary Introduction*. Second edition. New Jersey : Prentice Hall.
Cain, P.J., and A.G. Hopkins. 1993. *British Imperialism : Crisis and Deconstruction 1914-1990*. London. Longman.［木畑洋一・旦祐介訳『ジェントルマン資本主義の帝国Ⅱ　危機と解体 1914-1990』名古屋大学出版会，1997 年］
Casey, Kevin M. 2001. *Saving International Capitalism During the Early Truman Presidency : The National Advisory Council on International Financial Problems*. New York : Routledge.
Clarke, Sir Richard. 1982. *Anglo-American Economic Collaboration in War and Peace 1942-1949*. Oxford : Clarence Press.
Cohen, Stephen D. 1988. *The Making of United States International Economic Policy*. Third editon. New York : Praeger Publishers.
Cox, R. 1987. *Production, Power and World Order*. New York : Columbia University Press.
Craig, R. Bruce. 2004. *Treasonable Doubt : Harry Dexter White Case*. Lawrence : University Press of Kansas.
De Vegh, Imre. 1939. *The Sterling Pond*. New York : Scudder, Stevens & Clark.
de Vries, Margaret G., and J. Keith Horsefield (eds.). 1969. *The International Monetary Fund 1945-65 : Twenty Years of International Monetary Coorporation. Voll. Ⅱ : Analysis*. Washington, D.C. : International Monetary Fund.
―――. 1996. "The Bretton Woods Conference and the Birth of the International Monetary Fund", in Kirshner (ed.). *The Bretton Woods―GATT System*.
Dostaler, Gilles. 2007. *Keynes and his Battles*. London : Edward Elgar Publishing.［鍋島直樹・小峯敦監訳『ケインズの闘い―哲学・政治・経済学・芸術』藤原書店，2008 年］
Eckes, Alfred E. Jr. 1975. *A Search for Solvency : Bretton Woods and International Monetary System, 1941-1971*. Austin : University of Texas Press.
Fforde, John. 1992. *The Bank of England and Public Policy 1941-1958*. Cambridge : Cambridge University Press.
Flanders, M. June. 1989. *International Monetary Economics 1890-1960 : Between the Classical and the New Classical*. Cambridge : Cambridge University Press.
Frankel, Joseph. 1963. *The Making of Foreign Policy : An Analysis of Decision Making*. Oxford University Press.［河合秀和訳『外交における政策決定』東京大学出版会，1970 年］
Freud, Sigmund, and William C. Bullet. 1966. *Thomas Woodrow Wilson : A Psychological Study*. London : Weidenfield and Nicolson.［岸田秀訳『ウッドロー・ウィルソン：心理学的研究』紀伊国屋書店，1969 年］

Galbraith, John Kenneth. 1975. *Money : Whence It Came, Where It Went*. Boston : Houston Mifflin. [都留重人監訳『マネー：その歴史と展開』TBSブリタニカ, 1976年]
Gardner, Richard N. 1969. *Sterling-Dollar Diplomacy : The Origins and the Prospects of Our International Economic Order*. rev. ed. New York : McGraw-Hill. [村野孝・加瀬正一訳『国際通貨体制成立史—英米の抗争と協力—（上）（下）』東洋経済新報社, 1973年]
Giddens, A. 1979. *Central Problems in Social Theory : Action, Structure, and Contradiction in Social Analysis*. London : Macmillan Press. [友枝敏雄・今田高俊・森繁雄訳『社会理論の最前線』ハーベスト社, 1989年]
Gilpin, Robert. 2002. "The Evolution of Political Economy", in Andrews et al., *Governing the World's Money*. Ithaca : Cornell University Press.
Gold, Joseph. 1981. *The Multilateral System of Payments, Keynes, Convertibility, and the International Monetary Fund's Articles of Agreement*. IMF Occational Paper No. 6, Washington, D.C.
―――. 1981. 'Keynes and the Articles of the Fund'. *Finance and Development*. September. pp. 38-42.
Hancock, W.K. and M.M. Gowing. 1949. *British War Economy*. London : H.M.S.O..
Hansen, Alvin. 1944. "World Institutions for Stability and Expansion." *Foreign Affairs* 22 : 148-155.
―――, and Charles P. Kindleberger. 1942. "The Economic Task of the Postwar World." *Foreign Affairs* 20 : 466-476.
Harrod, R.F. 1951. *The Life of John Maynard Keynes*. London : Macmillan & Co. [塩野谷九十九訳『ケインズ伝』東洋経済新報社, 1967年]
Haynes, John Earl, and Harvey Klehr. 1999. *Venona : Decoding Soviet Espionage in America*. New Haven : Yale University Press.
Helleiner, Eric. 1994. *States and the Reemergence of Global Finance : From Bretton Woods to the 1980s*. Ithaca : Cornell University Press.
Horsefield, J. Keith. 1969. *International Monetary Fund 1945-1965 : Twenty Years of International Monetary Cooperation, Vol. I : Chronicle*. Washington, D.C. : International Monetary Fund.
Howson, Suzan, and Donald Moggridge (ed.). 1990. *The War Time Diaries of Lionel Robbins and James Meade 1943-45*. New York : St. Martin's Press.
Humphreys, Norman K. 1993. *Histrical Dictionary of the International Monetary Fund*. N.J. : The Scarecrow Press, Inc.
IMF. 2013. *Finance and Development* 50 : 53-54.
James, Harold. 1996. *International Monetary Coorporation since Bretton Woods*. New York : Oxford University Press.
Jervis, Robert. 1976. *Perception and Misperception in International Politics*. New Jersey : Princeton University.

引用・参考文献 491

Johnson, Arthur M. 1968. *Winthrop W. Aldrich : Lawyer, Banker, Diplomat.* Boston : Harvard University.

Keynes, John Maynard. 1971a [1923]. *A Tract on Monetary Reform. In The Collected Writing of John Maynard Keynes. Vol. IV.* London : Macmillan Press. ［中内恒夫訳『貨幣改革論』東洋経済新報社, 1978 年］

―――. 1971b [1930]. *A Treatise on Money 1 : The Pure Theory of Money. In The Collected Writings of John Maynard Keynes. Vol. V.* London : Macmillan Press. ［小泉明・長澤惟恭訳『貨幣論 1：貨幣の純粋理論』東洋経済新報社, 1979 年］

―――. 1971c [1930]. *A Treatise on Money 2 : The Applied Theory of Money. In The Collected Writings of John Maynard Keynes. Vol. VI.* London : The Macmillan Press. ［長澤惟恭訳『ケインズ全集第 6 巻「貨幣論 2：貨幣の応用理論」』東洋経済新報社, 1980 年］

―――. 1972 [1931]. *Essays in Persuation. In The Collected Writings of John Maynard Keynes. Vol. IX.* London : Macmillan Press. ［宮崎義一訳『説得評論集』東洋経済新報社, 1981 年］

―――. ［宮崎義一訳「繁栄への道」宮崎義一・伊東光晴訳編『世界の名著 57「ケインズ・ハロッド」』中央公論社, 1971 年所収］

―――. 1973 [1936]. *The General Theory of Employment, Interest, and Money. In The Collected Writings Maynard Keynes. Vol. VII.* London : Macmillan Press. ［塩野谷祐一訳『雇用・利子および貨幣の一般理論』東洋経済新報社, 1983 年］

―――. ［間宮陽介訳『雇用, 利子および貨幣の一般理論』岩波書店, 2008 年］

Keynes, M. (ed.). *Essays on John Maynard Keynes.* Cambridge : Cambridge University Press. ［佐伯彰一・早坂忠編訳『ケインズ　人・学問・活動』東洋経済新報社, 1978 年］

Kirshner, Orin (ed.). 1996. *The Bretton Woods-GATT System : Retrospect and Prospect After Fifty Years.* New York : M.E. Sharpe, Inc.

Lindblom, Charles E. 1959. "The Science of Muddling Through." in *Public Administration Review* 19 : 79-88.

Markwell, Donald. 2006. *John Maynard Keynes and International Relations : Economic Paths to War and Peace.* Oxford : Oxford University Press.

Mason, Edward S., and Robert E. Asher. 1973. *The World Bank since Bretton Woods.* Washington, D.C. : The Brookings Institution.

Meltzer, Allan H. 1988. *Keynes's Monetary Theory : A Different Interpretation.* Cambridge : Cambridge University Press. ［金子邦彦・秋葉弘哉訳『ケインズ貨幣経済論―マネタリストの異なる解釈―』同文館, 1997 年］

Mikesell, R.F. 1994. *The Bretton Woods Debates : A Memoir.* Essays in International Finance, No. 172. New Jersey : Princeton University Press.

Mills, C. Wright. 1956. *The Power Elite.* Oxford : Oxford University Press. ［鵜飼信成・綿貫譲治訳『パワー・エリート』東京大学出版会, 1969 年］

Milner, H. 1997. *Interests, Institutions and Information : Domestic Politics and Interna-*

tional Relations. New Jersey: Princeton University Press.
Moggridge, D.E. 1986. "Keynes and the International Monetary System 1909-46." in J. Cohen and G.C. Harcourt (eds.). *International Monetary Problems and Supplyside Economics : Essays in Honour of Lorie Tarshis.* London: Macmillan.
―――. 1992. *Maynard Keynes : An Economist's Biography.* London: Routledge.
Odell, John S. 1982. *US International Monetary Policy : Market, Power, and Ideas as Sources of Change.* New Jersey: Princeton University Press.
―――. 2000. *Negotiating the World Economy.* New York: Ithaca. Cornell University Press.
Oliver, Robert W. 1975. *International Economic Co-operation and the World Bank.* London: The Macmillan Press.
Paster, Robert A. 1980. *Congress and the Politics of U.S. Foreign Economic Policy.* California: University California Press.
Pressnel, L.S. 1986. *External Economic Policy since The War Vol. 1, The Post-war Financial Settlement.* London: H.M.S.O.
Putnum, Robert D. 1988. "Diplomacy and Domestic Politics : The Logic of Two-Level Games." *International Organization* 42 : 27-60.
Rees, David. 1973. *Harry Dexter White : A Study in Paradox.* New York: Coward McCann & Geoghegan.
Robertson, D.H. 1943. "Post-war Monetary Plan." *Economic Journal,* Vol. LIII. Cambridge University Press. 352-60.
Robinson, Joan. 1943. "The International Currency Proposals." *Economic Journal.* Vol. LIII. Cambridge University Press. 161-75.
Rosenberg, Andrew, and Kurt Schuler (eds.). 2012. *The Bretton Woods Transcript.* New York: Center for Financial Stability.
Schutz, A. 1970. *On Phenomenology and Social Relations.* Chicago: The University of Chicago. ［森川眞規雄・浜日出夫訳『現象学的社会学』紀伊国屋書店，1980 年］
Shattschneider, E.E. 1935. *Politics, Pressures and the Tariff : A Study of Free Enterprise in Pressure Politics, as Shown in the 1929-30 Revision of the Tariff.* New York: Prentice-Hall.
Skidelsky, Robert. 2001. *John Maynard Keynes : Fighting for Freedom 1937-1946.* New York: Viking Penguin.
Steil, Benn. 2013. *The Battle of Bretton Woods : John Maynard Keynes, Harry Dexter White, and the Making of a New World Order.* New Jersey: Princeton University Press.
Strange, Suzan. 1971. *Sterling and British Policy : A Political Study of an International Currency in Decline.* London: Oxford University Press. ［本山美彦『国際通貨没落過程の政治学―ポンドとイギリスの政策』三嶺書房，1989 年］
―――. 1988. *States and Markets : An Introduction to Political Economy.* London: Pinter Publishers. ［西川潤・佐藤元彦『国際政治経済学入門』東洋経済新報社，

1994年］
―――. 1996. *The Retreat of the State : The Diffusion of Power in the World Economy.* Cambridge : Cambridge University Press.［櫻井公人訳『国家の退場：グローバル経済の主役たち』岩波書店，1998年］
Toniolo, G. 2005. *Central Bank Cooperation at the Bank for International Settlements.* New York : Cambridge University Press.
Trepp, Gian. 1993. *Bankgeshäfte mit dem Feind : Die Bank für Internationalen Zahlungsausgleich im Zweiten Weltkrieg : von Hitlers Europabank zum Instrument des Marshallplans.* Zurich : Rotpunkt. Verlag.［駒込雄治・佐藤夕美訳『国際決済銀行の戦争責任：ナティスと手を組んだセントラルバンカーたち』日本経済評論社，2000年］
van Dormael, Armand. 1978. *Bretton Woods : The Birth of a Monetary System.* London : Macmillan.
―――. 1997. *The Power of Money.* London : Macmillan.
White, Harry Dexter. 1945. "The Monetary Fund." *Foreign Affairs* 23 : 195-210.
Williams, John H. 1943. "Currency Stabilization : The Keynes and White Plans." *Foreign Affairs* 21 : 645-658.
―――. 1944. "International Monetary Plans : After Bretton Woods." *Foreign Affairs* 23 : 38-56.
Wood, Barbara. 1984. *Alias Papa : A Life of Fritz Scshumacher.*［酒井つとむ訳『わが父シューマハー』御茶の水書房，1989年］
Young, John Parke. 1950. "Developing Plans for an International Monetary Fund and a World Bank." in *Department of State Bulletin* 23 : 778-90.

邦語文献
浅野栄一「国際通貨制度とケインズ」伊東光晴編著『ケインズ』講談社学術文庫，1993年所収
芦矢栄之助『国際通貨制度論（改訂版）』東洋経済新報社，1977年
伊東光晴『ケインズ』講談社，1993年
岩本武和『ケインズと世界経済』岩波書店，1999年
大阪市立大学経済研究所編集『経済学辞典 第3版』岩波書店，1992年
大田英明『IMF（国際通貨基金）使命と誤算』中公新書，2009年
上川孝夫「戦時・戦後のポンド残高問題―国際通貨史の一論点」『エコノミア』第60巻第1号，2009年
滝沢健三『新訂 国際通貨機構』文雅堂銀行研究社，1988年
東京銀行調査部『ブレトン・ウッズ機構 研究並に資料 増補版』時事通信社，昭和25年
那須正彦『実務家ケインズ』中公新書，1995年
浜田宏一「国際経済協調の政治経済学」大蔵省財政金融研究所『ファイナンシャル・レビュー』1989年5月

早坂忠「国際清算同盟案」則武保夫他著『ケインズ　著作と思想』有斐閣，1978 年所収
堀江薫『国際通貨基金の研究』岩波書店，1962 年
本間雅美『世界銀行の成立とブレトン・ウッズ体制』同文館，1991 年
牧野裕『冷戦の起源とアメリカの覇権』御茶の水書房，1993 年
─────『日米通貨外交の比較分析：ニクソン・ショックからスミソニアン合意まで』御茶の水書房，1999 年
宮川公男『政策科学の基礎』東洋経済新報社，1993 年
矢後和彦『国際決済銀行の 20 世紀』蒼天社出版，2010 年
米倉茂「ケインズ・ロバートソン論争の現代的波紋─「二匹の犬」のどちらが首尾よく「骨」をくわえ，どちらが尻尾を捲いたのか？」『佐賀大学経済論集』第 38 巻第 2 号，2005 年
─────「IMF 協定 8 条の怪─同協定のジクソーパズルを解けなかったケインズ」外国為替貿易研究会『国際金融』1157 号，2005 年
─────『落日の肖像─ケインズ』イプシロン出版企画，2006 年

索引

人名

[ア行]

アチソン（Acheson, D.） 55, 60, 102-3, 185, 310-2, 322, 331, 346, 357

アトリー（Attlee, C.） 363, 388, 396, 413, 424, 436, 441-2, 446-7, 450-2, 454-5, 457, 464

アメリ（Amery, L.C.M.S.） 91, 186, 190, 198, 243, 348

アンダーソン（Anderson, Sir J.） 91, 186, 191, 193, 201, 274, 338, 347-8, 374, 376-7, 389

イーディー（Eady, Sir W.） 100, 124, 156, 162-4, 173-4, 186-92, 195, 243, 251-2, 254, 270, 277, 303, 335, 340, 352-4, 384-5, 389, 392-3, 396, 412-3, 421, 424, 426, 429, 442-3, 452

ヴァイナー（Viner, J.） 67, 69, 82-4

ヴァルヴァレッソス（Varvaressos, K.） 181, 271

ウィナント（Winant, J.G.） 104, 198, 448, 450-1

ウィリアムズ（Willians, J.H.） 96, 141-3, 160, 164, 225, 358, 362, 476

ヴィンソン（Vinson, F.M.） 269, 284, 286, 331, 334, 347, 388, 395, 400, 403-4, 406-7, 410, 415, 421-3, 427-8, 430, 438, 447, 452-3, 456, 458, 473, 480-2

ウェイリー（Waley, Sir D.） 156, 170, 173, 188, 193, 243, 247, 252, 254, 273, 303, 366

ウェルズ（Welles, S.） 55-8, 70, 73

ウォーレス（Wallace, H.A.） 67, 72, 403, 406, 428

ウォルコット（Wolcott, J.） 286, 320, 476

エクルス（Eccles, M.） 75, 142, 309, 322, 403, 406, 428, 430-1

エンジェル（Angell, J.W.） 310

オピー（Opie, R.） 103-4, 153, 171, 194, 199-200, 207, 247, 254, 270

オルドリッチ（Aldrich, W.W.） 141-2, 346, 358, 397, 476

[カ行]

カーン（Kahn, R.F.） 41, 61, 106, 431

カリー（Currie, L.） 79, 83, 86, 88, 186

ガリック（Gulick, L.H.） 67-8, 99, 107

ガルブレイス（Galbraith, J.K.） 79

キャターンズ（Catterns, B.G.） 95-7

キャトー（Catto, Lord T.） 95, 191-2, 263-4, 292, 294-5, 386, 389

ギュット（Gutt, C.A.） 88, 335, 480, 482

キンドルバーガー（Kindleberger, C.P.） 68

クラーク（Clarke, Sir R.） 384, 389, 392, 484

グレイサー（Glasser, H.） 88

クレイトン（Clayton, W.L.） 80, 211, 214, 220, 393-5, 398, 400, 403, 410-1, 415-6, 419, 422-3, 427-30, 430, 438, 453, 458, 473-5

クローリー（Crowley, L.T.） 185, 365, 394-5, 403-4, 411

コー（Coe, F） 79-8, 88, 186, 270, 335

ゴールデンワイザー（Goldenweiser, E.） 23, 75, 79-80, 116, 142, 153-4, 210-1, 214, 242, 269, 271, 275

コボルド（Cobbold, C.F.） 95, 97, 100, 124-5, 156, 163-4, 389, 391-2, 421, 426, 435

コラド（Collado, E.G.） 70, 72, 211, 242, 263, 269, 286, 310, 321, 428, 430

[サ行]

シープマン（Siepman, H.A.） 95-7, 100, 124
シューマッハー（Schumacher, E.F.） 65
シルヴァーマスター（Silvermaster, N.G.） 86, 269
スペンス（Spence, B.） 269, 309

[タ行]

タフト（Taft, R.A.） 473-4
ダレス（Dulles, E.L.） 269
チャーウェル（Cherwell, F.A.L.） 91, 189, 191, 193, 376, 378, 386
チャーチル（Churchill, W.L.S.） 30, 52, 57-9, 90-2, 189, 191, 374, 376-7, 380, 386, 388, 394, 405, 452, 465-6
チャンバーズ（Chambers, W.） 86-7
デューイ（Dewey, C.S.） 196, 476
トービー（Tobey, C.） 241
ドールトン（Dalton, E.H.J.N.） 103, 140, 191, 389, 396-7, 411, 413-5, 421, 425, 427, 436, 440-4, 446-7, 452-3, 464, 467
トンプソン＝マコーズランド（Thompson-McCausland, L.P.） 95-6, 100, 170, 387, 398, 443

[ナ行]

ニコルソン（Nicolson, H.G.） 48-9, 54
ノーマン（Norman, M.C.） 97-9, 110, 164

[ハ行]

バージェス（Burgess, W.R.） 362
バーナフ（Bourneuf, A.） 5, 79, 201, 242, 269
バール（Berle, A.A. Jr.） 70, 79, 86, 104, 106, 212, 214, 242
パーロ（Perlo, V.） 87
バーンスタイン（Bernstein, E.M.） 5, 23, 74, 79-81, 117, 165, 176, 178-9, 181, 213-4, 242, 263, 267, 269, 277, 287, 291-2, 301, 321, 340, 346-7, 350, 352, 420
バーンズ（Byrnes, J.F.） 395, 448-9, 473
バイエン（Beyen, J.W.） 271, 331
パスヴォルスキー（Pasvolsky, L.） 23, 67, 79-80, 102-104, 116, 214, 242, 269
ハリファックス（Halifax, Lord E.W.） 49, 57, 396, 400-1, 403, 410, 415, 422, 430-2, 438, 442, 446-7, 452, 472
ハル（Hull, C.） 56, 59-60, 67, 95, 246, 331, 376-7
バルーク（Baruch, B.M.） 386-7
バルトン（Bolton, G.L.F.） 95, 254, 270, 292, 330-1, 353, 398, 484
バロー（Balogh, T.） 242, 244, 246, 473
ハロッド（Harrod, R.F.） 43-4, 47, 57, 93-4, 96, 103-4, 117, 123-4, 126, 139-40, 148, 207, 310, 313, 348, 398, 404, 409, 457, 472, 482
ハンセン（Hansen, A.H.） 23, 67-69, 79-80, 99, 107, 116, 142, 155, 197-8, 269, 321
ビーヴァーブルック（Beaverbrook, W.M.A.） 57, 91, 190-1, 193-4, 199, 348, 384-7, 464-5, 467, 470-1, 483
ファイス（Feis, H.） 67, 69, 79
フィリップス（Phillips, Sir F.） 74, 100-6, 117, 124-5, 149-50, 153, 156, 158, 162, 170, 186
ブースビー（Boothby, R.J.G.） 243, 246, 355, 465-7
ブラウン（Brown, E.E.） 269, 309, 321-2, 330-1
ブランド（Brand, R.H.） 65, 247, 254, 270, 339, 376, 392-3, 396, 401, 430, 452, 484
ブリッジス（Bridges, Sir E.） 396, 424, 442, 447, 450, 455
フレイザー（Fraser, L.） 141-2, 196
フンク（Funk, W.） 5, 49, 57, 63, 70
ベヴィン（Bevin, E.） 100, 199, 388, 394, 396-7, 414, 436, 444
ペシック＝ローレンス（Pethick-Lawrence, F.W.） 396, 444, 468
ヘラー（Heller, W.） 176

索引

ヘンダーソン（Henderson, Sir H.）　39-40, 63, 95, 103, 163-4, 186, 188-91, 251, 384
ベントレー（Bentley, E.）　86-7, 404
ホートレー（Hawtrey, R.G.）　83, 106, 112, 257
ホール＝パッチ（Hall-Patch, E.L.）　401, 427
ホプキンズ（Hopkins, H.）　52, 57-8, 60, 422
ホプキンズ（Hopkins, Sir R.）　95, 97-8, 100-1, 186, 191-2, 198, 247, 252, 254, 261, 273, 277, 339, 424

[マ行]

マイクセル（Mikesell, R.F.）　88, 269, 278, 284, 314
マッキトリック（McKittrick, T.W.）　330
マンデス・フランス（Mendes-France, P.）　286, 335
ミード（Meade, J.E.）　56, 103, 106, 163, 175, 180, 186, 217, 403
モーゲンソー（Morgenthau, H., Jr.）　23, 72-3, 75, 95, 104, 166, 194, 198-9, 210, 216, 220, 240-1, 266, 270, 273, 275-6, 284-6, 311-3, 335-7, 339-40, 351, 355, 357, 366, 374-9, 388, 404

[ヤ行]

ヤング（Young, J.P.）　70, 72-3, 116, 212-3, 242, 261

[ラ行]

ラクスフォード（Luxford, A.F.）　5, 79, 117, 165, 211, 217, 221, 242, 269, 331-3, 346-7, 350, 420
ラスミンスキー（Rasminsky, L.）　336, 352
リーシング（Liesching, Sir P.）　398, 408, 417, 454
リーヒ（Leahy, W.D.）　395
リー＝ロス（Leith-Ross, Sir F.W.）　101, 163
リディア（Keynes, Lydia）　55, 275, 379, 424, 431, 446, 480, 484
ロー（Law, R.K.）　140, 170, 186, 188-9, 191, 201
ロナルド（Ronald, N.B.）　170, 254, 270, 330-1, 333
ロバートソン（Robertson, D.H.）　7-8, 23, 25, 92-3, 103, 147-8, 150, 153, 156-8, 163-4, 171, 173, 186, 188, 246, 252, 254, 270, 277, 287, 289-92, 301, 335, 340, 348-55
ロビンズ（Robbins, L.C.）　7, 23, 39, 92, 93, 103, 147, 153, 170, 188-9, 246, 254, 266-7, 270-2, 274, 277, 299, 301, 308, 310, 334, 338, 340, 352-3, 398, 408, 412, 417, 427, 430, 442, 450, 454, 457
ロビンソン（Robinson, J.）　80, 129

497

事項

[あ行]

赤字国の責任　114-5
アトランティックシティ準備会議　1, 4-6, 8, 118, 233-7, 240, 258-67, 327, 340
　国際通貨基金案の調整　263-7
　国際復興開発銀行案の調整　261-3
アメリカ銀行協会　159, 357-9
イングランド銀行　7, 9, 23, 32, 38, 51-3, 92, 95-100, 124, 148, 164-5, 170, 189-94, 198, 224, 243, 247-8, 251, 254, 263, 330, 373, 384, 389, 391-2, 396, 398, 401, 421, 424, 435, 443, 457
ヴェノナ計画　87, 269
ウォール街　23, 141, 148, 247, 481
『ウォール・ストリート・ジャーナル』　395
英国専門家集団の基金案受け入れ　147, 162-4
英米金融協定　339-40, 459-63, 465
　英国議会下院での審議・批准　464-7
　英国議会上院での審議・批准　467-72
　金融協定の骨格　460-1
　米国議会での批准　473-6
　ポンド残高の処理　463
　ポンドの自由化　461-2
英米共同声明草案　181-5, 187-9
英米金融交渉　401-458
　アトリー政権と交渉団の対立　440-7
　ウェーバー条項　416, 419, 422-3, 427-8, 431, 433, 435-9, 449-50, 455
　英国10月27日付提案　424-6
　英国11月23日付提案　436-8
　英国11月29日付提案　444-6
　英国の屈服　450-3
　ケインズ9月26日提案　411-2
　ケインズ「ポンド残高処理案」　406-7, 426-7
　「公正」のアプローチ　405-7
　　⇒ケインズ「公正」の方針
　ドールトン提案　413-5

米国代表団首脳会議（11月7日）　428-9
米国による基本方針の立案（10月11日）　418-9
米国による協定案の策定（11月15日）　430
米国による「公正」の拒否（9月26日）　410-1
米国によるドールトン提案の拒否　427
米国の最終提案（12月2日）　447
米国の35億ドル提案（10月18日）　422-3
米国の修正提案（11月18日）　432-5
米国のポンド残高処理案　434
ホワイトのポンド残高処理案　419-21
英米専門家会議（1943年9, 10月）　118, 169-77, 186, 203, 238
　主要な争点　177-81
　ロー報告　189-95
英米非公式協議
　1942年秋　104
　1943年初夏　117, 152-156, 158-9, 238
『エコノミスト』　44, 243
『エコノミック・ジャーナル』　49, 140
欧州決済同盟（EPU）　7, 135

[か行]

外交問題評議会（CFR）　67
カナダ案　148, 150
カナダ銀行　164
キーカレンシー　5-6, 9, 14, 96-7, 125, 141-3, 148, 164, 269, 341, 346, 360-3, 476
「飢餓の窮地」　380-1, 387, 389, 404, 406, 425
稀少通貨（条項）　119, 122-3, 126, 138-41, 157, 181, 183, 187, 189, 239, 266, 279, 298-9, 397
共同声明　178, 185, 200-2, 244, 256, 264, 279
　イーディー文書　188-9
　共同声明原案　118, 148, 175-85, 191-2
　ケインズ文書　187-8
　原案への英国の対応　186-95, 198-9
　公表　200-2
　ブレトンウッズ協定との比較　235-6
金交換可能為替　256-7, 265-6, 289
金交換可能通貨単位　235, 280-1, 288-92

銀問題　289, 334, 336, 362
黒字国の責任　⇒債権国の責任
ケインズ
　『一般理論』と国際通貨制度論　44-7
　イングランド銀行批判　192-3
　英米専門家会議に関するケインズ文書　187-8
　下院での演説　244-6
　過渡期経済論　247-51, 373, 379-86, 402
　『貨幣改革論』　30, 41
　『貨幣論』と超国家的銀行構想　30-38
　「公正」の方針案　382-3, 385-7, 390-3, 401-2, 406-8, 410-1, 415-6, 454
　「国際通貨同盟案」　106-11
　「国際通貨同盟の提案」　62, 64-5
　上院での演説　150-2
　戦後の国際通貨政策　61-4
　「第2段階」の交渉　378-9
　「第3段階における対外金融政策」　279-84
　超国家的銀行案　34-8
　『繁栄への道』と国際発券機関構想　41-4
　両案の統合化　160-2
　両案の比較　126-7, 148-5
　ロバートソンとの論争　348-55
ケインズ案　⇒国際清算同盟案
ケベック会談　374-8
国際安定基金
　英国専門家による受諾　162-4
　「国際安定基金案」の構成と内容　118-24
　国際清算同盟案との比較　101-4, 126-40
　国際通貨基金の名称変更　200-1
　修正過程　117-8, 165-9
　「ホワイト案」の公表　124
国際決済銀行　⇒BIS
国際清算同盟案（ケインズ案）　104-6
　「国際清算同盟」の公表　124
　「国際清算同盟案」の修正過程　111-6
　「国際通貨同盟案（第2次草案）」　106-11
　「国際通貨同盟の提案」　64-5
国際通貨基金協定の起草過程　278-81
　⇒ブレトンウッズ会議第1専門委員会
国際通貨・金融問題国家諮問委員会（NAC-IMFP）　360-1
国際通貨単位　104, 109, 112-3, 121, 149-50, 203-4, 206, 222-3
国際復興開発銀行（案）　171-2, 195-7
　⇒ブレトンウッズ会議第2専門委員会
　英国政府の支持　229
　英米専門家会議　215-20
　銀行案の公表　220
　銀行の準備草案　310-2
　ケインズの方針転換　224-7
　修正過程　221-4
　1943年8月2日付草案と発券規定問題　207-10
　1943年9月13日付草案「非銀行国際投資機関」　210-2
　1943年10月1日付草案と「保証基金」構想　215-24, 228
　1943年11月24日付草案の公表　220-1
　投資-保証業務　6, 8, 216-7, 221, 224, 227, 318
国際貿易憲章（ITO）　393, 408, 417, 426, 454

[さ行]

債権国の責任（黒字国の責任）　7, 53-4, 105, 108, 112, 114-5, 133, 138-40, 148, 153, 163, 245, 358
サヴァナ会議　1, 13, 479-84
三国通貨協定　69, 82, 95-6
自治領諸国会議　104-5, 186, 194-5, 227, 235, 262, 405
シャハト（主義）　56, 63-4, 93-5, 390, 465, 472
世界銀行　⇒国際復興開発銀行
戦時内閣の政策調整　169-70, 191-5, 198-200
　ブレトンウッズ会議の方針決定　252-4
相互援助協定第7条　16, 48, 55-7, 60-1, 67, 74, 89-91, 95, 102, 169, 176, 185, 190, 198, 341, 346-7, 356, 363-7, 374, 379-80, 382, 384, 394, 408, 417, 458
ソ連　9, 86-7, 106, 270-1, 315-6, 319-10, 329, 336-7, 339, 376, 465, 476

[た行]

大西洋憲章　57-61, 66, 68, 74, 90, 356, 363

『タイムズ』 40, 125, 243
ドイツ 39, 49-52, 56, 300, 375-8, 378, 388, 394
当座貸越・借越 48, 52-54, 64-5, 104, 114-6, 130-1, 137-8
トルーマン・ドクトリン 10

[な行]

ニューディール擁護勢力，リベラル 67, 72, 179, 357
ニューヨーク国際金融界 7, 72, 141, 196, 198, 228, 247, 269, 330, 345, 477
『ニューヨーク・タイムズ』 196, 476
ニューヨーク連邦準備銀行 96, 142, 225, 248, 482

[は行]

バンコール 6-8, 112-3, 127, 130, 133-4
BIS 37-8, 40, 110-1, 196, 329-35, 336, 370
『フィナンシャル・ニューズ』 124, 174, 215
『フォーリン・アフェアーズ』 67-9, 142, 160, 197, 225
武器貸与法・援助 52, 55, 185-6, 340, 364-7, 374-9, 394-5, 403-4, 413-4, 425, 434, 437, 447, 449, 464, 469
ブレトンウッズ 241, 267, 272-3, 276
ブレトンウッズ会議 15, 236-9, 267, 346-7, 373, 463, 479
　運営委員会 335
　英国の基本方針 251-4
　⇨ボート・ドラフト（船中草案）
　参加代表団 268-72
　第1専門委員会 276, 278-309
　　国際通貨基金案の審議過程 281-309
　　国際通貨基金協定の起草過程 278-81
　第2専門委員会 276, 278, 310-29
　第3専門委員会 276, 329-34
　閉幕 337-40
ブレトンウッズ協定 3-4, 6-9, 13-5, 396-7, 401, 420, 424-6, 437, 451, 453, 464-8, 471, 473-4, 476-7, 479, 484
　共同声明との比較　⇨共同声明

米国における批准 356-63
フンク 48, 51, 57
米州銀行構想 70-2
ボート・ドラフト（船中草案） 8, 235, 254-59, 310, 319, 402
　国際通貨基金案 255-8
　国際復興開発銀行 258-9
　ドル＝ポンド相場 259
保証基金 204, 216, 228-9, 253-4, 314, 318
ホワイト案 1-2, 101, 106, 117-24, 128-41, 162-9, 203, 214, 220, 237-8
　基金案 74-7
　銀行案 77-8
ホワイトの略歴 82-8

[ま行]

モーゲンソー・プラン 375-8

[や行]

ヤング案 212-3
ユナット（Unat） 118, 121, 203, 206
ユニタス 118, 121, 149, 157, 160-3, 168, 170, 172, 182, 187-8, 203-4, 206, 212, 258
ユニタス条項の削除 184, 208-10, 222-3, 229
ユニタスのバンコール化（貨幣化） 6-8, 147-50, 158, 160, 173-4, 177-8, 182, 184, 191, 194-5, 199, 229

[ら行]

連邦準備制度（理事会） 25, 32, 38, 70, 75, 79-80, 107, 116, 142, 154-5, 176, 196, 200, 211, 242, 269, 321, 362, 405
ロバートソンとケインズの論争 348-55
ロバートソンの覚書 156-8

[わ行]

ワシントン会議
　1943年初夏の非公式協議 3, 6, 147-8, 152-6, 158-60
　1943年秋の英米専門家会議 3, 6-7, 169-85, 215-20

著者紹介

牧野 裕
　　まきの　ひろし

津田塾大学学芸学部国際関係学科教授．1947年川崎生まれ．著書に『冷戦の起源とアメリカの覇権』御茶の水書房，1933年，『日米通貨外交の比較分析』御茶の水書房，1999年，『現代世界認識の方法』日本経済評論社，2008年などがある．

IMFと世界銀行の誕生
英米の通貨協力とブレトンウッズ会議

2014年11月25日　第1刷発行

定価(本体6400円＋税)

著　者　牧　野　　　裕

発行者　栗　原　哲　也

発行所　株式会社　日本経済評論社
〒101-0051 東京都千代田区神田神保町3-2
電話 03-3230-1661　FAX 03-3265-2993
E-mail: info8188@nikkeihyo.co.jp
振替 00130-3-157198

装丁・渡辺美知子　　　　　中央印刷・高地製本

落丁本・乱丁本はお取替えいたします　　Printed in Japan
© MAKINO Hiroshi 2014
ISBN 978-4-8188-2353-2

・本書の複製権・翻訳権・上映権・譲渡権・公衆送信権（送信可能化権を含む）は，（株）日本経済評論社が保有します．
・[JCOPY] 〈(社)出版者著作権管理機構　委託出版物〉
本書の無断複写は著作権法上での例外を除き禁じられています．複写される場合は，そのつど事前に，(社)出版者著作権管理機構（電話 03-3513-6969，FAX 03-3513-6979，e-mail: info@jcopy.or.jp）の許諾を得てください．

現代世界認識の方法―国際関係理論の基礎―
　　　　　　　　　　　　　　　　　牧野裕　本体 6400 円

英国学派の国際関係論
　　　　　　　　　佐藤誠・大中真・池田丈佑編　本体 4000 円

国際関係理論の探求―英国学派のパラダイム―
　　　　H. バターフィールド，M. ワイト編／佐藤誠ほか訳　本体 3800 円

国際通貨体制と世界金融危機―地域アプローチによる検証―
　　　　　　　　　　　　　　　　上川孝夫編　本体 5700 円

現代国際通貨体制
　　　　　　　　　　　　　　　　　奥田宏司　本体 5400 円

日本経済評論社